회귀분석

모형개발과 진단

회귀분석

모형개발과 진단

02
second edition

Regression Analysis

강명욱 · 김영일
안철환 · 이용구 지음

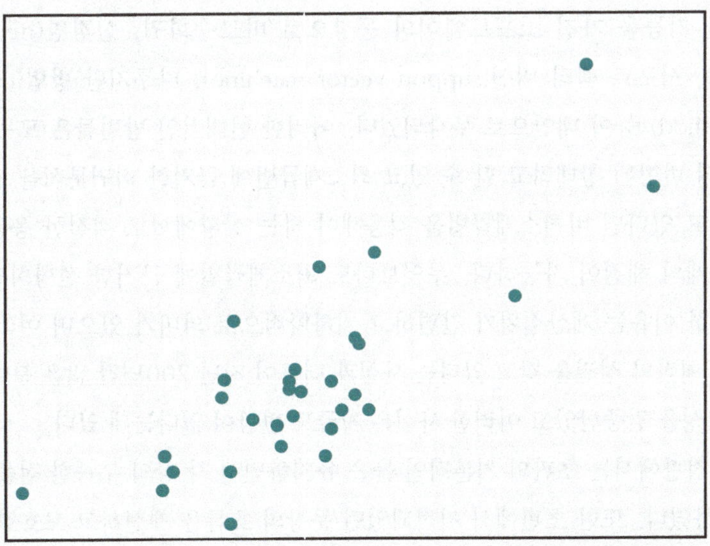

율곡출판사

Preface

제2판
머리말

어떤 현상을 지배하고 있는 변수 간의 관계식을 밝히는 회귀분석은 널리 사용되는 통계적 분석방법이다. 회귀분석에서는 관심대상이 되는 변수 간의 관계를 잘 설명해 주는 모형을 찾아내는 작업인 모형개발과 더불어 사용된 회귀모형 및 가정이 타당한지 그리고 각각의 자료값이 모형 및 가정에 어떠한 영향을 미치는지를 진단하여야 한다. 이러한 절차는 반복적으로 수행해야 하는 특성을 가지고 있다.

저자들은 실제 자료분석에서 분석가에게 회귀분석의 전반적인 과정을 충분히 이해할 수 있는 방안을 제공하기 위하여 본 책의 초판을 쓰게 되었다. 그 당시만 하더라도 일반 분석가들에게는 최소제곱법에 근거한 선형회귀분석 외에 별다른 도구가 없는 실정이었다. 하지만 그동안 저렴하고 속도가 빠른 컴퓨터의 보급과 강력한 기능을 가진 소프트웨어의 등장으로 비모수회귀, 신경망(neural networks), 서포트 벡터 머신(support vector machine), 나무기반 방법(tree-based method) 등이 대안으로 부각되었다. 이러한 현대적인 방법들은 모두 최소제곱법의 변형된 형태라고 할 수 있고 최소제곱법에 근거한 회귀분석을 충분히 이해하고 있다면 비최소제곱법을 적용해야 하는 상황에서도 적절한 응용을 통하여 문제의 해결이 가능하다. 무엇보다도 최소제곱법에 근거한 선형회귀분석이 중요한 이유는 계산절차가 간편하고 기하학적으로 의미가 있으며 여러 가지 면에서 최적의 성질을 갖고 있다는 사실과 더불어 지난 200년간 많은 분야에서 그 효용성을 검증받았고 이러한 사실은 지금도 변함이 없다는데 있다.

본 개정판에서는 초판의 기본적인 틀을 유지하면서 각 장의 부족한 점을 수정 · 보완하였다. 또한 초판에서 지적되었던 문장의 흐름을 개선하고 모호한 부분을 이해하기 쉽게 설명하였으며 새로운 예제들을 추가하였다. 사용된 용어는 한국통계학회에서 발간한 통계학용어집과 한국통계학회의 웹페이지(www.kss.or.kr)에 나와 있는 통계용어를 참조하였다.

본 책은 총 10개의 장으로 구성되어 있다. 1장부터 4장까지는 회귀분석의 기본적인 개념과 내용을 설명하고 있다. 1장에서는 회귀모형의 여러 가지 유형을 소개하고 2장과 3장은 단순선형회귀의 추정과 검정을 다루고 있다. 초판의 3장 본문에서 설명된 동시추론의 문제는 보론으로 자리를 옮겼다. 4장에서는 다중선형회귀의 모형과 추론을 설명하고 있다. 4장 보론에는 다중회귀모형에 관련된 선형대수의 기초이론을 실었다. 초판의 5장은 전반적인 회귀진단을 다루고 있으나 개정판에서는 모형진단만을 다루고 있다. 자료진단 부분은 따로 독립시켜 6장으로 개편하였다. 초판의 6장과 7장에서 다룬 새로운 변수의 창출과 변수의 선택의 모형개발에 관한 내용은 7장과 8장으로 이동하였다. 초판의 8장에서 다루었던 자기상관, 역추정, 측정오차가 있는 설명변수 등의 기타논제는 그 내용을 삭제하고 참고문헌만을 소개하였다. 9장은 비최소제곱법, 10장은 비선형최소제곱법을 다루고 있다.

그동안 초판으로 강의하면서 충고를 아끼지 않으신 여러 교수님들께 감사를 드린다. 본 책의 개정판이 출간되기까지 도움을 주신 율곡출판사의 박기남 사장님을 비롯한 직원 여러분께도 감사의 마음을 전한다.

2016년 2월

저자 일동

초판 머리말

사회과학 및 자연과학분야를 막론하고 실증주의 연구에서 가장 많이 쓰이는 통계기법 중 하나를 택하라면 회귀분석을 들 수 있다. 현상을 지배하고 있는 변수 간의 관계식을 도출하는 회귀분석은 여러 분야에서 적극적으로 활용되어 왔다. 특히, 근래 들어 값싸고 빠른 개인용 컴퓨터의 보급은 15년 전까지만 하더라도 계산상의 제약으로 상상하지 못하였던 심도 있고 다양한 회귀분석을 가능하게 하였다. 이는 회귀분석이 통계학자들뿐만 아니고 일반 분석가에 의해서도 다루어질 만큼 충분히 보편화되고 있음을 의미한다.

그러나 회귀분석을 통하여 기대한 연구목적을 달성하는 것은 결코 쉬운 작업이 아니다. 회귀분석에서는 관심대상이 되는 변수 간의 관계를 가장 잘 설명해주는 모형을 찾아 내는 작업인 모형개발과 더불어, 사용된 회귀모형 및 가정이 타당한지 그리고 각각의 관측값이 모형 및 가정에 어떠한 영향을 미치는지를 진단하여야 한다. 이러한 절차는 다분히 반복적으로 수정해야 하는 특징을 가지고 있다. 저자들은 실제 자료분석 시 분석가들이 이러한 과정을 충분히 이해할 수 있는 방안이 없을까 궁리한 끝에 본 책을 쓰게 되었다.

본 책은 이론과 응용이 효과적으로 조화되도록 노력하였는데, 이해를 위해 기본지식은 기초통계학에서 배운 내용, 즉 확률변수, 추정, 검정, p-값, 신뢰구간 등의 개념, 그리고 정규분포 및 여기서 파생되어 나온 t, F 및 χ^2-분포 등에 국한하였다. 따라서 본문에서는 수식의 나열보다는 개념을 설명하는데 주력하였으며, 필요한 경우 이와 관련된 이론적 전개과정을 각 장의 보론에서 다루도록 하였다. 그리고 매장마다 나오는 연습문제에서는 기존에 발표된 자료에 대한 분석을 통해 본문의 개념을 이해하도록 하였다.

1장부터 4장까지는 회귀모형의 기본적인 골격을 설명하고 있다. 1장에서는 회귀모형의 여러 가지 유형을 소개하였고 2장과 3장에서는 단순선형회귀의 추정과 검정을 설명하였다. 4장에서는 다중회귀모형의 개념을 설명하였는데, 이에 대한 근본적인 이해를 돕고자 '추가변수그림' 이라는 방법을 소개하였다. 4장 보론에서는 다중회귀모형에 관련된 선형대수의 기초이론을 실었다. 이어 5장에서는 모형개발에 따른 여러 가지 논제를 다루고 있다. 예를 들면 자료진단과 가정에 대한 검정, 그리고 치료법 등이 수록되어 있다. 특히, 지난 20년간 발표된 회귀분석 연구결과 중 쓰기 편하고 이해하기 쉬운 방법들 중에서 그림을 이용하는 방법들을 중점적으로 소개하였다. 5장에서 나오는 여러 방법들은 회귀모형을 개발하는데 아주 중요한 역할을 한다고 본다. 6장에서는 새로운 변수의 창출에 관련된 내용을 다루었으며 7장에서는 다중공선성의 문제를 포함한 변수의 선택방법 등을 소개하였다. 기본적으로 1장부터 7장까지의 내용이 통상적인 선형회귀분석의 범주에 포함된다. 8장에서는 자기상관, 역추정, 그리고 측정오차 등 관련된 논제를, 9장에서는 최소제곱추정이 아닌 로버스트추정과 편의회귀모형을 다루었다. 10장에서는 일반화선형모형을 포함한 비선형회귀모형을 다루었다. 8장부터 10장까지에는 다소 기술적인 내용을 담고 있어 일반 독자들이 이해하는데 어려운 점이 있으리라 예상되나 참고문헌을 통해 내용이 보강될 수 있도록 하였다.

본 책은 최신 회귀분석의 방법론을 소개하고자 여러 외국서적 및 논문을 참조하였는데 특히 미국 미네소타대학교 통계학과에 재직 중인 S. Weisberg 교수가 쓴 'Applied Linear Regression'을 많이 인용하였다. 저자들의 스승인 Weisberg 교수의 탁월한 문장 솜씨에 비하면 본 책은 여러 면에서 부족하지만 되도록이면 평이한 문체로 기술하고자 노력하였다. 저자들이 회귀분석의 비교적 최근 이론과 응용을 담고 있는 본 책을 쓸 수 있었던 것은 전적으로 저자들에게 회귀분석을 위시한 선형모형론에 대한 이해를 깨우쳐 준 미국 미네소타대학교 통계학과의 R. D. Cook 교수와 S. Weisberg 교수 덕분이다.

끝으로 본 책이 출간될 수 있게끔 저자들의 모든 요구를 흔쾌히 들어주신 율곡출판사의 박기남 사장님과 편집과 교정에 애쓴 장은미 씨께 많은 감사를 전하는 바이다. 그리고 본 책이 나오기까지 2년여 동안 많은 성원을 보내준 저자들의 가족들에게도 감사한다.

1995년 12월, 저자 일동

차 례

3 단순회귀의 추론

4 다중회귀

5 잔차와 회귀진단 : 모형진단

6 이상점과 영향력 관측값 : 자료진단

7 새로운 설명변수의 도입 : 모형개발

8 변수선택 : 모형개발

9 비최소제곱법

10 비선형최소제곱법

소개

chapter one

1

1.1 회귀분석의 의미와 유래

어떠한 현상을 발생시키는 시스템의 구조를 밝히기 위한 연구는 많은 분야에서 수행되고 있다. 여기에는 과학분야와 사회분야의 연구가 모두 포함된다. 이러한 현상은 정도의 차이는 있지만 고정된 상태로 있지 않고 관찰시점이나 실험조건, 환경 등에 따라 변하기 때문에 현상의 구조적인 특성을 파악한다는 것은 매우 어려울 뿐 아니라 많은 시간과 비용이 들어가는 작업이다. 그럼에도 불구하고 많은 학자들이 모형화 작업을 통하여 현상을 지배하고 있는 변수나 인자의 효율적인 관계식을 밝히고 물질이나 시스템의 특성을 알고자 한다. 회귀분석(regression analysis)이란 이러한 변수들의 관계를 기술하고 형태를 파악하는 통계적인 기법을 의미한다.

회귀분석에서 회귀라는 용어의 기원은 Galton[1]이 자녀의 키와 부모의 키의 관계를 분석한 논문에서 찾을 수 있다. 그는 928명의 성인 자녀와 그들의 부모의 키 사이에 직선의 관계가 있음을 발견하였고, "자녀의 키는 부모의 키가 크면(작으면) 대체적으로 크나(작으나) 부모의 키보다는 작으며(크며) 전체 자녀들의 평균키에 근접하는 경향이 있다."라는 사실을 발표하였는데 이를 "regression toward mediocrity"란 용어를 써서 표현하였다. 이러한 이유로 회귀라는 용어의 부적절성에도 불구하고 변수와 변수와의 관계를 도출하고자 하는 기법을 통계학에서는 회귀분석이라 부르고 있다. 이러한 경험적 연구 이후, Pearson(1903)은 아버지와 아들의 키, 어머니와 딸의 키를 조사한 결과를 바탕으로 함수관계를 도출하여 회귀분석의 이론을 수학적으로 정립하였다.

---

1. Francis Galton(1822-1911)은 영국의 유전학자로 유전학의 연구에 수학적 방법을 도입하였고 우생학(eugenics)의 창시자이다. Galton(1886)에서 회귀라는 용어를 처음 사용하였다.

1.2 회귀분석 활용의 예

이제 몇 가지 예들을 통해 회귀분석의 활용성을 알아보자.

예 1.1 포도수확량 자료

연간 포도의 수확량은 수확기에 포도를 재배한 농가 중에서 표본을 선택하고 수확량을 조사하여 이를 근거로 예측할 수 있다. 이러한 작업이 단순한 예측으로 끝나지 않고 이를 바탕으로 대체과수의 수입여부와 같은 의사결정에 이용되기 위해서는 수확기의 표본조사는 시기적으로 늦다. 이러한 점에서 수확량을 직접 조사하기보다 수확량을 결정해 주는 요인들이 무엇인지를 파악함으로써 수확량을 예측하는 것이 보편화되어 있다. 예를 들어 7월 말에는 포도나무 줄기에 열매가 달리기 시작하는데 열매의 개수를 조사하여 수확기의 포도수확량을 예측할 수 있을 것이다. [표 1.1]은 7월 말에 조사한 포도나무에 달린 열매개수의 평균을 X로 하고 포도수확량(톤/에이커)을 Y로 하는 1971년부터 1983년까지의 자료이다. 1972년에는 태풍으로 인하여 포도가 수확이 되지 않았기 때문에 자료가 없다.

표 1.1 포도수확량 자료

연도	수확량(Y)	열매개수(X)	연도	수확량(Y)	열매개수(X)
1971	5.6	116.37	1978	4.8	125.24
1973	3.2	82.77	1979	4.9	116.15
1974	4.5	110.68	1980	4.7	117.36
1975	4.2	97.50	1981	4.1	93.31
1976	5.2	115.88	1982	4.4	107.46
1977	2.7	80.19	1983	5.4	122.30

자료원 : Casella와 Berger(2001)

두 변수 간의 함수관계를 찾아보는 첫 단계는 도표 상에 관측점들을 찍어서 그림으로 그려보는 것이다. 이러한 도표를 산점도(scatter plot)라고 부르며, 이를 통하여 두 변수 간의 관계를 대략적으로 짐작할 수 있다. 평균 열매개수 X

그림 1.1 수확량과 열매개수의 산점도

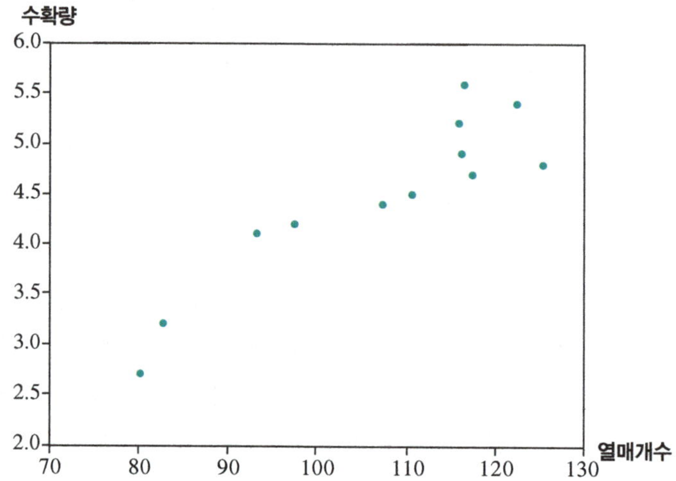

를 x축(가로축)으로 하고 포도수확량 Y를 y축(세로축)으로 하는 [그림 1.1]의 산점도를 보면 수확량은 과수의 작황 정도의 지표인 열매개수에 비례한다는 것을 알 수 있다. 이러한 사실을 감안하면 다음의 관계식을 생각할 수 있다.

$$Y = \beta_0 + \beta_1 X \tag{1.1}$$

그러나 식 (1.1)은 단순히 두 변수 X와 Y 사이의 함수관계(functional form between variables)를 나타내고 있을 뿐이고 자료를 올바르게 반영한다고는 볼 수 없다. 식 (1.1)에 통제할 수 없는 부분 ε(앞으로는 오차라 부른다)이 첨가되면 열매개수와 포도수확량의 올바른 관계를 나타낸다고 할 수 있다. 이러한 오차에는 포도수확량에 대한 측정오차와 열매개수 외에 수확량에 영향을 미치는 다른 변수로 볼 수 있는 토양의 비옥도, 비료의 살포량, 기후, 농작기술 등에 의한 효과들이 복합적으로 들어있다. 오차가 더해진 다음과 같은 모형을 통계적인 관계식(statistical relationship between variables)이라고 한다.

$$Y = \beta_0 + \beta_1 X + \varepsilon \tag{1.2}$$

모형 (1.2)에서 Y를 종속변수(dependent variable) 또는 반응변수(response variable)라 하고 X를 독립변수(independent variable) 또는 설명변수(explanatory variable)[2]라 한다. 여러 책에서 종속변수/독립변수의 용어 조합을 사용하기도 하지만 Y와 X의 통계적 독립성과 혼동을 일으킬 염려가 있기 때문에 본 책에서는 Y를 반응변수, X를 설명변수라 부르기로 한다. β_0와 β_1은 우리가 알지 못하는 모수(parameter)로서 자료분석을 통하여 추정(estimate)하여야 한다. β_0는 $X=0$일 때의 Y의 값으로서 절편이라 하고, β_1은 X가 한 단위 증가하였을 때의 Y의 변화량으로서 기울기라 부른다.

위의 모형은 단순하지만 과수의 수확량을 예측하기 위해 필요한 정보를 함축적으로 가지고 있고 다른 복잡한 모형을 설정하는 것보다 많은 장점이 있어 실제 자주 사용되고 있다.

예 1.2 회사생산성

어느 회사에서 생산직에 근무하는 직원을 대상으로 실시하는 재교육 훈련의 적정 기간을 결정하기 위해 다음과 같은 방법을 시도하였다. 20명의 직원을 무작위로 선정하여 두 사람씩 10개 그룹으로 나누어 각 그룹에 대해 각각 다른 훈련기간을 거치게 한 후에 이들의 훈련기간이 생산성에 미치는 영향을 관찰하였다.

여기서는 (예 1.1)과 달리 훈련기간 X와 생산성 Y의 관계가 모형 (1.2)와 같다고 할 수 없다. 왜냐하면 훈련기간이 늘어나더라도 생산성에 대한 효과가 계속 증가하지는 않기 때문이다. 이러한 점을 감안하면 다음의 모형이 바람직하다.

$$Y=\beta_0+\beta_1X+\beta_2X^2+\varepsilon \tag{1.3}$$

모형 (1.3)의 β_2는 함수식의 곡선의 정도(curvature : 곡률)를 나타내는 모수인데, 이 예에서는 위로 볼록한 2차함수로 나타나야 하므로 β_2의 값은 음수가 될 것이다. 모형 (1.2)는 X와 Y의 선형의 관계를 나타내고 있는 반면에 모형 (1.3)은 X와 Y의 비선형의 관계를 기술하고 있다. 이러한 모형 (1.3)은 변수에 대해서는 비선형이지만

---

2. 설명변수는 회귀변수(regressor) 또는 예측변수(predictor)라 부르기도 한다.

모수에 대해서는 선형이기 때문에 이를 선형모형의 범주 안에 포함시킨다.

자료수집의 형태를 보면 (예 1.2)는 (예 1.1)과 차이가 난다. (예 1.1)은 관찰에 의한 자료수집(observational study)이었고 (예 1.2)는 계획적이고 통제적인 실험(controlled experiment)에 의해 자료가 구해졌다고 할 수 있다.

다음 (예 1.3)은 (예 1.1)이나 (예 1.2)에 비해 다소 복잡한 양상을 띠고 있다.

예 1.3 자동차 속도와 제동거리

자동차의 속도가 제동거리에 미치는 영향을 파악하고 이를 바탕으로 여러 형태의 도로에서 적정 차간거리를 설정하기 위해 자료를 수집하는 상황을 생각해 보자. 일반적으로 자동차의 제동거리는 속도에 비례한다. 따라서 브레이크를 밟았을 때 속도를 X라 하고 제동거리를 Y라 하면 모형 (1.2)가 설정될 수 있다.

하지만 이 상황을 모형 (1.2)로 단순화하는 것에 대해 다음과 같은 반론이 제기될 수 있을 것이다. 첫째, 자동차의 속도 이외의 다른 설명변수도 제동거리에 영향을 미칠 것이다. 대표적으로 도로의 상태[3]가 제동거리에 영향을 미칠 것이고 자료를 수집할 때 도로 상태를 어떻게 설정하여야 하는지를 고려해야 한다. 둘째, 동일한 도로 상황이 아니면 속도와 도로 상태의 교호작용[4]이 제동거리에 영향을 줄 것이다. 이 교호작용을 나타내는 변수를 어떻게 정의하고 이에 맞는 변수를 어떻게 설정해야 하는지를 고려해야 한다. 셋째, 속도와 제동거리의 선형관계는 일정한 속도 범위를 벗어나면 성립하지 않을 수 있을 것이다. 고속으로 주행하는 경우의 제동거리는 평상시의 제동거리에 비례하지 않고 더 급속하게 길어진다. 물론 비가 오면 이는 더 길어질 것이다. 이상의 세 가지 경우를 감안하는 실험은 어떻게 하여야 하며 수집된 자료를 어떠한 모형을 설정하고 분석해야 하는가 하는 것은 언뜻 보아 쉽지 않다. 그러나 출발점으로는 제동거리에 영향을 미치는 여러 설명변수 사이의 선형관계를 나타내는 다음의 모형이 될 것이다.

$$Y = \beta_0 + \beta_1 X_1 + \beta_2 X_2 + \beta_3 X_3 + \beta_4 X_4 + \varepsilon \tag{1.4}$$

---

3. 이외에도 제동거리에 영향을 미치는 변수로서 차체의 중량, 타이어의 종류, 그리고 ABS 장착 여부 등을 생각할 수 있다.
4. 자세한 교호작용에 대한 설명은 7장에서 하기로 한다.

여기서 X_1은 속도, X_2는 도로 상황, X_3는 속도와 도로와의 교호작용, 그리고 X_4는 속도의 비례성을 감안해 주는 변수이다. 속도가 높아지면 제동거리가 급속히 늘어나는 현상을 반영하기 위해 X_4는 X_1^2으로 생각해 볼 수 있다.

그러나 대부분의 사회적인 현상에서는 이와 같이 명확한 이론적인 배경 전개를 통한 분석이 매우 드물며, 만약 가능하더라도 세심한 모형개발의 경험을 필요로 한다.

예 1.4 교통사고 자료

교통사고 예측모형 개발의 일환으로 1980년부터 2014년까지의 우리나라 자동차 등록대수와 자동차 교통사고 발생건수, 교통사고 사망자수를 조사한 자료가 [표 1.2]에 있다. 모든 변수들의 자료값에 대해 산점도행렬(scatterplot matrix)을 그리면 [그림 1.2]와 같다.

표 1.2 교통사고 자료

연도	자동차 등록대수 (천 대)	교통사고 발생건수 (천 건)	교통사고 사망자수 (명)	연도	자동차 등록대수 (천 대)	교통사고 발생건수 (천 건)	교통사고 사망자수 (명)
1980	528	120	5608	1998	10470	240	9057
1981	572	123	5804	1999	11164	276	9353
1982	647	141	6110	2000	12059	290	10236
1983	785	170	6834	2001	12914	261	8097
1984	948	134	7468	2002	13949	231	7222
1985	1113	147	7522	2003	14587	241	7212
1986	1309	154	7702	2004	14934	221	6563
1987	1611	176	7206	2005	15397	214	6376
1988	2035	225	11563	2006	15895	214	6327
1989	2660	256	12603	2007	16428	212	6166
1990	3395	255	12325	2008	16794	216	5870
1991	4248	266	13429	2009	17325	232	5838
1992	5231	257	11640	2010	17941	227	5505
1993	6274	261	10402	2011	18437	222	5229
1994	7404	266	10087	2012	18871	224	5392
1995	8469	249	10323	2013	19401	215	5092
1996	9553	265	12653	2014	20118	224	4762
1997	10413	246	11603				

자료원 : 통계청(2014)

그림 1.2 교통사고 자료의 산점도행렬

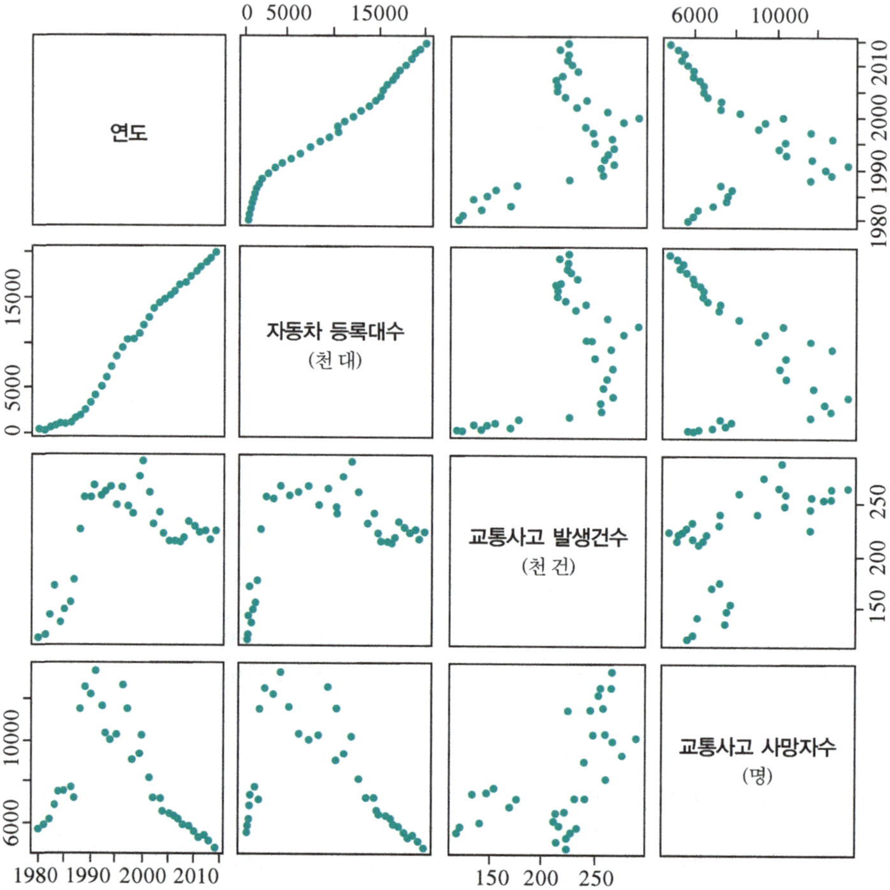

이 산점도행렬을 보면 해가 지남에 따라 자동차 등록대수는 계속 증가하는데 90년대 들어 급격히 증가함을 보이다가 2000년대 들어 증가속도가 둔화됨을 볼 수 있다. 다만 1998년에는 사회적인 현상으로 인하여 거의 증가하지 않았다. 교통사고 발생건수와 교통사고로 인한 사망자의 수는 초반에는 증가하다가 90년대에 최고값을 기록하고 다시 감소함을 볼 수 있다. 또한 자동차 등록대수가 늘어남에 따라 교통사고 발생건수와 교통사고로 인한 사망자의 수도 역시 증가하다가 다시 감소하는 현상이 나타난다. 이와 같이 산점도 행렬은 여러 변수 간의 상관관계를 파악하는 데 매우 유용하게 사용된다.

이제 교통사고 발생건수 Y와 자동차 등록대수 X의 관계를 좀 더 자세히 알아보

교통사고 발생건수와 자동차 등록대수의 산점도

그림 1.3

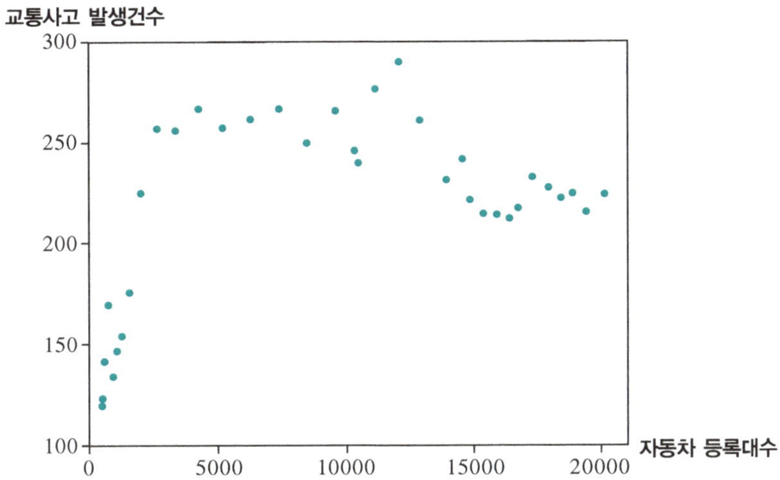

기 위하여 두 변수의 산점도를 그려보면 [그림 1.3]과 같다. 자동차 등록대수가 늘어남에 따라 교통사고 발생건수의 증가율이 떨어지거나 발생건수가 감소하는 현상을 감안하면 X의 2차식으로 표현되는 모형 (1.3)과 유사한 회귀모형이 설정될 수 있을 것이다. 그리고 자동차가 없는 경우는 교통사고가 없다고 가정하면 다음과 같은 절편이 없는 모형이 도출된다.

$$Y = \beta_1 X + \beta_2 X^2 + \varepsilon \tag{1.5}$$

이를 통하여 자동차 등록대수에 따라 교통사고 발생건수가 어떻게 변할 수 있는지 알아볼 수 있다. 회귀모형을 추정한 후에 추정된 회귀식에 자동차 등록대수의 향후 2~3년간의 예측값을 대입하면 미래의 교통사고 발생건수에 대한 정보를 얻을 수 있을 것이다.

예 1.5 편의점의 매출액

편의점의 매출액은 인근 지역의 인구, 소비자와 편의점의 실제 거리, 편의점의 매장 크기에 따라 결정된다는 마케팅이론이 있다. 이에 근거하여 매출액을 Y, 인구를 X_1, 거리를 X_2, 매장의 크기를 X_3로 하는 다음의 모형을 설정할 수 있다.

$$Y = \beta_0 + \beta_1 X_1 + \beta_2 X_2 + \beta_3 X_3 + \varepsilon \tag{1.6}$$

물론 이와 같은 모형은 자료를 통한 추정 및 반복적인 검정 등의 과정을 거친 후에야 비로소 모형으로서의 역할을 할 수 있다. 이렇게 개발된 모형은 편의점의 위치를 선정하고 매장의 크기를 결정하는 데 사용할 수 있다.

예 1.6 구조물의 높이측정

어떤 구조물의 높이 β를 측정하려고 한다. 직접 측량이 불가능한 경우에는 [그림 1.4]에서와 같이 구조물에서 수직으로 지상에 내린 점 A에서 d만큼 떨어진 위치에서의 각도(angle) α를 통해 간접적으로 측량할 수 있다. 오차가 없이 정확하게 측량을 하였다면 $\tan\alpha = \beta/d$로 표시할 수 있을 것이다. 점 A에서 d_i만큼 떨어진 위치에서 n번 반복하여 각도 α_i를 측량하였다면 다음의 관계가 성립한다.

$$\beta = (\tan\alpha_1)\, d_1 = (\tan\alpha_2)\, d_2 = \cdots = (\tan\alpha_n)\, d_n \tag{1.7}$$

그러나 $\tan\alpha$의 값은 측정오차(ε)가 있기 때문에 실제 측정된 관측값 y_i와의 관계는 다음과 같이 쓸 수 있다.

$$y_i = \tan\alpha_i + \varepsilon_i = \frac{\beta}{d_i} + \varepsilon_i, \quad i = 1, 2, \cdots, n \tag{1.8}$$

여기서 $1/d_i$을 x_i로 치환하면 다음과 같은 회귀모형이 도출된다.

$$y_i = \beta x_i + \varepsilon_i, \quad i = 1, 2, \cdots, n \tag{1.9}$$

높이 β의 측량

그림 1.4

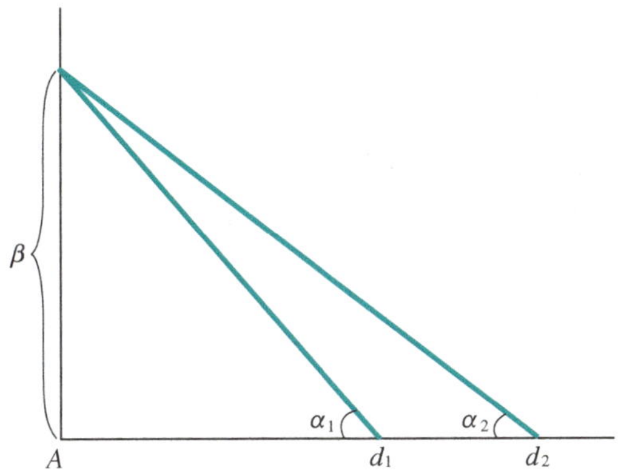

여기서 n개의 관측값을 표현하기 위해 반응변수나 설명변수를 나타내는 대문자 Y와 X 대신 소문자 y_i와 x_i를 이용하였다.

예 1.7 프로야구 순위모형

한국 프로야구 10개 구단은 2016년 한 시즌 동안 홈경기와 원정경기를 각각 72번씩 총 144개의 경기를 치른다. 리그 전체로는 총 720(144 × 10 ÷ 2)번의 게임을 소화한다. 야구경기의 결과는 여러 요인에 의해 결정이 되는데 우선 두 팀 간의 실력 차이를 들 수 있다. 시즌 중에는 변하지 않는 각 팀의 고유 실력을 반영하는 모수 θ_j, $(j = 1, 2, \cdots, 10)$가 있다고 가정을 하면 팀 k와 팀 l 간의 실력 차를 나타내는 지표로 $\theta_k - \theta_l$를 생각할 수 있다. 그 외에 경기 결과에 영향을 주는 요소로는 홈경기의 이점을 들 수 있다. 이는 모든 팀에 적용이 된다고 가정하여 모수 θ_0로 처리하여 준다. 마지막으로 경기는 아무도 통제할 수 없는 요소 ε에 의해 결정될 수 있을 것이다. 이러한 세 가지 요소를 감안한 다음과 같은 선형모형을 제시할 수 있다.[5]

5. 여기서 필요한 모수 θ_i의 수는 10개가 아닌 9개인 것은 한 팀의 실력은 다른 9개의 팀의 실력이 결정이 되면 자동적으로 결정이 되기 때문이다.

$$y_i = \theta_0 + \sum_{j=1}^{9} \theta_j Z_{ij} + \varepsilon_i, \quad i = 1, 2, \cdots, 720 \tag{1.10}$$

여기서 y_i는 i번째 경기의 홈팀의 점수에서 원정팀의 점수를 뺀 차이를 나타내는 관측값이다. 그리고 Z_{ij}의 값은 i번째 경기에서 j번째 팀이 홈팀이면 1의 값을 갖고, j번째 팀이 원정팀이면 −1의 값을 갖는다. 이외의 경우는 0의 값을 갖는다. 팀 k와 팀 l 간의 실력 차인 $\theta_k - \theta_l$인 모수를 추정하면 이는 팀 k와 팀 l이 중립지역에서 경기를 하였을 때의 점수 폭이라 할 수 있다.

이러한 회귀모형은 점수의 폭으로만 팀을 평가하는 단점이 있어 모형개발의 여지가 아직 많이 남아 있음에도 불구하고 이 모형은 각 팀을 평가하는 분석도구로서 그 역할을 기대할 수 있다. Stefani(1977, 1980)와 Leake(1976)의 논문을 참조하기 바란다.

■ 선형과 비선형모형

(예 1.1)부터 (예 1.7)까지 보았듯이 현상의 구조가 선형이 아니라 비선형이더라도 이차함수 등을 이용하여 선형모형으로 설명하거나 표현할 수 있었다. 그러나 실제 내재하고 있는 참의 관계식(true relationship)은 자료분석을 통하더라도 알 수 없을 뿐 아니라 대부분의 경우 관계를 선형이라고 단정하고 분석을 하지 않는다는 사실을 염두에 두기 바란다. Y와 X의 참의 관계가 이차함수 등으로도 표현하지 못하는 비선형의 관계라 할지라도 [그림 1.5]에서 보듯이 선형 또는 선형들의 연결로 관계를 근사할 수 있기 때문에 선형모형을 사용하는 것이다. 이는 적절한 범위에서만 모형 (1.2) 등의 선형모형이 사용되어야 한다는 의미이기도 하다. 자료의 범위는 생각지 않고 지나친 외삽(extrapolation)을 주장하면 타당하지 않은 결과가 나올 수도 있다. [그림 1.6]과 같이 x_1과 x_2 사이 구간의 자료를 바탕으로 한 모형을 x_2와 x_3의 구간에 적용시키는 것은 무리이다.

선형의 관계를 갖지 않는 모든 모형을 비선형모형이라 부른다. 이러한 예는 현상이 이론적으로 설명이 가능하고 특수한 함수를 이용하여 모형화를 하는 경우가 대부분인 화학, 의학, 공학, 경제학 등에서 주로 나타난다. 몇 가지 예

그림 1.5

참관계식의 선형근사

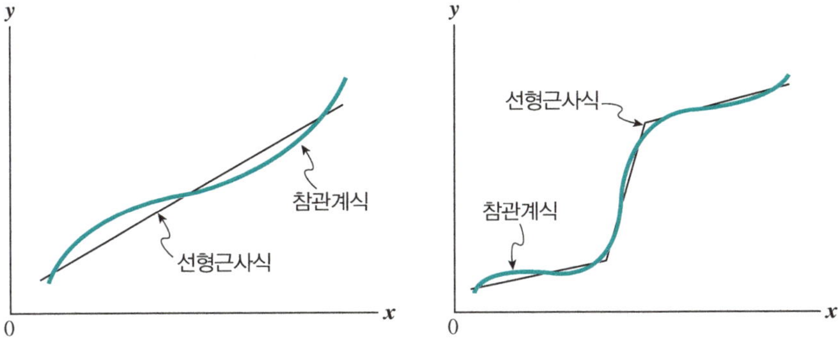

그림 1.6

외삽의 위험성

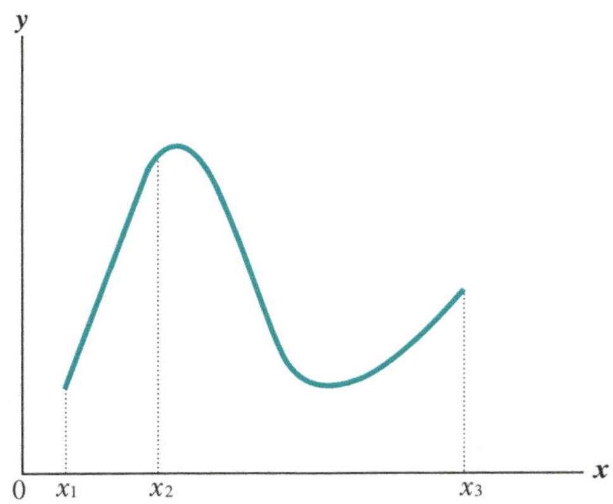

를 들어보면 다음과 같다.

$$Y = \alpha X_1^{\beta} X_2^{\gamma} \varepsilon \tag{1.11}$$

$$Y = \frac{1}{\beta_0 + \beta_1 X + \varepsilon} \tag{1.12}$$

$$Y = \alpha e^{\beta X} + \varepsilon \tag{1.13}$$

$$Y = \alpha + e^{\beta X} + \varepsilon \tag{1.14}$$

비선형모형에는 대체적으로 두 가지 형태가 존재한다. 이 중 하나는 변환을 통하여 선형의 관계를 유지할 수 있는 경우로서 모형 (1.11)과 (1.12)가 이에 해당이 된다. 모형 (1.11)은 양변에 자연로그(ln) 변환을 취하고 모형 (1.12)는 Y의 역수를 새로운 Y로 치환함으로써 다음과 같이 선형모형이 된다.

$$\ln Y = \ln \alpha + \beta \ln X_1 + \gamma \ln X_2 + \ln \varepsilon \qquad (1.15)$$

$$\frac{1}{Y} = \beta_0 + \beta_1 X + \varepsilon \qquad (1.16)$$

모형 (1.13)과 (1.14)는 변환을 이용하여도 선형모형으로의 탈바꿈이 불가능하다. 관계식이 비선형인 경우지만 선형으로 변환이 가능한 경우를 본질적 또는 변환 가능한 선형(intrinsically/transformable linear)이라 하며 설명변수와 반응변수와의 관계가 본질적으로 비선형인 경우(intrinsically non-linear)와 구분한다. 본 책에서는 모형 (1.15)과 (1.16)과 같은 경우는 선형모형에 포함시키고 식 (1.13)과 식 (1.14)와 같이 본질적인 비선형의 모형은 선형모형의 범주에서 제외한다.

■ 모형개발

회귀모형의 개발은 매우 신중하게 진행해야 하는데 이를 위해서는 무엇보다도 좋은 설명변수의 선택이 중요하다. 물론 관계식을 뒷받침해 줄 수 있는 적절한 변수를 선택해야 하지만 선택되는 변수는 측정이 용이하고 수집 과정이 경제적이어야 하며 되도록 측정오차가 없어야 한다. 흔히 모형의 지나친 외삽법 활용을 주의하여야 한다고 하는데 이는 바꾸어 말하면 자료의 수집단계에서 자료의 범위를 신중히 고려하지 않으면 모형의 신뢰성이 상실될 수 있다는 뜻이다. 목적에 맞는 좋은 자료는 모형개발의 핵심이 된다고 하여도 과언이 아니기 때문에 자료수집에 신경을 써야 한다.

변수의 선택에서 세심한 과정을 거치지 않으면 목적에 맞는 모형개발이 될 수 없다. 이는 후에 논하겠지만 모형에 포함되어 있는 기존의 설명변수를 감안하여 특정의 설명변수가 반응변수를 얼마만큼 설명할 수 있는지의 여부가 변수의 선택에 관건이 된다. 또한 설명변수 및 반응변수의 변환을 적절히 구사하여야만 좋은 모형이 도출되는 경우가 많다. 다음 장부터 이러한 모형개발의 과정에 대한 설명이 개별적으로 또는 복합적으로 진행될 것이다.

1.3 회귀분석의 목적

회귀분석은 기본적으로 다음과 같은 목적을 갖고 있다.

(1) 모형구축을 통한 자료의 기술과 모수추정(data description and parameter estimation)
(2) 적합된 모형을 통한 예측(prediction)
(3) 통계적인 제어/통제(control)

(예 1.1)에서는 포도의 수확량을 미리 예측하여 이를 근거로 대체 포도의 수입 여부를 판단하기 때문에 (2)의 목적에 속한다고 할 수 있다. 그러나 실제로는 이 세 가지 목적은 중복되어 나타나는 경우가 대부분이다. (예 1.2)는 (1), (2), (3) 모두를 목적으로 하였다. 회귀식을 이용하여 재교육 훈련을 받는 새로운 직원이 적절한 생산성을 갖기 위해 필요한 교육기간을 산정할 수 있으므로 통제적인 목적으로 쓰인다고 할 수 있다. (예 1.3)은 자료를 활용하여 도로에서의 안전거리를 설정하여 줄 수 있기 때문에 (1)과 (2)의 목적을 갖고 있다. 비슷한 논리로 (예 1.4)와 (예 1.5)도 역시 (1)과 (2)의 목적을, (예 1.6)과 (예 1.7)은 (1)의 목적을 갖고 있다고 보여진다. 예측의 목적으로 회귀식이 쓰이는 경우에는 자료의 범위의 타당성과 모수의 정확한 추정이 전제가 되어야 함은 이미 설명하였다. 부실한 자료로 인한 모수의 불확실한 추정은 예측의 정확성을 보장할 수 없다.

1.4 통계패키지의 사용

회귀식을 이용한 모형개발은 대부분 반복적인 작업의 수행이 필요하므로 일괄작업(batch job) 형태보다는 대화형(interactive mode)의 통계패키지의 선택이 바람직하다. 사용하는 통계패키지가 이러한 목적에 맞지 않는 경우라도 논리적인 작업과정의 반복을 통해 모형개발이 이루어져야 한다. 구체적인 통계패키지 운영에 필요한 명령어(command)에 대한 지식보다는 분석결과에 대한 논리적인 해석이 더 중요하다. 통계패키지가 갖고 있는 회귀분석 프로그램이 모형개발을 대체할 수는 없기 때문에 본 책에서는 구체적인 통계패키지의 명령어를 자세히 언급하기보다는 모형개발의 논리를 중점적으로 설명할 것이다.[6]

6. 본 책에서 제시되는 회귀분석의 기본적인 결과물(output)은 범용 통계패키지인 SAS, SPSS, R 등의 결과물을 참조하여 재구성하였다.

단순회귀

chapter two

2

2.1 기본개념

1장에서 보았듯이 설명변수와 반응변수의 값으로 나타나는 자료가 직선 위에 놓여 있는 경우는 거의 없다. 이는 설명변수의 특정 값에 해당되는 반응변수의 관측값이 하나만 존재하는 것이 아니라 여러 개 존재한다는 의미이다. 즉, 반응변수의 관측값은 주어지는 상수가 아닌 변수인 것이다. 1장의 모형 (1.2)와 같이 Y와 X의 관계를 규정지어 주는 관계식은 확률변수인 반응변수의 기대값과 분산을 이용하여 다음 두 가지 사항으로 설명할 수 있다.

(1) 설명변수 X의 값이 x로 주어졌을 때 반응변수 Y의 기대값 $E(Y \mid X=x)$는 x의 선형식이다.

$$E(Y \mid X=x) = \beta_0 + \beta_1 x \tag{2.1}$$

(2) $Y \mid X=x$의 분산은 기대값에 상관없이 일정한 값 σ^2이다.

$$Var(Y \mid X=x) = Var(\beta_0 + \beta_1 x + \varepsilon) = \sigma^2 \tag{2.2}$$

(1)과 (2)의 내용을 그림으로 나타내면 [그림 2.1]과 같이 표현된다.

[그림 2.1]을 좀 더 자세히 살펴보자. Y의 기대값은 X의 값인 x에 의존하여 선형으로 증가하는 형태이다. x는 이미 주어진 값이기 때문에 $\beta_0 + \beta_1 x$는 상수로 볼 수 있다. Y는 $\beta_0 + \beta_1 x$라는 확정적인 요소(deterministic element)와 ε이라는 확률적인 요소(stochastic element)로 구성되어 있다. $Var(\beta_0 + \beta_1 x + \varepsilon)$의 계산은 상수부분인 $\beta_0 + \beta_1 x$를 무시한 ε의 분산만 고려하면 되므로 Y의 분산과 ε의 분산은 같다. Y의 분산은 기대값이나 X의 값인 x에 관계없이 일정한 분산 σ^2를 가진다고 가정하였기 때문에 [그림 2.1]을 보면 X의 값이 다르더라도 Y의 확률분포의 변동(variability)은 일정함을 알 수 있다. 분포의 형태는 [그림 2.1]에서와 같이 정규분포일 필요는 없다.

모형 (2.1)과 (2.2)의 도형화

그림 2.1

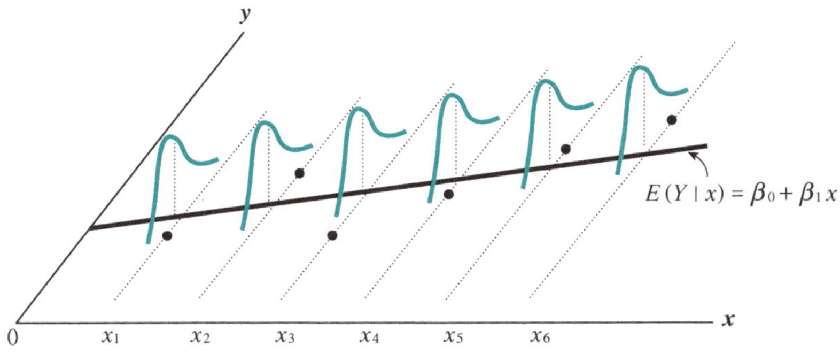

모수(parameter) β_0와 β_1 등은 자료를 통하여 추정을 해야 하는데 (X, Y)에 대한 관측값 자료로서 $(x_1, y_1), (x_2, y_2), \cdots, (x_n, y_n)$이 주어졌다고 하자. 이 n개의 자료를 반영하는 회귀모형은 다음과 같이 쓸 수 있다.

$$y_i = \beta_0 + \beta_1 x_i + \varepsilon_i, \quad i = 1, 2, \cdots, n \tag{2.3}$$

이 모형에 의하면 자료는 β_0를 절편으로 하고 β_1을 기울기로 하는 직선 $Y = \beta_0 + \beta_1 X$를 중심으로 ε의 값에 따라서 직선 위 또는 아래에 위치한다. β_0와 β_1은 모수로서 회귀계수(regression coefficient), ε_i는 통계적 오차(statistical error) 또는 줄여서 오차(error)라고 부른다. ε_i는 y_i와 $\beta_0 + \beta_1 x_i$의 차이를 나타내는데 오차의 크기로 설명변수와 반응변수에 대한 관계식이 얼마나 정확하게 기술되었는지 알 수 있기 때문에 오차의 추정값은 회귀분석에서 매우 중요한 의미를 갖는다. 모형 (1.2)나 (2.1)을 모회귀모형, 모형 (2.3)을 표본회귀모형이라 구분하여 부르기도 한다.

절편 β_0는 자료의 범위가 0을 포함하고 있는 경우에는 $X = 0$일 때의 반응변수의 기대값, 즉 $E(Y \mid X = 0)$이라는 의미를 갖지만 자료의 범위가 0과 멀리 떨어져 있다면 아무런 의미를 가지지 않고 보조적인 역할만 할 뿐이다.

대표적인 모수추정방법인 최소제곱법(method of least squares)은 2.2절에서 설명한다.

■ 오차의 구성요소

오차는 고정요소(fixed component)와 확률적 요소(random component)로 구성되어 있다. 고정요소는 가정하는 모형이 두 변수 사이에 존재하는 참의 관계식을 반영하지 못할 때 발생한다. [그림 2.2]에서 보듯이 변수 사이의 참의 관계는 곡선이지만 가정하는 모형이 직선인 경우에 이러한 오차가 발생한다. 직선과 곡선 사이의 차이에 해당하는 부분을 고정오차(fixed error) 또는 적합결여오차(lack of fit error)라 부른다. 이러한 오차를 검토하는 방법은 3장 3.5절에서 논하기로 한다. 그러나 4장까지 이어지는 추정량의 성질은 가정하는 모형이 참의 모형임을 전제로 유도되었음을 기억하기 바란다.

오차의 확률적 요소는 일반적으로 세 가지 형태로 구분하여 설명된다. 첫째, 측정오차(measurement error)를 들 수 있는데 이는 거의 모든 모형에서 존재한다고 해도 무리가 아니다. 그 이유는 100%의 정확도를 가지고 변수의 값을 측정을 한다는 것은 불가능하기 때문이다. 설명변수의 값인 x와 반응변수의 값인 y에서 모두 측정오차가 발생할 수 있다. 그러나 x는 주어진 값으로 상수로 처리하였기 때문에 특별한 경우가 아니면 X에서의 측정오차는 없는 것으로 간주한다. 한편 Y에서 발생하는 측정오차는 오차인 ε 안에 자연스럽게 포함된다. 둘째, 모형에 포함되어야 하는 설명변수가 제외됨으로써 나타날 수 있는 오차

그림 2.2 직선에 의한 곡선의 근사

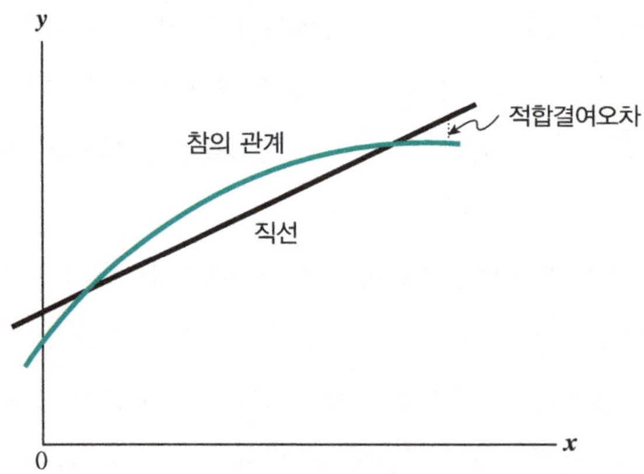

를 들 수 있다. 1장의 (예 1.1)에서 보았듯이 기후, 토양의 비옥도, 비료의 살포량 등은 모두 수확량을 설명하는데 도움을 주지만 모형의 단순화를 위하여 제외시켰기 때문에 이러한 변수들에 의한 설명력이 오차에 포함되어 있다는 의미이다. 셋째, 앞에서 설명한 어느 원인에도 속하지 않고 자연발생적으로 생겨나 임의적으로 통제할 수 없는 순수오차(pure error)가 있다.

고정오차가 없으면 모든 i에 대해 ε_i의 기대값 $E(\varepsilon_i)$는 0이 된다. 또한 오차 ε_i는 발생과정에서 다른 오차 ε_j에 영향을 주지 않는 서로 상관이 없는(uncorrelated) 관계라 가정하면 임의의 두 오차 간의 공분산 $Cov(\varepsilon_i, \varepsilon_j)$는 0이 된다. 그리고 모든 i에 대해 ε_i는 같은 분산 σ^2을 갖는다는 사실을 종합하면 모형 (2.3)은 다음과 같이 쓸 수 있다.

$$y_i = \beta_0 + \beta_1 x_i + \varepsilon_i, \quad i = 1, 2, \cdots, n \tag{2.4}$$
$$E(\varepsilon_i) = 0, \quad Var(\varepsilon_i) = \sigma^2$$
$$Cov(\varepsilon_i, \varepsilon_j) = 0, \quad i \neq j$$

모형 (2.4)는 설명변수가 하나이므로 단순(simple), 회귀계수가 지수의 형태나 다른 모수와의 곱으로 나타나지 않기 때문에 모수에 대해서 선형(linear in the parameter), 설명변수가 일차로 나타나기 때문에 설명변수에 대해서 선형(linear in the explanatory variable)인 회귀모형이다. 앞으로는 이 모형을 단순(simple) 선형(linear in both parameters and explanatory variable) 회귀모형 또는 줄여서 단순회귀모형(simple regression model)이라 부르기로 한다.

위에 언급된 회귀모형은 분포가 명시되지 않은 오차를 가지고 있다. 그러나 회귀계수 및 기타 모수에 대한 추론을 위해서는 오차에 대한 정규분포를 가정하게 되는데 이는 3장에서 논하기로 한다. 다만 오차가 정규분포를 따른다는 가정 하에서 사용되는 모수추정방법인 최대가능도방법(method of maximum likelihood)은 2장 보론 A.2.5를 참조하기 바란다.

2.2 최소제곱법[1]

본 절에서는 주어진 자료를 이용하여 모수들을 추정하는 방법 중 가장 널리 쓰이는 최소제곱법[2]을 소개하고자 한다. 모형 (2.4)를 대상으로 설명하여 보자. 최소제곱법은 n개의 관측값 자료 (x_i, y_i)에 대한 이차원 그래프인 [그림 2.3]의 점들을 잘 표현하는 직선을 찾는 것이다. 각각의 점들과 직선 사이에는 수직거리(vertical distance)가 발생하는데 이를 잔차(residual) e_i라 한다. [그림 2.3]에서 보듯이 어떤 잔차는 양의 값이고 어떤 잔차는 음의 값을 가진다.

최소제곱법이란 이러한 잔차의 제곱합이 최소값을 가질 수 있도록 모수를

그림 2.3 적합 후의 잔차

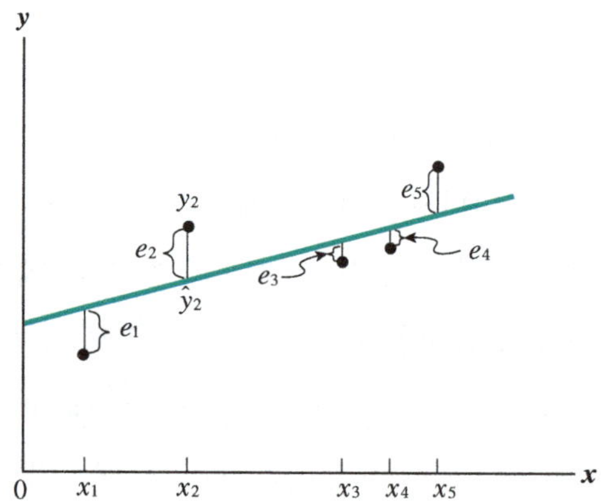

1. 최소제곱법은 Gauss(독일), Legendre(프랑스), Adrain(미국) 등의 수학자가 거의 동시에 그 사용을 주장하였다고 전해진다. Legendre가 최초로 1805년 논문발표를 통해 이의 사용을 알렸으나 Gauss는 1806년 자신은 이미 12년간 최소제곱법을 이용한 추정을 연구하였다고 주장하였다. 이 두 사람과는 별도로 Adrain이 1808년 최소제곱법에 대해 발표하였다.
2. 회귀식을 추정하는 방법은 9장에서도 논하겠지만 최소제곱법 이외에도 여러 방법이 있다. 그러나 최소제곱법은 다른 방법에 비해 많은 기하학적인 의미를 가지고 있다. 기하학적인 성질을 논하기에는 지면이 부족하고 본 책의 범위를 벗어나기 때문에 그 내용은 Guttmann(1982) 또는 Rencher와 Schaalje(2008)의 책을 참조하기 바란다.

추정하는 방법이다. 따라서 이 방법에 의한 모수 추정에서 생기는 잔차제곱합은 다른 방법에 의한 잔차제곱합과 비교하면 가장 작은 값을 갖는다. 최소제곱법을 식으로 표시해 보면 다음에 정의된 β_0, β_1의 함수인 $Q(\beta_0, \beta_1)$의 값을 최소화하는 β_0, β_1의 값을 구하는 방법이다.

$$Q(\beta_0, \beta_1) = \Sigma(y_i - \beta_0 - \beta_1 x_i)^2 \tag{2.5}$$

식 (2.5)의 Q를 β_0와 β_1으로 편미분하여 $\partial Q/\partial\beta_0$와 $\partial Q/\partial\beta_1$를 구하고 각각 0으로 놓으면 두 개의 식을 가지는 연립방정식이 되는데 이를 정규방정식(normal equation)이라고 한다. Q는 x_i를 기준으로 아래로 볼록한 함수(convex function)이므로 정규방정식의 해는 Q를 최소화하는 값이 될 것이다. 이 정규방정식의 해가 β_0와 β_1의 최소제곱추정량

$$\hat\beta_0 = \bar y - \hat\beta_1 \bar x \tag{2.6}$$
$$\hat\beta_1 = \frac{\Sigma(x_i - \bar x)(y_i - \bar y)}{\Sigma(x_i - \bar x)^2} = \frac{S_{xy}}{S_{xx}}$$

이다. 자세한 전개과정은 2장 보론 A.2.1을 참조하기 바란다. 여기서 $\bar y$는 $\Sigma\frac{y_i}{n}$, $\bar x$는 $\Sigma\frac{x_i}{n}$를 의미하고 S_{xx}는 $\Sigma(x_i - \bar x)^2$, S_{xy}는 $\Sigma(x_i - \bar x)(y_i - \bar y)$를 나타내는 표현방법이다.[3] 그리고 ε_i는 관측이 불가능한 값으로 추정값 표시를 한다면 $\hat\varepsilon_i$로 표시할 수 있으나 오차는 모수가 아니기 때문에 본 책에서는 e_i로 표시한다. e_i는 y_i와 $\hat y_i (= \hat\beta_0 + \hat\beta_1 x_i)$의 차이인 잔차값 $y_i - \hat y_i$로 자연스럽게 대체할 수 있다. 위에서도 언급하였듯이 최소제곱법으로 계산된 잔차제곱합은 다른 어떤 추정방법보다 작은 값을 갖는다.

3장 3.5절에서 자세히 언급되겠지만 σ^2의 추정은 모형에 의존하지 않으면서 추정을 할 수 있으면 가장 바람직하다. 그러나 이는 하나의 $X = x$ 값에 여

---

3. S_{xx}는 X에 대한 조정제곱합(corrected sum of squares of x), S_{xy}는 X와 Y의 조정곱합(corrected sum of cross product of X and Y)이라 불린다. 여기서 조정(corrected)이란 X와 Y의 표본평균을 각 자료로부터 빼어준 것을 의미한다. 단, 여기서는 $\Sigma(x_i - \bar x)(y_i - \bar y) = \Sigma(x_i - \bar x)y_i$이므로 S_{xy}는 연산은 $\Sigma(x_i - \bar x)y_i$를 이용한다(연습문제 2.6 참조).

러 개의 반응변수의 값이 관측된 경우가 아니면 불가능하기 때문에, σ^2의 추정은 모형의 적합도에 의존할 수밖에 없다. 자연스러운 σ^2의 추정값을 구하기 위하여 $\Sigma(y_i - \hat{\beta}_0 - \hat{\beta}_1 x_i)^2$의 기대값을 취하면 $(n-2)\sigma^2$임을 알 수 있으며 이를 이용하여 다음과 같은 비편향추정량(unbiased estimator)을 구한다(연습문제 2.6 참조).

$$\hat{\sigma}^2 = \frac{\Sigma(y_i - \hat{y}_i)^2}{n-2} \tag{2.7}$$

여기서 분자는 잔차제곱합(residual sum of squares : *RSS* 또는 sum of squared errors : *SSE*)[4]이고 분모는 자유도(degrees of freedom)를 의미한다.

$\hat{\sigma}^2$인 $\frac{SSE}{(n-2)}$는 평균의 의미를 담고 있기 때문에 평균제곱오차(mean squared error : *MSE*) 또는 잔차평균제곱(residual mean square : *RMS*)으로도 불린다. σ의 추정값은 *MSE*의 제곱근인 $\sqrt{MSE}$로 대체하고, s로 표기하기도 한다.

$$\hat{\sigma} = \sqrt{\frac{\Sigma(y_i - \hat{y}_i)^2}{n-2}} = \sqrt{MSE} = s \tag{2.8}$$

■ 자유도

기초통계학에서는 확률변수 X의 표본분산을 계산할 때 $\Sigma(x_i - \bar{x})^2$을 자료의 개수인 n으로 나누지 않고 $n-1$로 나누었음을 기억할 것이다. 이 $n-1$이 자유도이다. $\bar{x}$의 값이 주어져 있을 때에는 $n-1$개의 자료값을 알고 있다면 나머지 하나는 $\Sigma(x_i - \bar{x}) = 0$이라는 사실을 이용하여 자동적으로 구할 수 있다. 어떠한 통계량 S의 자유도란 S를 구성하고 있는 기본요소 중 서로 독립인 기본요소의 개수를 뜻한다. $\Sigma(x_i - \bar{x})^2$의 경우, 기본요소는 $x_1 - \bar{x}, x_2 - \bar{x}, \cdots, x_n - \bar{x}$인 n개이지만 이들의 합은 0이라는 제약조건이 있기 때문에 결국 서로 독립인 개수, 즉 자유도는 $n-1$이 된다.

---

4. *SSE*보다는 *RSS*가 좀 더 정확한 표현이라고 생각되나 다른 *SS*와 보조를 맞추기 위하여 앞으로는 *SSE*를 사용한다.

이와 같은 개념을 위의 식 (2.7)에 적용하면 독립적인 $y_i - \hat{y}_i$의 개수가 $n-2$가 된다. 식 (2.7)의 분자를 구성하고 있는 요소인 $y_i - \hat{y}_i$은 회귀선이 추정된 후에 생기는 특징을 갖고 있기 때문에 독립적인 $y_i - \hat{y}_i$인 개수를 구하기 위해서는 선을 긋는데 필요한 최소의 자료 개수인 2를 n에서 제외시켜야 한다. 즉, $n-2$가 단순선형모형에서의 SSE에 관련한 자유도이다.

예 2.1 최소제곱법의 계산(가상자료)

2.4절에서 최소제곱법에 의한 모수들의 추정량 및 회귀식의 특징을 자세하게 설명하기 전에 자료를 통한 모수추정의 계산과정을 살펴본다. 추정방법의 특징을 알아보기 위해 모집단의 회귀식과 오차가 알려져 있는 가상자료를 분석대상으로 하였다([표 2.1] 참조). 하지만 실제 상황에서는 모수의 값이나 오차값을 알 수는 없을 것이다.

표 2.1 가상자료

참모형 : $Y = 8 + 2X + \varepsilon$ ($\beta_0 = 8$, $\beta_1 = 2$)

x	$y = \beta_0 + \beta_1 x$	ε	y
2	12	−2	10
4	16	−1	15
0	8	4	12
3	14	−3	11
5	18	−3	15
7	22	−4	18
4	16	1	17
7	22	0	22

회귀계수의 추정을 위해 필요한 통계값은 다음과 같다.

$$\bar{x} = 4.0 \qquad S_{xx} = 40.0 \qquad S_{xy} = 56.0$$
$$\bar{y} = 15 \qquad S_{yy} = 112.0$$

여기서 S_{yy}는 회귀계수의 추정에는 직접적으로 필요하지 않지만 SSE를 구하는 과정에서 사용되므로 제시하였다.

이러한 통계값을 이용한 회귀계수의 추정값은

$$\hat{\beta}_1 = \frac{S_{xy}}{S_{xx}} = 1.4 \tag{2.9}$$

$$\hat{\beta}_0 = \bar{y} - \hat{\beta}_1 \bar{x} = 9.4$$

이다. 기울기의 추정값 $\hat{\beta}_1 = 1.4$는 실제 기울기 $\beta_1 = 2$에 비해 0.6만큼 과소추정이 되었고 절편의 추정값 $\hat{\beta}_0 = 9.4$는 $\beta_0 = 8.0$에 비해 1.4만큼 과다추정이 되었다. σ^2의 추정량인 $\hat{\sigma}^2 = MSE$는 $33.6/(8-2) = 5.6$이다. [표 2.2]와 [그림 2.4]을 참조하기 바란다.

표 2.2 **회귀추정 결과**

x	y	$\hat{y} = 9.4 + 1.4x$	e	e^2
2	10	12.2	−2.2	4.84
4	15	15.0	0.0	0.00
0	12	9.4	2.6	6.76
3	11	13.6	−2.6	6.76
5	15	16.4	−1.4	1.96
7	18	19.2	−1.2	1.44
4	17	15.0	2.0	4.00
7	22	19.2	2.8	7.84

$\Sigma e_i^2 = 33.6,\ \hat{\sigma} = \sqrt{\frac{33.6}{6}} = 2.366$

그림 2.4 **모회귀선과 추정회귀선의 비교**

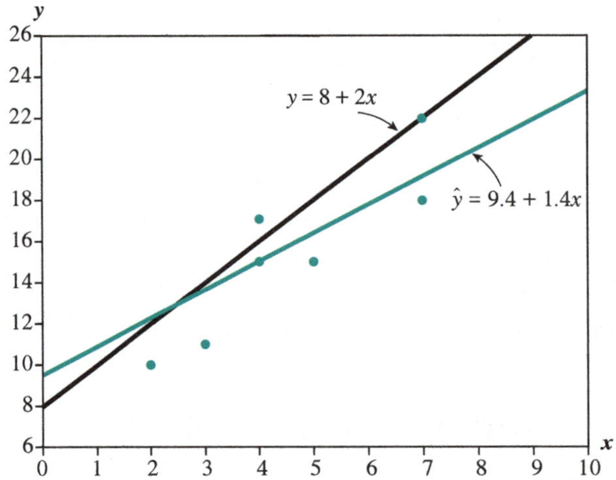

SSE는 [표 2.2]에서와 같이 직접 구하여도 되나 $SSE = S_{yy} - \hat{\beta}_1 S_{xy}$ 공식을 이용하여 구할 수도 있다. $SSE = 112 - 1.4(56) = 33.6$. 이 공식은 2.4절 식 (2.21)에서 설명되니 참조하기 바란다.

■ 대체모형

지금까지 모형 (2.4)를 대상으로 최소제곱법에 의한 모수추정량의 표현을 식 (2.6)에서 알아보았는데 이제 모형 (2.4)를 조금 변형한 경우를 생각해 보자. 주어진 자료의 모든 x값에서 평균값 $\bar{x}$를 빼고 최소제곱법을 이용하여 선을 긋는다고 생각해 보자. 평균을 뺀다는 것은 그래프 상에서는 y축을 x의 표본평균 $\bar{x}$만큼 오른쪽으로 이동하는 것이다. 이동된 상태에서의 회귀모형은 다음과 같다.

$$y_i = \alpha + \beta_1(x_i - \bar{x}) + \varepsilon_i, \ i = 1, 2, \cdots, n \tag{2.10}$$

[그림 2.5]에서와 같이 변형된 자료에 최소제곱법을 적용하였을 때 기울기

축을 이동하였을 때의 추정회귀선 그림 2.5

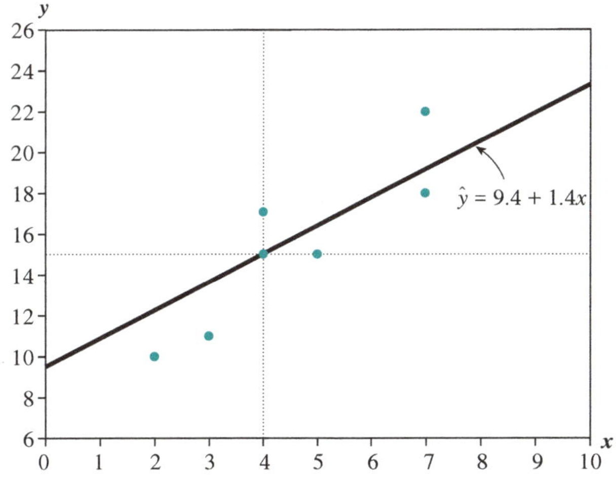

의 추정값은 여전히 $\hat{\beta}_1$이지만 절편은 변한다. $\hat{\alpha}$의 값은 변형된 x의 값 $(x_i - \bar{x})$의 평균이 0이므로 식 (2.6)에 의해 y의 평균값 $\bar{y}$일 것이다. x축을 $\bar{y}$만큼 위로 이동하여도 기울기의 추정값은 변하지 않지만 변형된 y의 값 $(y_i - \bar{y})$의 평균이 0이므로 절편의 추정값은 0이 된다. 가상자료의 경우에 y축을 $\bar{x}$만큼 양의 방향으로 이동한 회귀추정선 $\hat{y} = 9.4 + 1.4x = 15 + 1.4(x - 4)$를 구할 수 있다.

이러한 변환을 통한 추정의 장점은 $\hat{\alpha}$과 $\hat{\beta}_1$의 공분산이 0이라는 특징을 들 수 있다. 즉, 변환하기 전의 절편은 기울기가 구해진 후에 구할 수 있었지만 변환을 통해서는 독립적으로 계산이 가능하다. 이러한 이유로 공분산 $Cov(\hat{\alpha}, \hat{\beta}_1)$은 0이다(2장 보론 A.2.3 참조). 이러한 특징은 회귀계수추정량의 복잡한 선형결합의 분산을 구하는 경우에 계산의 부담을 덜어주며, 그 결과로 수치연산의 정확성을 기할 수 있다. 간단한 예로서 $\hat{\alpha} + \hat{\beta}_1(x - \bar{x})$와 같이 회귀계수추정량의 선형결합으로 표현된 추정량의 분산은 $\hat{\alpha}$과 $\hat{\beta}_1$의 공분산이 0임을 이용하면 쉽게 구할 수 있다(3장 3.3절 참조).

2.3 최소제곱추정량의 특징

지금까지 우리는 최소제곱법에 의한 모수의 추정방법에 대해 알아보았다. 추정회귀식이 구해지면 다음과 같은 질문을 던질 수 있을 것이다.

(1) 추정회귀식은 자료를 잘 나타내고 있는가?

(2) 회귀모형에 포함되어 있는 가정들인 오차 간의 독립성과 분산의 균일성(등분산성) 등은 만족되는가? 만약 만족되지 못한다면 치유할 수 있는 방안은 무엇인가?

(3) 추정회귀식이 예측의 목적으로 활용되는 경우 얼마나 믿을 만한가?

이러한 질문에 답하기 위해서는 추정량의 분포를 알고 있어야 하며 오차의 추정값인 잔차들의 분석이 수행되어야 한다. 이는 각각 3장과 5장에서 다루기로 하고 우선 최소제곱법에 의한 추정량의 성질을 정리하여 보기로 하자.

1) 최소제곱법에 의한 β_0와 β_1의 추정량 $\hat{\beta}_0$과 $\hat{\beta}_1$은 비편향추정량(unbiased estimator)이다. 즉 $\hat{\beta}_0$과 $\hat{\beta}_1$의 기대값은 다음과 같이 β_0, β_1이다.

$$E(\hat{\beta}_0) = \beta_0 \qquad (2.11)$$
$$E(\hat{\beta}_1) = \beta_1$$

증명은 2장 보론 A.2.2를 참조하기 바란다.

2) 최소제곱법에 의한 β_0와 β_1의 추정량 $\hat{\beta}_0$과 $\hat{\beta}_1$은 y_i의 선형결합으로 표현된다. 먼저 $\hat{\beta}_1$에 대해 알아보자.

$$\hat{\beta}_1 = \frac{S_{xy}}{S_{xx}} = \frac{\Sigma(x_i - \bar{x})y_i}{S_{xx}} = \Sigma k_i y_i \qquad (2.12)$$

여기서 k_i는 $\frac{(x_i - \bar{x})}{S_{xx}}$이고 x_i는 주어진 값으로서 상수로 처리했기 때문에 k_i는 y_i의 계수(coefficient)가 된다. 따라서 $\hat{\beta}_1$은 계수가 k_i인 y_i의 선형결합 형태가 된다. $\hat{\beta}_0$도 다음과 같이 y_i의 선형결합 형태가 된다.

$$\hat{\beta}_0 = \bar{y} - \hat{\beta}_1 \bar{x} \qquad (2.13)$$
$$= \Sigma\left(\frac{1}{n} - \bar{x}k_i\right)y_i$$
$$= \Sigma m_i y_i$$

여기서 계수 m_i는 $\left(\frac{1}{n} - \bar{x}k_i\right)$이다.

3) $\hat{\beta}_1$과 $\hat{\beta}_0$은 y_i의 선형결합으로 표현될 뿐 아니라, ε_i의 선형결합으로도 표현된다. 식 (2.12)의 $\hat{\beta}_1$의 공식 $\Sigma\frac{(x_i - \bar{x})y_i}{S_{xx}}$에서 y_i에 $\alpha + \beta_1(x_i - \bar{x}) + \varepsilon_i$를 대입하여 전개하면 $\hat{\beta}_1$은 다음과 같이 표현된다.

$$\hat{\beta}_1 = \frac{S_{xy}}{S_{xx}} = \frac{\Sigma(x_i - \bar{x})[\alpha + \beta_1(x_i - \bar{x}) + \varepsilon_i]}{S_{xx}} \qquad (2.14)$$

$$= \alpha \frac{\Sigma(x_i - \bar{x})}{S_{xx}} + \beta_1 \frac{S_{xx}}{S_{xx}} + \frac{\Sigma(x_i - \bar{x})\varepsilon_i}{S_{xx}}$$

$$= \beta_1 + \frac{\Sigma(x_i - \bar{x})\varepsilon_i}{S_{xx}} = \beta_1 + \Sigma k_i \varepsilon_i$$

식 (2.13)의 $\hat{\beta}_0$의 공식에서 y_i에 $\alpha + \beta_1(x_i - \bar{x}) + \varepsilon_i$를, $\hat{\beta}_1$에 식 (2.14)의 $\beta_1 + \Sigma k_i \varepsilon_i$를 대입하여 간단히 하면 $\hat{\beta}_0$는 다음과 같이 ε_i의 선형결합 형태가 된다.

$$\hat{\beta}_0 = \frac{1}{n}\Sigma y_i - \hat{\beta}_1 \bar{x} = \frac{1}{n}\Sigma[\alpha + \beta_1(x_i - \bar{x}) + \varepsilon_i] - (\beta_1 + \Sigma k_i \varepsilon_i)\bar{x} \qquad (2.15)$$

$$= (\alpha - \beta_1 \bar{x}) + \frac{1}{n}\Sigma \varepsilon_i - \bar{x}\Sigma k_i \varepsilon_i$$

$$= \beta_0 + \Sigma\left(\frac{1}{n} - \bar{x}k_i\right)\varepsilon_i = \beta_0 + \Sigma m_i \varepsilon_i$$

4) $\hat{\beta}_1$과 $\hat{\beta}_0$의 분산을 구해 보자. 변수의 합으로 나타나는 변수의 분산의 공식은 다음과 같다.

$$Var(\Sigma Y_i) = \Sigma Var(Y_i) + \sum_{i \neq j} Cov(Y_i, Y_j) \qquad (2.16)$$

만약 변수 간의 공분산이 0이면 식 (2.16)의 우변의 마지막 항은 소멸되고 변수의 합의 분산은 각각의 분산의 합이 된다. 회귀모형에서 $Cov(y_i, y_j) = 0$이라는 가정과 a가 상수이면 $Var(aY) = a^2 Var(Y)$인 사실을 이용하면 $\hat{\beta}_1$의 분산은

$$Var(\hat{\beta}_1) = Var(\Sigma k_i y_i) = \Sigma k_i^2 Var(y_j) = \Sigma k_i^2 \sigma^2 \qquad (2.17)$$

이고, $\Sigma k_i^2 = \Sigma \frac{(x_i - \bar{x})^2}{(S_{xx})^2} = \frac{1}{S_{xx}}$이므로 $\hat{\beta}_1$의 분산은 다음과 같다.

$$Var(\hat{\beta}_1) = \frac{\sigma^2}{S_{xx}} \qquad (2.18)$$

$\hat{\beta}_0$의 분산은 식 (2.13)에서와 같이 y_i의 선형결합이라는 성질을 이용하여

위와 같이 직접 구할 수도 있으나 다음의 방법으로 구할 수도 있다.

$$Var(\hat{\beta}_0) = Var(\bar{y} - \hat{\beta}_1 \bar{x}) = Var(\bar{y}) + Var(\hat{\beta}_1 \bar{x}) - 2Cov(\bar{y}, \hat{\beta}_1 \bar{x}) \quad (2.19)$$

식 (2.19)의 마지막 항은 $\bar{y}$와 $\hat{\beta}_1 \bar{x}$라는 y의 선형결합으로 나타나는 변수끼리의 공분산인데, 대체모형 (2.10)의 α의 추정값은 $\bar{y}$이고 $\hat{\beta}_1$에 상관없이 결정되므로 $\bar{y}$와 $\hat{\beta}_1 \bar{x}$의 공분산은 당연히 0이다. 이는 기울기 추정값은 반응변수 관측값의 평균에 의존할 이유가 없다는 당연한 사실을 반영한다. 이 공분산이 0이 되는 과정은 2장 보론 A.2.3을 참조하기 바란다. $Var(\bar{y}) = \frac{\sigma^2}{n}$임을 이미 알고 있고 $Var(\hat{\beta}_1 \bar{x}) = \bar{x}^2 Var(\hat{\beta}_1)$이므로 $\hat{\beta}_0$의 분산은 다음과 같다.

$$\begin{aligned} Var(\hat{\beta}_0) &= Var(\bar{y} - \hat{\beta}_1 \bar{x}) = Var(\bar{y}) + Var(\hat{\beta}_1 \bar{x}) \quad (2.20) \\ &= \frac{\sigma^2}{n} + \bar{x}^2 \frac{\sigma^2}{S_{xx}} = \sigma^2 \left(\frac{1}{n} + \frac{\bar{x}^2}{S_{xx}} \right) \end{aligned}$$

■ $\hat{\beta}_1$과 $\hat{\beta}_0$의 분산의 기하학적인 의미

추정량 $\hat{\beta}_1$과 $\hat{\beta}_0$의 분산을 기하학적인 관점에서 분석하여 보자. 기울기의 추정량 $\hat{\beta}_1$의 분산은 식 (2.18)에 의하면 분모인 S_{xx}와 반비례 관계가 있음을 알 수 있다. 따라서 설명변수의 값을 광범위한 범위에서 수집하면 S_{xx}가 크게 되어 $\hat{\beta}_1$의 분산은 작아진다. 그러나 선형회귀식은 제한된 범위에서만 참의 관계를 근사할 수 있다는 점을 생각하면 무작정 S_{xx}를 크게 하는 자료수집에는 신중을 기하여야 한다. [그림 2.6]의 두 그림에서 기울기의 추정값은 비슷할 것으로 보이지만 S_{xx}의 값은 왼쪽 그림에서 상대적으로 작기 때문에 왼쪽의 경우 $\hat{\beta}_1$의 분산이 더 클 것이다. 반면 오른쪽의 경우 $\hat{\beta}_1$의 분산은 작고 상대적으로 안정적인 기울기의 추정값을 제공한다.

다음으로 $\hat{\beta}_0$의 분산을 나타내는 식 (2.20)의 첫째 항인 $\frac{\sigma^2}{n}$은 n이 주어지면 통제할 수 없는 요소이므로 직접적으로 분산의 크기에 영향을 주지 않으나 둘째 항은 $\bar{x}$와 S_{xx}의 값에 의해 복합적으로 분산의 크기가 결정됨을 보여준다.

그림 2.6 기울기 추정값의 분산에 대한 기하학적인 의미

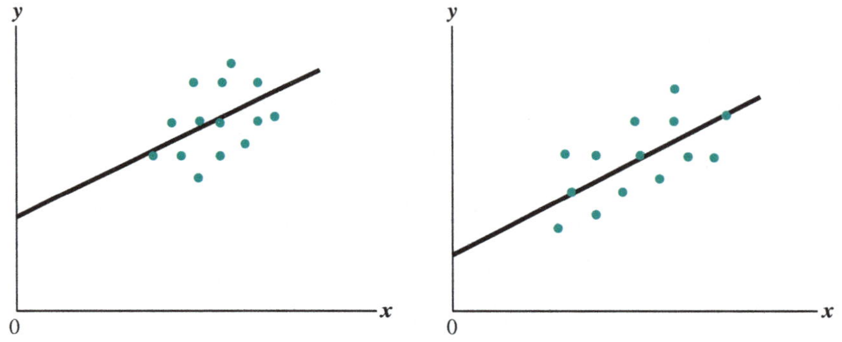

그림 2.7 절편 추정값의 분산에 대한 기하학적인 의미

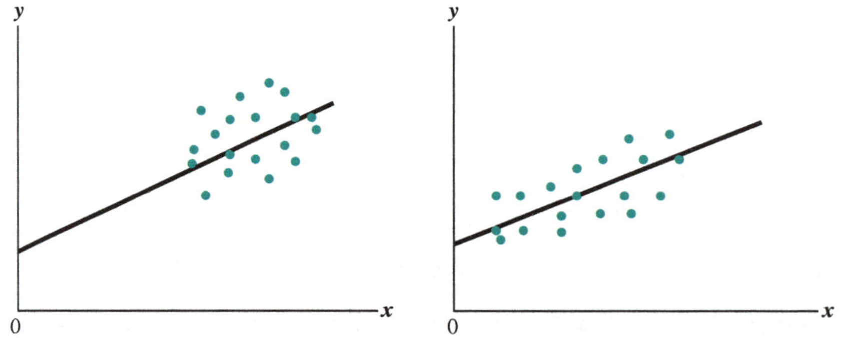

[그림 2.7]을 보면 왼쪽 그림에서는 S_{xx}가 작고 자료가 y축에서 떨어져 있고 오른쪽 그림에서는 상대적으로 S_{xx}가 크고 자료가 y축에 근접하여 있으므로 왼쪽의 경우 $\hat{\beta}_0$의 분산이 오른쪽의 경우보다 클 것이다. 이러한 점에서 자료수집단계에서의 중요성이 재차 강조된다.

이외에도 알아두면 편리한 최소제곱추정량의 성질을 정리하여 본다.

5) 최소제곱법을 이용하여 회귀식을 추정할 경우는 $\Sigma e_i = \Sigma(y_i - \hat{\beta}_0 - \hat{\beta}_1 x_i)$

$=0$(연습문제 2.6 참조)이고, $\Sigma e_i^2 = \Sigma(y_i - \hat{\beta}_0 - \hat{\beta}_1 x_i)^2$의 값은 최소제곱법의 성질상 어느 다른 추정량의 잔차제곱합보다 작다.

6) 식 (2.12)와 (2.13)에서 $\hat{\beta}_0$과 $\hat{\beta}_1$은 y_i의 선형결합추정량임을 보았다. 오차가 서로 독립이고 분산이 같다는 가정하에서 $\hat{\beta}_0$와 $\hat{\beta}_1$의 분산값은 비편향성(unbiasness)을 가지고 있는 어떠한 y_i의 선형결합추정량보다 분산값이 작다. 이를 가우스–마코브(Gauss–Markoff) 정리라 하고 이러한 성질을 갖는 추정량을 최량선형비편향추정량(best linear unbiased estimator : BLUE)이라 한다. 증명은 2장 보론 A.2.4를 참조하기 바란다.

7) 적합값 $\hat{y}_i$의 합과 관측값 y_i의 합은 같다(연습문제 2.6 참조). 즉, $\Sigma y_i = \Sigma \hat{y}_i$이다.

8) 설명변수의 값 x_i 또는 적합값 $\hat{y}_i$을 가중값(weight)으로 하는 잔차의 가중합은 0이다(연습문제 2.6 참조). 즉, $\Sigma x_i e_i = 0$, $\Sigma \hat{y}_i e_i = 0$이다.

9) 추정회귀선 $\hat{y} = \hat{\beta}_0 + \hat{\beta}_1 x$는 반드시 좌표점 $(\bar{x}, \bar{y})$를 통과한다.

10) $SSE = \Sigma e_i^2 = \Sigma(y_i - \hat{y}_i)^2$에서 $\hat{y}_i$에 $\hat{\beta}_0 + \hat{\beta}_1 x_i$를 대입하여 정리하면 다음과 같은 편리한 공식을 얻을 수 있다(연습문제 2.6 참조).

$$
\begin{aligned}
SSE &= \Sigma e_i^2 = \Sigma(y_i - \hat{y}_i)^2 = \Sigma(y_i - \hat{\beta}_0 - \hat{\beta}_1 x_i)^2 \\
&= S_{yy} - \hat{\beta}_1 S_{xy}
\end{aligned}
\tag{2.21}
$$

2.4 가중최소제곱법

지금까지 오차의 분산은 일정하다는 등분산 가정을 하고 최소제곱법의 성질을 알아보았다. 만약 이러한 가정이 만족되지 못하는 경우 최소제곱법에 의한 추정량은 위에서 언급한 가우스–마코브의 정리에 의한 최량선형비편향추정량이 아니다. 자료의 성격상 등분산 가정이 만족되지 않는 경우가 흔히 발생된다.

만약 반응변수의 값이 n_i개의 자료의 평균값으로 되어 있다면 모형은

$$\bar{y}_i = \beta_0 + \beta_1 x_i + \varepsilon_i, \quad i = 1, 2, \cdots, n \tag{2.22}$$

가 되고, $Var(\bar{y}_i) = Var(\varepsilon_i) = \frac{\sigma^2}{n_i}$이므로 모형 (2.22)는 등분산의 가정을 만족시키지 못한다. 그러나 $\bar{y}_i$를 $\sqrt{n_i}\bar{y}_i$로 치환하면 치환된 변수의 분산은 등분산 σ^2이 될 것이다.

$$Var(\sqrt{n_i}\bar{y}_i) = (\sqrt{n_i})^2 Var(\bar{y}_i) = \sigma^2 \tag{2.23}$$

반응변수의 등분산 가정이 만족되지 않는 경우에도 이러한 방법으로 치환하면 최소제곱법을 적용할 수 있다. 즉, 모형 (2.22)의 양변에 $\sqrt{n_i}$를 곱하면 다음과 같다.

$$\sqrt{n_i}\bar{y}_i = \sqrt{n_i}(\beta_0 + \beta_1 x_1) + \sqrt{n_i}\varepsilon_i, \quad i = 1, 2, \cdots, n \tag{2.24}$$

모형 (2.24)를 다음과 같이 바꿔 쓰면 이는 등분산을 만족시키는 회귀모형이 된다.

$$y_i^* = \beta_0\sqrt{n_i} + \beta_1 x_i^* + \varepsilon_i^*, \quad i = 1, 2, \cdots, n \tag{2.25}$$

여기서 y_i^*는 $\sqrt{n_i}\bar{y}_i$, x_i^*는 $\sqrt{n_i}x_i$, ε_i^*는 $\sqrt{n_i}\varepsilon_i$를 의미한다. 식 (2.25)에 최소제곱법을 적용하면 이는 다음을 최소화하는 β_0 및 β_1의 값을 구하는 것이 된다.

$$\Sigma(y_i^* - \beta_0\sqrt{n_i} - \beta_1 x_i^*)^2 = \Sigma n_i(\bar{y}_i - \beta_0 - \beta_1 x_i)^2 \tag{2.26}$$

가중최소제곱법(method of weighted least squares)은 다음의 가중오차제곱 Q를 최소화시켜 주는 회귀계수를 추정하는 방법이다.

$$Q(\beta_0, \beta_1) = \Sigma w_i(y_i - \beta_0 - \beta_1 x_i)^2 \tag{2.27}$$

여기서 w_i는 0보다 큰 상수를 의미한다. 모든 w_i의 값이 1인 경우는 지금까지 보아온 최소제곱법에 해당된다. 식 (2.26)의 경우는 가중값 w_i가 n_i인 경우이다. 식 (2.27)의 Q를 최소화시켜 주는 β_0 및 β_1의 추정량은 다음과 같다(연습문제 2.7 참조).

$$\hat{\beta}_{1_w} = \frac{S_{xy_w}}{S_{xx_w}} \qquad (2.28)$$

$$\hat{\beta}_{0_w} = \bar{y}_w - \hat{\beta}_{1_w}\bar{x}_w$$

여기서 $S_{xy_w} = \Sigma w_i(x_i - \bar{x}_w)y_i$, $S_{xx_w} = \Sigma w_i(x_i - \bar{x}_w)^2$이고 $\bar{x}_w$와 $\bar{y}_w$는 각각 가중평균인 $\bar{x}_w = \frac{\Sigma w_i x_i}{\Sigma w_i}$, $\bar{y}_w = \frac{\Sigma w_i y_i}{\Sigma w_i}$이다. 또한 σ^2은 다음과 같이 추정한다(연습문제 2.7 참조).

$$\hat{\sigma}_w^2 = \frac{\Sigma w_i(y_i - \hat{y}_i)^2}{n-2} \qquad (2.29)$$

그리고 $\hat{\beta}_{1_w}$와 $\hat{\beta}_{0_w}$의 분산은 다음과 같다(연습문제 2.7 참조).

$$Var(\hat{\beta}_{1_w}) = \frac{\sigma^2}{\Sigma w_i(x_i - \bar{x}_w)^2} \qquad (2.30)$$

$$Var(\hat{\beta}_{0_w}) = \sigma^2\left[\frac{\Sigma w_i^2}{(\Sigma w_i)^2} + \frac{\bar{x}_w^2}{S_{xx_w}}\right]$$

만약 반응변수가 n_i개의 자료의 합으로 나타나는 경우는 w_i가 $\frac{1}{n_i}$이며, 반응변수의 분산이 설명변수의 값에 비례한다면, 즉 $Var(y_i) \propto x_i$라면 $w_i = \frac{1}{x_i}$이다. 그러나 분산의 형태에 대한 지식을 사전에 알고 있는 경우를 제외하면 경험적으로 가중값을 얻을 수밖에 없다. 예를 들어 같은 x의 값에 반복적인 반응변수의 값이 있는 경우에는 x값에 의해 결정되는 그룹 내의 표본분산의 역의 값으로 가중값을 구할 수 있을 것이다. 같은 x의 값이 존재하지 않는 경우에는 인근의 x의 값을 그룹으로 묶어 가중값을 구하기도 한다.

예 2.2 Jevons의 금화자료

Jevons(1868)는 274개 금화의 무게를 0.001그램 단위로 기록하였다([표 2.3] 참조). 나이에 해당하는 설명변수의 값 1, 2, 3, 4, 5는 10년 단위인 금화의 나이에 해당된다. 금화의 표준무게는 7.9876그램, 최소무게는 7.9379그램으로 정해져 있다.

표 2.3 금화자료

나이	표본크기	평균무게	표준편차	최소무게	최대무게
1	123	7.9725	.01409	7.900	7.999
2	78	7.9503	.02272	7.892	7.993
3	32	7.9276	.03426	7.848	7.984
4	17	7.8962	.04057	7.827	7.965
5	24	7.8730	.05353	7.757	7.961

자료원 : Weisberg(2014)

평균무게 $\bar{y}_i$를 반응변수로 하고 나이를 설명변수로 하는 단순선형모형을 가중최소제곱법에 의하여 구해 보자. 각 나이별 금화의 평균무게 $\bar{y}_i$의 분산은 $\frac{\sigma^2}{n_i}$이다. 그리고 n_i를 가중값 w_i로 한 회귀식을 구하면 다음과 같다.[5]

$$\hat{\bar{y}}_i = \hat{\beta}_0 + \hat{\beta}_1 x_i = 7.998 - 0.0247x_i, \quad \hat{\sigma}^2 = (0.01764)^2$$

다음 장에서는 오차에 대한 분포를 바탕으로 최소제곱추정량의 분포를 구하고 관심있는 모수들에 대한 추론 및 X와 Y의 여러 가지 관계를 검정하는 과정을 설명한다.

---

5. 이 자료의 경우는 각 나이별 표본의 크기가 크기 때문에 $\bar{y}_i$의 분산을 $\frac{SD_i^2}{n_i}$으로 추정할 수 있다. 따라서 가중값을 $\frac{SD_i^2}{n_i}$의 역으로 하여 가중최소제곱법을 적용하면 다음의 결과가 나온다.

$$\hat{\bar{y}}_i = \hat{\beta}_0 + \hat{\beta}_1 x_i = 7.997 - 0.0238x_i, \quad \hat{\sigma}^2 = (0.55485)^2$$

회귀계수의 추정값은 표본의 크기를 가중값으로 하였을 때와 큰 차이를 보이지 않는다. 그러나 $\hat{\sigma}^2$의 값에는 차이가 나지만 다른 가중값이 사용되었으므로 직접 비교는 적절하지 않다.

보론

A.2.1 최소제곱법에 의한 β_0와 β_1의 추정량

본론에서 정의한 식 (2.5)를 다시 살펴보자.

$$Q(\beta_0, \beta_1) = \Sigma(y_i - \beta_0 - \beta_1 x_i)^2 \qquad \text{(a.2.1)}$$

$(\quad)^2$의 표현은 x_i를 기준으로 아래로 볼록한 함수(convex function)이므로 이 함수의 합인 $\Sigma(y_i - \beta_0 - \beta_1 x_i)^2$도 역시 아래로 볼록한 함수가 된다. 따라서 Q의 최소값은 항상 존재하고 다음의 연립방정식을 만족시키는 β_0와 β_1은 Q를 최소화하는 추정량이다.

$$\frac{\partial Q}{\partial \beta_0} = -2\,\Sigma(y_i - \beta_0 - \beta_1 x_i) = 0 \qquad \text{(a.2.2)}$$
$$\frac{\partial Q}{\partial \beta_1} = -2\,\Sigma(y_i - \beta_0 - \beta_1 x_i)\,x_i = 0$$

이러한 연립방정식을 통계학에서 정규방정식(normal equation)이라 부르는데 전개하면 다음과 같이 표현된다.

$$\beta_0 n + \beta_1 \Sigma x_i = \Sigma y_i \qquad \text{(a.2.3)}$$
$$\beta_0 \Sigma x_i + \beta_1 \Sigma x_i^2 = \Sigma x_i y_i$$

정규방정식의 해인 $\hat{\beta}_1$과 $\hat{\beta}_0$는 $\Sigma x_i^2 - \frac{(\Sigma x_i)^2}{n}$의 값이 0이 아닌 경우에는 다음과 같이 표현된다.

$$\hat{\beta}_1 = \frac{\Sigma x_i y_i - \frac{(\Sigma x_i)(\Sigma y_i)}{n}}{\Sigma x_i^2 - \frac{(\Sigma x_i)^2}{n}} = \frac{S_{xy}}{S_{xx}} \qquad \text{(a.2.4)}$$

$$\hat{\beta}_0 = \Sigma \frac{y_i}{n} - \hat{\beta}_1 \Sigma \frac{x_i}{n} = \hat{y} - \hat{\beta}_1 \bar{x}$$

이는 본론에서 구한 식 (2.6)과 같다.

A.2.2 $\hat{\beta}_1$, $\hat{\beta}_0$, $\hat{\sigma}^2$의 비편향성

본문 2.3절에서 $\hat{\beta}_1$, $\hat{\beta}_0$, 그리고 $\hat{\sigma}^2$은 비편향추정량이라 하였다. 식 (2.14)의 양변에 기대값을 취하면

$$E(\hat{\beta}_1) = E(\beta_1 + \sum k_i \varepsilon_i) = E(\beta_1) + \sum k_i E(\varepsilon_i) \tag{a.2.5}$$

이며 $E(\beta_1) = \beta_1$이고 $E(\varepsilon_i) = 0$이므로

$$E(\hat{\beta}_1) = \beta_1 \tag{a.2.6}$$

이다. 이와 유사하게 식 (2.15)의 양변에 기대값을 취하면 다음과 같다.

$$E(\hat{\beta}_0) = E(\beta_0 + \sum m_i \varepsilon_i) = E(\beta_0) + \sum m_i E(\varepsilon_i) = \beta_0 \tag{a.2.7}$$

분산의 추정량인 $\hat{\sigma}^2 = MSE$의 기대값은 연습문제 2.6에서와 같이 직접 구할 수도 있으나 SSE의 분포의 특성을 이용하면 우회적인 방법으로 쉽게 증명된다. ε_i가 정규분포를 따른다고 가정하면 통계량 $\frac{(n-2)MSE}{\sigma^2} = \frac{SSE}{\sigma^2}$는 자유도 $n-2$인 χ^2분포를 따르며(3장에서 설명) χ^2-분포를 따르는 확률변수의 기대값이 자유도라는 사실을 이용하면

$$E\left(\frac{(n-2)MSE}{\sigma^2}\right) = \frac{(n-2)}{\sigma^2} E(MSE) = n-2 \tag{a.2.8}$$

이다. 따라서 다음이 성립된다.

$$E(\hat{\sigma}^2) = E(MSE) = \sigma^2 \tag{a.2.9}$$

A.2.3 $\hat{\beta}_0$의 분산과 $\hat{\beta}_0$와 $\hat{\beta}_1$의 공분산

2.3절에서 식 (2.19)의 마지막 항인 $Cov(\bar{y}, \hat{\beta}_1\bar{x})$가 0이 된다고 하였는데 다음의 정리를 이용하여 이를 알아본다.

정리 A.2.1 a_i와 b_j가 실수이고 각각의 X, Y가 확률변수일 때 다음이 성립된다.

$$Cov(\sum_i a_i X_i, \sum_j b_j Y_j) = \sum_i \sum_j a_i b_j Cov(X_i, Y_j) \tag{a.2.10}$$

이를 이용하면 $Cov(\bar{y}, \hat{\beta}_1\bar{x})$는 다음과 같다.

$$\begin{aligned} Cov(\bar{y}, \hat{\beta}_1\bar{x}) &= Cov(\sum \frac{y_i}{n}, \sum \bar{x} k_i y_i) \\ &= \sum\sum \frac{1}{n} \bar{x} k_i Cov(y_i, y_j) \\ &= \frac{1}{n} \bar{x} \sum k_i Var(y_i) \\ &= \frac{1}{n} \bar{x} \sigma^2 \sum k_i \end{aligned} \tag{a.2.11}$$

전개과정에서 $i \neq j$인 경우는 $Cov(y_i, y_j) = 0$이므로 $i = j$인 경우인 $Cov(y_i, y_i) = Var(y_i) = \sigma^2$만을 고려하였다. 그리고 $\sum k_i = 0$이므로

$$Cov(\bar{y}, \hat{\beta}_1\bar{x}) = 0 \tag{a.2.12}$$

이다. 이를 이용하면 $Cov(\hat{\beta}_0, \hat{\beta}_1)$은 다음과 같다.

$$\begin{aligned} Cov(\hat{\beta}_0, \hat{\beta}_1) &= Cov(\bar{y} - \hat{\beta}_1\bar{x}, \hat{\beta}_1) \\ &= Cov(\bar{y}, \hat{\beta}_1) - \bar{x} Cov(\hat{\beta}_1, \hat{\beta}_1) \\ &= 0 - \bar{x} Var(\hat{\beta}_1) \\ &= -\bar{x} \frac{\sigma^2}{S_{xx}} \end{aligned} \tag{a.2.13}$$

$\bar{x}$가 0이면 $\hat{\beta}_0$와 $\hat{\beta}_1$은 서로 상관이 없는 추정량이 된다. 모든 설명변수의 값에서 $\bar{x}$를 빼면 $\frac{\Sigma(x_i-\bar{x})}{n}=0$이므로 모형 (2.10)에서 회귀계수의 추정량 $\hat{\alpha}$와 $\hat{\beta}_1$의 공분산 $Cov(\hat{\alpha}, \hat{\beta}_1)$은 0이 된다.

A.2.4 가우스-마코브 정리

정리 A.2.2 y_i의 선형결합으로 나타나는 추정량 $\Sigma c_i y_i$가 비편향추정량, 즉 $E(\Sigma c_i y_i)=\beta_0$(또는 β_1)가 되기 위한 조건은 다음과 같다.

$$E(\Sigma c_i y_i)=\beta_0 : \Sigma c_i=1,\ \Sigma c_i x_i=0$$
$$E(\Sigma c_i y_i)=\beta_1 : \Sigma c_i=0,\ \Sigma c_i x_i=1$$

[증명] $\Sigma c_i y_i$에서 y_i에 $\beta_0+\beta_1 x_i+\varepsilon_i$를 대입하고 기대값을 취하면 다음과 같다.

$$\begin{aligned} E(\Sigma c_i y_i) &= E[\Sigma c_i(\beta_0+\beta_1 x_i+\varepsilon_i)] \\ &= E(\beta_0)\Sigma c_i+E(\beta_1)\Sigma c_i x_i+\Sigma c_i E(\varepsilon_i) \\ &= \beta_0\Sigma c_i+\beta_1\Sigma c_i x_i \end{aligned} \tag{a.2.14}$$

식 (a.2.14)가 β_0와 같아지기 위해서는 $\Sigma c_i=1$과 $\Sigma c_i x_i=0$을 동시에 만족하여야 하고 β_1과 같아지기 위해서는 $\Sigma c_i=0$과 $\Sigma c_i x_i=1$을 동시에 만족하여야 한다.

위의 증명을 참조하면 2.3절의 식 (2.12)와 (2.13)에서 $\hat{\beta}_1=\Sigma k_i y_i$의 $k_i=\frac{(x_i-\bar{x})}{S_{xx}}$와 $\hat{\beta}_0=\Sigma m_i y_i$의 $m_i=\left(\frac{1}{n}-\bar{x}k_i\right)$는 위의 조건을 만족함을 알 수 있다.

정리 A.2.3 (가우스-마코브 정리) 최소제곱추정량 $\hat{\beta}_0$과 $\hat{\beta}_1$의 분산은 '오차가 서로 독립이고 분산은 같다'는 가정 하에서는 기대값이 각각 β_0, β_1인 어떤 종류의 y_i의 선형결합으로 표시되는 추정량보다도 분산이 크지 않다(같거나 작다).

[증명] $\Sigma c_i y_i$의 분산은 $Cov(y_i, y_j)=0$이므로 $Var(\Sigma c_i y_i)=\sigma^2\Sigma c_i^2$이다. 위의 k_i나 m_i가 아니면서 비편향추정량의 조건을 만족시키는 계수를 $\hat{\beta}_1$의 경우는 $c_i = k_i + d_i$로 $\hat{\beta}_0$의 경우는 $c_i = m_i + v_i$로 가정하자.

1) $\hat{\beta}_1$의 경우

$$\Sigma c_i = 0,\ \Sigma c_i x_i = 1 \qquad (a.2.15)$$
$$Var(\Sigma c_i y_i) = \sigma^2\Sigma c_i^2 = \sigma^2(\Sigma k_i^2 + \Sigma d_i^2 + 2\Sigma k_i d_i)$$

이며, 다음의 보조증명을 참조하면 $\Sigma k_i d_i = 0$이므로 $Var(\Sigma c_i y_i) \geqq Var(\Sigma k_i y_i)$이고 등식은 모든 $d_i = 0$일 때 가능하다. 즉 $\Sigma k_i y_i$가 최소의 분산을 가지는 선형결합 형태의 비편향추정량이 된다.

〈보조증명〉 $\Sigma(k_i + d_i)x_i = 1$, $\Sigma k_i x_i = 1$이므로 $\Sigma d_i x_i = 0$이다. 또한 $\Sigma k_i = 0$, $\Sigma(k_i + d_i) = 0$이므로 Σd_i 역시 0이다. 이를 이용하면 다음이 성립된다.

$$\Sigma k_i d_i = \Sigma\frac{(x_i - \bar{x})}{S_{xx}} d_i = \frac{\Sigma x_i d_i - \bar{x}\Sigma d_i}{S_{xx}} = 0 \qquad (a.2.16)$$

2) $\hat{\beta}_0$의 경우

$$\Sigma c_i = 1,\ \Sigma c_i x_i = 0 \qquad (a.2.17)$$
$$Var(\Sigma c_i y_i) = \sigma^2\Sigma c_i^2 = \sigma^2(\Sigma m_i^2 + \Sigma v_i^2 + 2\Sigma m_i v_i)$$

이며, 다음의 보조증명을 참조하면 $\Sigma m_i v_i = 0$이므로 $Var(\Sigma c_i y_i) \geqq Var(\Sigma m_i y_i)$이고 등식은 모든 $v_i = 0$일 때 가능하다. 즉 $\Sigma m_i y_i$이 최소의 분산을 가지는 선형결합 형태의 비편향추정량이 된다.

〈보조증명〉 $\Sigma(m_i + v_i)x_i = 0$, $\Sigma m_i x_i = 0$이므로 $\Sigma v_i x_i = 0$이다. 또한 $\Sigma m_i = 1$,

$\Sigma(m_i + v_i) = 1$이므로 $\Sigma v_i = 0$이다. 이를 이용하면 다음과 같다.

$$\begin{aligned} \Sigma m_i v_i &= \Sigma\left(\frac{1}{n} - \bar{x}k_i\right)v_i \\ &= \frac{1}{n}\Sigma v_i - \bar{x}\Sigma k_i v_i = \frac{1}{n}\Sigma v_i - \bar{x}\Sigma\frac{(x_i - \bar{x})v_i}{S_{xx}} = 0 \end{aligned} \tag{a.2.18}$$

A.2.5 정규오차 회귀모형

본문에서 β_0와 β_1의 추정량 $\hat{\beta}_0$과 $\hat{\beta}_1$을 구하는 과정에서 오차 ε에 대한 확률분포는 거론되지 않았다. 오차 ε의 확률분포와 관계없이 최소제곱추정량 $\hat{\beta}_0$과 $\hat{\beta}_1$은 β_0와 β_1의 비편향추정량일 뿐만 아니라 모든 선형비편향추정량(unbiased linear estimators) 중에서도 최소의 분산을 가진다는 사실은 가우스-마코브 정리에 의해 알 수 있었다. 그러나 모수의 점추정에 그치지 않고 β_0와 β_1에 대한 구간추정을 하거나 가설검정을 수행하기 위해서는 오차의 확률분포에 대한 가정이 필수적이다. 오차에 대한 가장 보편적인 분포는 정규분포이다. 오차에 대한 정규분포가정은 회귀분석의 이론전개를 간단하면서도 명확하게 해주며 실제 분석에 있어서 매우 타당성 있는 모형이 구축될 수 있게 한다.

정규오차 회귀모형은 다음과 같이 쓸 수 있다.

$$y_i = \beta_0 + \beta_1 x_i + \varepsilon_i, \quad i = 1, 2, \cdots, n \tag{a.2.19}$$

여기서 ε_i는 서로 독립적이며 평균 0, 분산 σ^2인 정규분포를 따른다. 즉

$$\varepsilon_i \sim N(0, \sigma^2), \quad Cov(\varepsilon_i, \varepsilon_j) = 0, \quad i \neq j \tag{a.2.20}$$

이다. 오차 ε_i가 정규분포를 따르는 확률변수라고 가정하면 지금까지 이용한 최소제곱법의 방법을 이용하지 않더라도 최대가능도방법(method of maximum likelihood)을 이용하여 β_0와 β_1을 추정할 수 있다. 일반적으로 최대가능도방법에 의한 추정량은 표본의 크기가 커질수록 매우 좋은 성질을 제공한다는 사실이 이미 알려져 있다.

■ 최대가능도방법

식 (2.3)의 회귀모형에서 $\varepsilon_1, \varepsilon_2, \cdots, \varepsilon_n$이 정규분포 $N(0, \sigma^2)$을 따르고 독립적이라고 가정하면 n개의 반응변수의 관측값 y_i도 정규분포 $N(\beta_0+\beta_1 x_i, \sigma^2)$을 따르고 y_i의 확률밀도함수(probability density function)는

$$f(y_i)=\frac{1}{\sqrt{2\pi\sigma^2}}\exp\left[-\frac{1}{2\sigma^2}(y_i-\beta_0-\beta_1 x_i)^2\right],\quad i=1, 2, \cdots, n \qquad \text{(a.2.21)}$$

이다. 각각의 y_i가 독립적이므로 결합확률밀도함수 $f(y_1, \cdots, y_n)$는 n개의 확률밀도함수의 곱으로 표시된다. 가능도함수(likelihood function)도 다음과 같이 n개 확률밀도함수의 곱이 된다.

$$L(\beta_0, \beta_1, \sigma^2 \mid y_1, \cdots, y_n)=\prod_{i=1}^{n} f(y_i) \qquad \text{(a.2.22)}$$
$$=\frac{1}{(2\pi\sigma^2)^{n/2}}\exp\left[-\frac{\sum_{i=1}^{n}(y_i-\beta_0-\beta_1 x_i)^2}{2\sigma^2}\right]$$

결합확률밀도함수는 모수가 주어졌을 때 관측값의 함수로 인식되지만 식 (a.2.22)의 가능도함수는 관측값 y_i가 주어졌을 때 모수의 함수이다. 이러한 가능도함수의 값을 최대로 하는 β_0와 β_1 및 σ^2의 값을 구하는 방법이 최대가능도방법이다. 이 방법으로 구한 β_0와 β_1의 추정량을 최대가능도추정량(maximum likelihood estimator : M.L.E.)이라고 하며 계산된 값을 최대가능도추정값(maximum likelihood estimate)이라고 부른다.

식 (a.2.22)의 가능도함수에 자연로그를 취하면 최대가능도추정량의 계산을 편리하게 해준다. 로그가능도함수는 다음과 같다.

$$\ln L=-\frac{n}{2}\ln(2\pi\sigma^2)-\frac{1}{2\sigma^2}\sum_{i=1}^{n}(y_i-\beta_0-\beta_1 x_i)^2 \qquad \text{(a.2.23)}$$

이 함수값을 최대로 크게 해주는 β_0, β_1과 σ^2을 구하기 위해서는 식 (a.2.23)을 각각 β_0, β_1, σ^2으로 편미분하여 0으로 놓은 다음의 세 방정식의 해를 구하면 된다.

$$(1)\ \frac{\partial \ln L}{\partial \beta_0} = \frac{1}{\sigma^2}\Sigma(y_i - \beta_0 - \beta_1 x_i) = 0 \quad \text{(a.2.24)}$$

$$(2)\ \frac{\partial \ln L}{\partial \beta_1} = \frac{1}{\sigma^2}\Sigma x_i(y_i - \beta_0 - \beta_1 x_i) = 0$$

$$(3)\ \frac{\partial \ln L}{\partial \sigma^2} = -\frac{n}{2\sigma^2} + \frac{1}{2\sigma^4}\Sigma(y_i - \beta_0 - \beta_1 x_i)^2 = 0$$

$\sigma^2 > 0$이므로 (1)과 (2)에서 β_0와 β_1의 추정량을 구하고 이를 (3)에 대입하여 σ^2의 추정량을 구한다. 그런데 (1)과 (2)는 2장 보론 A.2.1의 식 (a.2.2)의 연립방정식과 형태가 같다. 따라서 β_0와 β_1의 최대가능도추정량 $\hat{\beta}_{0\,MLE}$, $\hat{\beta}_{1\,MLE}$는 최소제곱추정량 $\hat{\beta}_0$, $\hat{\beta}_1$과 동일하다. (3)에서 구한 $\hat{\sigma}^2_{MLE}$는 다음과 같이 SSE를 자유도 $n-2$가 아닌 n으로 나눈다.

$$\hat{\sigma}^2_{MLE} = \frac{1}{n}\sum_{i=1}^{n}(y_i - \hat{\beta}_0 - \hat{\beta}_1 x_i)^2 = \frac{SSE}{n} \quad \text{(a.2.25)}$$

$\hat{\sigma}^2_{MLE}$는 비편향추정량은 아니나 n이 커질수록 MSE와의 차이는 작아진다. 오차가 정규분포를 따르지 않는 경우에는 β_0, β_1의 최대가능도추정량은 최소제곱추정량과 같지 않다.

A.2.6 회귀계산의 오차

회귀분석에 관한 모든 연산은 수작업보다는 대부분 통계패키지에 의해 컴퓨터에서 수행된다. 유효숫자가 7자리나 8자리인 결과의 출력값은 대부분의 경우 계산상 정확하다고 볼 수 있다. 그러나 이러한 출력값을 아무런 의심 없이 받아들이는 것은 좋은 습관이 아니다. 그 이유는 첫째, 관측값이 세 자리나 네 자리로 측정이 되었으면 추정값 역시 세 자리나 네 자리까지만 정확도가 있지 그 이상의 자리는 의미가 없을 것이다. 둘째, 일부 통계패키지에서 잘못된 연산을 수행하여 정확하지 않은 결과가 출력되는 경우가 있으므로 주의해야 한다. 셋째, 소수점 이하 몇 자리까지 보고하여야 하는지를 고려해야 한다.

SS의 계산과정에서 나오는 어림오차를 보자. $x_1 = 12541$, $x_2 = 12537$, $x_3 = 12548$이라 하고 $S_{xx} = \Sigma x_i^2 - n\bar{x}^2$의 공식을 이용하여 S_{xx}를 구하여 보자.

만약 모든 계산된 수를 컴퓨터의 제약조건에 의해 유효숫자가 7자리가 되도록 반올림하였다면 다음과 같은 틀린 답을 얻는다.

$$\begin{aligned}\Sigma x_i^2 &= (12541)^2 + (12537)^2 + (12548)^2 \\ &= 157276700 + 157176400 + 157452300 = 471905400\end{aligned}$$

그리고 $\bar{x} = 12542$, $n\bar{x}^2 = 3(12542)^2 = 3(157301800) = 471905400$이기 때문에

$$S_{xx} = \Sigma x_i^2 - n\bar{x}^2 = 0$$

이다. 그러나 정확한 S_{xx} 값은 다음과 같다.

$$S_{xx} = (12541 - 12542)^2 + (12537 - 12542)^2 + (12548 - 12542)^2 = 62$$

이상과 같이 7자리의 정확성을 갖고 위의 S_{xx} 공식 $\Sigma x_i^2 - n\bar{x}^2$을 이용하는 것은 잘못된 계산결과를 가져다 줄 수 있다.

Chan-Golub-LeVeque(1983)는 다음과 같은 갱신(updating)을 통한 S_{xx}와 S_{xy}의 계산방법을 제시하였는데 이는 직접 계산하는 것보다 빠르고 흔히 쓰이는 S_{xx}와 S_{xy}의 공식보다 훨씬 정확하게 계산되는 것으로 알려져 있다. 간단히 요약하면 다음과 같다.

m개의 자료 $x_1, x_2, \cdots, x_m$를 읽은 후 다음을 구하고

$$\bar{x}_m = \frac{1}{m}\sum_{i=1}^{n} x_i \qquad \text{(a.2.26)}$$

$$S_{xx_m} = \sum_{i=1}^{m}(x_i - \bar{x}_m)^2 \qquad \text{(a.2.27)}$$

$m+1$번째 자료 x_{m+1}이 주어지면

$$S_{xx_{m+1}} = S_{xx_m} + \frac{m}{m+1}(x_{m+1} - \bar{x}_m)^2 \qquad \text{(a.2.28)}$$

을 이용하여 S_{xx}에 대한 갱신을 한다. 이러한 갱신공식을 이용하고 $\bar{x}_0 = S_{xx_0} = 0$으로 초기화하면 S_{xx}의 연산을 수행할 수 있는 알고리즘이 형성된다. 마찬가지로 S_{xy}에 대한 연산도 $\bar{x}_m$, $\bar{y}_m$과 $S_{xy_m} = \Sigma(x_i - \bar{x}_m)(y_i - \bar{y}_m)$이 주어지면, 다음과 같이 갱신을 한다.[6]

$$S_{xy_{m+1}} = S_{xy_m} + \frac{m}{m+1}(x_{m+1} - \bar{x}_m)(y_{m+1} - \bar{y}_m) \qquad \text{(a.2.29)}$$

정확한 계산결과를 얻었더라도 결과를 어림하여 보고하는 경우가 있다. 예를 들어 0.782와 0.773의 두 숫자는 보통의 경우 아무런 차이를 느끼지 못하는 경우가 대부분이다. 이러한 경우는 0.8로 반올림하여 보고하는 것이 더 타당하다. 만약 반응변수값이 소수점 2자리까지 반올림하여 관측되었다면 회귀분석의 결과도 소수점 2자리까지 반올림하여 보고하는 것이 좋다. Ehrenberg(1981)는 효율적인 수치정보의 인식을 위해 많은 방법, 예를 들어 소수점 2자리까지 반올림하는 원칙 등을 제시하였다. 본 책에서의 모든 결과는 충분한 계산의 정확성을 기하고 독자가 결과를 그대로 복원할 수 있는 기회를 주기 위해서 이러한 원칙이 지켜지지 않겠지만 이는 회귀분석 사용자가 따라하여야 할 법칙이라 생각된다.

---

6. 참고로 가중최소제곱법의 갱신공식은 위의 각 사항을 다음으로 대체하면 된다.

$$S_{xx_m} = \Sigma w_i(x_i - \bar{x}_m)^2$$
$$S_{yy_m} = \Sigma w_i(y_i - \bar{y}_m)^2$$
$$S_{xy_m} = \Sigma w_i(x_i - \bar{x}_m)(y_i - \bar{y}_m)$$
$$S_{xx_{m+1}} = S_{xx_m} + \frac{w_{m+1}}{\Sigma w_i + w_{m+1}}(\Sigma w_i)(x_{m+1} - \bar{x}_m)^2$$
$$S_{yy_{m+1}} = S_{yy_m} + \frac{w_{m+1}}{\Sigma w_i + w_{m+1}}(\Sigma w_i)(y_{m+1} - \bar{y}_m)^2$$
$$S_{xy_{m+1}} = S_{xy_m} + \frac{w_{m+1}}{\Sigma w_i + w_{m+1}}(\Sigma w_i)(x_{m+1} - \bar{x}_m)(y_{m+1} - \bar{y}_m)$$
$$\bar{x}_{m+1} = \bar{x}_m + \frac{w_{m+1}}{\Sigma w_i + w_{m+1}}(x_{m+1} - \bar{x}_m)$$
$$\bar{y}_{m+1} = \bar{y}_m + \frac{w_{m+1}}{\Sigma w_i + w_{m+1}}(y_{m+1} - \bar{y}_m)$$

여기서 Σ는 1부터 m까지인 i의 합을 의미한다.

연습문제

2.1 (예 1.1 계속) 포도수확량 자료

1장의 (예 1.1)에서 나온 자료에서 열매 개수를 설명변수, 수확량을 반응변수로 하여 다음 물음에 답하라.

2.1.1 최소제곱법에 의해 회귀계수(절편과 기울기)를 추정하고 추정회귀식을 구하라.

2.1.2 회귀계수의 추정량은 y_i의 선형결합의 형태로 표현된다고 하였다. 2.3절의 식 (2.12)와 (2.13)에서 계수 k_i와 m_i의 값을 구하고 이 계수들을 이용하여 회귀계수의 추정값을 계산하고 2.1.1에서의 결과와 비교하라.

2.1.3 잔차 $e_i = y_i - \hat{y}_i$를 구하고 이들의 제곱합으로 SSE의 값을 구하라.

2.1.4 SSE의 값을 공식 (2.21)에 의해 구하라.

2.1.5 σ^2의 추정값을 구하라.

2.1.6 Σe_i의 값이 0임을 확인하고, $\hat{y}_i$의 값을 x축으로 e_i의 값을 y축으로 하는 산점도를 그리고 잔차가 특정한 패턴을 따르는지 확인하라.

2.1.7 2.1.2에서 구한 k_i 및 m_i의 값을 이용하여 $\Sigma k_i = 0$, $\Sigma k_i x_i = 1$ 및 $\Sigma m_i = 1$, $\Sigma m_i x_i = 0$이 됨을 수치적으로 확인하라.

2.2 모의실험

대부분의 통계패키지는 확률변수의 값을 생성하는 기능을 갖고 있다. 회귀분석모형의 오차는 $N(0, \sigma^2)$에서 나온다고 가정하고 다음 물음에 답하라.

2.2.1 σ^2값을 0.5로 고정하고 오차의 값을 $n = 20$번 추출하여 $(y_i \mid X = x_i) = 5 + 2x_i + N(0, \sigma^2)$의 값을 생성하라. 여기서 x_i는 1부터 20까지의 자연수이다.

2.2.2 이러한 $n = 20$의 표본에서 회귀식과 σ^2을 추정하라.

2.2.3 2.2.1과 2.2.2의 과정을 $k = 10$번 반복하여 회귀식 및 σ^2을 추정하라. $k = 10$개의 추정값의 평균은 모회귀식의 값 $\beta_0 = 5$, $\beta_1 = 2$ 및

$\sigma^2 = 0.5$와 어떠한 관계가 있는가?

2.2.4 2.2.1에서의 σ^2의 값을 1로 증가시키고 2.2.1～2.2.3까지의 과정을 반복수행하면 어떠한 변화를 예상할 수 있는가?

2.3 Forbes 자료

스코틀랜드 물리학자인 J. D. Forbes는 물의 끓는 온도를 이용하여 해발고도를 알아보고자 하였다. 그는 대기압력을 통해 해발고도를 알 수 있다는 현상을 알고 여러 가지 조건에서 대기압력과 물의 끓는 온도를 동시에 측정하고 그 관계를 규명하였다. 1800년 중반에 기압계는 휴대하기 어려운 기구였으므로 Forbes는 물의 끓는 온도를 이용하여 대기압력을 추정하고 이를 토대로 해발고도를 측정하고자 한 것이다.

물의 끓는 온도(°F)	**압력**(Hg)	**100 × log$_{10}$**(압력)
194.5	20.79	131.79
194.3	20.79	131.79
197.9	22.40	135.02
198.4	22.67	135.55
199.4	23.15	136.46
199.9	23.35	136.83
200.9	23.89	137.82
201.1	23.99	138.00
201.4	24.02	138.06
201.3	24.01	138.04
203.6	25.14	140.04
204.6	26.57	142.44
209.5	28.49	145.47
208.6	27.76	144.34
210.7	29.04	146.30
211.9	29.88	147.54
212.2	30.06	147.80

자료원 : Weisberg(2014)

2.3.1 압력 $= \beta_0 + \beta_1$(온도) $+ \varepsilon$의 모형을 적합시켜 회귀계수의 추정값 $\hat{\beta}_0$과 $\hat{\beta}_1$, $\hat{\sigma}^2$, e_i, $\hat{y}_i$를 구하라.

2.3.2 $100\log_{10}$(압력) $= \beta_0 + \beta_1$(온도) $+ \varepsilon$의 모형을 적합시켜 회귀계수의

추정값 $\hat{\beta}_0$와 $\hat{\beta}_1$, $\hat{\sigma}^2$, e_i, $\hat{y}_i$를 구하라.

2.3.3 2.3.1과 2.3.2에서의 두 모형을 비교하라.

2.4 척도불변

2.4.1 식 (2.3)의 회귀모형 중 x_i가 cx_i($c \neq 0$인 상수)로 대체되었다고 가정하자. 그러면 $\hat{\beta}_0$, $\hat{\beta}_1$, $\hat{\sigma}^2$에 어떠한 영향을 미치는가?

2.4.2 y_i가 dy_i($d \neq 0$인 상수)로 대체되었다고 가정하자. 그러면 $\hat{\beta}_0$, $\hat{\beta}_1$, $\hat{\sigma}^2$에 어떠한 영향을 미치는가?

2.4.3 x_i는 cx_i로 y_i는 dy_i로 동시에 대체되었다고 가정하자. 그러면 $\hat{\beta}_0$, $\hat{\beta}_1$, $\hat{\sigma}^2$에는 어떠한 영향을 미치는가?

2.5 육상경기 자료

다음은 1992년에 열린 육상경기에서 나온 최고의 성적을 종목별로 뽑아 남녀별로 구분하여 기록한 자료이다.

거리(m)	남자 시간(초)	여자 시간(초)
100	9.86	10.49
200	19.72	21.34
400	43.29	47.60
800	101.73	113.28
1500	209.81	232.47
2000	290.81	328.69
3000	449.45	502.62
5000	778.39	877.33
10000	1628.23	1813.74

자료원 : Wainer(1992)

2.5.1 시간을 x축으로 하고 거리를 y축으로 하여 남녀별로 다른 기호를 이용하여 산점도를 그려라. 이러한 그림은 그리기도 어렵고 해석상 많은 곤란함을 가져다 준다. 대안으로 시간과 거리에 자연로그를 취한 후 그림을 다시 그려라. 또한 거리를 시간으로 나눈 속도를 거리 또는 자연로그를

취한 거리에 대해 그려라. 어떠한 차이점이 있는가?

2.5.2 남녀별로 이러한 그림에 대한 추정회귀식을 구하라.

2.5.3 이 자료에서는 2장에서 회귀모형에 대해 세운 가정과 다른 점이 있다. 무엇인지 파악하라(힌트 : 자료 중 어느 것이 확률변수인지를 생각하라).

2.6 회귀식의 성질

다음을 증명하라.

2.6.1 $\Sigma(x_i - \bar{x})(y_i - \bar{y}) = \Sigma(x_i - \bar{x})y_i$

2.6.2 $E(\Sigma e_i^2) = (n-2)\sigma^2$

2.6.3 $\Sigma e_i = 0$

2.6.4 $\Sigma y_i = \Sigma \hat{y}_i$

2.6.5 $\Sigma x_i e_i = \Sigma \hat{y}_i e_i = 0$

2.6.6 $SSE = S_{yy} - \hat{\beta}_1 S_{xy}$

2.7 가중최소제곱법

본문의 식 (2.28)에서 (2.30)까지의 식을 확인하라.

단순회귀의 추론

chapter three

3

2장에서 알아본 회귀식의 추정과정을 마친 후에는 추정회귀식의 타당성을 판단하여야 한다. 즉, 수집된 자료를 근거로 할 때 반응변수 Y와 설명변수 X의 선형관계가 타당한가? 라는 질문에 대하여 생각해 보아야 한다. 이와 같은 질문에는 두 가지 방법으로 답을 할 수 있다. 먼저 β_1의 추정값 $\hat{\beta}_1$이 $\hat{\beta}_1$의 표준오차(후에 설명)에 비해 상대적으로 큰 경우에는 회귀계수 β_1은 0이 아닐 가능성이 높으므로 회귀식의 타당성이 보장받게 되나, 크지 않은 경우에는 회귀식의 타당성 여부를 의심받게 된다. 이러한 방법은 3.3절에서 다룬다. 회귀식의 타당성 여부를 검토하는 두 번째 방법은 3.1절에서 다룬다. 타당성을 판단하기 위해서는 오차가 정규분포를 따른다는 가정을 해야 한다.

3.1 모형비교에 의한 방법

다음의 두 모형을 생각하자.

$$y_i = \beta_0 + \beta_1 x_i + \varepsilon_i, \quad i = 1, 2, \cdots, n \tag{3.1}$$

$$y_i = \beta_0 + \varepsilon_i, \quad i = 1, 2, \cdots, n \tag{3.2}$$

모형 (3.1)에서 y_i의 분산추정값이 모형 (3.2)에서 분산추정값보다 월등히 작으면 기울기 모수 β_1이 포함된 모형이 더 좋다고 볼 수 있고 설명변수와 반응변수 사이에는 선형의 관계가 존재한다고 할 수 있다. [그림 3.1]을 참조하기 바란다. 이러한 비교방법을 분산분석이라고 한다. 이 방법은 단순히 기울기를 검정하는 작업을 할 뿐 아니라 모형의 선택에도 중요한 역할을 하는데 변수의 선택을 다루는 8장에서 다시 자세히 설명한다.

모형 (3.2)와 (3.1)에서 발생하는 잔차제곱합인 SSE는 각각 다음과 같이 표현됨을 이미 알고 있을 것이다.

$$\text{모형 (3.2)의 } SSE = \Sigma(y_i - \bar{y})^2 = S_{yy} \tag{3.3}$$

$$\text{모형 (3.1)의 } SSE = \Sigma(y_i - \hat{y}_i)^2 = S_{yy} - \hat{\beta}_1 S_{xy} \tag{3.4}$$

모형적합비교

그림 3.1

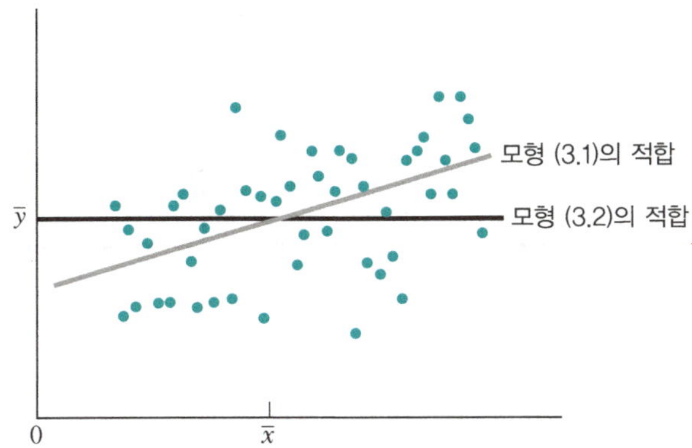

식 (3.3)의 SSE는 편의상 SST 또는 S_{yy}로 부르기로 한다. 두 모형에서 발생한 SSE인 식 (3.3)과 (3.4)를 비교하면 SSE의 차이는 $\hat{\beta}_1 S_{xy}$임을 알 수 있고 이를 SSR이라 한다. 즉, 기울기모수[1]인 β_1이 모형에 추가됨으로써 SSE가 SSR만큼 줄어든다. SSR은 여러 방법으로 표현될 수 있는데 특히 $\Sigma(\hat{y}_i - \bar{y})^2$과 같음을 보일 수 있다.

$$SSR = \hat{\beta}_1 S_{xy} = \left(\frac{S_{xy}}{S_{xx}}\right) S_{xy} = \frac{(S_{xy})^2}{S_{xx}} \tag{3.5}$$

또는

$$\begin{aligned} SSR &= \Sigma(\hat{y}_i - \bar{y})^2 \\ &= \Sigma[(\hat{\beta}_0 + \hat{\beta}_1 x_i) - (\hat{\beta}_0 + \hat{\beta}_1 \bar{x})]^2 \\ &= \hat{\beta}_1^2 \Sigma(x_i - \bar{x})^2 = \hat{\beta}_1^2 S_{xx} = \frac{(S_{xy})^2}{S_{xx}} \end{aligned} \tag{3.6}$$

---

1. 기울기모수의 추정량은 $\hat{\beta}_1 = \frac{S_{xy}}{S_{xx}} = \frac{S_{xy}}{\sqrt{S_{xx}}\sqrt{S_{yy}}} \frac{\sqrt{S_{yy}/(n-1)}}{\sqrt{S_{xx}/(n-1)}} = r_{xy}\frac{s_y}{s_x}$로 표현된다. 여기서 r_{xy}는 표본상관계수, s_y 및 s_x는 각각 Y와 X의 표준편차이다. 즉, 설명변수가 s_x단위 증가하면 평균적으로 반응변수는 $r_{xy}s_y$ 만큼 증가한다.

그림 3.2

SS의 분해

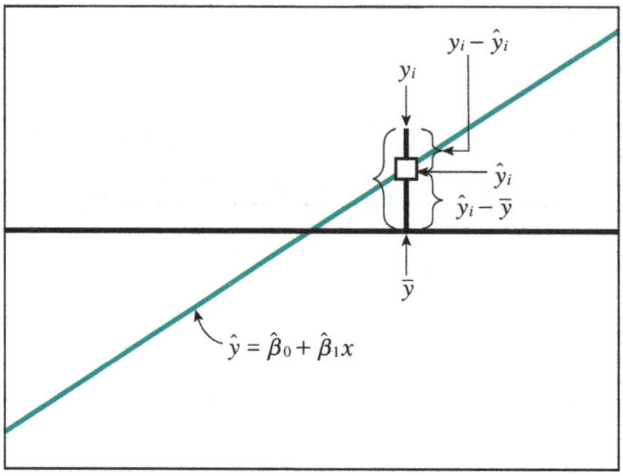

[그림 3.2]에서 S_{yy}의 기본요소인 총편차(total deviation) $(y_i - \bar{y})$는 두 가지 편차인 $(y_i - \hat{y}_i)$와 $(\hat{y}_i - \bar{y})$의 합으로 나타낼 수 있다. 첫 번째 편차인 $(y_i - \hat{y}_i)$는 잔차이고 두 번째 편차인 $(\hat{y}_i - \bar{y})$는 총편차의 표현에서 y_i가 $\hat{y}_i$로 대체된 것으로 회귀식에 의해 설명될 수 있는 편차라 할 수 있다. 이들의 관계는 식 (3.3)부터 (3.6)에 의해 다음과 같다.

$$\Sigma(y_i - \bar{y})^2 = \Sigma(y_i - \hat{y}_i)^2 + \Sigma(\hat{y}_i - \bar{y})^2 \tag{3.7}$$

$$(S_{yy} = SSE + SSR)$$

SST 또는 S_{yy}는 총편차의 제곱합으로 반응변수 Y의 관측값의 총변동을 나타내며 총제곱합(total sum of squares)이라 하고, *SSE*는 잔차들의 제곱합으로 Y의 총변동 중 회귀식에 의해서 설명이 되지 않은 변동을 나타내며 잔차제곱합(residual sum of squares) 또는 오차제곱합(error sum of squares)이라 한다. *SSR*은 회귀에 의해 설명되는 편차의 제곱합으로 Y의 총변동 중 회귀식에 의해 설명된 변동을 나타내며 회귀제곱합(regression sum of squares)이라 한다.

앞에서 보았듯이 *SSR*은 모형 (3.2)에 β_1이 추가됨에 따라 발생하는 *SSE*의 감소량이라 할 수 있다. 따라서 SSR이 얼마나 크냐에 따라 회귀식의 타당성 여부가 결정되는데 이를 위하여 SS들에 대한 분포이론을 알아볼 필요가 있다. 우선 기초통계학에서 나오는 $s^2 = \Sigma(y_i - \bar{y})^2/(n-1)$에 대한 다음과 같은 분포를 기억하여 보자.

$$\frac{(n-1)s^2}{\sigma^2} \sim \chi^2(n-1) \tag{3.8}$$

3장 보론 A.3.1을 참조하면 다음 각 분포에 대해 증명할 수 있고, SSR과 SSE는 서로 독립인 χ^2-분포를 따름을 보일 수 있다. SSR/σ^2의 분포는 $\beta_1 = 0$인 경우에 성립된다.

$$\frac{S_{yy}}{\sigma^2} \sim \chi^2(n-1) \tag{3.9}$$
$$\frac{SSR}{\sigma^2} \sim \chi^2(1)$$
$$\frac{SSE}{\sigma^2} \sim \chi^2(n-2)$$

■ 분산분석과 F-검정

SSR과 SSE는 서로 독립인 확률변수이며 이 두 변수의 비율형태로 표현되는 다음의 F^*는 $\beta_1 = 0$이면 $F(1, n-2)$분포를 따른다.

$$F^* = \frac{\dfrac{SSR}{\sigma^2}\Big/1}{\dfrac{SSE}{\sigma^2}\Big/(n-2)} = \frac{SSR}{SSE/(n-2)} = \frac{MSR}{MSE} \sim F(1, n-2) \tag{3.10}$$

여기서 F^*의 값은 SSR의 값을 MSE로 표준화(scale)시킨 형태로 나타난다. 분자도 SSR을 해당되는 자유도인 1로 나눈 형태이므로 이를 MSR이라 할 수 있다. 즉, 회귀식의 타당성 문제는 표준화시킨 SSR값의 크기 여부로 결정할 수 있고 F-분포를 기준으로 한다.

가설검정의 관점에서 설명하면 이는 다음의 대립가설(alternative hypothesis

: H_1)에 대해 귀무가설(null hypothesis : H_0)을 검정하는 것이다.

$$H_0 : y_i = \beta_0 + \varepsilon_i, \quad i = 1, 2, \cdots, n \tag{3.11}$$

$$H_1 : y_i = \beta_0 + \beta_1 x_i + \varepsilon_i, \quad i = 1, 2, \cdots, n \tag{3.12}$$

여기서 대립가설은 설명변수와 반응변수 사이의 선형관계를 반영하는 가설이다. 이제까지의 결과를 요약한 다음의 [표 3.1]을 분산분석(analysis of variance)표라 한다.

표 3.1 **분산분석표**

Source of Variation	Sum of Squares	Degrees of Freedom	Mean Square	F^*
Regression	$SSR = \hat{\beta}_1 S_{xy}$	1	$SSR/1 = MSR$	MSR/MSE
Residual	$SSE = S_{yy} - \hat{\beta}_1 S_{xy}$	$n-2$	$SSE/(n-2)$	
Total	$SST(= S_{yy})$	$n-1$		

3.2 결정계수 R^2

위에서 정의한 SSR의 S_{yy}에 대한 비율, 즉 총변동 중에서 회귀모형에 의하여 설명되어지는 변동의 크기를 결정계수(coefficient of determination) R^2이라 정의한다.

$$R^2 = \frac{SSR}{S_{yy}} = 1 - \frac{SSE}{S_{yy}} \tag{3.13}$$

SSE나 SSR은 S_{yy}보다 작기 때문에 R^2의 값은 항상 0과 1 사이에 있다. 1에 가까우면 선형관계가 강함을 의미하고 0에 가까우면 약함을 뜻한다. 여기서 R^2은 비선형이 아닌 선형의 관계를 의미한다. 그러나 [그림 3.3]에서 보듯이 오른쪽의 경우와 같이 비선형의 관계라 할지라도 R^2값이 클 수가 있다. 그리고 X

그림 3.3 선형 및 비선형 모형에서의 R^2

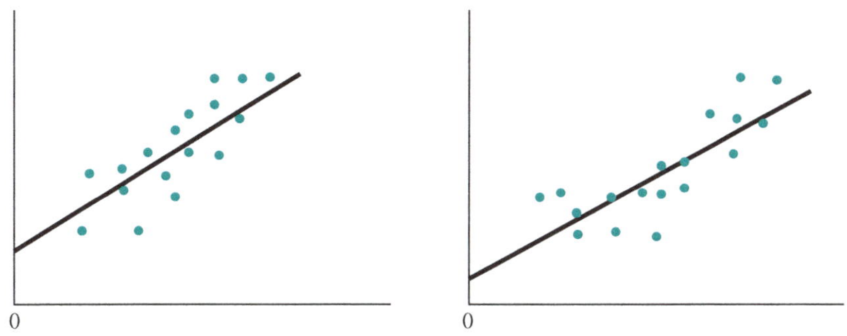

의 특정한 값에 대해 두 개 이상의 Y의 값이 있는 경우는 R^2의 값은 1이 될 수 없다.

■ R^2의 크기

회귀분석의 결과를 논할 때 R^2의 값이 얼마나 크면 좋은지 또는 절대적인 기준은 없는지에 대한 질문을 한다. 화학적 현상의 모형을 구축하기 위해서 화학자가 심적으로 느끼는 R^2의 값은 90%가 훨씬 넘어야 된다고 한다. 반면 실증주의적인 사회과학자들은 R^2의 값이 60~70%의 수준이면 만족하는 경우가 많다. 하지만 이러한 기준은 절대적인 것이 아니라 상대적인 것이다. 또한 R^2의 값은 자료의 구성형태에 따라 값이 결정된다. 예를 들어 연도별로 자료가 축적된 시계열자료를 이용한 선형회귀모형에서의 R^2값은 횡단(cross-sectional)자료를 이용한 R^2값보다 훨씬 큰 것을 경험상 알 수 있는데 그것은 시계열자료에서의 반응변수의 값이 평균값으로 수집이 되어 있는 경우가 많기 때문이다. 이러한 시계열자료에서는 관측값들은 이미 그 평균에 의해서 변동이 줄어든 반면 횡단분석자료인 경우에는 그렇지 않은 경우가 대부분이기 때문이다. 응용과학 분야에서는 R^2의 값은 '요약' 통계량이지 '성적' 통계량은 아닌 것이다.

■ R^2과 표본상관계수

R^2은 다음과 같이 두 변수 X와 Y의 표본상관계수 r_{xy}의 제곱으로 계산된다.

$$R^2 = \frac{\hat{\beta}_1 S_{xy}}{S_{yy}} = \frac{S_{xy}}{S_{xx}}\frac{S_{xy}}{S_{yy}} = \left(\frac{S_{xy}}{\sqrt{S_{xx}}\sqrt{S_{yy}}}\right)^2 = r_{xy}^2 \tag{3.14}$$

3.3 단순회귀분석에서의 추론

본 절에서는 오차의 분포에 대해 가정하고 이를 바탕으로 최소제곱법으로 구한 추정량의 분포를 알아보고 관심대상의 여러 모수들에 대한 추론 및 Y와 X의 상관관계를 검정하는 과정을 설명한다. 기초통계학에서 모평균 μ_X에 대한 추론은 x_i의 선형결합 형태인 추정량 $\hat{\mu}_X = \bar{x}$가 중심극한정리에 의해 정규분포를 따르는 성질에 근거하여 이루어진다. 이와 마찬가지 논리를 회귀분석에 적용하여 y_i들의 선형으로 나타나는 추정량 $\hat{\beta}_0$, $\hat{\beta}_1$ 등의 분포를 알아보자.

2장에서 최소제곱법을 이용하여 추정하는 단계에서는 y_i의 분포에 대해 가정하지 않았으나 추론을 위해서는 분포에 대한 가정이 필요하다. 만약 y_i가

$$y_i \sim N(\beta_0 + \beta_1 x_i,\, \sigma^2) \tag{3.15}$$

와 같이 기대값 $\beta_0 + \beta_1 x_i$, 분산 σ^2(x_i에 상관없이)인 정규분포를 따르고 서로 독립이면, y_i의 선형결합으로 표현되는 $\hat{\beta}_0$와 $\hat{\beta}_1$은 다음과 같은 정규분포를 따름을 알 수 있다.

$$\hat{\beta}_0 \sim N\left(\beta_0,\, \sigma^2\left(\frac{1}{n} + \frac{\bar{x}^2}{S_{xx}}\right)\right) \tag{3.16}$$

$$\hat{\beta}_1 \sim N\left(\beta_1,\, \frac{\sigma^2}{S_{xx}}\right)$$

여기서 문제가 되는 것은 σ^2을 모르는 경우이다. 하지만 σ^2의 값을 모른다 하

더라도 일치추정량(consistent estimator)인 $\hat{\sigma}^2 = MSE$로 대체하면 표본의 크기가 큰 경우에는 중심극한정리에 의하여 $\hat{\beta}_0$와 $\hat{\beta}_1$이 정규분포를 따른다고 할 수 있다.

정리 3.1 (중심극한정리) 각각의 변수 ε_i가 독립적이고 같은 분포에서 생성된 자료이면 그 분포가 정규분포가 아니더라도 n이 충분히 크면 $\sum k_i \varepsilon_i$는 근사적으로 정규분포를 따른다.

2장에서 보인 바와 같이 $\hat{\beta}_0$와 $\hat{\beta}_1$은 y_i 또는 ε_i의 선형결합으로 표현할 수 있다. 따라서 n이 커지면 근사적으로 다음이 성립한다.

$$\hat{\beta}_0 \approx N\left(\beta_0,\ MSE\left(\frac{1}{n} + \frac{\bar{x}^2}{S_{xx}}\right)\right) \tag{3.17}$$

$$\hat{\beta}_1 \approx N\left(\beta_1,\ \frac{MSE}{S_{xx}}\right)$$

그러나 표본의 크기가 작으면 이러한 중심극한정리를 이용할 수 없기 때문에 y_i에 대한 좀 더 제한적인 가정을 해야 한다. 만약 자료 y_i(또는 ε_i)가 정규분포를 따른다면 분산의 값을 모르는 경우라도 다음의 정리를 이용하여 특정 모수의 신뢰구간을 구하거나 검정을 할 수 있다.

정리 3.2 (t-분포) 모수 θ의 추정량 $\hat{\theta}$이 비편향추정량이고 정규분포를 따르면 표준화된 통계량 $(\hat{\theta} - \theta)/s.e.(\hat{\theta})$는 표준오차 $s.e.(\hat{\theta})$[2]를 구하는 과정에서 도출되는 자유도를 갖는 t-분포를 따른다.[3]

$\hat{\beta}_0$과 $\hat{\beta}_1$은 ε_i의 선형결합으로 표현됨은 이미 알고 있으므로 ε_i가 정규분포를 따른다면 $\hat{\beta}_0$과 $\hat{\beta}_1$은 정규분포를 따를 것이며 이들은 비편향추정량이다. 이

2. 이 경우는 standard error의 표현보다는 estimate of standard error가 보다 적절한 표현이나 편의상 추정값이라도 $s.e.$로 표기한다.

3. t-분포는 표본의 크기가 커지면 정규분포가 되지만 본 책에서는 표본의 크기에 구애받지 않고 t-분포를 사용한다.

러한 사실과 정리 3.2를 이용하면 다음의 정리가 얻어진다.

정리 3.3 $(\hat{\beta}_0 - \beta_0)/s.e.(\hat{\beta}_0)$와 $(\hat{\beta}_1 - \beta_1)/s.e.(\hat{\beta}_1)$은 $t(n-2)$ 분포를 따른다. 여기에서 $s.e.(\hat{\beta}_0)$과 $s.e.(\hat{\beta}_1)$은 각각 $\hat{\beta}_0$과 $\hat{\beta}_1$의 표준오차이다.

이와 같은 사실을 이용하여 관심대상의 모수들에 대한 구간추정과 가설검정을 하여 보자. 지금까지 고려하였던 모수의 추정량인 $\hat{\beta}_0$과 $\hat{\beta}_1$뿐만 아니라 후에 살펴볼 $\hat{E}(Y \mid X = x_0) = \hat{\beta}_0 + \hat{\beta}_1 x_0$라든지(이는 설명변수의 값이 x_0로 주어졌을 때의 반응변수의 추정기대값이며 간단히 적합값(fitted value)이라 부른다) $\hat{y}_0 = (\hat{y} \mid X = x_0) = \hat{\beta}_0 + \hat{\beta}_1 x_0$(예측값 : predicted value) 등은 모두 y_i들의 선형결합 또는 ε_i들의 선형결합 형태로 표현된다. 여기서도 필요한 분포는 $t(n-2)$ 분포이다.

■ 구간추정

회귀계수 β_0와 β_1을 θ라 놓으면 정리 3.3에 의해 $(\hat{\theta} - \theta)/s.e.(\hat{\theta})$는 $t(n-2)$ 분포를 따르므로 다음의 식을 얻을 수 있다.

$$P\left[-t\left(\frac{\alpha}{2}, n-2\right) \leqq \frac{\hat{\theta} - \theta}{s.e.(\hat{\theta})} \leqq t\left(\frac{\alpha}{2}, n-2\right)\right] = 1 - \alpha \qquad (3.18)$$

위 식의 [ ] 안의 부등식을 정리하면

$$\hat{\theta} - t\left(\frac{\alpha}{2}, n-2\right) s.e.(\hat{\theta}) \leqq \theta \leqq \hat{\theta} + t\left(\frac{\alpha}{2}, n-2\right) s.e.(\hat{\theta}) \qquad (3.19)$$

이 되고, θ의 $(1-\alpha) \times 100\%$ 신뢰구간은 다음과 같다.

$$\left(\hat{\theta} - t\left(\frac{\alpha}{2}, n-2\right) s.e.(\hat{\theta}),\ \hat{\theta} + t\left(\frac{\alpha}{2}, n-2\right) s.e.(\hat{\theta})\right) \qquad (3.20)$$

여기서 $t(\alpha/2, n-2)$는 $t(n-2)$ 분포에서 이 값보다 클 확률이 $\alpha/2$임을 의미

한다. 식 (3.20)에 의하여 β_0와 β_1의 $(1-\alpha)\times 100\%$ 신뢰구간을 구하여 보면 각각 다음과 같다.

$$\left(\hat{\beta}_0 - t\left(\frac{\alpha}{2}, n-2\right)\hat{\sigma}\sqrt{\frac{1}{n}+\frac{\bar{x}^2}{S_{xx}}},\ \hat{\beta}_0 + t\left(\frac{\alpha}{2}, n-2\right)\hat{\sigma}\sqrt{\frac{1}{n}+\frac{\bar{x}^2}{S_{xx}}}\right) \quad (3.21)$$

$$\left(\hat{\beta}_1 - t\left(\frac{\alpha}{2}, n-2\right)\frac{\hat{\sigma}}{\sqrt{S_{xx}}},\ \hat{\beta}_1 + t\left(\frac{\alpha}{2}, n-2\right)\frac{\hat{\sigma}}{\sqrt{S_{xx}}}\right) \quad (3.22)$$

■ 가설검정

정리 3.3에서 알아본 회귀계수의 추정량 $\hat{\beta}_0$과 $\hat{\beta}_1$의 분포를 근거로 다음의 가설검정을 수행할 수 있다.

$$\begin{cases} H_0: \beta_0 = \beta_0^*, \text{ 임의의 } \beta_1\text{에 대해} \\ H_1: \beta_0 \neq \beta_0^*, \text{ 임의의 } \beta_1\text{에 대해} \end{cases} \quad \text{및} \quad \begin{cases} H_0: \beta_1 = \beta_1^*, \text{ 임의의 } \beta_0\text{에 대해} \\ H_1: \beta_1 \neq \beta_1^*, \text{ 임의의 } \beta_0\text{에 대해} \end{cases}$$

다음에 제시된 검정통계값 t^*의 절대값이 기각값(critical value)인 $t(\alpha/2, n-2)$와 비교하여 크게 나오면 귀무가설을 기각하고 작게 나오면 기각하지 않는다.

$$t^* = \frac{\hat{\beta}_0 - \beta_0^*}{s.e.(\hat{\beta}_0)} \quad \text{및} \quad t^* = \frac{\hat{\beta}_1 - \beta_1^*}{s.e.(\hat{\beta}_1)} \quad (3.23)$$

여기서는 양측대립가설의 형태만 제시하였으나 단측대립가설에 대한 검정의 형태도 생각할 수 있다. 다만 이 경우는 기각값의 크기가 달라진다. β_1^*가 0인 경우, 즉 귀무가설이 $H_0: \beta_1 = 0$이면 식 (3.23)의 기울기에 대한 검정통계값의 제곱은 다음과 같이 분산분석에서의 F^*값과 같게 됨을 알 수 있다.

$$t^{*2} = \left(\frac{\hat{\beta}_1}{s.e.(\hat{\beta}_1)}\right)^2 = \frac{\hat{\beta}_1^2}{MSE/S_{xx}} = \frac{\hat{\beta}_1^2 S_{xx}}{MSE} = \frac{SSR}{MSE} = F^* \quad (3.24)$$

■ 기대값과 새로운 관측값

회귀분석에서 중요하게 다루어야 할 부분으로 반응변수의 기대값이나 새로운 관측값 등이 있다. 이들을 구하기 위해서는 절편 및 기울기와 마찬가지로 점추정량의 표준오차를 알아야 한다.

1) 설명변수의 값이 주어졌을 때 반응변수의 기대값 : $E(Y \mid X = x_0)$

설명변수의 값이 x_0일 때 반응변수의 기대값의 점추정량은 다음과 같다.

$$\hat{E}(Y \mid X = x_0) = \hat{\beta}_0 + \hat{\beta}_1 x_0 = \hat{y}_0 \tag{3.25}$$

이 추정량은 정규분포를 따르고 기대값이 $E(Y \mid X = x_0) = \beta_0 + \beta_1 x_0$이므로 비편향추정량이다. 이제 구간추정을 하기 위해서 식 (3.25)의 추정량의 분산을 구해 보자. 분산의 유도과정에서 $\hat{\beta}_0 + \hat{\beta}_1 x_0$보다는 $\hat{\alpha} + \hat{\beta}_1 (x_0 - \bar{x})$를 이용하는 것이 더 간단함을 2장에서 보았다. $\hat{\alpha}$과 $\hat{\beta}_1$의 공분산은 0이므로 $\hat{E}(Y \mid X = x_0)$의 분산은 다음과 같다.

$$\begin{aligned} Var[\hat{E}(Y \mid X = x_0)] &= Var(\hat{\beta}_0 + \hat{\beta}_1 x_0) = Var[\hat{\alpha} + \hat{\beta}_1 (x_0 - \bar{x})] \\ &= Var(\hat{\alpha}) + Var[\hat{\beta}_1 (x_0 - \bar{x})] \\ &= \frac{\sigma^2}{n} + (x_0 - \bar{x})^2 \frac{\sigma^2}{S_{xx}} \\ &= \sigma^2 \left(\frac{1}{n} + \frac{(x_0 - \bar{x})^2}{S_{xx}} \right) \end{aligned} \tag{3.26}$$

분산의 추정값을 구하기 위해서는 σ^2을 $MSE\,(=\hat{\sigma}^2)$로 대체하면 된다.

정리 3.2에 의해 $\dfrac{[\hat{E}(Y \mid X = x_0) - E(Y \mid X = x_0)]}{s.e.[\hat{E}(Y \mid X = x_0)]}$는 $t(n-2)$ 분포를 따르고 $E(y \mid X = x_0)$의 $(1-\alpha) \times 100\%$ 신뢰구간은 다음과 같다.

$$\left(\hat{y}_0 - t\left(\frac{\alpha}{2}, n-2\right) \hat{\sigma} \sqrt{\frac{1}{n} + \frac{(x_0 - \bar{x})^2}{S_{xx}}},\ \hat{y}_0 + t\left(\frac{\alpha}{2}, n-2\right) \hat{\sigma} \sqrt{\frac{1}{n} + \frac{(x_0 - \bar{x})^2}{S_{xx}}} \right) \tag{3.27}$$

2) 설명변수의 값이 주어졌을 때 반응변수의 새로운 관측값: $y_0 = (y \mid X = x_0)$

설명변수의 값이 x_0일 때 새로운 관측을 통하여 얻을 수 있는 값을 y_0라 하자. 이는 주어진 설명변수의 값에서의 새로운 반응변수의 값에 대한 예측이라고 할 수 있다. 이에 대한 점추정량은 다음과 같고 이는 1)에서의 기대값의 점추정량과 동일하다.

$$(\hat{y} \mid X = x_0) = \hat{\beta}_0 + \hat{\beta}_1 x_0 = \hat{y}_0 \tag{3.28}$$

만약 $\psi = y_0 - \hat{y}_0$라 하면 ψ는 정규분포를 따르고 기대값은 $E(\psi) = \beta_0 + \beta_1 x_0 - (\beta_0 + \beta_1 x_0) = 0$이다. y_0는 미래의 값이고 $\hat{y}_0$는 현재의 자료로 예측한 값이기 때문에 서로 독립이고 공분산은 0임을 이용하면 ψ의 분산은 다음과 같다.

$$\begin{aligned} Var(y_0 - \hat{y}_0) &= Var(y_0) + Var(\hat{y}_0) \\ &= \sigma^2 + \sigma^2\left(\frac{1}{n} + \frac{(x_0 - \bar{x})^2}{S_{xx}}\right) \\ &= \sigma^2\left(1 + \frac{1}{n} + \frac{(x_0 - \bar{x})^2}{S_{xx}}\right) \end{aligned} \tag{3.29}$$

분산의 추정값을 구하기 위해서는 σ^2을 $MSE\,(=\hat{\sigma}^2)$로 대체하면 된다.

정리 3.2에서 의해 $[\psi - E(\psi)]/s.e.(\psi)$는 $t(n-2)$ 분포를 따르고 ψ의 신뢰구간은

$$-t\left(\frac{\alpha}{2}, n-2\right)\hat{\sigma}\sqrt{1+\frac{1}{n}+\frac{(x_0-\bar{x})^2}{S_{xx}}} \leqq \psi = y_0 - \hat{y}_0 \leqq t\left(\frac{\alpha}{2}, n-2\right)\hat{\sigma}\sqrt{1+\frac{1}{n}+\frac{(x_0-\bar{x})^2}{S_{xx}}} \tag{3.30}$$

의 형태가 되고 이 부등식을 y_0를 중심으로 정리하면 y_0의 $(1-\alpha) \times 100\%$ 신뢰구간은 다음과 같다.

$$\left(\hat{y}_0 - t\left(\frac{\alpha}{2}, n-2\right)\hat{\sigma}\sqrt{1+\frac{1}{n}+\frac{(x_0-\bar{x})^2}{S_{xx}}},\ \hat{y}_0 + t\left(\frac{\alpha}{2}, n-2\right)\hat{\sigma}\sqrt{1+\frac{1}{n}+\frac{(x_0-\bar{x})^2}{S_{xx}}}\right) \tag{3.31}$$

마찬가지 논리로 $X=x_0$의 값이 주어졌을 때 새로운 m개의 관측값의 평균 $\bar{y}_0$의 $(1-\alpha)\times 100\%$ 신뢰구간도 다음과 같이 구할 수 있다.

$$\left(\hat{y}_0-t\left(\frac{\alpha}{2},\, n-2\right)\hat{\sigma}\sqrt{\frac{1}{m}+\frac{1}{n}+\frac{(x_0-\bar{x})^2}{S_{xx}}},\ \hat{y}_0+t\left(\frac{\alpha}{2},\, n-2\right)\hat{\sigma}\sqrt{\frac{1}{m}+\frac{1}{n}+\frac{(x_0-\bar{x})^2}{S_{xx}}}\right) \tag{3.32}$$

위의 식 (3.27), (3.31), (3.32)를 살펴보면 각각의 신뢰구간은 x_0가 자료의 중앙인 $\bar{x}$에 가까이 있으면 폭이 좁고 x_0가 $\bar{x}$에서 멀어질수록 폭이 넓어짐을 알 수 있다. 세 가지 신뢰구간의 형태 중 (3.27)이 폭이 가장 좁고 (3.31)이 가장 넓다.

■ 분산

지금까지는 모수의 추정량이 y_i나 ε_i의 선형결합 형태로 나타나는 경우 이들의 표준오차를 구하고 모수의 신뢰구간을 t-분포를 이용하여 구하였다. 다음에는 σ^2의 신뢰구간을 생각해 보자.

σ^2에 대한 분포이론은 3.1절에서 정리하였다. y_i가 정규분포를 따르고 기대값이 $\beta_0+\beta_1 x_i$이고 분산이 일정한 σ^2이면 MSE는

$$\frac{(n-2)\,MSE}{\sigma^2} \sim \chi^2(n-2) \tag{3.33}$$

와 같이 χ^2-분포를 따르고 다음의 식을 얻을 수 있다.

$$P\left[\chi^2\left(1-\frac{\alpha}{2},\, n-2\right) \leqq \frac{(n-2)\,MSE}{\sigma^2} \leqq \chi^2\left(\frac{\alpha}{2},\, n-2\right)\right]=1-\alpha \tag{3.34}$$

위 식의 [ ] 안의 부등식을 정리하면 σ^2의 $(1-\alpha)\times 100\%$ 신뢰구간은 다음과 같다.

$$\left[\frac{(n-2)\,MSE}{\chi^2\left(\frac{\alpha}{2},\, n-2\right)},\ \frac{(n-2)\,MSE}{\chi^2\left(1-\frac{\alpha}{2},\, n-2\right)}\right] \tag{3.35}$$

이러한 신뢰구간을 사용하기 위해서는 반드시 정규성 가정이 필요하다. 앞에서 보았던 y_i의 선형결합으로 표현되는 추정량을 이용한 여러 신뢰구간에 비해 식 (3.35)의 신뢰구간은 선형결합이 아닌 제곱항을 이용하는 통계량 $\hat{\sigma}^2$을 통해 구해졌기 때문에 y_i가 정규분포를 따르지 않거나 반응변수의 값에 다른 값들과는 다른 특이한 관측값이 있는 경우에는 SSE의 계산에 커다란 영향을 미치고 구간추정에 대한 신뢰성에 문제가 생길 수 있다. 정규성 가정에 대한 의심이 있을 경우에는 5장 5.3.3절에서 논의할 정규성 검정절차를 거친 다음 필요에 따라 정규성을 위한 변수변환을 하여야 한다. 따라서 정규성에 대한 의심이 있는 경우는 식 (3.35)의 신뢰구간 공식의 사용에는 각별한 주의가 요구된다.

예 2.1 (계속) 가상자료

2장에서 [표 2.1]의 가상자료에서 단순회귀모형을 적합시켜 회귀계수의 최소제곱추정값 $\hat{\beta}_0 = 9.4$와 $\hat{\beta}_1 = 1.4$, 잔차제곱합 $SSE = 33.6$, 오차분산의 추정값 $\hat{\sigma}^2 = MSE = 5.6$을 얻었다. 회귀계수의 추정량의 표준오차 $s.e.(\hat{\beta}_0)$와 $s.e.(\hat{\beta}_1)$은 각각 $\sqrt{5.6\,(1/8 + 4.0^2/40)} = 1.71464$와 $\sqrt{5.6/40} = 0.37417$이다. SSR은 S_{yy}와 SSE의 차이인 78.6이며 이는 식 (3.5)에 의해서도 얻을 수 있다. 이러한 결과를 포함하는 일반적인 컴퓨터 결과물은 다음과 같다.

표 3.2 회귀분석 결과 및 분산분석표

Variable	Estimate	Standard Error	t-value	p-value
Intercept	9.4	1.71464	5.4822	0.002
X	1.4	0.37417	3.7417	0.010

$\hat{\sigma}^2 = (2.36643)^2$, $d.f. = 6$, $R^2 = 0.7000$

SOURCE	$d.f.$	SS	MS	F	p-value
Regression	1	78.4	78.4	14.0	0.010
Residual	6	33.6	5.6		
Total	7	112.0			

β_1의 95% 신뢰구간은 $t(0.025, 6) = 2.447$을 이용하면 그 상한과 하한이 $1.4 \pm 2.447 \times 0.37417$인 (0.484, 2.316)이고 β_0의 95% 신뢰구간은 $9.4 \pm 2.447 \times 1.71464$에 의해 (5.204, 13.596)가 된다.

$H_0 : \beta_0 = 0$ 대 $H_1 : \beta_0 \neq 0$의 검정에서 t-검정통계량의 값은 $\hat{\beta}_0$를 $s.e.(\hat{\beta}_0)$로 나눈 값인 5.4822이고 $H_0 : \beta_1 = 0$ 대 $H_1 : \beta_1 \neq 0$의 검정에서 t-검정통계량의 값은 $\hat{\beta}_1$을 $s.e.(\hat{\beta}_1)$으로 나눈 3.7417이다. 이들은 모두 $t(0.025, 6) = 2.447$보다 큰 값으로 두 검정 모두 귀무가설을 기각한다. 또한 p-값은 자유도가 6인 t-분포를 따르는 확률변수가 계산된 t-검정통계량의 값의 절대값보다 크게 나올 확률의 2배이며 각각 0.002와 0.010이다. 두 번째 가설 $H_0 : \beta_1 = 0$에 대한 t-검정통계량의 값의 제곱은 분산분석표에 나오는 F-검정통계량의 값과 같음을 알 수 있다. 즉, $t^{*2} = (3.7417)^2 = 14.0 = F^*$이다.

이제 설명변수의 값이 주어졌을 때의 반응변수의 기대값과 새로운 관측값의 신뢰구간에 대해 알아보자. $X = 5$인 경우를 생각하자. 기대값 $E(Y \mid X = 5)$과 새로운 관측값 $(y \mid X = x_0)$의 점추정값은 모두 $\hat{\beta}_0 + \hat{\beta}_1 \times 5$인 16.4이고 95% 신뢰구간은 식 (3.27)과 (3.31)에 의해 상한과 하한이 각각 $16.4 \pm 2.447 \times 2.366\sqrt{1/8 + (5-4)^2/40} = 16.4 \pm 2.242$와 $16.4 \pm 2.447 \times 2.366\sqrt{1 + 1/8 + (5-4)^2/40} = 16.4 \pm 6.209$인 (14.158, 18.642)와 (10.191, 22.609)이다.

이제 σ^2의 신뢰구간을 알아보자. $MSE = 5.6$이고 $\chi^2(0.025, 6) = 14.449$, $\chi^2(1-0.025, 6) = 1.237$를 이용하면 σ^2의 95% 신뢰구간은 상한과 하한이 각각 $6 \times 5.6/14.449$와 $6 \times 5.6/1.237$인 (2.325, 27.162)이다.

■ 단순회귀에서의 동시추론

지금까지 우리는 여러 가지 형태의 모수에 대한 신뢰구간을 알아보았다. 각각의 모수에만 관심이 있을 경우에는 각각의 신뢰구간에 $(1-\alpha) \times 100\%$의 신뢰수준을 부여하여 작성하였다. 그러나 같은 자료를 이용하여 여러 가지 형태의 모수의 신뢰구간에 동시에 관심을 갖는 경우가 있다. 이러한 경우에는 $(1-\alpha) \times 100\%$의 신뢰수준은 여러 개의 신뢰구간에 동시에 부여되어야 할 것이다. 해당되는 모수들에 대해 동시에 $100 \times (1-\alpha)\%$의 신뢰도를 가지고 있는 신뢰구간의 집합을 우리는 신뢰수준 $(1-\alpha) \times 100\%$의 동시(또는 결합)신뢰구간이라 부른다.

이러한 $(1-\alpha)\times 100\%$ 동시신뢰구간을 예를 들어 설명하여 보자. β_0, β_1에 대해 각각 95%의 신뢰수준을 부여하여 모수의 신뢰구간이 설정되었다면 우선 각각의 β_0, β_1의 신뢰구간이 독립적으로 추정되었다는 가정 하에서는(이는 대개의 경우 불가능하다) 이 두 개의 신뢰구간이 동시에 옳을 확률은 95%보다 낮은 (.95)(.95) = 90.25%가 된다. 더욱이 같은 자료에 의해서 두 개의 신뢰구간이 설정되었으면 독립적으로 추정이 되었다는 가정은 맞지 않으며 이 두 개의 신뢰구간이 동시에 옳을 확률은 95%를 보장할 수 없다. 구체적인 동시추론(simultaneous estimation)의 문제는 3장의 보론을 참조하기 바란다.

3.4 원점을 통과하는 회귀식

1장의 (예 1.4)에서 보았듯이 원점을 통과하는 회귀식이 필요한 경우가 있다. 이러한 경우에 해당하는 다음의 두 가지 예를 생각해 보자.

예 3.1 회계감사

설명변수 X의 값이 회계장부에 기록된 숫자기록이고 반응변수 Y의 값을 회계감사 후의 수정된 숫자기록이라 한다면 오류가 없는 경우에는 $y_i = x_i$로 이루어진 45° 선을 가지지만 오류가 있으면 $y_i = \beta_1 x_i + \varepsilon_i$로 표시할 수 있다. 이 모형에서 β_1의 값이 1인지 여부를 검정하고 장부기록상 나오는 오차의 형태를 조사할 수 있을 것이다. 이 경우 절편은 필요가 없을 것이다.

예 3.2 열대어 자료

Shapiro(1980)은 남태평양에 서식하는 열대어인 스쿠암피니스(squampinis)의 행태를 조사하기 위해 암컷과 수컷이 어울려 생활하는 10개의 무리에서 3마리에서 9마리까지의 수컷을 제거한 후 무리에서 남아 있는 암컷 중에서 수컷으로 성이 바퀸 수를 기록하였다. 이 경우 회귀분석을 통하여 제거된 수컷 한 마리당 몇 마리 꼴로 암컷이 성을 바꾸는지를 알아볼 수 있다. 수컷이 제거되지 않는 경우에는 성을 바꾸는 암컷이 없다고 가정한다면 원점을 통과하는 회귀식이 타당할 것이다.

원점을 통과하는 다음의 모형을 생각하자.

$$y_i = \beta_1 x_i + \varepsilon_i \tag{3.36}$$

이 모형에서 β_1의 추정은 $Q(\beta_1) = \Sigma(y_i - \beta_1 x_i)^2$을 최소화하는 값을 찾는 것으로 2장 보론 A.2.1에서와 같이 Q를 β_1에 대해 미분하여 0으로 놓고 정리하면 $\hat{\beta}_1$은 다음과 같다.

$$\hat{\beta}_1 = \frac{\Sigma y_i x_i}{\Sigma x_i^2} \tag{3.37}$$

이는 $\bar{x}$가 0인 경우에 해당이 되는 $\frac{S_{xy}}{S_{xx}}$의 형태이다. 식 (3.37)의 분자를 S^*_{xy}로 분모를 S^*_{xx}로 표기하면

$$\hat{\beta}_1 = \frac{S^*_{xy}}{S^*_{xx}} \tag{3.38}$$

이며 S^*_{xy}와 S^*_{xx}는 각각 조정되지 않은(uncorrected) X와 Y의 곱의 합과 X의 제곱합이다. 이러한 $\hat{\beta}_1$은 기대값이 β_1인 비편향추정량이다. 그리고 $\hat{\beta}_1$ 및 $\hat{E}(y \mid X = x_0)$의 분산은 다음과 같다.

$$Var(\hat{\beta}_1) = \frac{\sigma^2}{S^*_{xx}} \tag{3.39}$$

$$Var[\hat{E}(Y \mid X = x_0)] = \frac{\sigma^2 x_0^2}{S^*_{xx}}$$

식 (3.39)에서는 S_{xx}는 S^*_{xx}로 대체되었고 $x = 0$에서 y의 값은 무조건 0이므로 식 (3.26)의 공식 중 $\hat{\alpha}$의 분산인 σ^2/n을 무시하고 유도한 것이다. $\hat{y}_0 = (\hat{y} \mid X = x_0)$

원점을 통과하는 회귀식과 절편이 있는 회귀식의 적합도 비교 그림 3.4

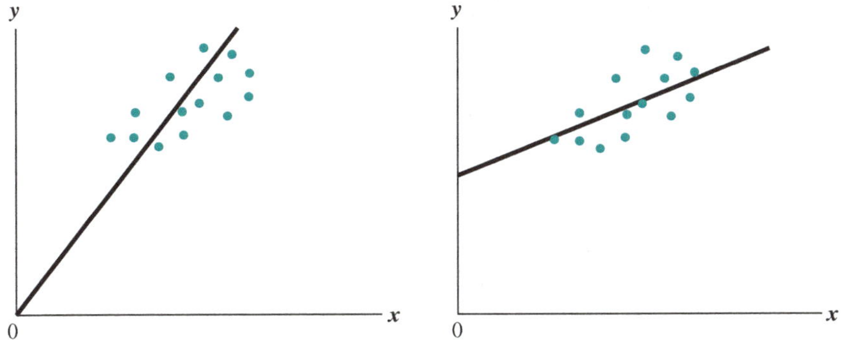

원점을 통과하는 이차함수의 회귀식 그림 3.5

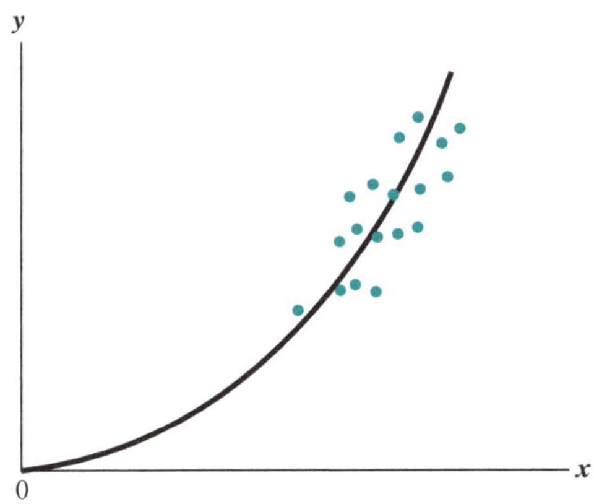

의 분산은 다음과 같다.

$$Var(\hat{y}_0 \mid X = x_0) = \sigma^2\left(1 + \frac{x_0^2}{S_{xx}^*}\right) \tag{3.40}$$

식 (3.39)를 이용하여 $E(y \mid X = x_0)$의 신뢰구간을 구하면 $x_0 = 0$일 때의 신뢰구간의 폭은 0이 될 것이다.

절편이 없는 회귀식의 사용은 몇 가지 위험을 내포하고 있다. [그림 3.4]와 같이 자료가 원점 주위에 있지 않고 떨어져 있는 경우에는 절편을 이용한 회귀식이 더 잘 설명할 수 있고, 원점 근처에서 보편적으로 전혀 다른 회귀관계가 성립이 되는 경우가 많기 때문이다. [그림 3.5]와 같이 원점을 벗어나면 직선이지만 원점 근처에서 비선형의 곡선이 발생하는 경우에는 이차함수의 회귀식으로 처리하는 것이 좋다. 이론적으로 $\beta_0 = 0$이라도 $H_0 : \beta_0 = 0$이라는 귀무가설을 기각하지 않는 경우를 제외하면 대부분의 경우는 절편을 쓰는 것이 더 바람직하다.

*MSE*의 값의 크기에 따라 절편이 있는 모형과 없는 모형으로 비교될 수 있다. 이는 *MSE*가 작을수록 모형이 더 잘 적합한다는 의미이다. 절편이 없는 경우의 σ^2의 추정값은 다음과 같은 *MSE*를 써야 할 것이다.

$$\hat{\sigma}^2 = MSE = \frac{(S_{yy}^* - \hat{\beta}_1 S_{xy}^*)}{(n-1)} \tag{3.41}$$

그리고 회귀계수 등에 대한 신뢰구간을 설정할 때에는 $t(n-1)$ 분포를 써야 함은 물론이다.

원점을 통과하는 모형에서의 결정계수 R^2의 개념은 주의할 필요가 있다. 절편이 있는 경우, R^2은 $\bar{y}$를 중심으로 발생하는 변동, 즉 $\Sigma(y_i - \bar{y})^2$을 회귀식이 얼마만큼 설명하느냐 하는 개념으로서 SSR/SST이란 비율로 정의하였다. 절편이 없는 경우의 R^2의 공식은 $\bar{y}$를 0으로 처리하여 다음과 같이 표현할 수 있다.

$$R_0^2 = \frac{\Sigma \hat{y}_i^2}{\Sigma y_i^2} \tag{3.42}$$

식 (3.42)는 x축$(Y=0)$을 중심으로 발생한 변동을 얼마만큼 회귀식이 설명을 하였느냐 하는 통계량이기 때문에 절편의 유무에 따른 서로 다른 모형에 의해서 나오는 R^2들을 이용하여 직접적인 비교를 하는 것은 바람직하지 않다. 경우에 따라서는 원점을 통과하는 회귀식의 *MSE*가 절편이 있는 경우의 *MSE*보다 월등히 큰데도 불구하고 절편이 없는 경우에 식 (3.42)에서 산출한 R_0^2의 값이 오히려 큰 경우가 발생되기도 한다. 이는 전적으로 조정된 제곱합

(corrected *SS*)를 쓰느냐 아니면 조정되지 않은 제곱합(uncorrected *SS*)를 쓰느냐의 차이이다. 이와 같은 문제점이 있기 때문에 R^2의 값만을 기준으로 절편이 없는 모형과 있는 모형을 비교하여서는 곤란하다.

예 3.2 (계속) 열대어 자료

[표 3.3]은 (예 3.2)에서 언급한 열대어 10개 무리의 실제자료이다. 이 자료의 분석을 통하여 (1) 어떠한 선형관계식을 설정할 수 있는가? (2) 제거된 수컷 한 마리당 몇 마리의 암컷이 성을 바꾸는지에 대한 신뢰구간은 무엇인가? (3) 계속 같은 유형을 보인다면 제거된 수컷의 숫자가 12일 때 성을 바꾸는 암컷의 수에 대한 평균 및 새로운 관측값의 신뢰구간은 무엇인가? 등의 질문에 대한 답을 할 수 있을 것이다.

표 3.3 열대어 자료

X (제거된 수컷의 수)	*Y* (성을 바꾼 암컷의 수)
3	2
3	3
4	2
4	6
5	4
5	5
6	5
6	7
7	9
9	9

자료원 : Shapiro(1980)

[그림 3.6]은 [표 3.3] 자료의 산점도로 선형의 관계가 있음을 알 수 있으므로 단순선형모형을 적합시켜 보았다([표 3.4] 참조).

그림 3.6 열대어 자료의 산점도(Y vs X)

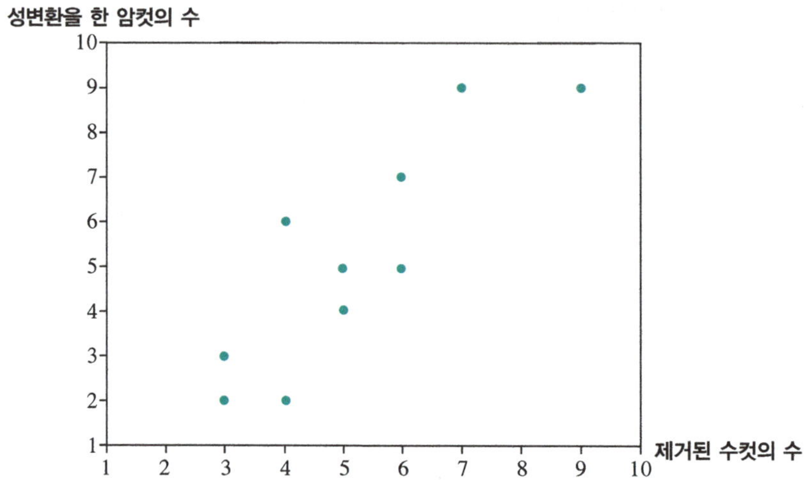

표 3.4 열대어 자료의 회귀분석 결과 및 분산분석표

Variable	Estimate	Standard Error	t-value	p-value
Intercept	−0.987342	1.33240	−0.741	0.480
X	1.189873	0.24246	4.908	0.001

$\hat{\sigma}^2 = (1.362936)^2$, $d.f. = 8$, $R^2 = 0.7507$

SOURCE	$d.f.$	SS	MS	F	p-value
Regression	1	44.73924	44.73924	24.084	0.001
Residual	8	14.86076	1.857595		
Total	9	59.600			

우선 회귀식이 원점을 통과하는가를 알아보기 위한 $H_0 : \beta_0 = 0$ 대 $H_1 : \beta_0 \neq 0$의 검정에서 t-검정통계량의 값은 $\hat{\beta}_0$를 표준오차로 나눈 값인 $t^* = -0.741$이고 p-값은 0.48로 나왔다. 따라서 $H_0 : \beta_0 = 0$은 기각하기 어렵고 원점을 통과하는 회귀식이 더 바람직하다고 판단된다.

$\hat{\sigma}^2$은 1.858, $\hat{\sigma}$는 $\sqrt{MSE}\,(=\sqrt{1.858}) = 1.363$으로 나타났다. $\hat{\sigma}$는 오차의 표준편차의 추정값이다. R^2값은 0.751로 Y의 총변동의 3/4을 설명변수가 도입됨으로써 설명되었다고 할 수 있다.

기울기에 관한 가설 $H_0 : \beta_1 = 0$ 대 $H_1 : \beta_1 \neq 0$에 대한 F-검정의 p-값은 0에 가

까운 상당히 작은 값이므로 귀무가설을 기각한다. 따라서 확률적으로 반응변수 Y의 관측값이 모형 $y_i = \beta_0 + \varepsilon_i$에서 나왔다는 주장에 의심이 간다. 여기서 사용되는 p-값은 어디까지나 통계적인 유의함(statistical significance)이지 이 값이 작다고 하여 모형이 '좋다' 또는 '나쁘다' 라고 이야기할 수 있는 것은 아니다. 특히 p-값은 표본의 크기가 작은 경우나 정규성이 의심스러운 경우에는 그 사용에 주의해야 한다.

F-검정의 p-값이란 귀무가설 하에서 $F(1, 8)$ 분포를 따르는 확률변수의 값이 계산된 F-검정통계량의 값인 24.08보다 크게 나오는 확률의 값을 의미한다. 이에 비해 t-검정의 p-값이란 귀무가설 하에서의 $t(8)$ 분포를 따르는 확률변수의 값이 t^*의 절대값(이 경우는 $|4.91|$)보다 크게 나오는 확률에 2를 곱한 수를 의미한다. 여기서 2를 곱하는 것은 대립가설 $H_1 : \beta_1 \neq 0$이 양측검정 형태이기 때문이다. 그리고 $t^{*2} = F^*$이고 두 p-값은 같다는 것을 확인할 수 있다.

절편의 값에 대한 t-검정통계량의 값이 작게 나왔기 때문에 절편이 없는 경우, 즉 제거된 수컷이 없으면 암컷은 인위적으로 성을 바꾸지 않는다는 사실을 가정한 모형을 가지고 다시 분석하였다.

표 3.5 원점을 통과하는 모형에 대한 회귀분석 결과 및 분산분석표

Variable	Estimate	Standard Error	t-value	p-value
No intercept				
X	1.019868	0.076438	13.342	0.000

$\hat{\sigma}^2 = (1.328357)^2$, $d.f. = 9$

SOURCE	$d.f.$	SS	MS	F	p-value
Regression	1	314.1192	314.1192	178.018	0.000
Residual	9	15.88079	1.764533		
Total	10	330.00			

원점을 통과하는 모형에서 추정된 $\hat{\sigma}$의 값 1.328은 단순선형모형의 경우의 $\hat{\sigma}$값 1.363보다 약간 작게 나왔다.

$X = 12$의 값이 주어질 때의 Y의 기대추정값 $\hat{E}(Y \mid X = 12)$은 $\hat{y} = \hat{\beta}_1 \times (x = 12) = 12.238$이며 표준오차 $\hat{\sigma}\sqrt{x_0^2/S_{xx}^*}$는 $1.328\sqrt{(12)^2/302} = 0.917$이다. 그리고 $\hat{y} \pm t(0.025\,;10-1)\,\hat{\sigma}\sqrt{x_0^2/S_{xx}^*}$를 이용하면, Y의 기대값의 95% 신뢰구간은 $12.238 \pm (2.2622 \times 0.917)$인 (10.164, 14.312)이고 $\hat{y}_0 \pm t(0.025\,;9)\,\hat{\sigma}\sqrt{1 + x_0^2/S_{xx}^*}$을 이용하면, $x = 12$가 주어졌을 때의 새로운 관측값의 95% 신뢰구간이 (8.587, 15.889)임을

알 수 있다.

제거되는 수컷 한 마리당 암컷 한 마리가 성을 바꾼다는 귀무가설과 그렇지 않다는 대립가설, 즉 $H_0 : \beta_1 = 1$ 대 $H_1 : \beta_1 \neq 1$의 가설을 유의수준 0.05에서 검정하여 보자. 기울기 β_1의 95% 신뢰구간은 $\hat{\beta}_1 \pm t(0.025, 9)\, s.e.(\hat{\beta}_1)$을 이용하면, (0.8470, 1.1927)로 나타난다. 기울기의 신뢰구간이 귀무가설에서의 값인 $\beta_1 = 1$을 포함하고 있기 때문에 귀무가설을 기각을 하지 않는다. 물론 신뢰구간을 이용하지 않고 가설검정의 절차를 통해서도 같은 결론을 얻을 수 있다. 가설검정에서 t–검정통계값은 $\hat{\beta}_1 - 1 = 0.019868$을 표준오차 0.076438로 나눈 값인 $t^* = 0.2599$이고 유의수준 0.05에서 기각값은 $t(0.025, 9) = 2.262$이므로 귀무가설을 기각할 수 없고 제거되는 수컷 한 마리당 한 마리의 암컷 성을 바꾼다는 주장은 자료에 의하여 지지된다.

3.5 적합결여검정

주어진 모형이 설명변수와 반응변수의 관계를 잘 반영하는 올바른 경우 자료를 적합시켜 구한 σ^2의 추정값인 MSE가 비편향추정량이 된다는 사실을 2장에서 보았다. 그러나 주어진 모형이 옳지 않은 경우에는 이 MSE의 크기는 순수한 의미에서의 오차에 의해서뿐만 아니라 잘못된 모형을 적합시킴으로써 생기는 편향(bias)에 의해서도 결정되기 때문에 MSE는 실제 σ^2보다 상당히 큰 추정값을 제공할 것이다. σ^2의 값이 알려진 경우에는 MSE의 값과 알려진 σ^2의 값을 비교하여 주어진 모형이 올바른 모형인지를 확인할 수 있을 것이다. 이에 대한 검정을 적합결여검정(lack of fit test)이라 하는데 다음의 χ^2–검정을 통해 수행할 수 있다.

$$\chi^2 = \frac{SSE}{\sigma^2} = \frac{(n-p')\hat{\sigma}^2}{\sigma^2} \sim \chi^2(n-p') \tag{3.43}$$

여기서 p'은 모수의 수를 나타낸다.

만약 이러한 검정에서 p–값이 너무 작게 나와 "H_0 : 주어진 모형은 올바르다."라는 귀무가설을 기각하는 경우에는 다른 모형을 사용해야 한다. 하지만

σ^2의 값이 알려져 있는 경우는 매우 드물다. 이러한 경우 적합결여검정을 위해서는 모형에 의존하지 않는 σ^2의 추정방법이 필요하다. 동일한 설명변수의 값에서 여러 개의 반응변수의 값이 반복하여 측정되었다면 이러한 반응변수값들을 이용하여 σ^2을 구하는 방법이 보편화되어 있다. 만약 반복적인 자료가 전혀 없으면 모형에 의존하지 않는 σ^2의 추정값을 구할 수 없기 때문에 적합결여검정은 불가능하다. [표 3.3]의 자료는 동일한 설명변수의 값에서 반응변수의 값이 반복 측정된 자료이므로 적합결여검정을 할 수 있다.

$X=3$에 해당하는 두 개의 Y의 값 2와 3을 생각해 보자. 우선 평균값 $\bar{y}=2.5$와 표본분산의 값인 $(0.707)^2$을 구한다. 이 경우 자유도는 1이다. 오차의 분산은 설명변수의 값에 상관없이 모두 같다고 가정하였으므로 다른 설명변수의 값에서 추정할 수 있는 표본분산의 값을 모아서 오차의 분산을 공동으로 추정하여야 한다. 설명변수에 의해 구분되는 그룹이 m개 있고 각각의 설명변수의 값에서 반복측정되는 반응변수의 관측값의 수를 $n_i(i=1,\cdots,m,\ \sum_{i=1}^{m} n_i=n)$라 하고 y_{ij}를 i번째 그룹 내의 j번째 반응변수의 값이라고 하면, 순수오차(pure error)에 해당하는 제곱합 SS_{PE}(sum of squares due to pure error)는 다음과 같다.

$$SS_{PE}=\sum_{i=1}^{m}\sum_{j=1}^{n_i}(y_{ij}-\bar{y}_i)^2=\sum_{i=1}^{m}(n_i-1)\,SD_i^2 \tag{3.44}$$

여기서 $\bar{y}_i$는 i번째 그룹에서 Y의 평균이고 SD_i는 표준편차를 의미한다.

열대어 자료의 경우는 $SS_{PE}=11$이고, SS_{PE}에 해당하는 자유도는 $\Sigma(n_i-1)=4$이다. 오차분산의 공동순수추정값(pooled pure error estimate of variance) $\hat{\sigma}^2_{pooled}$은 $\frac{11}{4}=2.75$이고 이 값은 모형에 의존하지 않고 계산된 값이다. 오차분산은 설명변수의 값에 상관없이 같으며 모든 자료는 독립임을 가정하였을 뿐이다. 3.4절의 예에서 이 자료에 절편을 포함하는 단순선형회귀모형에 적합시켜 [표 3.4]의 추정결과와 분산분석표를 얻었다.

[표 3.4]에 의하면 σ^2의 추정값 MSE는 모형에 의존하는 값으로 1.858이다. 이 MSE값이 $\hat{\sigma}^2_{pooled}$에 비해 그리 크지 않으면 가정한 모형의 적합성이 좋다고 할 수 있고 그렇지 않은 경우, 즉 MSE값과 $\hat{\sigma}^2_{pooled}$값의 차이가 큰 경우는 적합성을 의심하여야 할 것이다.

표 3.6 **열대어 자료**

x	y	$\bar{y}$	$\Sigma(y-\bar{y})^2$	SD_{group}	$d.f.$
3 3	2 3	2.5	0.5	0.707	1
4 4	2 6	4	8	2.828	1
5 5	4 5	4.5	0.5	0.707	1
6 6	5 7	6	2	1.414	1
7	9	9	0	0	0
9	9	9	0	0	0

$SS_{PE}=11$, $d.f.$(순수오차) = 4

식 (3.7)에서 총제곱합 S_{yy}를 두 개의 제곱합인 SSE와 SSR의 합으로 표현한 것과 유사하게 잔차제곱합 SSE는 순수오차(pure error)에 해당하는 제곱합 SS_{PE}와 또 다른 제곱합의 합으로 다음과 같이 표현할 수 있고

$$\sum_{i=1}^{m}\sum_{j=1}^{n_i}(y_{ij}-\hat{y}_i)^2=\sum_{i=1}^{m}\sum_{j=1}^{n_i}(y_{ij}-\bar{y}_i)^2+\sum_{i=1}^{m}\sum_{j=1}^{n_i}(\bar{y}_i-\hat{y}_i)^2 \tag{3.45}$$

잔차제곱합 SSE와 순수오차제곱합 SS_{PE}의 차이를 적합결여(lack of fit)에 따른 제곱합 SS_{LOF}이라 한다.

$$SS_{LOF}=SSE-SS_{PE}=\sum_{i=1}^{m}\sum_{j=1}^{n_i}(\bar{y}_i-\hat{y}_i)^2=\sum_{i=1}^{m}n_i(\bar{y}_i-\hat{y}_i)^2 \tag{3.46}$$

적합결여검정은 두 SS의 차이에 근거하는 다음의 F-검정통계량을 이용한다.

$$F^*=\frac{SS_{LOF}/(m-p')}{SS_{PE}/(n-m)}\sim F(m-p',\,n-m) \tag{3.47}$$

적합결여검정에서 다음의 사항들을 참조하기 바란다.

(1) 만약 귀무가설이 기각이 안 되는 경우라면 σ^2의 추정값은 SS_{PE}와 SS_{LOF}를 합하여 구한 MSE의 값이다.

$$\hat{\sigma}^2 = \frac{(SS_{PE} + SS_{LOF})}{(n - p')} = MSE \tag{3.48}$$

여기서 p'은 회귀계수의 수를 의미한다. 일반적으로 p'은 절편이 있는 경우에는 $p+1$(p는 설명변수의 개수)이다.

(2) 기각이 되는 경우에는 설명변수나 반응변수를 변환시키거나 새로운 설명변수가 추가된 모형을 자료에 적합시키는 것이 다음 순서이다.

(3) 여기서는 설명변수의 수가 하나인 단순선형회귀모형을 대상으로 적합결여검정을 실시하였지만 설명변수가 여러 개인 경우에도 같은 설명변수들의 값을 갖는 자료가 나오는 경우라면 위와 같은 방법으로 적합결여검정을 할 수 있다.

(4) 적합결여검정은 관측값이 반복되는 경우만 수행할 수 있으나 Daniel과 Wood(1980)는 인접한 자료를 군으로 묶는 군집(clustering)기법을 이용하여 반복이 안 되는 경우에도 적합결여검정을 실시할 수 있다고 하였다. 그러나 어떻게 묶느냐에 따라 검정결과에 차이가 나타날 수 있는 문제점이 있다.

(5) 적합결여검정은 모든 $X=x$ 값에 대하여 y의 분산은 일정하다고 가정하여야 한다. 이러한 가정이 위배되는 경우는 F-검정법의 검정력(power)이 떨어지므로 각별한 주의가 필요하다(연습문제 4.5 참조).

예 3.2 (계속) 열대어 자료

[표 3.6]의 열대어 자료는 [표 3.7]과 같이 SSE가 SS_{LOF}와 SS_{PE}로 분해됨을 알 수 있다. 이 자료에서는 F^*의 값은 0.3510이므로 적합결여에 대한 징후가 없고 가정한 회귀모형은 타당하다고 볼 수 있다.

표 3.7 SS**의 요소별 분해**

SOURCE	$d.f.$	SS	MS
Residual	8	14.86076	1.857595
lack of fit	4	3.86076	0.96519
pure error	4	11.00000	2.750000

만약 이 자료에서 다음과 같이 평균자료만을 사용하고 각 그룹의 크기를 가중값으로 하는 가중최소제곱법을 적용하면 [표 3.8]과 같다.

X	$\overline{Y}$	w
3	2.5	2
4	4	2
5	4.5	2
6	6	2
7	9	1
9	9	1

$\overline{y}_i = \beta_0 + \beta_1 x_i + \varepsilon_i,\ (i = 1, 2, \cdots, 6)$

표 3.8 가중최소제곱법에 의한 모형추정 및 분산분석표

Variable	Estimate	Standard Error	t-value	p-value
Intercept	−0.987342	0.960431	−1.028	0.3620
X	1.189873	0.174768	6.808	0.0024

$\hat{\sigma}^2 = (0.988088)^2,\ d.f. = 9$

SOURCE	$d.f.$	SS	MS
Regression	1	44.73924	44.73924
Residual	4	3.86076	0.96519
Total	5	48.6	

[표 3.8]에서 회귀계수의 추정값은 원 자료를 적용한 [표 3.4]에서의 회귀계수의 추정값과 같음을 알 수 있고 SSR인 44.73924는 변함이 없고 SSE인 3.86076은 적합결여제곱합 SS_{LOF}임을 알 수 있다.

여기서는 절편을 포함하는 단순선형회귀모형에 대해 적합결여검정을 실시하였으나 절편이 없는 단순선형회귀모형을 대상으로 할 수도 있다(연습문제 3.6 참조).

보론

A.3.1 *SS*에 대한 분포이론

먼저 기초 통계학에 나오는 기본정리를 요약하여 보자.

정리 A.3.1 확률변수 y_i가 평균이 μ, 분산이 σ^2인 정규분포를 따른다면 $\left(\frac{y_i-\mu}{\sigma}\right)^2$은 $\chi^2(1)$ 분포를 따른다.

정리 A.3.2 각각의 확률변수 y_i의 분포가 위와 같이 평균이 μ, 분산이 σ^2인 동일한 정규분포를 따르고 서로 독립이면 $\sum_{i=1}^{n}\left(\frac{y_i-\mu}{\sigma}\right)^2$은 $\chi^2(n)$ 분포를 따른다.

정리 A.3.3 $Q_1, Q_2, \cdots, Q_k$가 각각 자유도가 $n_1, n_2, \cdots, n_k$인 χ^2-분포를 따르고 서로 독립이면 ΣQ_i는 $\chi^2(\Sigma n_i)$ 분포를 따른다.

보조정리 A.3.1 Q_1은 $\chi^2(n_1)$ 분포를 따르고 Q_2에 독립이며, $Q=Q_1+Q_2$가 $\chi^2(n_2)$ 분포를 따르면 Q_2는 $\chi^2(n_2-n_1)$ 분포를 따른다.

이상의 정리를 이용하여 *SS*의 분포에 대해 설명해 본다.

정리 A.3.4 확률변수 y_i가 평균이 μ, 분산이 σ^2인 정규분포를 따르고 서로 독립이면 $\Sigma\left(\frac{y_i-\bar{y}}{\sigma}\right)^2$은 $\chi^2(n-1)$ 분포를 따른다.

[증명] $\Sigma(y_i-\mu)^2$의 괄호 안에 평균 $\bar{y}$를 빼고 더하여 정리한 다음 식에서 $2\Sigma(y_i-\bar{y})(\bar{y}-\mu)$는 0이 되어 $\Sigma(y_i-\mu)^2$을 σ^2으로 나눈 식은 (a.3.1)로 표현된다.

$$\begin{aligned}\Sigma(y_i-\mu)^2 &= \Sigma(y_i-\bar{y}+\bar{y}-\mu)^2 \\ &= \Sigma(y_i-\bar{y})^2+\Sigma(\bar{y}-\mu)^2+2\,\Sigma(y_i-\bar{y})(\bar{y}-\mu) \\ &= \Sigma(y_i-\bar{y})^2+n(\bar{y}-\mu)^2\end{aligned}$$

$$\frac{\Sigma(y_i-\mu)^2}{\sigma^2}=\frac{\Sigma(y_i-\bar{y})^2}{\sigma^2}+\frac{n(\bar{y}-\mu)^2}{\sigma^2} \qquad \text{(a.3.1)}$$

식 (a.3.1)의 좌변은 $\chi^2(n)$ 분포를 따르고 우변의 두 번째 항은 $\left[(\bar{y}-\mu)\Big/\left(\frac{\sigma}{\sqrt{n}}\right)\right]^2$과 같고 $\chi^2(1)$ 분포를 따른다. 이제 $\Sigma(y_i-\bar{y})^2$과 $n(\bar{y}-\mu)^2$이 독립임을 증명할 수만 있으면, 위의 보조정리 A.3.1에 의해 $\frac{\Sigma(y_i-\bar{y})^2}{\sigma^2}$은 $\chi^2(n-1)$ 분포를 따를 것이다.

$Cov(y_i-\bar{y},\bar{y})=0$임을 확인하면, y_i가 정규분포를 따른다고 하였기 때문에 정리 A.3.5에 의하여 $y_i-\bar{y}$와 $\bar{y}$는 독립이고 $\Sigma(y_i-\bar{y})^2$과 $n(\bar{y}-\mu)^2$은 서로 독립이다.

$$\begin{aligned}Cov(y_i-\bar{y},\bar{y}) &= Cov(y_i,\bar{y})-Cov(\bar{y},\bar{y}) \qquad \text{(a.3.2)} \\ &= Cov\left(y_i,\frac{\Sigma y_i}{n}\right)-Var(\bar{y}) \\ &= \frac{Var(y_i)}{n}+\sum_{i\neq j}Cov(y_i,y_j)-\frac{\sigma^2}{n} \\ &= \frac{\sigma^2}{n}-\frac{\sigma^2}{n}=0\end{aligned}$$

정리 A.3.5 확률변수 y_i와 y_j가 서로 독립이면 $Cov(y_i, y_j)=0,\ (i\neq j)$이나 그 역(반대방향)은 반드시 성립되는 것은 아니다. 하지만 y_i와 y_j가 정규분포를 따르는 경우에는 역도 성립한다.

정리 A.3.6 SSE/σ^2는 $\chi^2(n-2)$ 분포를 따른다.

[증명] 식 (3.6)의 SSR의 공식을 인용하면

$$\frac{SSR}{\sigma^2}=\frac{\hat{\beta}_1^2 S_{xx}}{\sigma^2}=\left(\frac{\hat{\beta}_1}{\sqrt{Var(\hat{\beta}_1)}}\right)^2 \qquad \text{(a.3.3)}$$

이다. 귀무가설 $H_0: \beta_1 = 0$ 하에서 $\hat{\beta}_1$은 평균 0, 분산 $\frac{\sigma^2}{S_{xx}}$인 정규분포를 따른다. 따라서 표준화된 변수의 제곱인 $\left[\hat{\beta}_1 \Big/ \sqrt{Var(\hat{\beta}_1)}\right]^2$은 당연히 $\chi^2(1)$ 분포를 따른다. 식 (3.7)의 양변을 σ^2으로 나누면 $S_{yy}/\sigma^2 = SSR/\sigma^2 + SSE/\sigma^2$가 되고 S_{yy}/σ^2는 정리 A.3.4에 의하면 $\chi^2(n-1)$ 분포임을 이미 알고 있다. $SSE = \Sigma(y_i - \hat{y}_i)^2$의 구성요소인 $e_i = y_i - \hat{y}_i = [y_i - \hat{\alpha} - \hat{\beta}_1(x_i - \bar{x})]$와 $\hat{\beta}_1$이 독립임을 보이면 보조정리 A.3.1에 의해 SSE/σ^2는 $\chi^2(n-2)$ 분포를 따를 것이다.

$$\begin{aligned} Cov(e_i, \hat{\beta}_1) &= Cov(y_i - \hat{\alpha} - \hat{\beta}_1(x_i - \bar{x}), \hat{\beta}_1) \\ &= Cov(y_i, \hat{\beta}_1) - Cov(\hat{\alpha}, \hat{\beta}_1) - Cov(\hat{\beta}_1(x_i - \bar{x}), \hat{\beta}_1) \end{aligned}$$

$Cov(\hat{\alpha}, \hat{\beta}_1) = 0$이고, $\hat{\beta}_1 = \Sigma k_i y_i$, $k_i = (x_i - \bar{x})/S_{xx}$이므로

$$\begin{aligned} Cov(e_i, \hat{\beta}_1) &= Cov(y_i, \Sigma k_i y_i) - (x_i - \bar{x})Var(\hat{\beta}_1) \\ &= k_i Var(y_i) + k_i \sum_{i \neq j} Cov(y_i, y_j) - \frac{(x_i - \bar{x})\sigma^2}{S_{xx}} \\ &= k_i \sigma^2 - k_i \sigma^2 = 0 \end{aligned} \tag{a.3.4}$$

이다. 따라서 e_i와 $\hat{\beta}_1$은 독립이고 SSE/σ^2는 $\chi^2(n-2)$ 분포를 따른다. 그리고 e_i와 $\hat{\alpha}$, e_i와 $\hat{\beta}_0$도 독립이다.

편의상 위에서의 증명은 $\beta_1 = 0$의 조건 하에서 이루어졌다. $\beta_1 \neq 0$인 경우에는 SSR/σ^2이 $\chi^2(1)$ 분포를 따른다고 할 수 없지만, SSR/σ^2과 SSE/σ^2는 독립이고 SSE/σ^2는 $\chi^2(n-2)$ 분포를 따른다. 완전한 증명은 4장을 참조하기 바란다.

A.3.2 동시추론

1) 결합신뢰영역

식 (2.10)의 대체모형식이 사용된 단순선형회귀모형을 생각해 보자.

$$y = \alpha + \beta_1(x - \bar{x}) + \varepsilon \tag{a.3.5}$$

앞에서 언급하였듯이 $\hat{\alpha} = \bar{y}$, $\hat{\beta}_1 = S_{xy}/S_{xx}$이고 각각의 추정량은 비편향추정량이며 분산은 각각 σ^2/n, σ^2/S_{xx}이다. 정규분포의 가정 하에서 두 변수는 정규분포를 따르고 $\hat{\alpha}$과 $\hat{\beta}_1$의 공분산은 0이므로 서로 독립이다. 따라서 두 변수 $(\hat{\alpha}-\alpha)/(\sigma/\sqrt{n})$와 $(\hat{\beta}_1-\beta_1)/(\sqrt{\sigma/S_{xx}})$은 서로 독립인 표준화된 정규확률변수가 된다.

표준화된 정규확률변수의 제곱은 $\chi^2(1)$ 분포를 따르고, $\chi^2(1)$ 분포를 따르는 서로 독립인 두 확률변수의 합은 $\chi^2(2)$를 따르므로

$$\frac{n(\hat{\alpha}-\alpha)^2}{\sigma^2} + \frac{S_{xx}(\hat{\beta}_1-\beta_1)^2}{\sigma^2} \sim \chi^2(2) \qquad \text{(a.3.6)}$$

이다. $\chi^2(n-2)$ 분포를 따르는 $\frac{(n-2)MSE}{\sigma^2}$는 $\hat{\alpha}$, $\hat{\beta}_1$과 독립이므로(보론 A.3.1 참조) 식 (a.3.6)의 확률변수와 독립임을 알 수 있고 다음의 주어진 비는 $F(2, n-2)$를 따른다.

$$\frac{\left[\frac{n(\hat{\alpha}-\alpha)^2}{\sigma^2} + \frac{S_{xx}(\hat{\beta}_1-\beta_1)^2}{\sigma^2}\right]\Big/2}{\left[\frac{(n-2)MSE}{\sigma^2}\right]\Big/(n-2)} = \frac{n(\hat{\alpha}-\alpha)^2 + S_{xx}(\hat{\beta}_1-\beta_1)^2}{2MSE} \qquad \text{(a.3.7)}$$

여기에 $\hat{\alpha} = \hat{\beta}_0 + \hat{\beta}_1\bar{x}$, $\alpha = \beta_0 + \beta_1\bar{x}$를 대입하고 정리하면 다음과 같다.

$$\frac{n(\hat{\beta}_0-\beta_0)^2 + 2\sum x_i(\hat{\beta}_0-\beta_0)(\hat{\beta}_1-\beta_1) + \sum x_i^2(\hat{\beta}_1-\beta_1)^2}{2MSE} \qquad \text{(a.3.8)}$$

이는 모든 β_0, β_1에 대해 성립하기 때문에

$$P\left[\frac{n(\hat{\beta}_0-\beta_0)^2 + 2\sum x_i(\hat{\beta}_0-\beta_0)(\hat{\beta}_1-\beta_1) + \sum x_i^2(\hat{\beta}_1-\beta_1)^2}{2MSE} \leqq F(\alpha\,;2, n-2)\right] = 1-\alpha \qquad \text{(a.3.9)}$$

이다. 따라서 β_0와 β_1의 $100 \times (1-\alpha)\%$ 결합신뢰영역(joint confidence region)은 다음과 같다.

$$\frac{n(\hat{\beta}_0-\beta_0)^2+2\Sigma x_i(\hat{\beta}_0-\beta_0)(\hat{\beta}_1-\beta_1)+\Sigma x_i^2(\hat{\beta}_1-\beta_1)^2}{2MSE} \leqq F(\alpha\,;2,n-2) \qquad \text{(a.3.10)}$$

식 (a.3.10)은 타원(ellipse)의 형태를 지니고 있다. 이는 반복적으로 같은 크기의 표본을 추출하였을 때 생기는 타원 중에서 β_0와 β_1이 포함될 경우가 $(1-\alpha)\times 100\%$로 해석할 수 있다.

2장의 (예 2.1)의 가상자료를 이용하여 95% 결합신뢰영역을 찾아보자. 2장에서의 결과를 식 (a.3.10)에 대입하면 다음과 같다.

$$\frac{8(9.4-\beta_0)^2+2(32)(9.4-\beta_0)(1.4-\beta_1)+168(1.4-\beta_1)^2}{2(33.6)/(8-2)} \leqq 5.14$$

$$\Rightarrow 8(9.4-\beta_0)^2+64(9.4-\beta_0)(1.4-\beta_1)+168(1.4-\beta_1)^2 \leqq 57.568$$

β_0와 β_1을 두 축으로 하는 그래프에 이 2차 부등식을 표현하면 타원의 형태가 되며 이것이 β_0와 β_1의 95% 결합신뢰영역이다.

이러한 타원을 그려 관심대상의 모수에 대한 결합신뢰영역을 구축한다는 것은 모수의 수가 3개 이상인 경우에는 시각적으로 확인이 불편할 뿐 아니라 그림을 그리는 절차도 번거롭기 때문에 활용성이 높지 않은 것이 사실이다. 이를 대체할 수 있는 방법을 다음에 소개한다. 4장 보론 A.4.9에서는 다중회귀모형에서 결합신뢰영역을 작성하는 법이 소개되니 참조하기 바란다.

2) Bonferroni 결합신뢰구간(B-방법)

β_0와 β_1에 대해 각각 95%의 개별적인 신뢰구간이 작성되어 있다고 하자. 각각의 신뢰구간이 옳다는 사건을 각각 A와 B라 하면 두 모수 모두의 신뢰구간이 옳다는 사건의 확률은

$$\begin{aligned} P(A\cap B) &= P(A^c\cup B^c)^c = 1-P(A^c\cup B^c) \qquad \text{(a.3.11)} \\ &= 1-[P(A^c)+P(B^c)-P(A^c\cap B^c)] \end{aligned}$$

이고 Bonferroni 부등식 $P(A \cup B) \leqq P(A) + P(B)$를 적용하면 다음과 같다.

$$P(A \cap B) \geqq 1 - [P(A^c) + P(B^c)] \tag{a.3.12}$$

이 부등식에 의하면 β_0와 β_1의 신뢰구간이 모두 옳다는 사건의 확률 $P(A \cap B)$은 $1 - 0.05 - 0.05$인 0.90보다 큰 값이며 신뢰도는 95%보다 작은 90%만 보장한다는 뜻이다.

이러한 개념에 근거하여 식 (a.3.13)과 같이 각각의 신뢰구간의 신뢰도를 $(1 - \alpha/2) \times 100\%$로 부여하는 방법을 택하면 식 (a.3.12)에서의 확률이 $(1 - \alpha)$ 이상임을 보장할 수 있다. 신뢰구간들이 동시에 모수들을 포함하고 있을 확률을 의미하기 위해서 이러한 신뢰수준을 가족(family)신뢰수준이라 한다.

$$\begin{aligned} &\hat{\beta}_0 \pm B \cdot s.e.(\hat{\beta}_0) \\ &\hat{\beta}_1 \pm B \cdot s.e.(\hat{\beta}_1) \end{aligned} \tag{a.3.13}$$

여기서 B는 $t(\alpha/4, n-2)$이다. $\alpha/4$는 개별적인 신뢰구간에서 사용되는 $\alpha/2$를 신뢰구간의 수(여기서는 2)로 다시 나눈 것이다. B값은 [부록 표 5A]를 참조 바란다.

2장의 (예 2.1)의 가상자료를 이용하여 β_0와 β_1의 가족신뢰수준 95%의 Bonferroni 동시신뢰구간을 구하면, $B = t(0.05/4, n-2=6) = t(0.0125, 6) = 2.9687$이므로 다음과 같다.

$$\begin{aligned} &\beta_0 : 9.4 \pm 2.9687 \cdot (1.715) \quad \Rightarrow (4.3087, 14.4913) \\ &\beta_1 : 1.4 \pm 2.9687 \cdot (0.3742) \Rightarrow (0.2891, 2.5109) \end{aligned}$$

3) Scheffé의 결합신뢰구간(S-방법)

Scheffé(1959)는 다음과 같은 정리를 발표하였다.

정리 A.3.7 관심대상의 모수 ψ가 β_i의 선형결합 $\psi = \Sigma k_i \beta_i$로 표현된다고 하자.

그리고 β_i의 추정량이 y_i의 선형함수로 나타내어지면 다음의 부등식이 모든 ψ(들)에 대해서 동시에 성립되는 확률은 $(1-\alpha)\times 100\%$이다.

$$\hat{\psi} - S\hat{\sigma}_{\hat{\psi}} \leqq \psi \leqq \hat{\psi} + S\hat{\sigma}_{\hat{\psi}} \tag{a.3.14}$$

여기서 $S=\sqrt{qF(\alpha\,;\,q,\,n-p-1)}$, q는 ψ가 위치하고 있는 공간의 차원을 의미한다.

참고로 지금까지 관심을 보였던 모수의 추정량 $\hat{\beta}_0$, $\hat{\beta}_1$, $\hat{E}(Y \mid X=x_0)$ 및 $\hat{y}_0 \mid X=x_0$ 등은 모두 y_i의 선형결합이다.

2장의 (예 2.1)의 가상자료를 이용하여 Scheffé 방법으로, β_0와 β_1의 95% 동시신뢰구간을 구하여 보자. 먼저 ψ_1과 ψ_2를 다음과 같이 표시하면 q는 2일 것이다.

$$\psi_1=\beta_0,\quad \psi_2=\beta_1$$
$$S=\sqrt{qF(\alpha\,;\,q,\,n-p-1)}=\sqrt{2F(0.05\,;\,2,6)}=\sqrt{2\,(5.14)}=3.2062$$

$$9.4 \pm 3.2062\,(1.715) \;\Rightarrow\; (3.9014,\ 14.8986)$$
$$1.4 \pm 3.2062\,(0.3742) \;\Rightarrow\; (0.2002,\ 2.5998)$$

S값은 위의 $B=2.9687$에 비해 큼을 알 수 있는데, 그 이유는 S는 모수의 선형결합으로 표현되는 모든 종류의 모수들을 염두에 두었고 B인 경우는 특정의 주어진 모수에 대해서만 관심을 국한하였기 때문이다.

이 경우처럼 관심을 갖고 있는 구간의 수가 많지 않은 경우에는 대부분 Bonferroni 방법을 쓰나, 수가 많은 경우에는 Scheffé 방법은 물론 Bonferroni 방법에 의한 결합신뢰구간의 폭도 너무 커지므로 다른 방법을 사용하는 것이 좋다. Hahn(1972)이 제시한 방법이 있으니 참조 바란다. 물론 구간의 수가 2～3개인 경우에도 결합신뢰영역에 의한 방법은 다른 방법보다 효율적이기 때문에 선호될 수 있으나 절차상의 복잡성으로 Bonferroni 방법을 쓰는 것이다.

지금까지는 각각의 회귀계수에 대한 신뢰구간에 관심을 두는 경우였지만 반드시 각각의 회귀계수만이 관심의 대상일 필요는 없다.

설명변수의 값이 $X = x_0$로 주어졌을 때 반응변수 Y의 새로운 관측값 또는 예측값 y_0와 기대값 $E(Y \mid X = x_0)$에 대한 신뢰구간은 이미 식 (3.31)과 (3.27)에서 보았다. m개의 $X = x_0$에서 예측된 m개의 y_0의 값에 대한 결합신뢰구간은 역시 m개의 모수 $\psi_1, \cdots, \psi_m$을 구성하여 생각할 수 있으므로 q는 m이다. 따라서 Bonferroni 방법에서는 $B = t(\alpha/2m, n-2)$, Scheffé 방법에서는 $S = \sqrt{m \cdot F(\alpha\,;\, m, n-2)}$를 사용하여 동시신뢰구간을 구할 수 있다.

이제 m개의 기대값을 생각해 보자. $E(y \mid X = x) = \beta_0 + \beta_1 x$라는 회귀선은 모든 실수의 x값에 대해서 적용이 된다는 사실을 감안하면 Scheffé 방법에서의 ψ는 $E(y \mid X = x) = \beta_0 + \beta_1 x$로 표현되는 β_0와 β_1의 선형결합 형태로 볼 수 있고 모수 ψ가 위치하고 있는 공간의 차원 q는 $(p+1) = 2$일 것이다. Bonferroni 방법은 새로운 관측값의 경우와 동일하나 Scheffé 방법에서는 $S = \sqrt{2 \cdot F(\alpha\,;\, 2, n-2)}$를 사용해야 한다.

2장의 (예 2.1)의 가상자료에서 $x_0 = 6$, $x_0 = 8$, $x_0 = 10$이 주어졌을 때 새로운 관측값의 결합신뢰구간을 구해 보자. $m = 3$이고 $B = t(0.05/6, 6) = 3.2875$, $S = \sqrt{3 \cdot F(0.05\,;\, 3, 6)} = 3.7789$이므로 Bonferroni 방법이 신뢰구간의 폭이 좁다. Bonferroni 방법을 이용하여 $x = 6$, $x = 8$, $x = 10$인 경우의 동시신뢰구간을 구해 보면 다음과 같다.

$$9.4 + 1.4(6) \pm 3.2875\sqrt{\frac{33.6}{6}}\sqrt{1 + \frac{1}{8} + \frac{(6-4)^2}{40}} \Rightarrow (9.18951, 26.4105)$$

$$9.4 + 1.4(8) \pm 3.3875\sqrt{\frac{33.6}{6}}\sqrt{1 + \frac{1}{8} + \frac{(8-4)^2}{40}} \Rightarrow (10.9928, 30.2072)$$

$$9.4 + 1.4(10) \pm 3.2875\sqrt{\frac{33.6}{6}}\sqrt{1 + \frac{1}{8} + \frac{(10-4)^2}{40}} \Rightarrow (12.3294, 34.4706)$$

그러나 기대값 $E(Y \mid X = x_0)$의 경우는 Bonferroni 방법과 Scheffé 방법이 우위를 달리할 수 있다. 이때 $S = \sqrt{2F(0.05\,;\, 2, 6)} = 3.2062$가 사용되며 여기서는 S가 B보다 작게 나온다. Scheffé 방법에 의한 동시신뢰구간을 구해 보면 다음과 같다.

$$9.4 + 1.4(6) \pm 3.2062\sqrt{\frac{33.6}{6}}\sqrt{\frac{1}{8} + \frac{(6-4)^2}{40}} \quad \Rightarrow (14.2010,\ 21.3990)$$

$$9.4 + 1.4(8) \pm 3.2062\sqrt{\frac{33.6}{6}}\sqrt{\frac{1}{8} + \frac{(8-4)^2}{40}} \quad \Rightarrow (15.1025,\ 26.0975)$$

$$9.4 + 1.4(10) \pm 3.2062\sqrt{\frac{33.6}{6}}\sqrt{\frac{1}{8} + \frac{(10-4)^2}{40}} \quad \Rightarrow (15.7185,\ 31.0815)$$

x_0가 두세 개일 때에는 경우에 따라서 Bonferroni 방법을 이용하여 $E(Y \mid X = x_0)$의 신뢰구간을 정할 수도 있으나 전체 x를 대상으로 한 신뢰구간은 Bonferroni 방법으로는 해결이 불가능하다. 반면, Scheffé 방법을 이용하면 $\beta_0 + \beta_1 x$에 대한 신뢰대(confidence band for the regression line)를 구성할 수 있다.

모든 실수 x의 값에 대한 $\beta_0 + \beta_1 x$의 신뢰대는 다음과 같다.

$$\left(9.4 + 1.4x - \sqrt{2(5.14)}\sqrt{\frac{33.6}{6}}\sqrt{\frac{1}{8} + \frac{(x-4)^2}{40}},\right.$$
$$\left.9.4 + 1.4x + \sqrt{2(5.14)}\sqrt{\frac{33.6}{6}}\sqrt{\frac{1}{8} + \frac{(x-4)^2}{40}}\right)$$

여기서 x는 원칙적으로 모든 실수를 말하나 주어진 자료의 범위를 벗어나는 경우는 관심 밖이므로 신뢰대는 자료의 범위 안에서만 그리는 것이 통상적인 관례이다.

이러한 문제는 다중회귀에도 그대로 적용시킬 수 있는데 주어지는 p와 q의 값이 상황에 따라 다를 뿐이다. 4장 보론 A.4.9를 참조하기 바란다.

연습문제

3.1 (예 1.1 계속) 포도수확량 자료

3.1.1 단순선형회귀모형에 대한 분산분석표와 R^2의 값을 구하라.

3.1.2 $\hat{\beta}_0$과 $\hat{\beta}_1$의 표준오차값을 구하라.

3.1.3 β_0와 β_1의 95% 신뢰구간을 구하라.

3.1.4 6월의 포도 열매개수가 100개로 나타났다. 가을철 포도의 수확량의 기대값과 예측값의 95% 신뢰구간을 구하라.

3.1.5 σ^2의 95% 신뢰구간을 구하라.

3.2 산소섭취량 자료

다음의 자료는 24명의 중년남자를 대상으로 2마일을 뛰게 한 후 걸린 시간 X와 이 기간 중 섭취한 최고산소량 Y를 기록한 것이다.

최고 산소 섭취량	시간 (초)	최고 산소 섭취량	시간 (초)	최고 산소 섭취량	시간 (초)
42.33	918	36.23	1045	53.29	743
53.10	805	49.66	810	47.18	803
42.08	892	41.49	927	56.91	683
50.06	962	46.17	813	47.80	844
42.45	968	48.18	858	48.65	755
42.46	907	43.21	860	53.69	700
47.82	770	51.81	760	60.62	748
49.92	743	53.28	747	56.73	775

자료원 : Ribisl과 Kachdadorian(1969)

3.2.1 최고 산소섭취량과 시간의 산점도를 그려라.

3.2.2 모형 $Y=\beta_0+\beta_1 X+\varepsilon$을 적합시키고 회귀계수의 추정값, $\hat{\sigma}$ 및 R^2의 값을 구하라.

3.2.3 산점도의 형태로 보아 Y는 X의 역의 관계에 놓여 있다고 보일 것이다. 반응변수의 값에 역을 취한 새로운 반응변수와 기존의 설명변수 사

이의 모형 $\frac{1}{Y}=\beta_0+\beta_1 X+\varepsilon$을 적합시키고 이 모형에서의 회귀계수의 추정값, $\hat{\sigma}$ 및 R^2의 값 등을 3.2.2의 결과와 비교하라.

3.3 직교최소제곱법

최소제곱법은 자료의 산점도에 표시되는 점에서 x축에 직각으로 선을 그었을 때 그 점과 회귀선과의 거리의 제곱합을 최소화시켜 주는 방법이라 할 수 있다. 이렇게 설정되는 거리는 설명변수의 값 $X=x$가 오차없이 측정이 되었다는 점을 암시하고 있는 것이다. 만약 설명변수의 값에 측정오차가 있었다면 이러한 거리의 의미는 반감될 것이다. 이러한 문제점을 해결하기 위해 X와 Y를 동시에 감안한 거리의 제곱합을 최소화하는 방법이 있다. x축에 직각으로 선을 긋기보다는 회귀선에 직각으로 선을 그어 거리를 구하고 이것의 제곱합을 최소화시켜 주는 방법인 직교최소제곱법(orthogonal least squares method)이 그것이다. 다음 그림을 참조 바란다. 직교최소제곱법에 의한 추정량은 다음과 같다.

$$\hat{\beta}_1=\frac{-(S_{xy}-S_{yy})+\sqrt{(S_{xx}-S_{yy})^2+4S_{xy}^2}}{2S_{xy}}$$

$$\hat{\beta}_0=\bar{y}-\hat{\beta}_1\bar{x}$$

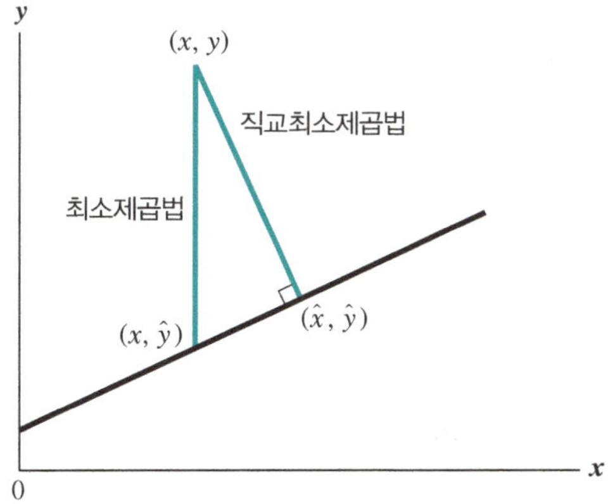

직교최소제곱법에 의한 회귀선 추정

3.3.1 연습문제 2.3의 Forbes 자료에서 직교최소제곱법에 의한 회귀선을 추정하라.

3.3.2 Forbes 자료의 설명변수와 반응변수를 바꾸어서 회귀선을 추정하라. 즉 $\hat{x}=\hat{\gamma}_0+\hat{\gamma}_1 y$를 이용하여 $\hat{y}=\hat{\beta}_0^*+\hat{\beta}_1^* x$를 구하라.

3.3.3 직교최소제곱법에 의해 구한 회귀선은 최소제곱법의 회귀선과 3.3.2에서 구한 회귀선의 중심에 위치함을 확인하고 이렇게 되는 이유를 간단히 설명하라.

〈보충설명〉 1) Forbes 자료에서 설명변수는 그 특성상 측정 시 오차가 많이 발생할 것이다. 이런 경우는 $X=x$를 주어진 상수라기보다는 변수로 처리해 줄 필요가 있다. 2) 설명변수에 측정오차가 발생하고 반응변수의 분산과 측정오차로 생기는 설명변수의 분산의 비가 1이고 두 변수 모두 정규분포를 따른다고 가정하는 경우 직교최소제곱법의 해는 최대가능도방법의 해와 일치함을 보일 수 있다. 자세한 내용은 Kendall and Stuart(1979)나 Johnston(1972)을 참조하기 바란다.

3.4 공해물질 자료

다음의 자료는 공해물질이 함유된 유화액에 물고기를 투입하고 공해물질의 농도와 물고기의 생존시간(단위 : 분)을 측정하였다. 공해물질의 농도와 생존시간에 상용로그를 취한 값을 각각 설명변수(X)와 반응변수(Y)로 한다.

$\log_{10}$(공해물질농도)	$\log_{10}$(생존시간)		
5	2.516	2.572	2.438
4.8	2.621	2.742	2.689
4.6	2.830	2.910	2.983
4.4	3.175	3.056	3.095
4.2	3.332	3.221	3.293
4.0	3.447	3.523	3.551

자료원 : Nagasawa 등(1964)

3.4.1 단순선형모형의 적합성 여부를 검정하라.

3.4.2 분산분석표, β_0와 β_1의 95% 신뢰구간을 구하라.

3.5 크랭크핀 자료

다음의 자료는 크랭크핀의 제작공정에서 바깥지름을 측정한 것이다. 하루에 6개씩 3일 간격으로 8일에 걸쳐 측정되었다. 생산된 모든 크랭크핀의 지름은 0.7425와 0.7430 사이에 있어야 한다. 표에 제시된 숫자는 0.742를 초과하는 수치를 0.00001인치의 단위로 표시한 숫자이다. 예를 들어 숫자 93은 0.742 + 0.00093 = 0.74293인치를 나타낸다. 공정이 이상 없이 운영됨은 크랭크핀의 바깥지름의 평균값이 주어진 규격 안에 들어가야 하고 시간에 의존하지 말아야 함을 뜻한다. 공정이 이상이 있는지 여부를 적절한 모형을 세워 적합결여검정을 실시하라.

날짜	크랭크핀의 바깥지름				
1	93	98	90	94	94
4	98	100	88	85	89
7	89	90	92	95	100
10	93	88	87	87	87
13	88	86	91	89	86
16	82	72	80	72	89
19	81	80	78	94	90
22	90	92	82	77	89

자료원 : Jenson(1977)

3.6 (예 3.2 계속) 열대어 자료

절편이 없는 단순선형회귀모형을 대상으로 적합결여검정을 실시하라.

3.7 (연습문제 2.4 계속) Forbes 자료

3.7.1 $100\log_{10}$(압력) = $\beta_0 + \beta_1$(끓는 온도) + ε의 모형을 기준으로 회귀계수 β_0와 β_1의 95% 신뢰구간을 구하라.

3.7.2 β_0와 β_1의 95% 결합신뢰영역을 구하라.

3.7.3 온도가 185와 212도일 때 $100\log_{10}$(압력)의 예측값에 대한 개별적인 95% 신뢰구간을 구하라. 그리고 $\log_{10}$의 역을 취하여 원래의 압력에 대한 신뢰구간을 구하라.

3.7.4 B–방법과 S–방법을 이용하여 3.7.3에서 제시된 예측값에 대한 95% 동시신뢰구간을 구하라.

3.7.5 Scheffé 방법을 이용한 회귀선의 95% 신뢰대를 구하라.

다중회귀

chapter four

4

2장과 3장에서 소개한 단순회귀에서는 모형의 개발이 복잡하거나 해석상의 어려움이 많다고 볼 수 없다. 그러나 설명변수가 두 개 이상인 다중회귀에서는 변수의 선택 및 회귀계수의 해석에 상당히 신중을 기해야 한다. 다중회귀모형의 여러 가지 성질을 알아보기 전에 이러한 현상이 어디에서 나오는지 알아보자.

어떤 이론에서 가설이 나왔다고 하자. 이러한 가설의 타당성을 검정하기 위해서는 자료를 수집하고 분석해야 한다. 자료수집법에는 일반적으로 실험계획과 관측조사에 의한 두 가지 방법이 있는데 이를 올바로 구분하는 것은 매우 중요하다. 그 이유는 가설의 검정에 사용되는 자료가 어떻게 수집되었는가에 따라 회귀모형의 계수에 대한 해석이 달라지기 때문이다. 예제를 통해 이를 설명하여 보자.

예 4.1 곡물생산량

곡물의 생산량 Y는 다음과 같은 변수들에 의해 결정이 된다고 알려져 있다.

$$Y = f(F, T_1, R, H, T_2) \tag{4.1}$$

여기서 F(fertilizer)는 비료의 종류, T_1(temperature)은 재배기간의 평균온도, R(rainfall)은 재배기간의 강우량, H(herbicide)는 제초제의 종류, T_2(technology)는 농업기술을 의미하는 변수이다. 물론 이외에도 생산량에 영향을 주는 변수가 더 있을 수 있으나 여기서는 이 다섯 변수만 고려하기로 하자.

어느 회사에서 새롭게 개발한 비료가 기존의 비료와 비교하여 수확량에 미치는 효과가 얼마나 차이가 나는지를 알아보고자 한다. 이를 위해 재배면적을 둘로 나누어 한 곳에는 기존의 비료를, 다른 곳에는 새로 개발된 비료를 사용하여 수확량을 비교하는 실험을 시행하고자 한다면 이 두 재배지역의 강우량이나 온도는 가능한 같도록 통제되어야 할 것이다. 이렇게 통제된 상황이 아니면 변수 간의 상호작용으로 인하여 비료가 수확량에 미치는 순수한 효과에 대한 비교측정은 불가능할 것이다. 예를 들면 비료와 강우량과의 교호작용 등이 수확량에 영향을 미친다고 예상할 수 있기 때문이다. 따라서 통제된 상황이 아닌 경우에 나온 결과만 가지고 비료와 수확량의 인과관계를 설명한다면 많은 논란이 있을 수 있다. 일반적으로 특정한 설명변수 F에 의한 효과를 보고자 할 때는 식 (4.1)보다 다음 식을 고려해야 한다.

$$Y = f(F \mid T_1, R, H, T_2) \tag{4.2}$$

그러나 실제로는 완벽하게 통제된 상황 하에서 자료수집을 하는 것은 비용과 시간이 많이 들기 때문에 수확량에 변동을 줄 수 있는 인자의 폭을 되도록 줄여가면서 실험계획을 해야 한다. 상세한 내용은 실험계획에 관한 책(Montgomery, 2012)들을 참조하기 바란다. 그러나 사회과학 분야에서는 이러한 실험계획에 의한 자료는 기대하기가 어려울 뿐 아니라 만약 그렇다 할지라도 자료를 수집하는 과정에서 상당한 어려움이 발생한다.

예 4.2 교육과 소득수준

어느 사회학자가 교육수준 E에 따른 소득수준 Y의 변화를 연구하고자 다음의 단순선형모형을 고려한다고 생각하자.

$$Y = f(E) = \beta_0 + \beta_1 E + \varepsilon \tag{4.3}$$

그러나 "교육수준에 상관없이 나이가 들어감에 따라 소득수준이 높아진다"라는 사실을 고려해 볼 때 나이를 간과한 채 교육수준에 따른 소득수준을 찾아내려고 하는 것은 올바르지 않다. (예 4.1)과 같이 동일 연령 하에서(연령을 통제한 후) 교육수준과 소득수준의 관계를 보아야 한다. 하지만 (예 4.1)의 경우와는 달리 연령은 통제할 수 있는 변수가 아니기 때문에 교육수준에 따르는 소득수준의 변화를 직접적으로 알기에는 많은 어려움이 따른다. 즉, 통제된 실험계획에 의한 자료수집은 불가능하다. 사회과학의 많은 분야가 자료수집 시에 이러한 문제점을 안고 있다. 이러한 경우에는 연령과 같은 변수 A를 통제하기보다는 모형(넓은 의미에서의 실험)에서 이러한 변수에 의한 효과를 추정하고 이를 감안하여 교육수준이 소득수준에 미치는 효과를 알아보아야 할 것이다. 그러기 위해서는 다음과 같은 모형을 설정해야 한다.[1]

$$Y = f(E,\ A) = \beta_0 + \beta_1 E + \beta_2 A + \varepsilon \tag{4.4}$$

β_1에 대한 해석은 변수 A의 값이 주어진 상태에서 Y에 대한 E의 효과를 뜻한다. 식 (4.2)에서는 A와 같은 설명변수의 효과가 통제될 수 있었으나 모형 (4.4)에서는 모형 안에서 A의 효과를 감안한다. 이러한 의미에서 회귀계수 β_1을 E에 대한 "편" 회귀계수라 부르기도 한다. 여기서 말하는 "편"에는 다른 변수 A는 A^*의 값으로서 주어졌다는 의미가 들어 있다.[2] 다음의 식을 참조하기 바란다.

$$\begin{aligned} Y = f(E,\ A^*) &= \beta_0 + \beta_1 E + \beta_2 A^* + \varepsilon \\ &= (\beta_0 + \beta_2 A^*) + \beta_1 E + \varepsilon \\ &= \beta_0^* + \beta_1 E + \varepsilon \end{aligned} \tag{4.5}$$

여기서 β_0^*는 $\beta_0 + \beta_2 A^*$를 의미한다.

4.1 다중회귀모형

다중선형회귀모형에서는 하나의 반응변수에 대해 여러 개의 설명변수가 주어져 있다. 설명변수를 $X_1, X_2, \cdots, X_p$라 한다면 자료는 다음의 표와 같은 구조를 통하여 수집된다.

---

1. 나이가 많을 때의 소득수준의 변화율이 젊었을 때의 변화율보다는 감소하는 현상을 감안하기 위해서는 모형 (4.4)보다 다음 모형이 더 바람직할 수도 있다.

$$Y = f(E,\ A) = \beta_0 + \beta_1 E + \beta_2 A + \beta_2 A^2 + \varepsilon \tag{4.6}$$

2. 물론 이러한 자료의 수집단계에 있어 A는 통제된 상황 하에서 수집된 것이 아니라 조사된 것이기 때문에 E와 Y가 비록 실질적인 인과관계가 있다 하더라도 인과모형을 설정할 수 없는 것은 당연하다. 앞으로 전개될 다중회귀모형에 대한 설명을 이러한 맥락에서 이해하여야 한다.

자료의 순서	변수값						
	Y	X_1	X_2		X_j		X_p
1	y_1	x_{11}	x_{12}	$\cdots$	x_{1j}	$\cdots$	x_{1p}
2	y_2	x_{21}	x_{22}	$\cdots$	x_{2j}	$\cdots$	x_{2p}
$\vdots$	$\vdots$	$\vdots$	$\vdots$	$\ddots$	$\vdots$		$\vdots$
i	y_i	x_{i1}	x_{i2}	$\cdots$	x_{ij}	$\cdots$	x_{ip}
$\vdots$	$\vdots$	$\vdots$	$\vdots$		$\vdots$	$\ddots$	$\vdots$
n	y_n	x_{n1}	x_{n2}	$\cdots$	x_{nj}	$\cdots$	x_{np}

이러한 표현방법에 의하면 x_{ij}는 j번째 설명변수에서 i번째 자료의 값을 나타낸다. 2장의 식 (2.3)의 단순선형회귀모형은 다음의 다중선형회귀모형으로 확장할 수 있다.

$$y_i = \beta_0 + \beta_1 x_{i1} + \beta_2 x_{i2} + \cdots + \beta_p x_{ip} + \varepsilon_i, \quad i = 1, \cdots, n \tag{4.7}$$

설명변수가 두 개, 즉 $p = 2$이면 $y_i = \beta_0 + \beta_1 x_{i1} + \beta_2 x_{i2} + \varepsilon_i$가 되며 이는 3차원 공간 하에서의 2차원 평면으로 설명할 수 있다. [그림 4.1]을 참조하기 바란다.

다중회귀에서는 첨자를 이용한 수식전개 방법보다 행렬을 이용한 방법으

그림 4.1 $p = 2$인 경우의 선형회귀반응표면

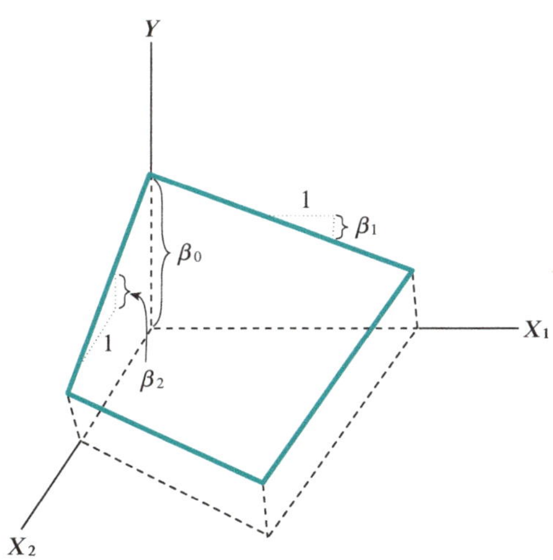

로 설명하는 것이 간결하다. 행렬에 대한 기초지식이 필요한 경우는 4장 보론 A.4.1을 먼저 학습한 다음 본론을 이해하는 것이 좋을 것이다. 그 전에 다중회귀분석과 단순회귀분석과의 본질적인 차이점을 구체적인 예를 통해 설명하여 보자.

예 4.3 보험회사 자료

[표 4.1]은 어느 보험회사의 남자사원 12명을 대상으로 결근일수를 조사한 결과이다. 설명변수 X_1은 회사원의 근무태도를 13개의 척도에 따라 평가한 점수이며 낮은 점수일수록 좋은 근무태도를 반영한다. X_2는 근무연수를 표시한 설명변수이다. 반응변수 Y의 값은 회사원의 연간 결근일수이다. 이러한 두 개의 설명변수를 이용하여 종업원의 결근의 행태를 알아보고자 한다.

표 4.1 보험회사 자료

Y	X_1	X_2	Y	X_1	X_2
1	1	1	6	7	4
0	2	1	5	6	5
1	2	2	9	10	8
4	3	2	13	11	7
3	5	4	15	11	9
2	5	6	16	12	10

$\overline{y} = 6.25$, $\overline{x}_1 = 6.25$, $\overline{X}_2 = 4.92$

일반적인 다중회귀모형에 대해 설명하기 전에 단순회귀모형에 다른 설명변수가 추가되는 구조를 통하여 다중회귀모형을 설명해 보자. 설명변수 X_1만 있는 단순회귀모형에 설명변수 X_2가 추가된다고 생각해 보자. 다중회귀모형의 기본적인 개념은 X_1으로 설명되지 않는 Y의 부분을 X_2가 추가됨으로써 얼마만큼 설명을 하느냐 하는 문제이다.

[그림 4.2]는 Y와 X_1의 산점도이고 [그림 4.3]은 Y와 X_2의 산점도이다. 각각의 단순회귀에서 추정회귀식을 구하면 다음과 같다.

그림 4.2

결근일수와 근무태도의 산점도(Y vs X_1)

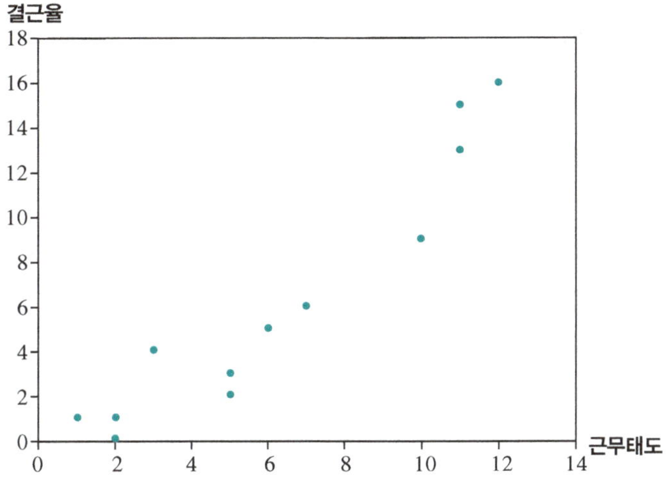

그림 4.3

결근일수와 근무연수의 산점도(Y vs X_2)

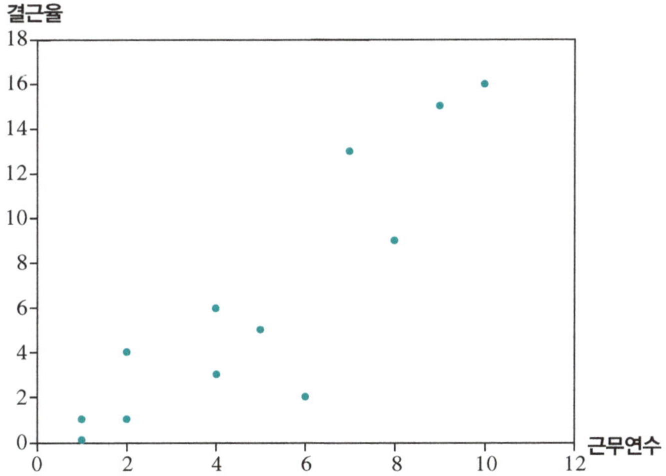

$$\hat{y} = -2.31278 + 1.37004x_1, \quad R^2 = 0.9021$$

$$\hat{y} = -1.71707 + 1.62042x_2, \quad R^2 = 0.7925$$

그림 4.4 근무연수와 근무태도의 산점도(X_2 vs X_1)[3]

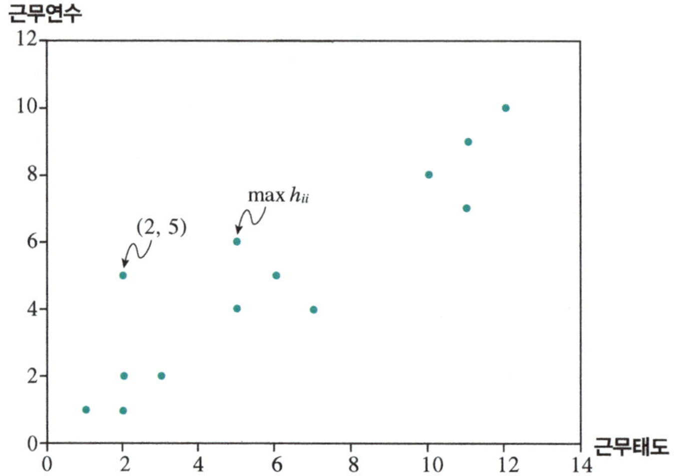

근무연수가 한 해 늘수록 또는 근무태도의 척도가 한 단위 늘수록 결근일수는 각각 1.62, 1.37씩 증가한다고 볼 수 있다. 다중회귀모형의 목적은 두 변수를 모두 이용하여 Y를 설명하고자 하는 것이다. 두 설명변수를 모두 포함하는 다음의 다중선형회귀모형을 생각해 보자.

$$y_i = \beta_0 + \beta_1 x_{i1} + \beta_2 x_{i2} + \varepsilon_i, \quad i = 1, 2, \cdots, n \tag{4.8}$$

두 변수를 모두 이용하는 경우의 R^2의 값은 당연히 0.9021보다 클 것이다. 이 자료의 경우처럼 두 R^2의 합이 $0.90121 + 0.7925 > 1.00$이 될 정도로 X_1과 X_2의 상관관계가 높은 경우에는 X_1과 X_2의 서로 중복되는 부분을 생각해 보아야 한다. [그림 4.4]의 산점도를 보더라도 두 설명변수 간에 상관관계가 강하다는 사실을 알 수 있다. 식 (4.8)의 다중회귀모형에서는 X_1이 설명하지 못한 부분을 X_2가 X_1과 중복되지 않으면서 얼마나 설명하느냐 하는 것이 그 핵심이라 할 수 있다. 그리고 X_2로 인한 추가설명력이 얼마만큼 유의한가를 결정하여야 한다.

이와 같은 분석은 다음과 같은 과정을 통하여 할 수 있다.

3. [그림 4.4]에서의 점 (2, 5)와 h_{ii}에 대한 설명은 4.5절에서 한다.

(1) Y의 변화량 중에서 X_1으로 설명되지 않는 부분을 구한다. 이 부분은 Y의 X_1에 관한 회귀적합 후 나오는 잔차(설명되지 않은 부분)로 대신할 수 있고 이 잔차를 $e_1(Y \mid X_1)$이라 하자.

(2) X_2와 X_1에서 서로 중복되지 않는 부분을 구한다. 이 부분은 X_2의 X_1에 관한 회귀적합 후 나오는 잔차(X_1과 중복되지 않는 부분)로 대신할 수 있고 이 잔차를 $e_2(X_2 \mid X_1)$이라 하자.

(3) (1)에서 구한 잔차와 (2)에서 구한 잔차의 산점도를 그려서 두 잔차 사이에 상관성이 있는 것으로 판단되면 X_2는 추가적인 설명력이 있다고 판단한다. 즉, (1)에서의 잔차를 반응변수로 하고 (2)에서의 잔차를 설명변수로 하는 회귀선의 기울기가 유의하면 X_2의 추가적인 설명력이 있다고 판단한다.

[그림 4.5]는 (3)에서 설명한 산점도이며 추정회귀식에서 절편값은 반응변수와 설명변수가 모두 평균이 0인 잔차이므로 0이 된다. 즉, 추정회귀선은 원점 (0, 0)을 통과한다. 이러한 산점도의 특징으로서 다음 사항을 들 수 있다.

(1) 기울기의 값인 −0.23853은 식 (4.8)의 다중회귀분석모형의 $\hat{\beta}_2$의 값과 같으며 [그림 4.5]에서 나타나는 선형관계의 강약에 따라 X_2의 추가 여부를 결정할 수 있다.

그림 4.5 **X_2의 추가변수그림**($e_1(Y \mid X_1)$ vs $e_2(X_2 \mid X_1)$)

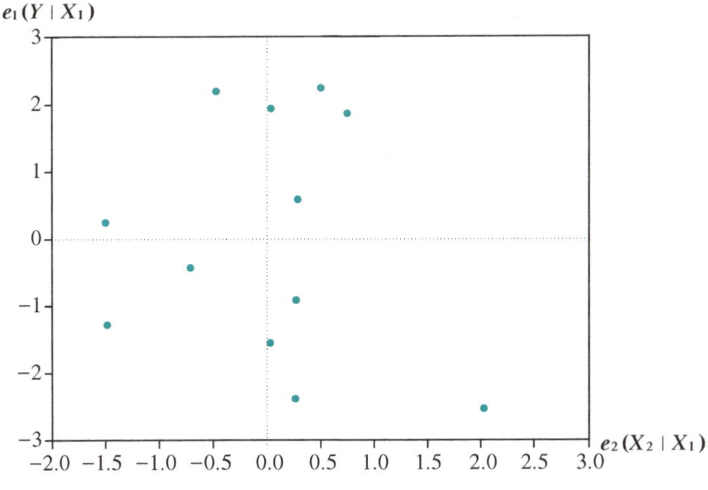

(2) 잔차들은 모형 (4.8)에서의 잔차와 같은 값을 갖는 성질을 가질 뿐만 아니라 자유도를 $(n-2)=10$이 아닌 $(n-1)=9$로 하면 잔차제곱합을 자유도로 나누어 구한 값은 모형 (4.8)에서의 $\hat{\sigma}^2$과 같다.

표 4.2 **$e_1(Y \mid X_1)$과 $e_2(X_2 \mid X_1)$의 회귀적합 결과**

Variable	Estimate	Standard Error	t-value	p-value
Intercept	−0.00000	0.533080	0.000	1.000
$e_2(X_2 \mid X_1)$	−0.238530	0.575241	−0.415	0.687

$\hat{\sigma}^2=(1.846642)^2$, $d.f.=10$, $R^2=0.0169$

[그림 4.5]와 같은 $e_1(Y \mid X_1)$과 $e_2(X_2 \mid X_1)$ 산점도를 X_1에 대한 X_2의 추가변수그림(added variable plot) 혹은 편회귀그림(partial regression plot)이라 한다. 추가변수그림은 앞으로 나오는 회귀계수 β_2에 대한 t-검정을 대체할 뿐 아니라 이상점이나 모형의 비선형성까지 시각적으로 확인할 수 있다는 큰 장점이 있다. 이에 대한 실용성은 5장에서 더 자세히 설명하기로 한다. [표 4.2]에 의하면 $e_2(X_2 \mid X_1)$에 대한 p-값이 0.687로 크게 나와 설명변수 X_2의 추가 여부에 대한 통계적인 유의성은 미미하다. 이는 추가변수그림의 선형관계가 시각적으로 확인이 되지 않는다는 사실로도 뒷받침된다.

설명변수 X_2만을 포함하는 단순회귀모형과 두 설명변수 X_1과 X_2를 포함하는 다중회귀모형에서의 β_2의 추정값은 각각

$$\hat{\beta}_2=1.62042 \ : X_1\text{을 무시한 회귀계수의 추정값}$$
$$\hat{\beta}_2=-0.2385 \ : X_1\text{에 대해 조정된 회귀계수의 추정값}$$

이다. X_1이 조정된 상태에서의 추정값 −0.2385는 근무연수가 올라가면 결근율은 떨어짐을 의미한다. 이는 1.62042의 값과는 부호가 다를 정도로 큰 차이가 있다. 물론 p-값에서 보여주듯이 통계적인 유의성이 없고 Y와 X_2의 산점도인 [그림 4.3]을 보더라도 이에 대한 결론을 내기는 어렵다. 다중회귀모형에서의 회귀계수의 값을 해석하는데 어려움이 많다는 사실을 기억하기 바란다. 이에 대한 논의는 제8장에서 좀 더 자세히 다루기로 한다.

앞에서와 같은 방법으로 $\hat{\beta}_1$을 구할 수 있다. 이번에는 설명변수 X_2가 주어진 상태에서 X_1이 추가되는 경우를 생각하자. X_2에 대한 X_1의 추가변수그림에서의 기울

기는 1.5497임을 알 수 있다. 설명변수 X_1만을 포함하는 단순회귀모형과 두 설명변수 X_1과 X_2를 포함하는 다중회귀모형에서 β_1의 추정값은 각각

$\hat{\beta}_1 = 1.37004$: X_2를 무시한 회귀계수의 추정값

$\hat{\beta}_1 = 1.5497$: X_2에 대해 조정된 회귀계수의 추정값

이며 $\hat{\beta}_2$의 경우와 달리 두 값은 큰 차이를 보이지 않는다. 그리고 $\hat{\beta}_0$는 2장의 추정 방법과 같이

$$\begin{aligned}\hat{\beta}_0 &= \bar{y} - \hat{\beta}_1\bar{x}_1 - \hat{\beta}_2\bar{x}_2 \\ &= 6.25 - (1.5497)\,6.25 - (-0.2385)\,4.9167 = -2.2630\end{aligned}$$

가 되며 최종적인 추정회귀식은

$$\hat{y} = -2.2630 + 1.5497x_1 - 0.2385x_2$$

이다.

■ 편상관계수

추가변수그림을 구성하고 있는 두 잔차에서 얻어지는 표본상관계수를 표본편상관계수(sample partial correlation coefficient)라 한다. 설명변수가 두 개인 경우 두 번째 설명변수 X_2의 표본편상관계수 $r_{X_2|X_1}$의 제곱은 다음과 같다.

$$(r_{X_2|X_1})^2 = \frac{SSR(X_2 \mid X_1)}{S_{yy} - SSR(X_1)} \tag{4.9}$$

식 (4.9)의 우변의 분모는 X_1이 설명해 주지 못하는 부분이며 분자인 $SSR(X_2 \mid X_1)$은 X_1이 포함된 경우에 X_2가 추가됨으로써 생기는 SS라 할 수 있다. 이들 비의 제곱근과 표본편상관계수의 절대값은 같다. 분자나 분모의 형태가 모두 X_1에 대해 조정된 SS로 표현되기 때문에 $r_{X_2|X_1}$은 X_1에 대해 조정된 Y와

X_2의 표본편상관계수라 불린다. 상관계수와 마찬가지로 편상관계수도 양수 또는 음수가 될 수 있는데 $r_{X_2|X_1}$의 부호는 두 설명변수가 모두 포함된 다중회귀모형에서 β_2의 추정량 $\hat{\beta}_2$의 값의 부호와 동일하다. 본 장 4.5절(예제 4.3 계속)에서 이 예제에 대한 수치적인 계산을 하였으니 참조하기 바란다.

이제 다중회귀모형에 대한 일반적인 표현방법과 여러 특징을 알아보자.

4.2 행렬을 이용한 다중회귀모형

본 절에서는 다중회귀모형을 행렬을 이용하여 표현하고자 한다. 다음과 같이 반응변수와 p개의 설명변수에 대한 n개의 자료값으로 구성되는 벡터 $\mathbf{y}$와 행렬 $\mathbf{X}$를 생각하고, $p+1$개의 회귀계수로 이루어진 벡터 $\boldsymbol{\beta}$와 n개의 오차로 이루어진 벡터 $\boldsymbol{\varepsilon}$을 정의하자.

$$\mathbf{y}=\begin{pmatrix} y_1 \\ y_2 \\ \vdots \\ y_n \end{pmatrix},\quad \mathbf{X}=\begin{pmatrix} 1 & x_{11} & x_{12} & \cdots & x_{1p} \\ 1 & x_{21} & x_{22} & \cdots & x_{2p} \\ \vdots & \vdots & \vdots & & \vdots \\ 1 & x_{n1} & x_{n2} & \cdots & x_{np} \end{pmatrix},\quad \boldsymbol{\beta}=\begin{pmatrix} \beta_0 \\ \beta_1 \\ \vdots \\ \beta_p \end{pmatrix},\quad \boldsymbol{\varepsilon}=\begin{pmatrix} \varepsilon_1 \\ \varepsilon_2 \\ \vdots \\ \varepsilon_n \end{pmatrix}$$

여기서 $\mathbf{y}$는 $n\times 1$ 벡터, $\mathbf{X}$는 $n\times(p+1)$ 행렬, $\boldsymbol{\beta}$는 $(p+1)\times 1$ 벡터, $\boldsymbol{\varepsilon}$은 $n\times 1$ 벡터이다. 또한 $\mathbf{y}$는 반응변수벡터, $\mathbf{X}$는 설명변수행렬, $\boldsymbol{\beta}$는 회귀계수벡터, $\boldsymbol{\varepsilon}$은 오차벡터라고 부른다.

식 (4.7)의 다중회귀모형 $y_i=\beta_0+\beta_1x_{i1}+\beta_2x_{i2}+\cdots+\beta_px_{ip}+\varepsilon_i$, $(i=1, \cdots, n)$은 앞에서 설명한 행렬과 벡터를 이용하면 다음과 같다.

$$\mathbf{y}=\mathbf{X}\boldsymbol{\beta}+\boldsymbol{\varepsilon} \tag{4.10}$$

설명변수행렬 $\mathbf{X}$의 i번째 행을 $\mathbf{x}_i'=(1\ x_{i1}\ x_{i2}\ \cdots\ x_{ip})$라 하면 다중회귀모형은 다음과 같이 표현할 수도 있다.

$$y_i = \boldsymbol{x}_i'\boldsymbol{\beta} + \varepsilon_i, \quad i = 1, \cdots, n \tag{4.11}$$

각각의 ε_i가 정규분포 $N(0, \sigma^2)$를 따르고 서로 독립이라는 가정은 다음과 같이 간단히 표현된다.

$$\boldsymbol{\varepsilon} \sim N(\mathbf{0}, \sigma^2\boldsymbol{I}) \tag{4.12}$$

즉,

$$E(\boldsymbol{\varepsilon}) = \begin{pmatrix} E(\varepsilon_1) \\ E(\varepsilon_2) \\ \vdots \\ E(\varepsilon_n) \end{pmatrix} = \begin{pmatrix} 0 \\ 0 \\ \vdots \\ 0 \end{pmatrix} = \mathbf{0} \tag{4.13}$$

$$\begin{aligned} Var(\boldsymbol{\varepsilon}) &= E[(\boldsymbol{\varepsilon} - E(\boldsymbol{\varepsilon}))(\boldsymbol{\varepsilon} - E(\boldsymbol{\varepsilon}))'] \\ &= \begin{pmatrix} Var(\varepsilon_1) & Cov(\varepsilon_1, \varepsilon_2) & \cdots & Cov(\varepsilon_1, \varepsilon_n) \\ Cov(\varepsilon_2, \varepsilon_1) & Var(\varepsilon_2) & \cdots & Cov(\varepsilon_2, \varepsilon_n) \\ \vdots & & \ddots & \vdots \\ Cov(\varepsilon_n, \varepsilon_1) & & \cdots & Var(\varepsilon_n) \end{pmatrix} \\ &= \begin{pmatrix} \sigma^2 & 0 & \cdots & 0 \\ 0 & \sigma^2 & \cdots & 0 \\ \vdots & & \ddots & \vdots \\ 0 & & \cdots & \sigma^2 \end{pmatrix} = \sigma^2\boldsymbol{I} \end{aligned} \tag{4.14}$$

이다. 식 (4.14)의 분산-공분산(variance/covariance)행렬은 $\boldsymbol{\varepsilon}_i$가 독립이므로 대각원소인 오차항의 분산값 σ^2을 제외한 모든 공분산값은 0이 되어 $\sigma^2\boldsymbol{I}$와 같은 스칼라행렬로 표시된다. 또한 벡터 $\boldsymbol{y}$의 기대값벡터와 분산-공분산행렬은

$$\begin{aligned} E(\boldsymbol{y}) &= \boldsymbol{X\beta} \\ Var(\boldsymbol{y}) &= E[(\boldsymbol{y} - E(\boldsymbol{y}))(\boldsymbol{y} - E(\boldsymbol{y}))'] \\ &= E[(\boldsymbol{y} - \boldsymbol{X\beta})(\boldsymbol{y} - \boldsymbol{X\beta})'] = \sigma^2\boldsymbol{I} \end{aligned} \tag{4.15}$$

이고 정규분포 $N(\boldsymbol{X\beta}, \sigma^2\boldsymbol{I})$를 따른다.

4.3 최소제곱법

다중회귀모형에서의 최소제곱법은 다음의 함수를 최소화시켜 주는 $\boldsymbol{\beta}$의 추정량 $\hat{\boldsymbol{\beta}}$를 선택하는 문제이다.

$$Q(\boldsymbol{\beta}) = \Sigma(y_i - \boldsymbol{x}_i'\boldsymbol{\beta})^2 = (y - X\boldsymbol{\beta})'(y - X\boldsymbol{\beta}) \tag{4.16}$$

여기서 $\boldsymbol{x}_i'$은 행렬 $\boldsymbol{X}$의 i번째 행(row)이다.

식 (4.16)을 $\boldsymbol{\beta}$에 대해 편미분한 결과를 영벡터로 놓고 정리하면 정규방정식(normal equation)

$$X'X\boldsymbol{\beta} = X'\boldsymbol{y} \tag{4.17}$$

을 얻는다. 이 정규방정식의 해인 $\hat{\boldsymbol{\beta}}$은 $\boldsymbol{X}'\boldsymbol{X}$의 역행렬이 존재하는 경우

$$\hat{\boldsymbol{\beta}} = (X'X)^{-1}X'\boldsymbol{y} \tag{4.18}$$

이며 이것이 $\boldsymbol{\beta}$의 최소제곱추정량이다. 이에 대한 증명 및 증명에 필요한 벡터 미분법은 4장 보론 A.4.4와 A.4.2를 참조하기 바란다.

최소제곱추정량 $\hat{\boldsymbol{\beta}}$을 구하는 과정은 원자료를 그대로 이용하기보다는 2장에서와 같이 $\boldsymbol{X}_1, \boldsymbol{X}_2, \cdots, \boldsymbol{X}_p$와 $\boldsymbol{Y}$의 값에서 표본평균값을 뺀 조정된(corrected) 자료를 이용하여 계산한다. 2장에서도 언급되었듯이 이러한 방법은 수치계산을 안정적으로 되게 하는 장점이 있다. 조정된 자료에 식 (4.18)을 이용하여 $\hat{\boldsymbol{\beta}}^*$를 구하여 보면 원래 $\hat{\boldsymbol{\beta}}$과 $\hat{\boldsymbol{\beta}}^*$에는 다음의 관계가 성립함을 알 수 있다.

$$\hat{\beta}_0 = \bar{y} - \hat{\boldsymbol{\beta}}^{*\prime}\bar{\boldsymbol{x}} \tag{4.19}$$
$$\hat{\boldsymbol{\beta}} = (\hat{\beta}_0, \hat{\boldsymbol{\beta}}^{*\prime})'$$

여기서 $\bar{\boldsymbol{x}} = (\bar{x}_1, \bar{x}_2, \cdots, \bar{x}_p)'$이다.

최소제곱추정량 $\hat{\boldsymbol{\beta}}$을 이용하여 다음의 여러 통계량을 알아본다.

1) 적합값벡터(vector of fitted values) $\hat{\boldsymbol{y}}$

$$\hat{\boldsymbol{y}} = X\hat{\boldsymbol{\beta}} = X(X'X)^{-1}X'\boldsymbol{y} \tag{4.20}$$

2) 잔차벡터(residual vector) $\boldsymbol{e}$

$$\begin{aligned} \boldsymbol{e} = \boldsymbol{y} - \hat{\boldsymbol{y}} &= \boldsymbol{y} - X\hat{\boldsymbol{\beta}} \\ &= \boldsymbol{y} - X(X'X)^{-1}X'\boldsymbol{y} \\ &= (\boldsymbol{I} - X(X'X)^{-1}X')\boldsymbol{y} \\ &= (\boldsymbol{I} - \boldsymbol{H})\boldsymbol{y} \end{aligned} \tag{4.21}$$

여기서 $\boldsymbol{H}$는 $X(X'X)^{-1}X'$이며 햇(hat)행렬이라 불린다. 이 행렬은 사영(projection)행렬이라고도 한다. $\boldsymbol{e}$는 잔차벡터라 불리우고 원소 e_i는 $y_i - \hat{y}_i$이다.

3) 잔차제곱합 SSE

$$SSE = \boldsymbol{e}'\boldsymbol{e} = (\boldsymbol{y} - X\hat{\boldsymbol{\beta}})'(\boldsymbol{y} - X\hat{\boldsymbol{\beta}}) \tag{4.22}$$

이를 전개하면 다음과 같다.

$$\begin{aligned} SSE = \boldsymbol{e}'\boldsymbol{e} &= (\boldsymbol{y} - X\hat{\boldsymbol{\beta}})'(\boldsymbol{y} - X\hat{\boldsymbol{\beta}}) \\ &= \boldsymbol{y}'\boldsymbol{y} - \hat{\boldsymbol{\beta}}'X'\boldsymbol{y} - \boldsymbol{y}'X\hat{\boldsymbol{\beta}} + \hat{\boldsymbol{\beta}}'X'X\hat{\boldsymbol{\beta}} \\ &= \boldsymbol{y}'\boldsymbol{y} - 2\hat{\boldsymbol{\beta}}'X'\boldsymbol{y} + \hat{\boldsymbol{\beta}}'X'\boldsymbol{y} \end{aligned}$$

정규방정식에서 $X'X\hat{\boldsymbol{\beta}} = X'\boldsymbol{y}$이므로 SSE는 다음과 같이 표현이 된다.

$$SSE = \mathbf{y}'\mathbf{y} - \hat{\boldsymbol{\beta}}'X'\mathbf{y}$$

이는 식 (4.21)의 마지막 식을 이용하여 전개하여도 같은 결과를 얻는다.

$$\begin{aligned} SSE &= \mathbf{y}'(\boldsymbol{I}-\boldsymbol{H})'(\boldsymbol{I}-\boldsymbol{H})\mathbf{y} = \mathbf{y}'(\boldsymbol{I}-\boldsymbol{H})\mathbf{y} \\ &= \mathbf{y}'\mathbf{y} - \mathbf{y}'H'H\mathbf{y} = \mathbf{y}'\mathbf{y} - \hat{\boldsymbol{\beta}}'(X'X)\hat{\boldsymbol{\beta}} \\ &= \mathbf{y}'\mathbf{y} - \hat{\boldsymbol{\beta}}'X'\mathbf{y} \end{aligned} \tag{4.23}$$

식 (4.23)의 전개과정은 행렬 $\boldsymbol{H}$와 행렬 $(\boldsymbol{I}-\boldsymbol{H})$의 성질을 이용하였다. 연습문제 4.6을 참조하기 바란다.

4) σ^2의 추정량 $\hat{\sigma}^2$

$$\hat{\sigma}^2 = \frac{SSE}{n-p'} \tag{4.24}$$

분모의 $n-p'$은 다중회귀모형의 SSE와 관련한 자유도가 되며 식 (4.24)를 역시 단순선형회귀모형과 같이 MSE라 부른다. 여기서 p'은 모수의 수이다. 절편이 있는 경우는 p'은 설명변수의 개수 p에 1을 더한 수가 되고, 절편이 없는 경우는 p'은 설명변수의 개수 p와 같다.

5) $\hat{\boldsymbol{\beta}}$의 분산-공분산행렬

4장 보론 A.4.5를 참조하면 $\hat{\boldsymbol{\beta}}$의 분산-공분산행렬은 다음과 같다.

$$Var(\hat{\boldsymbol{\beta}}) = \sigma^2(\mathbf{X}^T\mathbf{X})^{-1} \tag{4.25}$$

$\sigma^2(\mathbf{X}'\mathbf{X})^{-1}$은 $p' \times p'$ 행렬이며 대각원소 값은 해당되는 회귀계수 추정량의 분산이며 제곱근을 취한 값이 표준오차가 된다. 행렬의 (i, j)번째 원소는 $\hat{\boldsymbol{\beta}}$의 i번째 원소와 j번째 원소의 공분산이다.

4.4 다중회귀분석에서의 추론

단순회귀에서와 마찬가지로 다중회귀에서의 관심대상의 모수에 대한 추론을 알아보자.

■ 분산분석과 F−검정

3장의 단순회귀에서 알아본 세 가지 SS는 모두 반응변수와 적합값에 의해 정의되며 다중회귀에서도 같은 개념으로 정의된다. 식 (3.7)에서의 세 개의 SS의 관계는 여기서도 성립된다. SSR은 SST인 $(\mathbf{y}-\bar{\mathbf{y}})'(\mathbf{y}-\bar{\mathbf{y}})$와 3)에서 구한 SSE의 차이이며 다음과 같다.

$$\begin{aligned} SST &= (\mathbf{y}-\bar{\mathbf{y}})'(\mathbf{y}-\bar{\mathbf{y}}) \\ &= \mathbf{y}'\mathbf{y}-\bar{\mathbf{y}}'\mathbf{y}-\mathbf{y}'\bar{\mathbf{y}}+\bar{\mathbf{y}}'\bar{\mathbf{y}} \\ &= \mathbf{y}'\mathbf{y}-\bar{\mathbf{y}}'\bar{\mathbf{y}} \end{aligned} \tag{4.26}$$

$$SSE = \mathbf{y}'\mathbf{y}-\hat{\boldsymbol{\beta}}'X'\mathbf{y} \tag{4.27}$$

$$\begin{aligned} SSR &= SST - SSE \\ &= (\mathbf{y}'\mathbf{y}-\bar{\mathbf{y}}'\bar{\mathbf{y}})-(\mathbf{y}'\mathbf{y}-\hat{\boldsymbol{\beta}}'X'\mathbf{y}) \\ &= \hat{\boldsymbol{\beta}}'X'\mathbf{y}-\bar{\mathbf{y}}'\bar{\mathbf{y}} \end{aligned} \tag{4.28}$$

여기서 $\bar{\mathbf{y}}$는 $(\bar{y}, \bar{y}, \cdots, \bar{y})'$이고 $n \times 1$ 벡터이다.

오차가 독립이고 정규분포를 따른다면 SSE, SSR은 서로 독립인 통계량이고 각각 χ^2−분포를 따름은 3장에서 이미 설명하였다. 4장 보론 A.4.7을 참조하면 다중회귀모형인 경우도 다음의 각 분포를 증명할 수 있다.

$$\frac{S_{yy}}{\sigma^2} \sim \chi^2(n-1) \tag{4.29}$$
$$\frac{SSR}{\sigma^2} \sim \chi^2(p)$$
$$\frac{SSE}{\sigma^2} \sim \chi^2(n-p')$$

3장에서와 같이 SSR/σ^2 분포는 $\beta_1 = \cdots = \beta_p = 0$인 경우에 성립되며 이 경우

$$F^* = \frac{\dfrac{SSR/\sigma^2}{p}}{\dfrac{SSE/\sigma^2}{n-p'}} = \frac{SSR/p}{SSE/(n-p')} = \frac{MSR}{MSE} \tag{4.30}$$

는 $F(p, n-p')$ 분포를 따르며 다음의 가설에 대한 검정통계량으로 사용된다.

$$H_0 : Y = \beta_0 + \varepsilon \tag{4.31}$$
$$H_1 : Y = \beta_0 + \beta_1 X_1 + \cdots + \beta_p X_p + \varepsilon$$

여기에서 귀무가설은 $H_0 : \beta_1 = \beta_2 = \cdots = \beta_p = 0$으로 표시되기도 하며 반응변수와 설명변수들 사이에는 아무런 선형의 상관관계가 없음을 의미한다. 대립가설은 적어도 기울기 회귀계수 중 하나는 0이 아닌 형태, 즉, $\boldsymbol{\beta} \neq (0, 0, \cdots, 0)'$이며 적어도 하나의 설명변수는 반응변수와 선형의 상관관계가 있다는 의미이다. 이러한 결과를 요약한 [표 4.3]을 분산분석표라 한다.

표 4.3 **분산분석표**

Source of Variation	Sum of Squares	Degrees of Freedom	Mean Square	F^*
Regression	$SSR = \hat{\boldsymbol{\beta}}'X'\mathbf{y} - \bar{\mathbf{y}}'\bar{\mathbf{y}}$	p	$\frac{SSR}{p} = MSR$	$\frac{MSR}{MSE}$
Residual	$SSE = \mathbf{y}'\mathbf{y} - \hat{\boldsymbol{\beta}}'X'\mathbf{y}$	$n-p'$	$\frac{SSE}{n-p'} = MSE$	
Total	$S_{yy} = \mathbf{y}'\mathbf{y} - \bar{\mathbf{y}}'\bar{\mathbf{y}}$	$n-1$		

■ 결정계수

결정계수 R^2은 단순선형회귀와 마찬가지로 SSR/S_{yy} 또는 $1-SSE/S_{yy}$로 정의한다. R^2값은 특정한 x에 대해 두 개 이상의 y값이 있는 경우는 1이 될 수 없다.[4] 모형에 설명변수가 추가될수록 R^2의 값은 올라가는 특징(적어도 줄지는 않는다)을 가지고 있으므로 설명변수를 추가하다 보면 과도한 적합이 된다. 이는 결코 바람직하지 않을 뿐 아니라 과도적합된 모형은 예측능력도 떨어지는 것이 보통이다. 이러한 문제점의 해결을 위하여 다중회귀모형에서는 다음과 같은 수정결정계수(adjusted coefficient of determination) $\overline{R}^2$을 쓰는 경우가 있다.

$$\overline{R}^2 = 1 - \frac{SSE/(n-p-1)}{S_{yy}/(n-1)} = 1 - \frac{(n-1)}{(n-p-1)}(1-R^2)$$

$\overline{R}^2$의 특징은 SS를 해당되는 자유도로 나눈 조정된 비를 이용하는 것이다. 이러한 이유로 변수가 추가되더라도 $\overline{R}^2$값은 계속 커지지는 않는다. 이에 대해서는 모형의 선택에 쓰이는 다른 기준들과 비교하면서 8장에서 좀 더 자세히 설명할 것이다.

■ 가설검정

앞에서 수행한 F-검정의 귀무가설은 절편을 제외한 모든 계수의 값이 0이라는 것이다. 여기서는 특정의 k번째 계수의 값이 0과 같은지, 혹은 주어진 p개의 회귀계수 중의 일부가 0과 같은지에 대한 문제를 다루어 본다.

1) 각각의 회귀계수에 대한 검정

특정한 k번째 설명변수의 유의성 여부를 알아보기 위하여 다음의 귀무가설과 대립가설을 설정할 수 있을 것이다.

---

4. 반복이 없는 n개의 자료인 경우는 7장에서 설명할 $n-1$차 다항함수를 이용하여 완벽한 선을 만들 수 있기 때문에 R^2의 값은 1이 될 것이다. 이는 다중회귀모형에서 반복이 없는 자료의 수 n이 모수의 수 p'과 일치하면 R^2의 값이 1이 된다는 의미이기도 하다.

$$H_0 : Y = \beta_0 + \beta_1 X_1 + \cdots + \beta_{k-1} X_{k-1} + \beta_{k+1} X_{k+1} + \cdots + \beta_p X_p + \varepsilon \quad (4.32)$$
$$H_1 : Y = \beta_0 + \beta_1 X_1 + \cdots + \beta_p X_p + \varepsilon$$

이 가설은 식 (4.7) 또는 (4.10)의 다중회귀모형에서 $H_0 : \beta_k = 0$, $H_1 : \beta_k \neq 0$로 표현할 수도 있다. 검정통계량은

$$t^* = \frac{\hat{\beta}_k - 0}{s.e.(\hat{\beta}_k)}$$

이고 귀무가설 하에서 $t(n-p-1)$ 분포를 따르므로 계산된 t^*의 절대값이 $t(\alpha/2, n-p-1)$의 값보다 크면 $H_0 : \beta_k = 0$을 기각하고 그렇지 않은 경우는 기각하지 못한다. 여기서 $\hat{\beta}_k$의 표준오차는 $MSE(\mathbf{X}'\mathbf{X})^{-1}$의 $k+1$번째 대각원소의 제곱근을 의미한다.

2) 일부 회귀계수에 대한 검정

주어진 p개의 설명변수 중의 일부의 유의성 여부를 알아보기 위하여는 다음의 귀무가설과 대립가설을 설정하여야 한다.

H_0 : 대립가설의 모형에서 k개의 설명변수가 제거되어 있는 모형 (4.33)

$$H_1 : Y = \beta_0 + \beta_1 X_1 + \cdots + \beta_p X_p + \varepsilon$$

귀무가설의 모형은 축소모형(reduced model), 대립가설의 모형은 완전모형(full model)이라고 하며 각각 reduced, full의 첫 번째 알파벳 r, f를 이용하여 두 모형을 표시한다. 축소모형에서의 SSE, SSR, MSE, $d.f.$를 $SSE(r)$, $SSR(r)$, $MSE(r)$, $d.f.(r)$이라 표현하고 완전모형에서는 이들을 $SSE(f)$, $SSR(f)$, $MSE(f)$, $d.f.(f)$라 표현하자. 분산분석의 절차에 따라서 k개의 변수가 추가되면서 SSE가 얼마만큼 줄어들었는지를 (혹은 SSR이 얼마만큼 늘어났는지를) 표준화하여 검정을 실시할 수 있는데 이에 해당하는 다음과 같은 검정통계량

$$F^* = \frac{\frac{SSE(r) - SSE(f)}{d.f.(r) - d.f.(f)}}{MSE(f)} = \frac{\frac{SSR(f) - SSR(r)}{k}}{MSE(f)} \tag{4.34}$$

은 귀무가설 하에서는 $F(k, n-p')$을 따른다. 이를 부분 F-검정(partial F-test)이라 한다. 물론 $k=1$일 때에는 F^*는 1)에서 언급한 t^*의 제곱과 같게 되어 결국 1)에서의 t-검정도 2)의 부분 F-검정의 특별한 형태라 할 수 있다.

■ 기대값과 새로운 관측값

1) 설명변수의 값이 $\boldsymbol{x}_0 = (1, x_{01}, x_{02}, \cdots, x_{0p})'$으로 주어졌을 때 반응변수의 기대값 : $E(Y \mid \boldsymbol{x} = \boldsymbol{x}_0)$

점추정량은 $\boldsymbol{x}_0'\hat{\boldsymbol{\beta}}$이고 이에 대한 분산은 3장 3.3절에서와 같은 논리로 다음과 같다(4장 보론 A.4.4 참조).

$$Var(\hat{E}(y_0 \mid \boldsymbol{x} = \boldsymbol{x}_0)) = \sigma^2 \boldsymbol{x}_0'(X'X)^{-1}\boldsymbol{x}_0 \tag{4.35}$$

σ^2을 모를 경우는 MSE로 대체하며, 제곱근을 취한 값이 표준오차이다.

2) 설명변수의 값이 $\boldsymbol{x}_0 = (1, x_{01}, x_{02}, \cdots, x_{0p})'$으로 주어졌을 때 반응변수의 새로운 관측값 : y_0

역시 점추정량은 $\boldsymbol{x}_0'\hat{\boldsymbol{\beta}}$이고 이에 대한 분산은 3장 3.3절에서와 같은 논리로 다음과 같다.

$$Var(\hat{y}_0 \mid \boldsymbol{x} = \boldsymbol{x}_0) = \sigma^2(1 + \boldsymbol{x}_0'(X'X)^{-1}\boldsymbol{x}_0) \tag{4.36}$$

그리고 m개의 새로운 관측값에 대한 평균의 추정량도 $\boldsymbol{x}_0'\hat{\boldsymbol{\beta}}$이고 이에 대한 분산은

$$Var(\hat{\bar{y}}_0 \mid \boldsymbol{x} = \boldsymbol{x}_0) = \sigma^2\left(\frac{1}{m} + \boldsymbol{x}_0'(X'X)^{-1}\boldsymbol{x}_0\right) \tag{4.37}$$

이다. 각각의 식에서 σ^2을 모를 경우는 MSE로 대체하며 제곱근을 취한 값으로 각각의 표준오차를 구할 수 있다. 앞으로는 $\boldsymbol{x}_0'(X'X)^{-1}\boldsymbol{x}_0$를 간단히 h_{00}로 표기한다.

■ 외삽의 위험성

식 (4.35)를 보면 $h_{00}=\boldsymbol{x}_0'(X'X)^{-1}\boldsymbol{x}_0$의 값이 커짐에 따라 $E(Y \mid X=\boldsymbol{x}_0)$에 대한 신뢰구간의 폭이 커진다. 단순선형모형에서는 식 (3.26)에서 본 바 있는 $\frac{1}{n}+\frac{(x_0-\bar{x})^2}{\Sigma(x_i-\bar{x})^2}$의 형태가 바로 이 h_{00}인 것이다(연습문제 4.6 참조). 그리고 h_{00}의 값은 x_0가 $\bar{x}$에서 멀어질수록 커지므로 모형의 예측을 위한 외삽(extrapolation)의 정밀도가 떨어진다. 다만 $\boldsymbol{x}_0$의 값은 단순회귀에서는 스칼라로 표시되고 다중회귀에서는 벡터로 표시되는 차이점이 있을 뿐이다.

다중회귀모형에서 주의할 점을 [그림 4.6]을 통하여 설명하기로 한다. 점 (x_{01}, x_{02})는 하나의 축 x_1 혹은 x_2와 비교하면 자료의 범위에 속해 있다고 할 수 있으나 2차원으로 표시한 자료의 중심에서는 벗어나 있는 것을 알 수 있다. 이를 좀 더 자세히 설명하여 보자. 주어진 자료를 모두 포함할 수 있는 최소 볼록집합(convex hull)을 그려서 이 집합의 극단을 기준으로 자료가 그 안에 있으면 내삽(interpolation), 밖에 위치하면 외삽이라 할 수 있다. 이 경우에 극단에 위치한 자료는 일반적으로 주어진 n개의 자료 중에서 $h_{ii}=\boldsymbol{x}_i'(X'X)^{-1}\boldsymbol{x}_i$, $(i=1, 2, \cdots, n)$의 최대의 값을 갖고 있기 때문에 주어진 h_{00}가 자료에서 계산된 h_{ii}의 최대값보다 크면 외삽이라 하여 주의를 해야 한다. 내삽의 경우는 h_{ii}의 평균 $\bar{h}$의 값과 비교하여 그 내삽의 정도를 알 수 있다. 참고로 $\bar{h}=(p+1)/n$임을 보일 수 있다(연습문제 4.6 참조). 다시 말하면 h_{ii}의 값은 얼마만큼 자료의 중심에서 벗어나 있는가를 결정하여 주는 중요한 정보를 가지고 있다.

또한 $\hat{y}_i$의 값은 이 h_{ii}에 의하여 결정이 되므로 h_{ii}는 지레값(leverage value)이라고 부른다. Huber(1977)는 $Var(\hat{y}_i)=\sigma^2 h_{ii}$와 $Var(\bar{y})=\frac{\sigma^2}{n}$의 유사성으로 말미암아 $\frac{1}{h_{ii}}$을 $\hat{y}_i$를 결정지어 주는 효율적인 관측값의 수라고 하였다. 실제로 h_{ii}가 1인 경우에는 $\hat{y}_i=y_i$이다. 이러한 의미에서 Huber는 $h_{ii}>0.2$인 경우, 즉 예측값이 5개 이하의 자료로만 결정이 되는 관측값에 주의해야 한다고 하였다.

외삽의 위험성 그림 4.6

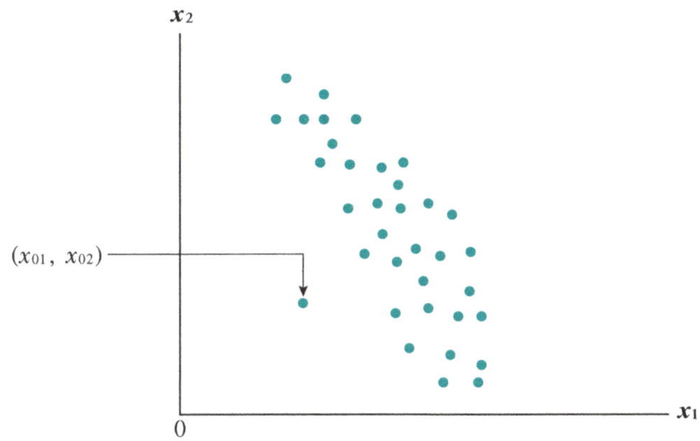

또한 Hoaglin과 Welsch(1978)에 의하면 h_{ii}의 평균값인 $(p+1)/n$의 2배보다 큰 h_{ii}의 값을 갖는 자료는 주의해야 한다고 하였다. 자세한 내용은 Cook과 Weisberg(1982)의 책이나 Chatterjee와 Hadi(1988)의 책을 참조하기 바란다.

4.5 다중회귀에서의 자료분석

본 절에서는 자료분석을 통하여 지금까지 나왔던 개념을 살펴보도록 한다.

예 4.3 (계속) 보험회사 자료

(예제 4.3)의 보험회사 자료의 다중회귀모형에 대한 분석결과는 [표 4.4]와 같다. 우선 다음 가설에 대해서 F-검정을 실시하여 보자.

$$H_0 : \beta_1 = \beta_2 = 0 \tag{4.38}$$
$$H_1 : \text{적어도 한 개의 } \beta_i \neq 0, (i = 1, 2)$$

표 4.4 **보험회사 자료의 회귀분석 결과**

Variable	Estimate	Standard Error	t-value	p-value
Intercept	−2.263038	1.095941	−2.065	0.069
X_1	1.549729	0.480516	3.225	0.010
X_2	−0.238530	0.606357	−0.393	0.703

$\hat{\sigma}^2 = (1.946532)^2$, $d.f. = 9$, $R^2 = 0.9037$

[표 4.5]는 다중회귀모형에 대한 분산분석표이다. 여기서의 F–통계량 MSR/MSE의 값은 42.247이고 이는 $F(2, 9)$ 분포를 따른다. p–값은 0에 매우 가까운 작은 값이기 때문에 위의 귀무가설이 기각된다.

표 4.5 **분산분석표**

SOURCE	$d.f.$	SS	MS	F	p-value
Regression	2	320.1491	160.0746	42.247	0.000
Residual	9	34.10088	3.788987		
Total	11	354.25			

두 번째 회귀계수의 값이 0인지의 여부를 묻는 다음의

$$H_0 : \beta_2 = 0 \ \ (\beta_1 \text{의 값은 임의의 값}) \tag{4.39}$$
$$H_1 : \beta_2 \neq 0 \ \ (\beta_1 \text{의 값은 임의의 값})$$

가설검정을 실시하여 보자. t–검정통계량은 귀무가설 하에서 $t(9)$ 분포를 따른다. 계산된 값 $t^* = -0.39$의 절대값은 유의수준 $\alpha = 0.05$에서의 기각값인 $t(0.05/2, 9) = 2.262$보다 작으므로 귀무가설을 기각하지 못한다. 즉, 귀무가설을 기각하기에는 p–값인 0.703이 너무 크다. 위의 식 (4.39)의 형태의 가설검정은 [표 4.6]과 같은 분산분석표를 이용하여 순차(sequential) F–검정으로도 실시할 수 있다. 이때의 F–검정통계량은 귀무가설 하에서 $F(1, 9)$의 분포를 따르고 $F^* = \dfrac{(0.59/1)}{3.79} = 0.1557 = (-0.39)^2$으로서 t^*의 제곱과 같다.

표 4.6 순차분산분석표

SOURCE	$d.f.$	Sequential SS
X_1	1	319.5628
X_2	1	0.586341

위의 순차분석표에서 다음 각 사항을 참고 바란다.

(1) 319.56은 X_1만 모형에 포함될 때 SSR를 의미하며 $SSR(X_1)$으로 표기한다.

(2) 0.59는 X_1이 포함되어 있는 상태에서 X_2가 추가적으로 설명하는 SSR을 의미하며 $SSR(X_2 \mid X_1)$으로 표기한다.

(3) X_1과 X_2가 동시에 들어간 경우의 SSR은 $SSR(X_1, X_2)$로 표기하며 320.15의 값을 갖는다.

$$SSR(X_1) + SSR(X_2 \mid X_1) = SSR(X_1, X_2) \tag{4.40}$$

만약 β_1계수에 대한 F-검정을 실시하려고 한다면 [표 4.7]과 같은 순차분산분석표를 이용하면 된다.

표 4.7 순차분산분석표

SOURCE	$d.f.$	Sequential SS
X_2	1	280.7379
X_1	1	39.41120

이 모형을 근거로 하며 근무태도 점수가 2이고 근무연수가 5인 직원의 결근율의 예측값 y_0의 추정과 신뢰구간에 대해 생각해 보자. 먼저 [그림 4.4]를 보면 $X_1 = 2$와 $X_2 = 5$는 자료의 중심 $(\bar{x}_1, \bar{x}_2) = (6.25, 4.92)$에서 멀리 떨어져 있음을 알 수 있다. 각각의 $X_1 = 2$와 $X_2 = 5$는 자료범위 내에 있다고 할 수 있지만 X_1과 X_2를 동시에 감안해 보면 그렇지 않다. 이 경우, h_{00}는 1.236이고 이 값은 자료에서 나온 h_{ii}의 최대값인 0.490([표 4.8] 참조)보다 훨씬 큼을 알 수 있다. 이는 외삽에 해당될 가능성이 높으므로 주의해야 한다. 실제로 이 모형을 이용하면 점추정값은 $\hat{y}_0 = -0.356$으로 음수가 된다. 그리고 예측값의 95% 신뢰구간은 $\hat{y}_0 \pm t(0.05/2, 9)\, s.e.(\hat{y}_0)$에 의해 (−6.9407, 6.2287)로 나타난다. 여기서 $t(0.025, 9) = 2.262$, $s.e.(\hat{y}_0) = \hat{\sigma}\sqrt{1 + h_{00}}$ $= 2.911$이다. 이 신뢰구간은 폭이 너무 넓어 여기에 사용된 다중회귀모형으로 직원

의 결근율을 예측하는 것은 무리이다. 오히려 X_2를 제외한 단순선형회귀모형으로 예측하는 것이 더 적합할 수가 있다.

참고로 X_1을 설명변수로 하는 단순회귀모형에서 $X_1 = 2$에서의 예측값 y_0의 점추정값은 0.4273이고 95% 신뢰구간은 $\hat{y}_0 \pm t(0.05/2, 10)\, s.e.(\hat{y}_0) = 0.4273 \pm 2.228 \times 2.0312$에 의해 (−4.0982, 4.9528)이다.

표 4.8 보험회사 자료의 h_{ii}값

순서	y	x_1	x_2	h_{ii}	
1	1	1	1	0.245	
2	0	2	1	0.239	
3	1	2	2	0.197	
4	4	3	2	0.167	
5	3	5	4	0.093	
6	2	5	6	0.490	(h_{ii}의 최대값)
7	6	7	4	0.300	
8	5	6	5	0.091	
9	9	10	8	0.172	
10	13	11	7	0.433	
11	15	11	9	0.241	
12	16	12	10	0.332	

그리고 식 (4.9)에서 언급된 편상관계수를 구하면 다음과 같다.

$$\text{편상관계수(두 번째 변수)} = r_{X_2 | X_1} = -\sqrt{\frac{SSR(X_2 | X_1)}{(S_{yy} - SSR(X_1))}}$$

$$= -\sqrt{\frac{0.59}{(354.25 - 319.56)}}$$

$$= -\sqrt{0.0169} = -0.13$$

편상관계수의 부호는 두 번째 회귀계수 β_2의 추정값 $\hat{\beta}_2 = -0.2385$와 같은 음의 부호를 가진다.

예 4.4 아스파라가스 자료

1927년 5월 6일부터 7월 2일까지 보스턴 지역에서 아스파라가스 한 부쉘의 가격과 아스파라가스의 질을 결정해 주는 세 가지 설명변수 *GR*, *NS*, *DS*의 값을 조사하였다. *GR*은 아스파라가스의 녹색부분을 인치로 기록한 변수, *NS*는 묶음 안에 있는 줄기의 수를 기록한 변수, *DS*는 줄기의 실제 지름을 재어 묶음에 있는 줄기의 4분위변동계수(Quartile coefficient of dispersion ; $\frac{Q_3 - Q_1}{2}$)의 값을 기록한 변수를 의미한다. 한 묶음의 무게는 보통 18온스로 기록되어 있어 줄기의 수가 많으면 아스파라가스의 줄기의 지름은 작아진다. 즉, *NS*는 줄기의 평균크기를 *DS*는 줄기의 변동을 나타내는 변수이다. [표 4.9]의 자료는 원래의 자료 200개 중 30개를 무작위로 추출한 것이다. 아스파라가스 농가에서는 생산전략의 하나인 가격예측의 결정에 이러한 모형을 사용할 수 있을 것이다.

표 4.9 아스파라가스 자료

GR	*NS*	*DS*	*Price*	*GR*	*NS*	*DS*	*Price*	*GR*	*NS*	*DS*	*Price*
600	45	33	45	625	12	7	121	600	14	8	100
300	30	25	55	500	11	8	112	950	22	20	126
550	12	8	97	575	12	7	82	650	14	17	126
600	15	9	100	850	14	17	121	550	12	8	91
500	18	20	82	600	12	9	90	600	12	8	93
525	36	25	64	350	28	14	46	625	15	17	100
600	12	14	93	575	18	9	82	550	19	20	79
650	12	14	105	550	12	8	98	650	18	27	100
550	19	20	69	900	26	25	146	500	24	20	81
500	10	14	96	700	15	27	106	475	12	7	97

자료원 : Berndt(1991)　　*GR*, *DS*는 100 × 인치, 가격은 100 × $의 단위이다.

모든 설명변수가 포함된 다중회귀분석의 결과([표 4.10] 참조)에 의하면 R^2의 값은 0.773이며, 그리고 각 변수의 추가변수그림을 보면 *DS*에 대한 유의성이 다른 두 변수보다 상대적으로 떨어짐을 알 수 있다. 즉, *DS*는 가격에 그렇게 큰 영향을 미치지 않는 변수이므로 *DS*변수를 제거한 회귀모형을 설정하여 보았다([표 4.11] 참조). 이 자료의 경우는 위의 보험회사의 경우와는 다르게 부호나 크기 변화도 심각하지 않고 계수에 대한 해석상의 어려움도 없다고 할 수 있다.

표 4.10 아스파라가스 자료의 회귀분석 결과

Variable	Estimate	Standard Error	t-value	p-value
Intercept	47.09779	11.59565	4.061	0.000
GR	0.118239	0.017590	6.722	0.000
NS	−1.418390	0.418150	−3.392	0.002
DS	0.095680	0.462623	0.207	0.838

$\hat{\sigma}^2 = (11.67219)^2$, $d.f. = 26$, $R^2 = 0.7726$

표 4.11 *DS*변수가 제거된 아스파라가스 자료의 회귀분석 결과

Variable	Estimate	Standard Error	t-value	p-value
Intercept	46.58113	11.12081	4.189	0.000
GR	0.119617	0.015987	7.482	0.000
NS	−1.351480	0.260184	−5.194	0.000

$\hat{\sigma}^2 = (11.46341)^2$, $d.f. = 27$, $R^2 = 0.7722$

한 농가에서 녹색부분이 평균 5.8인치이고 줄기의 개수가 20개인 아스파라가스를 출하한다고 가정을 하였을 때, 즉 $GR = 5.8$, $NS = 20$에서 이 농가가 얻는 가격의 기대값 $E(Y \mid \boldsymbol{x} = \boldsymbol{x}_0)$의 95% 신뢰구간을 *GR* 및 *NS*의 변수만 들어간 모형을 사용하여 구해 보자.

그림 4.7 *GR*의 추가변수그림

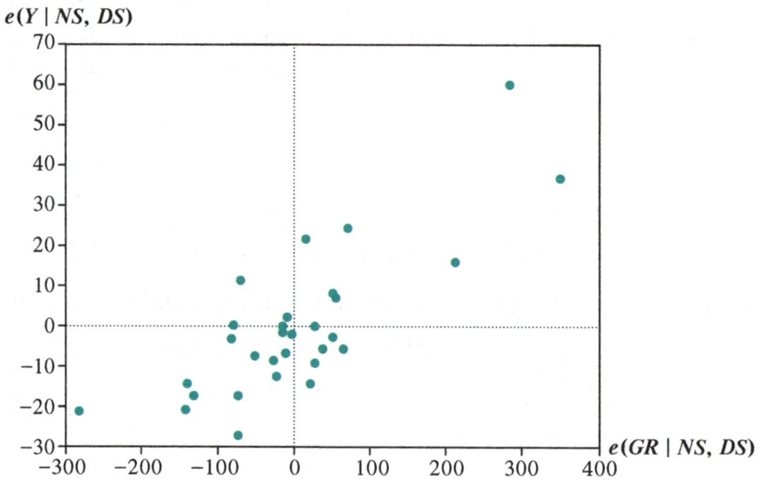

그림 4.8

*NS*의 추가변수그림

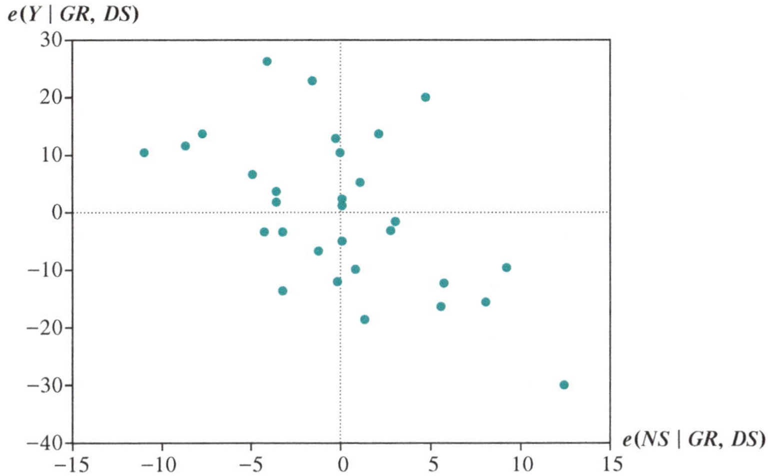

그림 4.9

*DS*의 추가변수그림

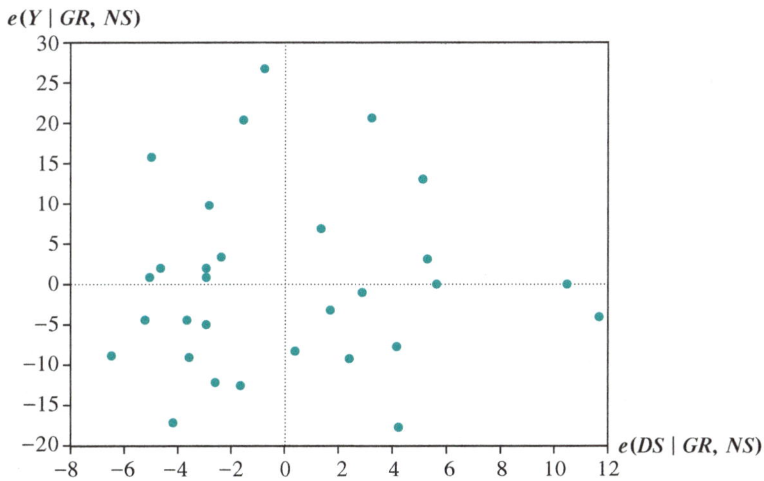

점추정값은 $\hat{E}(Y \mid \boldsymbol{x} = \boldsymbol{x}_0) = 88.930 = \hat{y}_0$이고, $\hat{\sigma} = 11.463$, $h_{00} = 0.0362$, 표준오차 $\hat{\sigma}\sqrt{h_{00}} = 2.181$을 이용한 기대값의 95% 신뢰구간은 $88.930 \pm 2.052 \times 2.181$에 의해 (84.455, 93.405)로 나타난다.

(예 4.3)과 (예 4.4)가 경험적인 모형개발의 형태라면 다음의 (예 4.5)는 이론적인 근거로 모형을 개발한 예라고 할 수 있다.

예 4.5 흑체리나무 자료

[표 4.12]는 통계패키지 미니탭의 학생교본(Ryan 등, 1985)에 나온 자료이다. 흑체리나무 31그루를 조사하여 나무의 높이(단위 : 피트), 지표면 4.5피트에서의 나무의 지름(단위 : 인치), 부피(단위 : 제곱피트)를 기록하였다. 자료를 근거로 성장속도에 따른 나무의 부피를 예측하는 것이 분석의 목적이다. 이 자료는 특히 Cook과 Weisberg(1982), Atkinson(1982, 1985) 등 많은 문헌에서 경험적으로 분석되었다.

표 4.12 흑체리나무 자료

순서	지름	높이	부피	순서	지름	높이	부피	순서	지름	높이	부피
1	8.3	70	10.3	12	11.4	76	21.0	23	14.5	74	36.3
2	8.6	65	10.3	13	11.4	76	21.4	24	16.0	72	38.3
3	8.8	63	10.2	14	11.7	69	21.3	25	16.3	77	42.6
4	10.5	72	16.4	15	12.0	75	19.1	26	17.3	81	55.4
5	10.7	81	18.8	16	12.9	74	22.2	27	17.5	82	55.7
6	10.8	83	19.7	17	12.9	85	33.8	28	17.9	80	58.3
7	11.0	66	15.6	18	13.3	86	27.4	29	18.0	80	51.5
8	11.0	75	18.2	19	13.7	71	25.7	30	18.0	80	51.0
9	11.1	80	22.6	20	13.8	64	24.9	31	20.6	87	77.0
10	11.2	75	19.9	21	14.0	78	34.5				
11	11.3	79	24.2	22	14.2	80	31.7				

자료원 : Ryan 등(1985)

분석은 여러 가지 방법으로 진행이 될 수 있으나 여기서는 이론에 의한 회귀모형을 도출하여 보자. 같은 단위로 측정이 되었다면 지름이 D이고 높이가 H인 원통의 부피 V는 $V=(\pi D^2 H)/4$이고 원추의 부피는 $V=(\pi D^2 H)/12$이다. 양변에 자연로그를 취하면 두 공식은 모두 다음과 같이 표현된다.

$$\ln V = c + \ln H + 2\ln D \tag{4.41}$$

여기서 c는 원통의 경우에는 $\ln(\pi/4)$이고, 원추의 경우에는 $\ln(\pi/12)$이다. 지름의 단위가 인치이므로 12로 나누어 피트로 단위를 모두 동일하게 하고 다음의 모형을 통해 자료를 분석하여 보자.[5]

$$\ln V = \beta_0 + \beta_1 \ln H + \beta_2 \ln D + \varepsilon \tag{4.42}$$

이 모형에서 추정회귀식은 다음과 같다.

$$\widehat{\ln V} = \underset{(0.882)}{-1.704920} + \underset{(0.204)}{1.117124} \ln H + \underset{(0.075)}{1.982650} \ln D$$

괄호 안의 숫자는 표준오차값이다. R^2은 0.9777이고 $\hat{\sigma}^2 = (0.0814)^2$으로 나타났다. 위에서 회귀계수의 값은 이론 값인 1과 2에 가깝다는 사실을 확인할 수 있어 다음과 같은 가설

$$H_0: \beta_1 = 1 \text{ 그리고 } \beta_2 = 2$$
$$H_1: \text{ 이 중 하나는 옳지 않다.}$$

을 설정하고 검정을 해보면 귀무가설은 기각되지 않는다(연습문제 4.7 참조). 따라서 모형 (4.42)는 다음과 같다.

$$\ln V = \beta_0 + \ln H + 2 \ln D \tag{4.43}$$

모형 (4.43)에서 β_0의 추정값은 $\hat{\beta}_0 = -1.199$ (*s.e.* = 0.014)이고 이 값은 $\ln(\pi/4) = -0.242$와 $\ln(\pi/12) = -1.340$ 중 원추에 해당하는 -1.340에 더 가깝다. 따라서 나무의 형태는 원통보다는 원추에 보다 가까깝다고 할 수 있다.

■ 다중회귀분석에서 나타나는 현상

다중회귀분석에서는 설명변수 간의 상관관계로 인하여 단순회귀분석에서는 생각하지 못한 결과가 나타나는 경우가 있는데 이에 대한 설명을 해보자.

---

5. 1인치는 2.54cm, 1피트는 30.48cm이다.

설명변수 간에 상관관계가 없는 경우의 다중회귀모형은 각각의 설명변수가 단독으로 반응변수를 설명하는 효과를 그대로 보존할 수 있을 것이다. 하지만 이러한 상황은 통제된 자료수집인 경우 외에는 거의 일어나지 않는다. 실험계획에 의해 나오는 자료를 제외하고 거의 모든 경우에 설명변수 사이에는 필연적으로 상관관계가 존재하기 때문에 다중회귀모형에서는 회귀계수의 해석에 주의해야 한다.[6]

앞에서의 보험회사 자료의 예에서도 설명변수 사이의 높은 상관관계로 인하여 회귀계수의 해석 및 이로 인한 설명변수의 선정이 문제되었다. 보험회사 예에서 다중회귀모형 중 X_1의 회귀계수는 유의하였으나 X_2의 회귀계수는 그렇지 않았다. 각각의 설명변수는 독립적으로는 유의하나 동시에는 유의하지 않기 때문에 하나의 변수가 가지고 있는 정보는 다른 변수가 가지고 있는 정보와 중복이 된다는 뜻으로 해석할 수 있었다. 대부분의 경우 이것은 자료상의 특징으로 인한 해석상의 문제일 뿐 이 자체를 심각하게 받아들일 필요는 없다. 설명변수 사이에 상관관계가 있으면 이러한 종류의 현상만 나타나는 것은 아니다. 다음의 예를 보도록 하자.

예 4.6 곤충자료

11월 기온변화에 따르는 곤충의 서식형태를 알아보고자 곤충망을 설치하고 매일 정해진 시간에 채집된 곤충의 수를 조사하였다. 반응변수 Y는 잡힌 곤충의 수에 자연로그를 취한 값이고 기상청에서 발표한 그날의 최저온도(min)(단위 : 섭씨)와 최고온도(max)(단위 : 섭씨)를 설명변수로 하였다. 자료는 [표 4.13]과 같다.

6. 각각의 설명변수의 효과에만 관심이 있는 것이 아니고 설명변수 사이에서 발생하는 효과에도 관심이 있을 수 있기 때문이다.

표 4.13 곤충자료

Y	최저온도	최고온도	Y	최저온도	최고온도
1.23	6	15	1.82	10	21
1.30	8	18	1.68	12	22
1.18	6	17	1.75	13	20
1.30	4	12	1.91	13	20
1.26	3	12	1.34	10	21
1.49	3	13	1.70	8	20
1.48	5	18	1.66	7	15
1.54	6	17	1.41	7	13
1.51	8	18	1.48	5	12
1.70	8	20	1.53	8	14

자료원 : Healy(1988)

이 자료에 대한 다중회귀분석의 결과인 [표 4.14]에서 두 설명변수의 개별 t^*값이 모두 크지 않다는 이유로 온도는 곤충의 수에 영향을 미치지 않는다는 믿기 어려운 결론을 내릴 수도 있으나 이것은 잘못된 해석이다. [표 4.15]의 각각의 설명변수에 대한 단순회귀분석의 결과는 정반대의 결과를 보여준다. 이러한 현상은 최저온도와 최고온도가 서로 양의 상관관계를 가지고 있기 때문에 나타났으며 이 자료의 경우에는 설명변수를 하나만 선택하여도 모형으로서 충분하다. 다만 최저온도를 선택할 것인지 최대온도를 선택할 것인지의 여부는 논란이 될 수 있으나 $\hat{\sigma}$의 값을 기준으로 하면 최저온도가 들어 있는 모형이 낫다고 할 수 있다. 이 예제에서는 각각의 설명변수의 t^*값만으로 그 본질이 왜곡될 수도 있다는 사실을 보여준다.

표 4.14 곤충자료의 다중회귀분석 결과 및 분산분석표

Variable	Estimate	Standard Error	t-value	p-value
Intercept	1.121648	0.210858	5.319	0.000
min	0.041697	0.020977	1.987	0.063
max	0.004682	0.018285	0.256	0.801

$\hat{\sigma}^2 = (0.165021)^2$, $d.f. = 17$, $R^2 = 0.4337$

SOURCE	$d.f.$	SS	MS	F	p-value
Regression	2	0.354514	0.177257	6.509	0.008
Residual	17	0.462941	0.027232		
Total	19	0.817455			

SOURCE	*d.f.*	Sequential *SS*[7]
min	1	0.352728
max	1	0.001786

표 4.15 곤충자료의 단순회귀분석 결과 및 분산분석표

Variable	Estimate	Standard Error	*t*-value	*p*-value
Intercept	1.168814	0.099936	11.696	0.000
min	0.045958	0.012434	3.6962	0.002

$\hat{\sigma}^2 = (0.160680)^2$, $d.f. = 18$, $R^2 = 0.4315$

SOURCE	*d.f.*	*SS*	*MS*	*F*	*p*-value
Regression	1	0.352728	0.352728	13.662	0.002
Residual	18	0.464727	0.025818		
Total	19	0.817455			

Variable	Estimate	Standard Error	*t*-value	*p*-value
Intercept	0.947066	0.206813	4.579	0.000
max	0.033517	0.012009	2.791	0.012

$\hat{\sigma}^2 = (0.178035)^2$, $d.f. = 18$, $R^2 = 0.3021$

SOURCE	*d.f.*	*SS*	*MS*	*F*	*p*-value
Regression	1	0.246919	0.246919	7.790	0.012
Residual	18	0.570536	0.031697		
Total	19	0.817455			

예 4.7 Daniel-Wood 자료

(예 4.6)과는 반대로 단순회귀분석의 결과에만 집착해서 다중회귀분석의 결과를 해석하는 것도 잘못된 결론에 도달할 수 있다. [표 4.16]에는 $Y = 8 - 5X_1 + 12X_2$라는 관계식에서 생성된 Y와 X_1, X_2의 값이 주어져 있다(Daniel과 Wood(1980)의 책

7. max, min의 순서였다면 *SS*는 0.246919, 0.107595(= 0.354514 − 0.246919)의 순서로 계산되었을 것이다.

참조).

표 4.16 Daniel-Woood 자료

Y	X_1	X_2
10	2	1
17	3	2
48	4	5
27	1	2
55	5	6
26	6	4
9	7	3
16	8	4

자료가 주어진 관계식으로부터 생성된 사실을 모르고 [그림 4.10]의 Y와 X_1의 산점도와 [그림 4.11]의 Y와 X_2의 산점도를 보면 X_2만이 Y에 영향을 미치는 변수인 것처럼 볼 수 있다. [표 4.17]의 단순회귀의 결과에서도 같은 결론이 나올 수 있다. 그러나 이러한 결과만을 가지고 회귀모형을 결정한다는 것은 매우 위험한 생각이 아닐 수 없다. 더욱이 이 자료에서는 X_1과 X_2의 상관관계가 어느 정도 있다고 보여지는 상황이다([그림 4.12] 참조).

그림 4.10 Y와 X_1의 산점도(Y vs X_1)

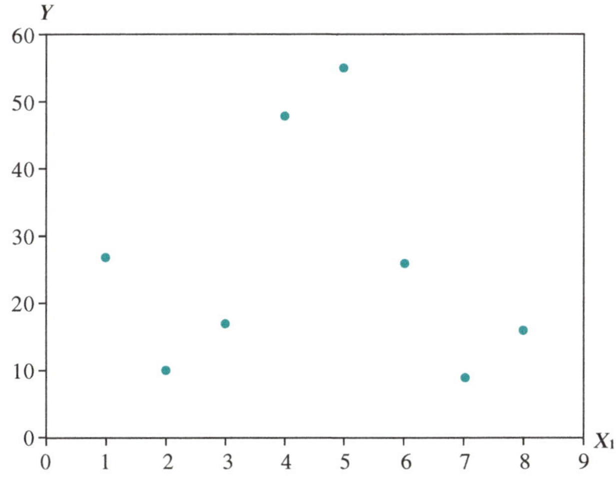

그림 4.11

Y와 X_2의 산점도(Y vs X_2)

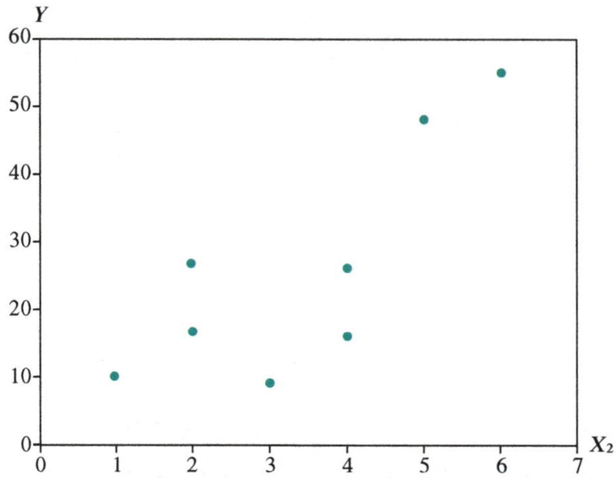

그림 4.12

X_2와 X_1의 산점도(X_2 vs X_1)

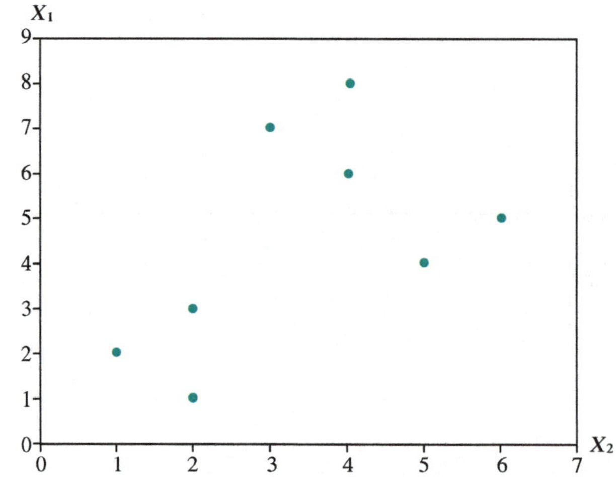

표 4.17 Daniel-Wood 자료의 회귀분석 결과 및 분산분석표

Variable	Estimate	Standard Error	t-value	p-value
Intercept	28.5714	14.3616	1.989	0.0938
min	−0.571429	2.84402	−0.201	0.8474

$\hat{\sigma}^2 = (18.4313)^2$, $d.f. = 6$, $R^2 = 0.0067$

SOURCE	$d.f.$	SS	MS	F	p-value
Regression	1	13.7143	13.7143	0.040	0.8474
Residual	6	2038.29	339.714		
Total	7	2052.00			

Variable	Estimate	Standard Error	t-value	p-value
Intercept	−1.33962	9.32781	−0.144	0.8905
X_2	8.10063	2.50417	3.235	0.0178

$\hat{\sigma}^2 = (11.1639)^2$, $d.f. = 6$, $R^2 = 0.6356$

SOURCE	$d.f.$	SS	MS	F	p-value
Regression	1	1304.20	1304.2	10.46	0.0178
Residual	6	747.80	124.633		
Total	7	2052.00			

매우 예외적인 경우에 속하지만 Hamilton(1987)은 각각의 설명변수는 반응변수에 영향을 미치지 못하지만 다중회귀모형에서의 설명력은 각각의 설명변수로 만들어지는 단순회귀의 설명력의 합보다 훨씬 강해질 수가 있는 경우가 있다고 하였다. 이 경우도 이러한 범주에 속한다고 할 수 있다. 그리고 Wood(1973)가 지적하였듯이 이러한 현상은 하나의 설명변수가 Y를 설명할 때 다른 설명변수보다 압도적으로 설명을 하지 못하는 경우이거나 특정 X_1의 값에 여러 개의 X_2의 값이 존재하지 않는다든지, 특정 X_2의 값에 여러 개의 X_1의 값이 존재하지 않는 경우에 발생할 수 있다. 위 자료의 경우는 $X_2 = 2$와 $X_2 = 4$에서 X_1의 값이 반복되게 나오지만 X_1의 값에 대해서는 반복되는 자료를 만들어 주지 않았기 때문에 X_1의 효과는 시각적으로 확인될 수 없다.

4.6 일반화최소제곱법

오차에 대한 정보가 구체적으로 알려져 있지 않은 경우 일반적으로 오차의 등분산과 독립성을 가정한다. 가정이 맞지 않다고 진단되면 교정을 하는 일련의 분석과정을 거치는 것이 통상적인 절차이다. 만약 오차의 분산구조가 알려져 있거나 구체적인 정보가 있는 경우에는 이를 모형에 반영할 필요가 있다. 이런 경우에 사용되는 추정방법 중 하나가 일반화최소제곱법(method of generalized least squares)이다.

오차의 분산구조를 일반화시킨 다음의 모형을 생각해 보자.

$$y = X\boldsymbol{\beta} + \boldsymbol{\varepsilon} \tag{4.44}$$
$$E(\boldsymbol{\varepsilon}) = \mathbf{0},\ Var(\boldsymbol{\varepsilon}) = \sigma^2\Sigma$$

여기서의 $\sigma^2\Sigma$는 오차벡터인 $\boldsymbol{\varepsilon}$의 분산-공분산행렬이다. σ^2의 값은 꼭 알고 있을 필요는 없으나 $n \times n$ 행렬 Σ의 원소값은 알려져 있다고 가정한다. 최소제곱법에서는 Σ를 I로 대체하는 단순화된 가정을 사용하였다.

모형 (4.44)에서 일반화최소제곱법에 의한 $\boldsymbol{\beta}$의 추정방법이란 다음과 같은 함수 Q를 최소화시켜 주는 $\boldsymbol{\beta}$의 추정량 $\hat{\boldsymbol{\beta}}$를 구하는 방법을 의미한다.

$$Q(\boldsymbol{\beta}) = (y - X\boldsymbol{\beta})'\Sigma^{-1}(y - X\boldsymbol{\beta}) \tag{4.45}$$

이러한 방법에 의한 추정량은

$$\hat{\boldsymbol{\beta}} = (X'\Sigma^{-1}X)^{-1}X\Sigma^{-1}y \tag{4.46}$$

이며 이것을 일반화최소제곱추정량이라고 한다. 식 (4.46)은 미분법에 의해 직접 구할 수 있지만 모형 (4.44)에서 변환을 통하면 최소제곱법이 적용될 수 있을 뿐 아니라 최소제곱법의 모든 결과를 일반화최소제곱법에도 적용시킬 수 있다.

모형 (4.44)는 모형 (4.10)과 비교하여 보면 오차항에서만 그 구조를 달리한다. 만약 $n \times n$의 대칭행렬 $\boldsymbol{C}$가 다음과 같이 존재한다고 하자.

$$C'C = CC' = \Sigma^{-1} \quad (\text{또는 } C^{-1}(C')^{-1} = \Sigma) \tag{4.47}$$

여기서 $\boldsymbol{\Sigma}$의 역행렬은 존재한다고 가정한다. $\boldsymbol{C}$는 $\boldsymbol{\Sigma}^{-1}$의 제곱근행렬이라 불린다. 이러한 $\boldsymbol{C}$에 대해 $\boldsymbol{C\varepsilon}$의 분산-공분산행렬은 다음과 같다.

$$\begin{aligned} Var(\boldsymbol{C\varepsilon}) &= E[(\boldsymbol{C\varepsilon} - E(\boldsymbol{C\varepsilon}))(\boldsymbol{C\varepsilon} - E(\boldsymbol{C\varepsilon}))'] \\ &= CE[\boldsymbol{\varepsilon\varepsilon}']C' \\ &= \sigma^2 C(\Sigma)C' \\ &= \sigma^2 CC^{-1}(C')^{-1}C' \\ &= \sigma^2 \boldsymbol{I} \end{aligned} \tag{4.48}$$

모형 (4.44)의 양변에 $\boldsymbol{C}$를 곱하면

$$\boldsymbol{Cy} = \boldsymbol{CX\beta} + \boldsymbol{C\varepsilon} \tag{4.49}$$

이고 $\boldsymbol{z} = \boldsymbol{Cy}$, $\boldsymbol{M} = \boldsymbol{CX}$, $\boldsymbol{d} = \boldsymbol{C\varepsilon}$으로 치환하면 모형 (4.49)는 다음과 같다.

$$\boldsymbol{z} = \boldsymbol{M\beta} + \boldsymbol{d} \tag{4.50}$$

모형 (4.50)에서 $\boldsymbol{d}$의 분산-공분산행렬은 식 (4.48)에서 보았듯이 $Var(\boldsymbol{d}) = \sigma^2 \boldsymbol{I}$가 된다. 따라서 모형 (4.50)에 최소제곱법을 적용시켜 다음과 같이 $\hat{\boldsymbol{\beta}}$을 구할 수 있다.

$$\hat{\boldsymbol{\beta}} = (\boldsymbol{M}'\boldsymbol{M})^{-1}\boldsymbol{M}'\boldsymbol{z} \tag{4.51}$$

이제 식 (4.51)에 $z = Cy$, $M = CX$를 대입하면

$$\begin{aligned}\hat{\beta} &= (M'M)^{-1}M'z \\ &= (X'C'CX)^{-1}(X'C'Cy) \\ &= (X'\Sigma^{-1}X)^{-1}(X'\Sigma^{-1}y)\end{aligned} \tag{4.52}$$

로 표현되어 식 (4.46)과 같아진다. 즉, 일반화최소제곱법을 사용하기 위해서는 Σ의 제곱근행렬 C를 구하고 이를 모형의 양변에 곱하여 통상적인 최소제곱법을 적용시키면 된다.

2장에서 설명한 가중최소제곱법도 이러한 일반화최소제곱법의 한 형태로 간주할 수 있다. 가중최소제곱법의 경우는

$$\Sigma = W^{-1} = \begin{pmatrix} 1/w_1 & & & O \\ & 1/w_2 & & \\ & & \ddots & \\ O & & & 1/w_2 \end{pmatrix} \tag{4.53}$$

$$C = \begin{pmatrix} \sqrt{w_1} & & & O \\ & \sqrt{w_2} & & \\ & & \ddots & \\ O & & & \sqrt{w_7} \end{pmatrix} \tag{4.54}$$

$$M = \begin{pmatrix} \sqrt{w_1} & \sqrt{w_1}\,x_{11} & \cdots & \sqrt{w_1}\,x_{1p} \\ \sqrt{w_2} & \sqrt{w_2}\,x_{21} & \cdots & \sqrt{w_2}\,x_{2p} \\ & & \ddots & \\ \sqrt{w_n} & \sqrt{w_n}\,x_{n1} & \cdots & \sqrt{w_n}\,x_{np} \end{pmatrix} \tag{4.55}$$

$$z = \begin{pmatrix} \sqrt{w_1}\,y_1 \\ \sqrt{w_2}\,y_2 \\ \vdots \\ \sqrt{w_n}\,y_n \end{pmatrix} \tag{4.56}$$

로 표현할 수 있다. 많은 통계패키지에서는 가중값에 해당되는 열을 지정한 다음 필요한 연산, 즉 $M'M$이라든지 $M'z$를 수행한다(연습문제 4.5 참조).

보론

A.4.1 행렬(Matrix)

행렬이란 임의의 사각형의 틀에 숫자들을 배열한 형태를 의미한다. 예를 들어

$$\begin{pmatrix} 1 & 2 \\ 3 & 4 \end{pmatrix} \quad \begin{pmatrix} 1 & 2 & 3 \\ 4 & 5 & 6 \end{pmatrix} \quad \begin{pmatrix} 1 \\ -2 \end{pmatrix} \quad (2 \quad 1)$$

등은 모두 행렬의 형태이다. 만약 $\boldsymbol{A}$라는 행렬이 m개의 행과 n개의 열을 가지고 있으면 간단히 $m \times n$의 행렬이라 하고 $\boldsymbol{A}_{m \times n}$으로 표기한다. 위 각각의 행렬은 2×2, 2×3, 2×1, 1×2의 차원을 갖고 있다.

행렬 $\boldsymbol{A}$의 i번째 행(row)과 j번째 열(column)에 놓여 있는 숫자를 (i, j)번째 원소(element)라 하고 이를 a_{ij}라 쓴다. 그리고 $\boldsymbol{A}$를 $(a_{ij})_{m \times n}$ 또는 $\{a_{ij}\}_{m \times n}$이라 표기한다. 예를 들어 위의 첫 번째 행렬에서 $a_{11} = 1$, $a_{12} = 2$, $a_{21} = 3$, $a_{22} = 4$이다.

행렬 $\boldsymbol{A} = (a_{ij})$와 행렬 $\boldsymbol{B} = (b_{ij})$가 같다는 것은 모든 i와 j에 대해 a_{ij}와 b_{ij}가 같음을 의미한다. 다음의 두 행렬

$$\boldsymbol{A} = \begin{pmatrix} 1 & 2 \\ 3 & 4 \end{pmatrix} \quad \boldsymbol{B} = \begin{pmatrix} x & y \\ w & z \end{pmatrix}$$

에서 $\boldsymbol{A} = \boldsymbol{B}$가 되기 위해서는 $x = 1$, $y = 2$, $w = 3$, $z = 4$가 되어야 한다.

하나의 행으로 이루어진 행렬을 행벡터, 하나의 열로 이루어진 행렬을 열벡터라고 부른다. 열벡터는 영어의 소문자 $\boldsymbol{u}$, $\boldsymbol{v}$ 등으로 표기하고 행벡터인 경우는 $\boldsymbol{u}'$, $\boldsymbol{v}'$ 등으로 표기한다. 특히 행벡터나 열벡터의 모든 원소가 0이면 영벡터라 하고 $\boldsymbol{0}'$ 또는 $\boldsymbol{0}$이라 표기한다.

두 벡터의 내적(inner product) 또는 스칼라곱은 다음과 같이 정의된다. 벡터 $\boldsymbol{u}$와 벡터 $\boldsymbol{v}$의 내적은 $\boldsymbol{u}'\boldsymbol{v}$로 표시하고 $\Sigma u_i v_i$로 계산한다. 예를 들어 $\boldsymbol{u} = (4, 2, 3)'$이고 $\boldsymbol{v} = (3, 2, 3)'$이면 $\boldsymbol{u}'\boldsymbol{v} = 4 \times 3 + 2 \times 2 + 3 \times 3 = 25$가 된다.

벡터와 벡터가 직교함은 내적이 0임을 의미한다. 예를 들어 $\boldsymbol{u} = (1, -1)'$과 $\boldsymbol{v} = (1, 1)'$의 내적이 0이므로 $\boldsymbol{u}$와 $\boldsymbol{v}$는 직교한다.

■ 특수한 행렬

1) 정방행렬(square matrix)

행렬 $\boldsymbol{A}_{m \times n}$의 차원인 $m \times n$이 $m = n$인 구조를 갖고 있을 때 이를 정칙(정방)행렬이라 한다. 앞 페이지에서의 첫 번째 행렬은 2×2 정방행렬이다.

2) 대각행렬(diagonal matrix)

정방행렬의 일종으로 행렬의 대각원소(diagonal element)를 제외한 원소인 비대각원소의 값이 모두 0인 행렬이다. 다음의 행렬 $\boldsymbol{A}$는 3×3 대각행렬이다. 여기서 대각원소는 $\boldsymbol{A} = (a_{ij})$에서 $i = j$인 원소이고 비대각원소는 $i \neq j$인 원소를 의미한다.

$$\boldsymbol{A} = \begin{pmatrix} 2 & 0 & 0 \\ 0 & 4 & 0 \\ 0 & 0 & 0 \end{pmatrix}$$

이 대각행렬은 대각원소를 이용하여 $\boldsymbol{A} = diag(2, 4, 0)$으로 표현하기도 한다.

3) 단위행렬(identity matrix)

대각행렬의 일종으로 대각원소의 값이 모두 1인 행렬이고, $\boldsymbol{I}$로 표기한다. 다음의 행렬 $\boldsymbol{I}$는 3×3인 단위행렬이다.

$$\boldsymbol{I} = \begin{pmatrix} 1 & 0 & 0 \\ 0 & 1 & 0 \\ 0 & 0 & 1 \end{pmatrix}$$

4) 대칭행렬(symmetric matrix)

대각원소를 기준으로 마주보는 모든 원소의 숫자가 같은 행렬을 의미한다. 다음의 행렬 $\boldsymbol{A}$는 3×3인 대칭행렬이다.

$$A = \begin{pmatrix} 2 & -1 & 0 \\ -1 & 4 & 6 \\ 0 & 6 & 8 \end{pmatrix}$$

대각행렬이나 단위행렬 역시 대칭행렬의 일종이다.

5) 스칼라행렬(scalar matrix)

대각원소의 값이 같은 대각행렬을 의미한다. 다음의 행렬 $\boldsymbol{A}$는 3×3인 스칼라행렬이다.

$$A = \begin{pmatrix} 2 & 0 & 0 \\ 0 & 2 & 0 \\ 0 & 0 & 2 \end{pmatrix}$$

■ 행렬의 연산

1) 행렬의 스칼라의 배수(multiple)

$\boldsymbol{A}$라는 행렬과 실수 c가 주어지면 행렬 $c\boldsymbol{A}$는 $\boldsymbol{A}$의 모든 원소에 c를 곱한 행렬이다. 예를 들어

$$A = \begin{pmatrix} 1 & 2 \\ -1 & 0 \end{pmatrix}\text{이면 } 3A = \begin{pmatrix} 3 & 6 \\ -3 & 0 \end{pmatrix}\text{이다.}$$

만약 $c = -1$이면 $c\boldsymbol{A}$는 $-\boldsymbol{A}$로 표시한다.

2) 행렬의 합(addition)

행렬 $\boldsymbol{A} = (a_{ij})$와 $\boldsymbol{B} = (b_{ij})$가 같은 차원의 $m \times n$ 행렬이라 하자. $\boldsymbol{C} = \boldsymbol{A} + \boldsymbol{B}$는 (i, j)번째 원소가 $c_{ij} = a_{ij} + b_{ij}$로 결정되는 행렬이다. 예를 들어

$$A = \begin{pmatrix} 1 & 2 & 3 \\ 0 & -1 & 1 \end{pmatrix},\ B = \begin{pmatrix} -1 & -2 & -3 \\ 2 & 1 & -1 \end{pmatrix}\text{이면 } C = \begin{pmatrix} 0 & 0 & 0 \\ 2 & 0 & 0 \end{pmatrix}\text{이다.}$$

3) 행렬의 전치(transpose)

행렬 $\boldsymbol{A}$의 전치행렬은 $\boldsymbol{A}'$이라 표기하고 이는 $\boldsymbol{A}$의 행이 $\boldsymbol{A}'$의 열이 되고 $\boldsymbol{A}$의 열이 $\boldsymbol{A}'$의 행이 되는 연산으로 이루어진다. 만약 $\boldsymbol{B} = \boldsymbol{A}'$이라면 모든 i와 j에 대해 $b_{ij} = a_{ji}$이다. 예를 들어

$$\boldsymbol{A} = \begin{pmatrix} 1 & 2 & 3 \\ 4 & 5 & 6 \end{pmatrix} \text{이면 } \boldsymbol{A}' = \begin{pmatrix} 1 & 4 \\ 2 & 5 \\ 3 & 6 \end{pmatrix} \text{이다.}$$

또한 $(\boldsymbol{A}')' = \boldsymbol{A}$임을 알 수 있다.

4) 행렬의 곱(multiplication)

만약 행렬 $\boldsymbol{A}$는 $m \times r$이고 행렬 $\boldsymbol{B}$는 $r \times n$이면 $\boldsymbol{A}$와 $\boldsymbol{B}$의 곱인 행렬 $\boldsymbol{C} = \boldsymbol{AB}$는 $m \times n$차원의 행렬로서 (i, j)번째 원소의 값은 $\boldsymbol{A}$의 i번째 행벡터와 $\boldsymbol{B}$의 j번째 열벡터의 내적인 $c_{ij} = \sum_{k=1}^{r} a_{ik} b_{kj}$로 표시된다. 예를 들어

$$\boldsymbol{A} = \begin{pmatrix} 1 & 1 & 2 \\ 2 & 1 & 3 \end{pmatrix},\ \boldsymbol{B} = \begin{pmatrix} 1 & 1 \\ 2 & 3 \\ 1 & 2 \end{pmatrix} \text{일 때 } \boldsymbol{C} = \boldsymbol{AB} = \begin{pmatrix} 5 & 8 \\ 7 & 11 \end{pmatrix}$$

이다. 일반적으로 $\boldsymbol{AB} = \boldsymbol{BA}$는 성립되지 않는다.

정방행렬 $\boldsymbol{A}_{m \times n}$이 $\boldsymbol{A}^2 = \boldsymbol{AA} = \boldsymbol{A}$를 만족하면 $\boldsymbol{A}$를 **멱등행렬**(idempotent matrix)이라 한다.

이상의 행렬의 연산으로 다음의 성질을 파악할 수 있다.

(1) 임의의 행렬 $\boldsymbol{A}_{m \times n}$의 앞이나 뒤에 단위행렬 $\boldsymbol{I}$로 행렬의 곱의 연산을 하더라도 행렬 $\boldsymbol{A}$는 변하지 않는다.

$$\boldsymbol{I}_{m \times m} \cdot \boldsymbol{A} = \boldsymbol{A}_{m \times n}$$

$$\boldsymbol{A} \cdot \boldsymbol{I}_{n \times n} = \boldsymbol{A}_{m \times n}$$

(2) 임의의 행렬 $\boldsymbol{A}$에 $\boldsymbol{A}$의 전치행렬 $\boldsymbol{A}'$을 곱하여 생기는 행렬은 대칭행렬이다.

$$A'A = \begin{pmatrix} 2 & 1 & 6 & 1 \\ 0 & 1 & 2 & 0 \\ 4 & 3 & 4 & 0 \end{pmatrix} \begin{pmatrix} 2 & 0 & 4 \\ 1 & 1 & 3 \\ 6 & 2 & 4 \\ 1 & 0 & 0 \end{pmatrix} = \begin{pmatrix} 42 & 13 & 35 \\ 13 & 5 & 11 \\ 35 & 11 & 41 \end{pmatrix}$$

(3) 다음의 연립방정식은 행렬과 벡터를 이용하여 표현할 수 있다.

$$x_1 + 2x_2 = 5$$
$$2x_1 - x_2 = 0$$

위의 식은 $\boldsymbol{Ax} = \boldsymbol{b}$로 표현된다. 여기서

$$\boldsymbol{A} = \begin{pmatrix} 1 & 2 \\ 2 & -1 \end{pmatrix},\ \boldsymbol{x} = \begin{pmatrix} x_1 \\ x_2 \end{pmatrix},\ \boldsymbol{b} = \begin{pmatrix} 5 \\ 0 \end{pmatrix}$$이다.

■ 선형종속 및 행렬의 계수

차원이 $n \times 1$인 m개의 벡터 $\boldsymbol{a}_1, \boldsymbol{a}_2, \cdots, \boldsymbol{a}_m$과 m개의 실수 $c_1, c_2, \cdots, c_m$을 생각하자.

정의 A.4.1 모든 c_i의 값이 0이 아닌 경우에도 $c_1\boldsymbol{a}_1 + c_2\boldsymbol{a}_2 + \cdots + c_m\boldsymbol{a}_m = \boldsymbol{0}$이 성립하면 m개의 벡터 $\boldsymbol{a}_1, \boldsymbol{a}_2, \cdots, \boldsymbol{a}_m$은 **선형종속**인 벡터라고 한다. 만약 모든 c_i의 값이 0인 경우에만 성립하면 m개의 벡터는 **선형독립**인 벡터이다.

$\boldsymbol{a}_1 = (2,\ 1,\ 5)'$, $\boldsymbol{a}_2 = (10,\ 5,\ 25)'$인 경우는 $5\boldsymbol{a}_1 - \boldsymbol{a}_2 = 0$이 성립하므로 $\boldsymbol{a}_1$과 $\boldsymbol{a}_2$는 선형종속이다. 그러나 $\boldsymbol{a}_1 = (2,\ 1,\ 5)'$, $\boldsymbol{a}_2 = (10,\ 5,\ 20)'$인 경우는 $c_1\boldsymbol{a}_1 + c_2\boldsymbol{a}_2 = 0$을 만족시키는 c_1과 c_2가 모두 0이 아니면 불가능하기 때문에 선형독립이다.

$$c_1\boldsymbol{a}_1 + c_2\boldsymbol{a}_2 = c_1\begin{pmatrix}2\\1\\5\end{pmatrix} - c_2\begin{pmatrix}10\\5\\25\end{pmatrix} = \begin{pmatrix}2c_1+10c_2\\c_1+5c_2\\5c_1+25c_2\end{pmatrix} = \begin{pmatrix}0\\0\\0\end{pmatrix} = \mathbf{0}$$

$$c_1\boldsymbol{a}_1 + c_2\boldsymbol{a}_2 = c_1\begin{pmatrix}2\\1\\5\end{pmatrix} - c_2\begin{pmatrix}10\\5\\20\end{pmatrix} = \begin{pmatrix}2c_1+10c_2\\c_1+5c_2\\5c_1+20c_2\end{pmatrix} = \begin{pmatrix}0\\0\\0\end{pmatrix} = \mathbf{0}$$

정의 A.4.2 행렬 $\boldsymbol{A}$의 **계수**(rank)는 선형독립의 관계에 있는 열벡터(행벡터)들의 최대수를 의미하고 $r(\boldsymbol{A})$로 표시한다.

$$\boldsymbol{A}_1 = \begin{pmatrix}2 & 10\\1 & 5\\5 & 25\end{pmatrix}\text{는 계수가 1이고, } \boldsymbol{A}_2 = \begin{pmatrix}2 & 10\\1 & 5\\5 & 20\end{pmatrix}\text{은 계수가 2이다.}$$

주어진 행렬 $\boldsymbol{A}_{n\times m}$의 계수는 m이나 n의 두 수 중 작은 수를 초과하지 못한다.

■ 역행렬

0이 아닌 모든 실수에 역수가 존재하는 것과 마찬가지로 행렬에도 이에 상응하는 역행렬의 개념을 정의할 수 있다.

정의 A.4.3 주어진 행렬 $\boldsymbol{A}_{m\times m}$에 대해 행렬 $\boldsymbol{B}_{m\times m}$이 $\boldsymbol{BA} = \boldsymbol{AB} = \boldsymbol{I}$의 조건을 만족시키면 행렬 $\boldsymbol{A}$의 역행렬이라 한다. 이를 $\boldsymbol{B} = \boldsymbol{A}^{-1}$이라 표시한다.

예를 들어

$$\boldsymbol{A} = \begin{pmatrix}2 & 5\\1 & 3\end{pmatrix}\text{이면, } \boldsymbol{A}^{-1} = \begin{pmatrix}3 & -5\\-1 & 2\end{pmatrix}\text{이다.}$$

왜냐하면 $\boldsymbol{A}^{-1}\boldsymbol{A} = \boldsymbol{AA}^{-1} = \boldsymbol{I}$이기 때문이다.

주어진 행렬 $\boldsymbol{A}_{m\times m}$의 역행렬은 역시 정방행렬이고 역행렬이 존재하기 위해서는 행렬의 계수가 m이어야 한다. 행렬들의 역행렬이 존재할 때 다음이 성립한다.

(1) $(\boldsymbol{AB})^{-1} = \boldsymbol{B}^{-1}\boldsymbol{A}^{-1}$

(2) $(\boldsymbol{ABC})^{-1} = \boldsymbol{C}^{-1}\boldsymbol{B}^{-1}\boldsymbol{A}^{-1}$

(3) $(\boldsymbol{A}')^{-1} = (\boldsymbol{A}^{-1})'$

(4) $\det(\boldsymbol{A}^{-1}) = \frac{1}{\det(\boldsymbol{A})}$: $\det(\boldsymbol{A})$는 $\boldsymbol{A}$의 행렬식이라 하고 이에 대한 정의는 다음에 한다.

정방행렬 $\boldsymbol{A}_{m \times m}$가 $\boldsymbol{A}^{-1} = \boldsymbol{A}'$을 만족하면 $\boldsymbol{A}$를 **직교행렬**이라 한다.

■ 가우스 소거법

$\boldsymbol{A}_{m \times m}$의 행렬을 구하는 방법은 여러 가지가 있으나 보통 컴퓨터에 의해 계산되는 방법으로서 가우스 소거법을 들 수 있다. 가우스 소거법의 연산에 의한 역행렬 계산은 다음의 두 가지로 구성되어 있다.

a) 어떤 행(벡터)에 0이 아닌 스칼라곱을 한다.

b) 어떠한 행에서 a)에서 계산한 스칼라곱을 더한다.

행렬 $\boldsymbol{A}_{m \times m}$이 주어져 있다 하자. 이상의 연산과정을 통해 역행렬을 구하는 방법은 다음과 같다.

(1) $\boldsymbol{A}_{m \times m}$ 옆에 $\boldsymbol{I}_{m \times m}$을 덧붙인다. 즉, $\boldsymbol{A} \mid \boldsymbol{I}$로 표시한다.

(2) 가우스 소거법을 시행시키되 최종결과가 $\boldsymbol{I} \mid \boldsymbol{A}^{-1}$이 되게끔 한다.

예를 들어 설명하면 다음과 같다.

$$\left.\begin{matrix} 2 & 5 \\ 1 & 3 \end{matrix}\right| \begin{matrix} 1 & 0 \\ 0 & 1 \end{matrix} \underset{(1)}{\Rightarrow} \left.\begin{matrix} 1 & \frac{5}{2} \\ 1 & 3 \end{matrix}\right| \begin{matrix} \frac{1}{2} & 0 \\ 0 & 1 \end{matrix} \underset{(2)}{\Rightarrow} \left.\begin{matrix} 1 & \frac{5}{2} \\ 0 & \frac{1}{2} \end{matrix}\right| \begin{matrix} \frac{1}{2} & 0 \\ -\frac{1}{2} & 1 \end{matrix}$$

$$\underset{(3)}{\Rightarrow} \left.\begin{matrix} 1 & \frac{5}{2} \\ 0 & 1 \end{matrix}\right| \begin{matrix} \frac{1}{2} & 0 \\ -1 & 2 \end{matrix} \underset{(4)}{\Rightarrow} \left.\begin{matrix} 1 & 0 \\ 0 & 1 \end{matrix}\right| \begin{matrix} 3 & -5 \\ -1 & 2 \end{matrix}$$

(1)은 행 1을 2로 나누는 a)과정의 연산이다.

(2)는 행 2에서 행 1을 빼는 b)의 연산과정이다.

(3)은 행 2에 2를 곱한 a)의 연산과정이다.

(4)는 행 2를 $\frac{5}{2}$로 곱한 a)의 연산과정과 이를 행 1에서 빼는 b)의 연산과정이 동시에 행해졌다.

이를 이용하여 $\boldsymbol{A}_{m\times m}$인 경우의 $\boldsymbol{Ax}=\boldsymbol{b}$의 연립방정식은 좌변과 우변에 $\boldsymbol{A}^{-1}$을 곱하여 구할 수 있다.

$$\boldsymbol{A}^{-1}\boldsymbol{Ax}=\boldsymbol{Ix}=\boldsymbol{A}^{-1}\boldsymbol{b}$$

예를 들어

$$2x_1+5x_2=7$$
$$x_1+3x_2=4$$

의 해는

$$\boldsymbol{x}=\begin{pmatrix} x_1 \\ x_2 \end{pmatrix}=\boldsymbol{A}^{-1}\boldsymbol{b}=\begin{pmatrix} 3 & -5 \\ -1 & 2 \end{pmatrix}\begin{pmatrix} 7 \\ 4 \end{pmatrix}=\begin{pmatrix} 1 \\ 1 \end{pmatrix}$$

이다. 여기서 $\boldsymbol{b}=\begin{pmatrix} 7 \\ 4 \end{pmatrix}$이다.

■ 대각합(Trace)

$\boldsymbol{A}_{m\times m}$의 대각합은 $tr(\boldsymbol{A})$로 표시하며 대각원소의 합이다.

$$tr(\mathbf{A}) = \sum_{i=1}^{m} a_{ii}$$

대각합과 관련된 다음의 성질이 있다.

(1) 행렬 $\mathbf{A}$와 행렬 $\mathbf{B}$에 대해 $tr(\mathbf{AB}) = tr(\mathbf{BA})$이다.

(2) 멱등행렬 $\mathbf{A}$의 계수는 $\mathbf{A}$의 대각합과 같다. 즉 $r(\mathbf{A}) = tr(\mathbf{A})$이다.

■ 행렬식(determinant)

행렬식은 정방행렬 $\mathbf{A}_{m \times m}$에 대해 정의되며 $\det(\mathbf{A})$ 또는 $|\mathbf{A}|$로 표시한다. 행렬 $\mathbf{A}$의 역행렬이 존재하기 위해서는 행렬식의 값이 0이 되어서는 안 된다. 이는 $\mathbf{A}_{m \times m}$의 계수가 반드시 m이어야 하는 조건과 같음을 증명할 수 있다.

정방행렬 $\mathbf{A}_{m \times m}$의 행렬식은 임의의 i 또는 j에 대해 다음과 같이 정의된다.

$$\det(\mathbf{A}) = |\mathbf{A}| = \sum_{j=1}^{n} a_{ij} c_{ij} = \sum_{i=1}^{n} a_{ij} c_{ij}$$

여기서 c_{ij}는 다음과 같이 정의되며 이를 여인수(cofactor)라 하고

$$c_{ij} = (-1)^{i+j} |\mathbf{A}_{ij}|$$

$|\mathbf{A}_{ij}|$는 행렬 $\mathbf{A}$의 i번째 행과 j번째 열을 제거한 행렬의 행렬식이다.

$m = 2$인 경우에는 첫 번째 행을 기준으로, 즉 $i = 1$에서 행렬식은

$$|\mathbf{A}| = \begin{vmatrix} a_{11} & a_{21} \\ a_{12} & a_{22} \end{vmatrix} = \sum_{j=1}^{2} a_{1j} c_{1j} = a_{11} a_{22} - a_{12} a_{21}$$

와 같이 계산되고 $m = 3$인 경우 역시 첫 번째 행을 기준으로 전개하면 다음과 같다.

$$|A| = \sum_{j=1}^{3} a_{1j}c_{1j} = a_{11}c_{11} + a_{12}c_{12} + a_{13}c_{13}$$
$$= a_{11}(-1)^{1+1}|A_{11}| + a_{12}(-1)^{1+2}|A_{12}| + a_{1}(-1)^{1+3}|A_{13}|$$
$$= a_{11}|A_{11}| - a_{12}|A_{12}| + a_{13}|A_{13}|$$
$$= a_{11}\begin{vmatrix} a_{22} & a_{23} \\ a_{32} & a_{33} \end{vmatrix} - a_{12}\begin{vmatrix} a_{21} & a_{23} \\ a_{31} & a_{33} \end{vmatrix} + a_{13}\begin{vmatrix} a_{21} & a_{22} \\ a_{31} & a_{32} \end{vmatrix}$$
$$= a_{11}a_{22}a_{33} - a_{11}a_{23}a_{32} - a_{12}a_{21}a_{33} + a_{12}a_{23}a_{31} + a_{13}a_{21}a_{32} - a_{13}a_{22}a_{3}$$

행렬 A의 역행렬 A^{-1}이 존재하면 다음과 같이 구할 수 있다.

$$A^{-1} = \frac{1}{|A|}(adjA)$$

여기서 $adjA$는 다음과 같다.

$$adjA = \begin{pmatrix} c_{11} & c_{21} & \cdots & c_{n1} \\ c_{12} & c_{22} & \cdots & c_{n2} \\ \vdots & \vdots & \ddots & \vdots \\ c_{1n} & c_{2n} & \cdots & c_{nn} \end{pmatrix}$$

즉, 역행렬은 행렬식이 0이 아닌 경우에만 존재한다.

예를 들어 다음의 행렬 A의 행렬식과 역행렬을 구해 보자.

$$A = \begin{pmatrix} 1 & 2 & 3 \\ 4 & 5 & 6 \\ 7 & 8 & 10 \end{pmatrix}$$

여인수 c_{ij}는 다음과 같고

$$c_{11} = (-1)^{1+1}\begin{vmatrix} 5 & 6 \\ 8 & 10 \end{vmatrix} = 2, \quad c_{12} = (-1)^{1+2}\begin{vmatrix} 4 & 6 \\ 7 & 10 \end{vmatrix} = 2, \quad c_{13} = (-1)^{1+3}\begin{vmatrix} 4 & 5 \\ 7 & 8 \end{vmatrix} = -3$$
$$c_{21} = (-1)^{2+1}\begin{vmatrix} 2 & 3 \\ 8 & 10 \end{vmatrix} = 4, \quad c_{22} = (-1)^{2+2}\begin{vmatrix} 1 & 3 \\ 7 & 10 \end{vmatrix} = -11, \quad c_{23} = (-1)^{2+3}\begin{vmatrix} 1 & 2 \\ 7 & 8 \end{vmatrix} = 6$$
$$c_{31} = (-1)^{3+1}\begin{vmatrix} 2 & 3 \\ 5 & 6 \end{vmatrix} = -3, \quad c_{32} = (-1)^{3+2}\begin{vmatrix} 1 & 3 \\ 4 & 6 \end{vmatrix} = 6, \quad c_{33} = (-1)^{3+3}\begin{vmatrix} 1 & 2 \\ 4 & 5 \end{vmatrix} = -3$$

행렬식은 $|A| = 1 \times 2 + 2 \times 2 + 3 \times (-3) = -3$이다.

또한 $adj\boldsymbol{A}$와 역행렬 $\boldsymbol{A}^{-1}$은 다음과 같다.

$$adj\boldsymbol{A} = \begin{pmatrix} c_{11} & c_{21} & c_{31} \\ c_{12} & c_{22} & c_{32} \\ c_{13} & c_{23} & c_{33} \end{pmatrix} = \begin{pmatrix} 2 & 4 & -3 \\ 2 & -11 & 6 \\ -3 & 6 & -3 \end{pmatrix}$$

$$\boldsymbol{A}^{-1} = \frac{1}{|\boldsymbol{A}|} adj\boldsymbol{A} = \frac{1}{-3} \begin{pmatrix} 2 & 4 & -3 \\ 2 & -11 & 6 \\ -3 & 6 & -3 \end{pmatrix}$$

■ 고유값 및 고유벡터

정방행렬 $\boldsymbol{A}_{m \times m}$에 대하여 $\boldsymbol{Ax} = \lambda\boldsymbol{x}$를 만족시키는 영벡터가 아닌 벡터 $\boldsymbol{x}$와 스칼라 λ가 존재하면, λ를 고유값(eigenvalue)이라 하고 벡터 $\boldsymbol{x}$를 λ에 대응하는 고유벡터(eigenvector)라고 한다. 이제 주어진 행렬 $\boldsymbol{A}$의 고유값과 고유벡터를 구하는 방법을 생각해 보자. 식 $\boldsymbol{Ax} = \lambda\boldsymbol{x}$는 다음과 같이 표현할 수도 있다.

$$(\boldsymbol{A} - \lambda\boldsymbol{I})\boldsymbol{x} = 0$$

위의 연립방정식에서 영벡터가 아닌 해가 존재하기 위해서는 행렬 $(\boldsymbol{A} - \lambda\boldsymbol{I})$는 역행렬이 존재하지 않아야 한다. 만약 역행렬이 존재하면 위 연립방정식의 해는 영벡터가 된다. 따라서 $(\boldsymbol{A} - \lambda\boldsymbol{I})$의 행렬식은

$$\det(\boldsymbol{A} - \lambda\boldsymbol{I}) = 0$$

이 되어야 하고 이것을 특성방정식(characteristic equation)이라고 한다. 행렬 $\boldsymbol{A}$가 $m \times m$이므로 특성방정식은 λ의 m차 방정식이며 m개의 근인 고유값 λ_1, $\lambda_2, \cdots, \lambda_m$이 존재하며 각각의 λ_i에 대해 $\boldsymbol{Ax}_i = \lambda_i \boldsymbol{x}_i$를 만족하는 $\boldsymbol{x}_i$가 λ_i에 대응하는 고유벡터이다.

예를 들어 다음의 행렬

$$A = \begin{pmatrix} 1 & 4 \\ 9 & 1 \end{pmatrix}$$

의 고유값은 $|A - \lambda I| = 0$ 또는 $(1-\lambda)^2 - 36 = 0$을 만족시키는 두 근이며 $\lambda_1 = -5$, $\lambda_2 = 7$이다. λ_1에 해당하는 고유벡터 $\boldsymbol{x}_1$은 $(2, -3)'$이고 $\boldsymbol{x}_2$는 $(2, 3)'$임을 알 수 있다.

다음 각 사항을 참조하기 바란다.

(1) A의 모든 원소의 값이 실수라도 이 행렬의 고유값은 반드시 실수값만 갖지는 않는다.

(2) $A_{m \times m}$의 고유값 $\lambda_1, \lambda_2, \cdots, \lambda_m$의 합은 A의 대각합 $tr(A)$이고, 고유값의 곱은 A의 행렬식 $|A|$이다. A의 역행렬이 존재하기 위해서는 고유값은 하나라도 0이면 안 된다.

(3) 만약 A의 모든 원소값이 실수이고 대칭행렬이라면 고유값은 반드시 실수가 된다. 그리고 대응하는 고유벡터도 원소값이 모두 실수인 실수벡터이다.

(4) A가 실수대칭행렬이면 $P'AP = D$를 만족시키는 직교행렬 P가 존재한다. 여기서 직교행렬은 $P' = P^{-1}$을 의미하고 대각행렬 D의 대각원소는 A의 고유값으로 구성되어 있다. 즉 $D = diag(\lambda_1, \lambda_2, \cdots, \lambda_m)$이다. 그리고 $P'AP = D$의 좌측과 우측에 각각 P와 P'을 곱하면 $A = PDP'$이 된다. 또한 $A^{-1} = PD^{-1}P'$이다. 여기서 행렬 P의 열벡터는 A의 고유벡터이고 열의 순서는 D의 대각원소인 고유값에 해당하는 고유벡터의 순서와 일치한다.

A.4.2 벡터미분법

1) 벡터 $\boldsymbol{a}$와 $\boldsymbol{x}$(각각의 차원은 $n \times 1$)의 내적은

$$\boldsymbol{a}'\boldsymbol{x} = a_1 x_1 + a_2 x_2 + \cdots + a_n x_n$$

이다. $\boldsymbol{a}'\boldsymbol{x}$를 스칼라 x_i에 대해 편미분하면

$$\frac{\partial(\boldsymbol{a}^T\boldsymbol{x})}{\partial x_1}=a_1,\ \frac{\partial(\boldsymbol{a}^T\boldsymbol{x})}{\partial x_2}=a_2,\cdots,\ \frac{\partial(\boldsymbol{a}^T\boldsymbol{x})}{\partial x_n}=a_n$$

이며 이를 모아서 표현하면 다음과 같다.

$$\frac{\partial(\boldsymbol{a}'\boldsymbol{x})}{\partial \boldsymbol{x}}=\frac{\partial(\boldsymbol{x}'\boldsymbol{a})}{\partial \boldsymbol{x}}=\boldsymbol{a}$$

2) 이차형식(quadratic form)이라 불리는 $\boldsymbol{x}'\boldsymbol{A}\boldsymbol{x}$는 다음과 같다.

$$\boldsymbol{x}'\boldsymbol{A}\boldsymbol{x}=(x_1\ \ x_2\ \ \cdots\ \ x_n)\begin{pmatrix} a_{11} & a_{12} & \cdots & a_{1n} \\ a_{21} & c_{22} & \cdots & c_{2n} \\ \vdots & \vdots & \ddots & \vdots \\ a_{n1} & a_{n2} & \cdots & a_{nn} \end{pmatrix}\begin{pmatrix} x_1 \\ x_2 \\ \vdots \\ x_n \end{pmatrix}$$

만약 $\boldsymbol{A}$가 $a_{ij}=a_{ji}$, $(i,\ j=1,\ 2,\ \cdots,\ n)$인 대칭행렬이라면

$$\begin{aligned} \boldsymbol{x}'\boldsymbol{A}\boldsymbol{x} = a_{11}x_1^2 &+ 2a_{12}x_1x_2 + 2a_{13}x_1x_3 + \cdots + 2a_{1n}x_1x_n \\ &+ a_{22}x_2^2 \quad + 2a_{23}x_2x_3 + \cdots + 2a_{2n}x_2x_n \\ &\qquad \vdots \\ &+ a_{nn}x_n^2 \end{aligned}$$

이 되고 $\boldsymbol{x}'\boldsymbol{A}\boldsymbol{x}$를 스칼라인 x_i로 편미분하면

$$\begin{aligned} \frac{\partial(\boldsymbol{x}'\boldsymbol{A}\boldsymbol{x})}{\partial x_1} &= 2(a_{11}x_1+a_{12}x_2+\cdots+a_{1n}x_n) \\ \frac{\partial(\boldsymbol{x}'\boldsymbol{A}\boldsymbol{x})}{\partial x_2} &= 2(a_{21}x_1+a_{22}x_2+\cdots+a_{2n}x_n) \\ &\vdots \\ \frac{\partial(\boldsymbol{x}'\boldsymbol{A}\boldsymbol{x})}{\partial x_n} &= 2(a_{n1}x_1+a_{n2}x_2+\cdots+a_{nn}x_n) \end{aligned}$$

이며 이를 모아서 표현하면 다음과 같다.

$$\frac{\partial(\boldsymbol{x}'A\boldsymbol{x})}{\partial \boldsymbol{x}} = 2A\boldsymbol{x}$$

A.4.3 확률벡터의 기대값과 분산

벡터를 이루고 있는 원소가 확률변수인 경우 이를 확률벡터(random vector)라 한다. 확률벡터 $\boldsymbol{y} = (y_1, y_2, \cdots, y_n)'$의 기대값벡터는

$$E(\boldsymbol{y}) = (E(y_1), E(y_2), \cdots, E(y_n))'$$

로 정의한다. 또한 이 확률벡터의 분산–공분산(혹은 줄여서 분산)행렬은 다음과 같이 정의한다.

$$\begin{aligned}
Var(\boldsymbol{y}) &= E[(\boldsymbol{y}-E(\boldsymbol{y}))(\boldsymbol{y}-E(\boldsymbol{y}))'] \\
&= \begin{pmatrix} E[y_1-E(y_1)]^2 & E[(y_1-E(y_1))(y_2-E(y_2))] & \cdots & E[(y_1-E(y_1))(y_n-E(y_n))] \\ E[(y_2-E(y_2))(y_1-E(y_1))] & E[y_2-E(y_2)]^2 & \cdots & \vdots \\ \vdots & & \ddots & \vdots \\ E[(y_n-E(y_n))(y_1-E(y_1))] & & \cdots & E[y_n-E(y_n)]^2 \end{pmatrix} \\
&= \begin{pmatrix} Var(y_1) & Cov(y_1, y_2) & \cdots & Cov(y_1, y_n) \\ Cov(y_2, y_1) & Var(y_2) & \cdots & \vdots \\ \vdots & & \ddots & \\ Cov(y_n, y_1) & & \cdots & Var(y_n) \end{pmatrix}
\end{aligned}$$

이 행렬은 $Cov(y_i, y_j) = Cov(y_j, y_i)$이므로 대칭행렬이다.

A.4.4 다중회귀에서 최소제곱법

1) 최소제곱법은 다음의 함수 Q를 최소화시켜 주는 $\boldsymbol{\beta}$의 추정량 $\hat{\boldsymbol{\beta}}$을 선택하는 문제이다.

$$Q(\boldsymbol{\beta}) = \Sigma(y_i - \boldsymbol{x}_i'\boldsymbol{\beta})^2 \qquad \text{(a.4.1)}$$
$$= (\boldsymbol{y} - X\boldsymbol{\beta})'(\boldsymbol{y} - X\boldsymbol{\beta})$$
$$= \boldsymbol{y}'\boldsymbol{y} - \boldsymbol{y}'X\boldsymbol{\beta} - \boldsymbol{\beta}'X'\boldsymbol{y} + \boldsymbol{\beta}'X'X\boldsymbol{\beta}$$
$$= \boldsymbol{y}'\boldsymbol{y} - 2\boldsymbol{\beta}'X'\boldsymbol{y} + \boldsymbol{\beta}'X'X\boldsymbol{\beta}$$

여기서 $\boldsymbol{\beta}'X'\boldsymbol{y} = (\boldsymbol{y}'X\boldsymbol{\beta})'$이고 스칼라이므로 $\boldsymbol{\beta}'X'\boldsymbol{y} = \boldsymbol{y}'X\boldsymbol{\beta}$임을 이용하였다.

$X'X$가 대칭행렬이므로 A.4.2에서 밝힌 벡터의 편미분을 이용하면,

$$\frac{\partial Q(\boldsymbol{\beta})}{\partial \boldsymbol{\beta}} = -2X'\boldsymbol{y} + 2X'X\boldsymbol{\beta} \qquad \text{(a.4.2)}$$

이고 식 (a.4.2)를 0으로 놓으면 다음과 같은 연립방정식이 된다. 이를 정규방정식(normal equation)이라 부른다.

$$X'X\boldsymbol{\beta} = X'\boldsymbol{y} \qquad \text{(a.4.3)}$$

만약 $X'X$의 역행렬이 존재하면 정규방정식의 해 $\hat{\boldsymbol{\beta}}$은 다음과 같다.

$$\hat{\boldsymbol{\beta}} = (X'X)^{-1}X'\boldsymbol{y} \qquad \text{(a.4.4)}$$

그리고 (a.4.3)에 (a.4.4)를 대입하면 $X'X\hat{\boldsymbol{\beta}} = X'\boldsymbol{y}$가 되고

$$SSE = \boldsymbol{y}'\boldsymbol{y} - \hat{\boldsymbol{\beta}}'X'\boldsymbol{y} = \boldsymbol{y}'\boldsymbol{y} - \hat{\boldsymbol{\beta}}'X'X\hat{\boldsymbol{\beta}} \qquad \text{(a.4.5)}$$

이다.

2) $\hat{\boldsymbol{\beta}}$ 및 $\hat{\sigma}^2$의 비편향성

식 (a.4.4)에서 $\boldsymbol{y}$에 $X\boldsymbol{\beta} + \boldsymbol{\varepsilon}$을 대입하면

$$\hat{\boldsymbol{\beta}} = (X'X)^{-1}X'\boldsymbol{y} \tag{a.4.6}$$
$$= (X'X)^{-1}X'(X\boldsymbol{\beta} + \boldsymbol{\varepsilon})$$
$$= (X'X)^{-1}X'X\boldsymbol{\beta} + (X'X)^{-1}X'\boldsymbol{\varepsilon}$$
$$= \boldsymbol{\beta} + (X'X)^{-1}X'\boldsymbol{\varepsilon}$$

이고 기대값을 취하면

$$E(\hat{\boldsymbol{\beta}}) = \boldsymbol{\beta} + (X'X)^{-1}X'E(\boldsymbol{\varepsilon}) = \boldsymbol{\beta} \tag{a.4.7}$$

임을 알 수 있다. 식 (a.4.6)에서 $\hat{\boldsymbol{\beta}}$와 $\boldsymbol{\beta}$의 차이인 $(\boldsymbol{X}'\boldsymbol{X})^{-1}\boldsymbol{X}'\boldsymbol{\varepsilon}$은 편향(bias)이라 한다.

4.4절의 식 (4.29)에서 언급하였듯이 정규분포의 가정 하에서 SSE/σ^2는 $\chi^2(n-p')$ 분포를 따르고 χ^2–분포를 따르는 확률변수의 기대값은 자유도가 되므로

$$\frac{1}{\sigma^2}E(SSE) = (n-p') \tag{a.4.8}$$

이고 $\hat{\sigma}^2$ 또는 MSE의 기대값은

$$E(\hat{\sigma}^2) = E(MSE) = \sigma^2 \tag{a.4.9}$$

이다.

A.4.5 각종 통계량에 대한 분산의 유도과정

1) $\hat{\boldsymbol{\beta}}$의 분산–공분산행렬의 정의는 다음과 같다.

$$Var(\hat{\boldsymbol{\beta}}) = E[(\hat{\boldsymbol{\beta}} - E(\hat{\boldsymbol{\beta}}))(\hat{\boldsymbol{\beta}} - E(\hat{\boldsymbol{\beta}}))'] \qquad \text{(a.4.10)}$$
$$= E[(\hat{\boldsymbol{\beta}} - \boldsymbol{\beta})(\hat{\boldsymbol{\beta}} - \boldsymbol{\beta})^T]$$

식 (a.4.6)에서 $\hat{\boldsymbol{\beta}} - \boldsymbol{\beta}$는 $(\boldsymbol{X}'\boldsymbol{X})^{-1}\boldsymbol{X}'\boldsymbol{\varepsilon}$이므로 식 (a.4.10)에 대입하여 정리하면 다음과 같다.[8]

$$Var(\hat{\boldsymbol{\beta}}) = E[((X'X)^{-1}X'\boldsymbol{\varepsilon})((X'X)^{-1}X'\boldsymbol{\varepsilon})'] \qquad \text{(a.4.11)}$$
$$= E[(X'X)^{-1}X'\boldsymbol{\varepsilon}\boldsymbol{\varepsilon}'X(X'X)^{-1}]$$
$$= \sigma^2[(X'X)^{-1}X'X(X'X)^{-1}]$$
$$= \sigma^2(X'X)^{-1}$$

2) $\boldsymbol{x}_0 = (1, x_{01}, x_{02}, \cdots, x_{0p})'$으로 주어졌을 때의 반응변수 Y의 기대값, $E(Y \mid \boldsymbol{x} = \boldsymbol{x}_0)$에 대한 추정값인 $\hat{E}(Y \mid \boldsymbol{x} = \boldsymbol{x}_0) = \boldsymbol{x}_0\hat{\boldsymbol{\beta}}$의 분산은 다음과 같다.

$$Var(\boldsymbol{x}_0\hat{\boldsymbol{\beta}}) = E[(\boldsymbol{x}_0\hat{\boldsymbol{\beta}} - E(\boldsymbol{x}_0\hat{\boldsymbol{\beta}}))(\boldsymbol{x}_0\hat{\boldsymbol{\beta}} - E(\boldsymbol{x}_0\hat{\boldsymbol{\beta}}))'] \qquad \text{(a.4.12)}$$
$$= E[(\boldsymbol{x}_0\hat{\boldsymbol{\beta}} - \boldsymbol{x}_0\boldsymbol{\beta})(\boldsymbol{x}_0\hat{\boldsymbol{\beta}} - \boldsymbol{x}_0\boldsymbol{\beta})']$$
$$= \boldsymbol{x}_0' E[(\hat{\boldsymbol{\beta}} - \boldsymbol{\beta})(\hat{\boldsymbol{\beta}} - \boldsymbol{\beta})']\boldsymbol{x}_0$$
$$= \sigma^2 \boldsymbol{x}_0'(X'X)^{-1}\boldsymbol{x}_0$$

σ^2를 모르는 경우에는 MSE로 대체하며 표준오차값은 제곱근을 취하여 구한다.

8. $\boldsymbol{X}'\boldsymbol{X}$는 대칭행렬이므로 모든 고유값은 실수값을 가질 것이다. 고유값의 합은 행렬 $\boldsymbol{X}'\boldsymbol{X}$의 대각원소의 합과 같고 고유값의 곱은 $\boldsymbol{X}'\boldsymbol{X}$의 행렬식의 값과 같음을 보일 수 있다. $\sigma^2(\boldsymbol{X}'\boldsymbol{X})^{-1}$의 원소는 각각의 회귀계수에 대한 분산을 나타내는 반면 $\det(\sigma^2(\boldsymbol{X}'\boldsymbol{X})^{-1})$의 값은 (전반적인) 회귀계수의 분산의 크기를 나타내는 일반화분산(generalized variance)이라 불린다. 행렬 $\boldsymbol{X}'\boldsymbol{X}$의 행렬식의 값이 0에 가까운 숫자가 나오면 일반화분산의 값은 아주 클 것이다. 이는 $\det((\boldsymbol{X}'\boldsymbol{X})^{-1}) = \frac{1}{\det(\boldsymbol{X}'\boldsymbol{X})}$이기 때문이다.

A.4.6 행렬을 이용한 단순회귀모형

$$\boldsymbol{y} = (y_1,\ y_2,\ \cdots,\ y_n)',\ \boldsymbol{\varepsilon} = (\varepsilon_1, \varepsilon_2, \cdots, \varepsilon_n)',\ \boldsymbol{\beta} = (\beta_0,\ \beta_1)'$$

$$\boldsymbol{X} = \begin{pmatrix} 1 & x_1 \\ 1 & x_2 \\ \vdots & \vdots \\ 1 & x_n \end{pmatrix}$$

$$\boldsymbol{X}'\boldsymbol{X} = \begin{pmatrix} n & \Sigma x_i \\ \Sigma x_i & \Sigma x_i^2 \end{pmatrix} \quad \boldsymbol{X}'\boldsymbol{y} = \begin{pmatrix} \Sigma y_i \\ \Sigma x_i y_i \end{pmatrix}$$

$$(\boldsymbol{X}'\boldsymbol{X})^{-1} = \frac{1}{\det(\boldsymbol{X}'\boldsymbol{X})}\begin{pmatrix} \Sigma x_i^2 & -\Sigma x_i \\ -\Sigma x_i & n \end{pmatrix}$$

여기서 $\det(\boldsymbol{X}'\boldsymbol{X}) = n\Sigma x_i^2 - (\Sigma x_i)^2$이고 $\boldsymbol{X}'\boldsymbol{X}$의 행렬식의 값이 크면 각각의 회귀계수 추정량의 분산이 작아진다.

$$\hat{\boldsymbol{\beta}} = (\boldsymbol{X}'\boldsymbol{X})^{-1}\boldsymbol{X}'\boldsymbol{y} = \frac{1}{n\Sigma x_i^2 - (\Sigma x_i)^2}\begin{pmatrix} \Sigma x_i^2 \Sigma y_i - \Sigma x_i \Sigma x_i y_i \\ -\Sigma x_i \Sigma y_i + n\Sigma x_i y_i \end{pmatrix}$$

이며 $\hat{\boldsymbol{\beta}}$의 두 원소 $\hat{\beta}_0$와 $\hat{\beta}_1$은 각각

$$\hat{\beta}_0 = \frac{\Sigma x_i^2 \Sigma y_i - \Sigma x_i \Sigma x_i y_i}{n\Sigma x_i^2 - (\Sigma x_i)^2}$$

$$\hat{\beta}_1 = \frac{n\Sigma x_i y_i - \Sigma x_i \Sigma y_i}{n\Sigma x_i^2 - (\Sigma x_i)^2} = \frac{S_{xy}}{S_{xx}}$$

이다. 2장 보론 A.2.1의 식 (a.2.4)와 일치함을 알 수 있다.

A.4.7 다중회귀모형에서 *SS*에 대한 분포이론

여기서는 *SSE*와 *SSR*의 분포를 알아본다.

정리 A.4.1 확률벡터 $\boldsymbol{y}$가 기대값벡터가 $\boldsymbol{\mu}$이고 분산-공분산행렬이 $\boldsymbol{\Sigma}$인 정규분포를 따를 때, 즉 $\boldsymbol{y} \sim N(\boldsymbol{\mu}, \boldsymbol{\Sigma})$일 때, 계수가 r인 대칭행렬 $\boldsymbol{A}$를 이용한 $\boldsymbol{y}$의 이차형식 $\boldsymbol{y}'\boldsymbol{A}\boldsymbol{y}$가 자유도가 r이고 비중심모수가 $\lambda = \frac{1}{2}\boldsymbol{\mu}'\boldsymbol{A}\boldsymbol{\mu}$인 비중심 χ^2-분포를 따를 필요충분조건은 행렬 $\boldsymbol{A\Sigma}$가 멱등행렬이라는 것이다.

보조정리 A.4.1 확률벡터 $\boldsymbol{y}$의 분포가 $\boldsymbol{y} \sim N(\boldsymbol{\mu}, \sigma^2\boldsymbol{I})$일 때, 이차형식 $(\boldsymbol{y}'\boldsymbol{A}\boldsymbol{y})/\sigma^2$가 자유도가 r이고 비중심모수가 $\lambda' = (\boldsymbol{\mu}'\boldsymbol{A}\boldsymbol{\mu})/2\sigma^2$인 비중심 χ^2-분포를 따를 필요충분조건은 행렬 $\boldsymbol{A}$가 멱등행렬이라는 것이다.

정리 A.4.2 확률벡터 $\boldsymbol{y}$의 분포가 $\boldsymbol{y} \sim N(\boldsymbol{\mu}, \boldsymbol{\Sigma})$일 때, 대칭행렬 $\boldsymbol{A}$와 $\boldsymbol{B}$를 이용한 $\boldsymbol{y}$의 이차형식 $\boldsymbol{y}'\boldsymbol{A}\boldsymbol{y}$와 $\boldsymbol{y}'\boldsymbol{B}\boldsymbol{y}$가 독립일 필요충분조건은 $\boldsymbol{A\Sigma B} = \boldsymbol{O}$이다.

보조정리 A.4.2 확률벡터 $\boldsymbol{y}$의 분포가 $\boldsymbol{y} \sim N(\boldsymbol{\mu}, \sigma^2\boldsymbol{I})$일 때, $\boldsymbol{y}'\boldsymbol{A}\boldsymbol{y}$와 $\boldsymbol{y}'\boldsymbol{B}\boldsymbol{y}$가 독립일 필요충분조건은 $\boldsymbol{AB} = \boldsymbol{O}$이다.

4.3절의 식 (4.23)에서 SSE는 다음과 같은 이차형식으로 표현된다.

$$SSE = \boldsymbol{y}'(\boldsymbol{I} - \boldsymbol{H})\boldsymbol{y} \tag{a.4.13}$$

4.2절에서 보았듯이 확률벡터 $\boldsymbol{y}$의 분포가 $N(\boldsymbol{X\beta}, \sigma^2\boldsymbol{I})$이다. 행렬 $\boldsymbol{H}$와 $(\boldsymbol{I} - \boldsymbol{H})$는 멱등행렬이고 4장 보론 4.1에서 멱등행렬의 계수는 대각합과 같다고 하였으므로 $r(\boldsymbol{H}) = tr[\boldsymbol{X}(\boldsymbol{X}'\boldsymbol{X})^{-1}\boldsymbol{X}'] = tr[(\boldsymbol{X}'\boldsymbol{X})^{-1}\boldsymbol{X}'\boldsymbol{X}] = tr(\boldsymbol{I}_{p' \times p'}) = p'$이고 $r(\boldsymbol{I} - \boldsymbol{H}) = n - p'$이다. 보조정리 A.4.1에 의해 SSE/σ^2는 자유도가 $n - p'$인 비중심 χ^2-분포를 따른다. 하지만 비중심모수가 $\lambda = \boldsymbol{\beta}'\boldsymbol{X}'(\boldsymbol{I} - \boldsymbol{H})\boldsymbol{X\beta}/2\sigma^2 = 0$이므로 SSE/σ^2의 분포는 다음과 같다.

$$\frac{SSE}{\sigma^2} \sim \chi^2(n - p') \tag{a.4.14}$$

4.4절의 식 (4.28)에서

$$SSR = \hat{\boldsymbol{\beta}}'X'\mathbf{y} - n\bar{y}^2 = \hat{\boldsymbol{\beta}}'X'X\hat{\boldsymbol{\beta}} - n\bar{y}^2 \tag{a.4.15}$$

이다. 모든 원소가 1인 벡터 $\mathbf{1}$과 모든 원소가 1인 행렬 $\boldsymbol{J}$를 이용하면 $n\bar{y}^2 = (\mathbf{y}'\mathbf{1}\mathbf{1}'\mathbf{y})/n = (\mathbf{y}'\boldsymbol{J}\mathbf{y})/n$이다. 이를 식 (a.4.15)에 대입하면 SSR은 다음과 같은 이차형식으로 표현된다.

$$\begin{aligned} SSR &= \hat{\boldsymbol{\beta}}'X'X\hat{\boldsymbol{\beta}} - n\bar{y}^2 \\ &= \mathbf{y}'\boldsymbol{H}\mathbf{y} - \frac{\mathbf{y}'\mathbf{1}\mathbf{1}'\mathbf{y}}{n} \\ &= \mathbf{y}'\left(\boldsymbol{H} - \frac{1}{n}\mathbf{1}\mathbf{1}'\right)\mathbf{y} \\ &= \mathbf{y}'\left(\boldsymbol{H} - \frac{1}{n}\boldsymbol{J}\right)\mathbf{y} \end{aligned} \tag{a.4.16}$$

위에서와 유사하게 $r(\boldsymbol{H} - \boldsymbol{J}/n) = r(\boldsymbol{H}) - r(\boldsymbol{J}/n) = (p+1) - 1 = p$이므로 SSR/σ^2은 자유도가 p이고 비중심모수가

$$\lambda = \boldsymbol{\beta}'X'\left(\boldsymbol{H} - \frac{1}{n}\boldsymbol{J}\right)X\boldsymbol{\beta}/2\sigma^2 \tag{a.4.17}$$

인 비중심 χ^2 분포를 따른다. 만약 β_0를 제외한 모든 $\beta_1, \cdots, \beta_p$가 0이면 비중심모수 $\lambda = 0$이므로 $\beta_1 = \cdots = \beta_p = 0$이면 SSR/σ^2의 분포는

$$\frac{SSR}{\sigma^2} \sim \chi^2(p) \tag{a.4.18}$$

이다.

식 (a.4.13)과 (a.4.16)에서 볼 때 이차형식을 구성하는 두 행렬의 곱은 $(\boldsymbol{I} - \boldsymbol{H})(\boldsymbol{H} - \boldsymbol{J}/n) = \boldsymbol{O}$이고 보조정리 A.4.2에 의해 SSR과 SSE는 독립이다. 이때 $\beta_1 = \cdots = \beta_p = 0$의 조건은 필요하지 않다.

A.4.8 일반화된 F-검정법(Generalized F-Test)

지금까지 보았던 가설은 대부분 회귀계수에 대한 것이었다. 이제 회귀계수들의 선형함수에 대한 다음의 가설을 생각해 보자.

$$H_0 : \boldsymbol{L\beta} = \boldsymbol{c} \qquad \text{(a.4.19)}$$
$$H_1 : \boldsymbol{L\beta} \neq \boldsymbol{c}$$

여기서 $\boldsymbol{L}$은 $q \times p'$ 행렬이고 계수가 $r(\boldsymbol{L}) = q \leqq p'$이며 벡터 $\boldsymbol{c}$는 $q \times 1$이다.

귀무가설은 $H_0 : \boldsymbol{L\beta} - \boldsymbol{c} = \boldsymbol{0}$의 형태로 쓸 수 있으며 q개의 선형결합에 대한 가설이다. $\boldsymbol{L\beta}$의 추정량 $\boldsymbol{L\hat{\beta}}$의 분산-공분산행렬은

$$\begin{aligned} Var(\boldsymbol{L\hat{\beta}}) &= E[(\boldsymbol{L\hat{\beta}} - \boldsymbol{L\beta})'(\boldsymbol{L\hat{\beta}} - \boldsymbol{L\beta})] \qquad \text{(a.4.20)} \\ &= E[\boldsymbol{L}(\boldsymbol{\hat{\beta}} - \boldsymbol{\beta})(\boldsymbol{\hat{\beta}} - \boldsymbol{\beta})'\boldsymbol{L}'] \\ &= \sigma^2 \boldsymbol{L}(X'X)^{-1}\boldsymbol{L}' \end{aligned}$$

이다. 확률벡터 $\boldsymbol{y}$의 분포가 $N(\boldsymbol{X\beta}, \sigma^2\boldsymbol{I})$이므로 $\boldsymbol{L\hat{\beta}} - \boldsymbol{c}$의 분포는 $N(\boldsymbol{L\beta} - \boldsymbol{c}, \sigma^2\boldsymbol{L}(\boldsymbol{X}'\boldsymbol{X})^{-1}\boldsymbol{L}')$이 된다. 이제 다음과 같은 제곱합 SSH를 정의하자.

$$SSH = (\boldsymbol{L\hat{\beta}} - \boldsymbol{c})'[\boldsymbol{L}(\boldsymbol{X}'\boldsymbol{X})^{-1}\boldsymbol{L}'](\boldsymbol{L\hat{\beta}} - \boldsymbol{c})$$

정리 A.4.1과 정리 A.4.2를 이용하면 $(\boldsymbol{L\hat{\beta}} - \boldsymbol{c})$의 이차형식 SSH/σ^2는 자유도가 q이고 비중심모수가 $\lambda = (\boldsymbol{L\beta} - \boldsymbol{c})'[\boldsymbol{L}(\boldsymbol{X}'\boldsymbol{X})^{-1}\boldsymbol{L}'](\boldsymbol{L\beta} - \boldsymbol{c})$인 비중심 χ^2-분포를 따르고 SSH는 SSE와 독립이다. 또한 귀무가설 $H_0 : \boldsymbol{L\beta} - \boldsymbol{c} = \boldsymbol{0}$이 사실이면 비중심모수 λ가 0이 되어 SSH/σ^2는 자유도가 q인 χ^2 분포를 따르고

$$F^* = \frac{(\boldsymbol{L\hat{\beta}} - \boldsymbol{c})'[\boldsymbol{L}(\boldsymbol{X}'\boldsymbol{X})^{-1}\boldsymbol{L}']^{-1}(\boldsymbol{L\hat{\beta}} - \boldsymbol{c})/q}{SSE/(n-p')} \qquad \text{(a.4.21)}$$

는 $F(q, n-p')$ 분포를 따르며 이것은 가설 (a.4.19)의 검정통계량이 된다.

예를 들어 다음의 가설

$$H_0 : \beta_0 = 0, \frac{(\beta_1 + \beta_2)}{2} - \beta_3 = 0, \beta_3 - \beta_4 = 0$$

H_1 : 귀무가설의 조건 중 하나 이상이 성립되지 않는다.

는

$$\boldsymbol{L} = \begin{pmatrix} 1 & 0 & 0 & 0 & 0 \\ 0 & \frac{1}{2} & \frac{1}{2} & -1 & 0 \\ 0 & 0 & 0 & 1 & -1 \end{pmatrix}, \boldsymbol{\beta} = \begin{pmatrix} \beta_0 \\ \beta_1 \\ \beta_2 \\ \beta_3 \\ \beta_4 \end{pmatrix}, \boldsymbol{L\beta} = \begin{pmatrix} \beta_0 \\ \frac{\beta_1 + \beta_2}{2} - \beta_3 \\ \beta_3 - \beta_4 \end{pmatrix} = \begin{pmatrix} 0 \\ 0 \\ 0 \end{pmatrix} = \boldsymbol{c}$$

인 경우에 해당된다. 여기서 $q = 3$이다.

만약 귀무가설을 기각하지 못하는 경우에는 $\boldsymbol{L\beta} = \boldsymbol{c}$라는 제약조건을 만족시키는 최소제곱법에 의한 추정값을 구하는 문제가 제시될 수 있다. 이는 연습문제 4.8을 참조 바란다. 이를 일컬어 선형제약 하에서의 최소제곱법 문제라 한다.

A.4.9 다중회귀모형에서의 결합신뢰영역 및 신뢰구간

1) 결합신뢰영역

식 (a.4.21)에서 $\boldsymbol{L}$을 $\boldsymbol{I}$로 놓으면 검정통계량 F^*는

$$F^* = \frac{(\hat{\boldsymbol{\beta}} - \boldsymbol{\beta})'(X'X)(\hat{\boldsymbol{\beta}} - \boldsymbol{\beta})/p'}{SSE/(n-p')} \qquad \text{(a.4.22)}$$

이며 $F(p', n-p')$ 분포를 따른다. 이에 근거하여 다음의 $\boldsymbol{\beta}$의 $(1-\alpha) \times 100\%$ 결합신뢰영역이 구성된다.

$$\frac{(\hat{\boldsymbol{\beta}} - \boldsymbol{\beta})'(X'X)(\hat{\boldsymbol{\beta}} - \boldsymbol{\beta})/p'}{SSE/(n-p')} \leqq F(\alpha; p', n-p') \qquad \text{(a.4.23)}$$

참고로 $\boldsymbol{\beta} = (\beta_0,\ \beta_1)'$과 $\boldsymbol{X}'\boldsymbol{X} = \begin{pmatrix} n & \sum x_i \\ \sum x_i & \sum x_i^2 \end{pmatrix}$을 대입하면 단순회귀모형에서 구한 β_0와 β_1에 대한 결합신뢰영역 (a.3.10)을 얻을 수 있다.

다만 p'이 2인 경우에는 결합신뢰영역을 쉽게 구할 수 있으나 p'이 3 이상인 경우에는 3차원 그림을 그려야 하는 문제점이 있다. 이러한 이유로 p'개의 회귀계수 모두를 고려해서 그릴 수 없는 경우에는 한 번에 두 개씩의 회귀계수만을 고려하여 그 결합형태를 볼 수 있다. 만약 $p' = 3$인 경우 β_1과 β_2의 결합신뢰영역을 구한다고 가정해 보자. 식 (a.4.23)을 약간 변형하여 다음과 같이 쓸 수 있다.

$$\frac{(\hat{\boldsymbol{\beta}} - \boldsymbol{\beta})'((\boldsymbol{X}'\boldsymbol{X})^{-1})^{-1}(\hat{\boldsymbol{\beta}} - \boldsymbol{\beta})/p'}{SSE/(n-p')} \leqq F(\alpha\,;p',\,n-p') \qquad \text{(a.4.24)}$$

행렬 $(\boldsymbol{X}'\boldsymbol{X})^{-1}$에서 β_1과 β_2에 해당하는 부행렬(sub-matrix) $\boldsymbol{S}$를 구하고 식 (a.4.24)를 이용하여 β_1과 β_2의 결합신뢰영역의 그림을 그릴 수 있다. 이 경우는 $p' = 3$이고

$$\boldsymbol{X}'\boldsymbol{X} = \begin{pmatrix} n & \sum x_{i1} & \sum x_{i2} \\ \sum x_{i1} & \sum x_{i1}^2 & \sum x_{i1}x_{i2} \\ \sum x_{i2} & \sum x_{i1}x_{i2}^2 & \sum x_{i2}^2 \end{pmatrix} \Rightarrow (\boldsymbol{X}'\boldsymbol{X})^{-1} = \left[\begin{array}{c|c} & \\ \hline & \boldsymbol{S}_{2\times 2} \end{array}\right]$$

와 같이 차원이 3×3인 $(\boldsymbol{X}'\boldsymbol{X})^{-1}$에서 2×2인 부행렬 $\boldsymbol{S}$를 구하는 것이다. 그리고 이 부행렬의 역행렬 $\boldsymbol{S}^{-1}$을 이용하면 β_1과 β_2의 결합신뢰영역은 다음과 같다.

$$\frac{\left[\begin{pmatrix}\hat{\beta}_1 \\ \hat{\beta}_2\end{pmatrix} - \begin{pmatrix}\beta_1 \\ \beta_2\end{pmatrix}\right]' \boldsymbol{S}^{-1} \left[\begin{pmatrix}\hat{\beta}_1 \\ \hat{\beta}_2\end{pmatrix} - \begin{pmatrix}\beta_1 \\ \beta_2\end{pmatrix}\right]}{2MSE} \leqq F(\alpha\,;2,\,n-p') \qquad \text{(a.4.25)}$$

이러한 결합신뢰영역은 회귀계수 β_0가 주어진 상태에서 구하였기 때문에 조건결합신뢰영역(conditional joint confidence region)이라 부른다.

2) Bonferroni 방법과 Scheffé 방법

다중회귀모형에서는 $B = t(\alpha/2m,\ n-p')$과 $S = \sqrt{q \cdot F(\alpha\,;q,\ n-p')}$으로 조정된다. 단순회귀모형과 같이 m은 구간의 수, p'은 모수의 수, q는 3장에서 정의된 ψ가 위치하고 있는 공간의 차원을 의미한다. m개의 미래관측값에 대한 동시신뢰구간을 구할 경우에는 보통은 Bonferroni 방법이 우수하나 구간의 수가 많아지면 이 방법의 사용도 주의해야 한다. 다만 m개의 $X = x$가 주어졌을 때 반응변수의 기대값에 대한 신뢰구간은 Scheffé의 방법을 이용하는 것이 보통이다. 또한 이러한 방법을 이용하여 일반적인 다중회귀모형에 대한 신뢰대를 구성할 수 있다. 이때 쓰이는 S는 다음과 같다.

$$S = \sqrt{p' \cdot F(\alpha\,;p',\ n-p')} \tag{a.4.26}$$

연습문제

4.1 병원분만 자료

다음의 자료는 뉴질랜드의 한 병원에서 정상 분만으로 태어난 56명의 신생아의 몸무게(Y)와 산모의 나이(X_1), 임신기간(X_2)을 조사하여 기록한 것이다. 신생아의 몸무게는 성별과는 아무런 관계가 없다는 이론에 근거하여 두 변수에만 의존하는 다음의 모형을 평가해 보자.

$$Y = \beta_0 + \beta_1 X_1 + \beta_2 X_2 + \varepsilon$$

나이	임신기간	몸무게	나이	임신기간	몸무게	나이	임신기간	몸무게
27	41	3650	30	41	4160	23	39	3150
26	37	2950	23	40	3550	22	40	2700
28	40	3210	18	36	2400	16	40	2330
32	42	4420	20	36	3220	30	40	3250
30	40	3330	27	38	3100	28	40	3760
26	40	2950	26	41	4200	27	39	3340
20	40	3320	30	39	3310	24	41	2810
26	40	4020	20	40	2330	38	39	4190
27	40	3950	20	37	2710	26	39	3500
30	42	4220	25	42	3050	28	40	3030
27	41	4400	36	37	3480	37	39	3450
27	40	2900	31	41	3150	26	39	2990
24	40	3360	25	43	3570	27	39	3600
25	41	3600	28	40	3950	32	37	3520
29	36	2850	22	40	3500	32	37	2770
18	40	3850	27	40	3400	24	40	4400
22	34	2590	25	40	4170	24	40	3610
23	41	3500	34	41	4610	21	40	3010
26	41	3480	27	40	3310			

자료원 : Cook과 Weisberg(1994)

4.1.1 단순회귀에서 사용된 최소제곱법에 의한 추정방법만을 이용하여 추정회귀식을 구하라.

4.1.2 각 설명변수의 추가변수그림을 그리고 변수의 추가 여부를 결정하라.

4.1.3 X_1, X_2의 순서로 모형에 추가될 때의 순차분산분석표와 X_2, X_1의 순서로 추가되는 경우의 순차분산분석표를 구하고 비교하라.

4.2 헬스클럽 자료

다음의 자료는 헬스클럽에 등록한 30명을 대상으로 기록한 건강자료이다. 다음 변수들을 참조하여 물음에 답하라.

- X_1 : 몸무게(파운드)
- X_2 : 분당 정지 맥박수
- X_3 : 근력(들어올릴 수 있는 최대의 무게 : 파운드)
- X_4 : 1/4마일 시험주행속도(초)
- Y : 1마일 주행속도(초)

순서	X_1	X_2	X_3	X_4	Y	순서	X_1	X_2	X_3	X_4	Y
1	217	67	260	91	481	16	138	70	180	62	267
2	141	52	190	66	292	17	147	54	150	75	404
3	152	58	203	68	338	18	197	76	228	88	442
4	153	56	183	70	357	19	165	59	188	70	368
5	180	66	170	77	396	20	125	58	160	66	295
6	193	71	178	82	429	21	161	52	190	69	391
7	162	65	160	74	345	22	132	62	163	59	264
8	180	80	170	84	469	23	257	64	313	96	487
9	205	77	188	83	425	24	236	72	225	84	481
10	168	74	170	79	358	25	149	57	173	68	374
11	232	65	220	72	393	26	161	57	173	65	309
12	146	68	158	68	346	27	198	59	220	62	367
13	173	51	243	56	279	28	245	70	218	69	469
14	155	64	198	59	311	29	141	63	193	60	252
15	212	66	220	77	401	30	177	53	183	75	338

자료원 : Chatterjee와 Hadi(1988)

4.2.1 모형 $Y=\beta_0+\beta_1X_1+\beta_2X_2+\beta_3X_3+\beta_4X_4+\varepsilon$의 추정회귀식과 분산

분석표를 구하고 이 모형의 타당성을 논하라.

4.2.2 각 설명변수의 추가변수그림을 그리고 변수의 추가 여부를 결정하라. 각각의 설명변수에 대한 t–검정의 결과와 일치하는지 비교하라.

4.2.3 각각의 자료에 대한 h_{ii}의 값을 구하고 어떤 자료가 자료의 중심에서 많이 벗어나는지 확인하라.

4.2.4 X_1의 추가변수그림에서 만약에 우측상단의 점으로 표시된 자료가 없다면 X_1변수의 유의성 검정에 상당한 영향을 미친다는 사실을 알 수 있다. 몇 번째 자료인지 확인하고 이 자료를 제거한 다음 다시 회귀계수에 대한 검정을 실시하라.

이상의 결과와 같이 추가변수그림은 h_{ii}의 값과 더불어 각각의 설명변수의 추가적인 설명력, 선형성, 이상점 등을 확인해 주는 역할을 한다. 이들은 5장에서 설명될 잔차분석과 더불어 회귀모형개발의 유익한 도구가 된다.

4.3 옥수수 자료

다음은 섭씨 20도의 토양에서 자란 옥수수 내의 인의 함유량 Y와 토양의 유기인 함유량 X_1과 무기인 함유량 X_2를 측정한 자료이다.

X_1	X_2	Y	X_1	X_2	Y
0.4	53	64	12.6	58	51
0.4	23	60	10.9	37	76
3.1	19	71	23.1	46	96
0.6	34	61	23.1	50	77
4.7	24	54	21.6	44	93
1.7	65	77	23.1	56	95
9.4	44	81	1.9	36	54
10.1	31	93	26.8	58	168
11.6	29	93	29.9	51	99

자료원 : Snedecor와 Cochran(1989)

4.3.1 Y와 X_1의 산점도와 Y와 X_2의 산점도를 그리고 Y와 X_1, X_2의 관계를 파악하라.

4.3.2 모형 $Y = \beta_0 + \beta_1 X_1 + \beta_2 X_2 + \varepsilon$을 적합시키고 4.3.1의 결과와 비교하라. 설명변수의 진입순서에 따라 순차분산분석표를 작성하라.

4.3.3 각 설명변수에 대한 추가변수그림을 그리고 추가적인 설명력을 파악하라.

4.3.4 X_1과 X_2의 산점도를 그리고 자료의 형태를 파악하라. 각 자료에 대한 h_{ii}의 값을 구하여 비교하라.

4.4 새 종류 자료

다음의 자료는 해변 주위의 섬에 서식하고 있는 새의 종류 수(*SPEC*)를 기록한 표이다. 새의 종류 수가 주어진 설명변수와 어떠한 선형관계를 설정할 수 있는지 지금까지 나온 분석기법을 이용하여 분석하라. 단 여기서는 변수의 변환은 시도하지 말라.

- DIST : 육지로부터의 거리
- LAT : 위도(도)
- LONG : 경도(도)
- AREA : 면적(ha)
- HAB : 서식지의 수
- ELEV : 섬의 최대고도

4.4.1 다중회귀모형을 적합시킨 후 위도와 경도에 대한 부분 F-검정을 실시하여 두 변수의 포함 여부를 결정하라.

4.4.2 각 설명변수의 추가변수그림을 분석한 후에 변수 포함에 결정적인 역할을 하는 자료를 찾아내어 제거한 후 추가변수그림을 다시 그려라. 어떤 변화가 있는가? 특히 AREA 변수의 경우를 유의하라.

4.4.3 각 변수에 대한 상관관계를 확인해 보면 HAB 변수와 ELV 변수는 상관관계가 높게 나온다. 어떠한 의사결정이 필요한가?

4.4.4 최종모형을 설정하고 R^2, *MSE*의 값, 분산분석표를 구하라.

SPEC	DIST	LAT	LONG	AREA	HAB	ELEV
4	49.9	49.54	6.22	21.4	8	18.0
45	3.2	52.46	4.48	179.8	19	167.0
7	5.2	56.05	2.38	2.8	8	82.0
36	35.4	54.03	4.50	24.5	18	127.9
51	15.7	56.10	6.46	7418.1	22	103.3
17	35.4	58.54	2.39	85.1	16	51.2
2	4.8	56.03	3.12	6.5	7	5.1
2	4.8	51.24	2.51	0.8	3	3.7
19	0.8	58.32	4.20	187.9	14	75.2
26	249.4	60.37	0.50	4011.5	20	158.4
8	6.1	51.22	3.08	21.1	7	18.3
2	54.7	57.59	7.24	19.0	9	32.0
5	3.5	55.17	5.37	5.7	4	27.1
6	44.5	49.54	6.19	38.6	11	24.7
3	64.4	57.42	7.36	13.8	6	37.5
10	0.4	52.05	−1.80	108.5	11	7.6
6	1.1	55.39	4.56	6.9	6	3.1
8	3.4	56.00	3.13	1.4	7	14.6
35	0.2	55.41	2.47	541.9	17	21.0
4	0.4	51.26	5.14	1.8	5	33.5
41	8.1	56.50	6.10	642.3	21	137.4
13	225.3	60.24	0.44	265.3	11	51.8
14	0.8	53.19	4.02	28.3	6	49.7
27	0.8	51.53	5.21	243.0	19	135.9
29	45.1	49.54	6.20	109.4	16	24.1
2	1.0	51.36	4.44	5.6	7	39.0
31	2.6	55.16	5.34	18.6	10	123.4
24	0.4	52.58	−0.19	334.1	9	12.2
42	1.2	51.45	5.18	292.4	18	78.9
4	49.9	59.04	4.24	13.8	3	12.2
53	25.7	56.31	6.51	7652.9	24	140.1
2	15.7	53.55	10.17	0.8	4	4.9
28	4.8	52.05	10.30	631.0	16	292.8
40	6.4	51.26	9.37	639.1	20	133.4
25	2.8	54.41	5.32	32.0	11	33.2
9	3.2	53.34	10.07	639.1	7	62.8
6	11.3	51.48	10.33	17.8	8	13.7
1	0.8	54.48	8.34	4.9	4	17.4
33	4.2	53.32	10.18	961.5	12	89.0
2	3.2	54.34	8.33	1.2	3	13.7
16	3.2	54.06	10.09	360.4	7	70.1
16	6.4	54.28	8.40	84.6	11	26.5
19	11.3	55.16	7.12	331.4	12	82.3

자료원 : Healy(1988)

4.5 Brake 자료

다음은 가상적인 자료로서 시간당 자동차의 속도 X에 따른 제동거리 Y를 기록한 표이다.

X	Y	X	Y
4	4	20	48
5	2 4 8 8	21	39 42 55
7	7 7	24	56
8	8 9 11 13	25	33 48 56 59
9	5 5 13	26	39 41
10	8 14 17	27	57 78
12	11 19 21	28	64 84
13	15 18 27	29	54 68
14	14 16	30	60 67 101
15	16	31	77
16	14 19 34	35	85 107
17	22 29	36	79
18	29 34 47	39	138
19	30	40	110 134

자료원 : Ezekiel과 Fox(1959)

4.5.1 산점도를 그리고 단순선형모형의 적합결여검정을 실시하라. 적합결여검정은 등분산을 가정한다고 하였다. 이 자료의 경우에는 어떤 가정이 위배되는지 논하라.

4.5.2 Hald(1960)는 이론적인 배경 하에서 모형 $Y=\beta_1X+\beta_2X^2+\varepsilon$, $Var(\varepsilon)=\sigma^2X^2$을 이 자료에 적용시켰다. 가중최소제곱법에 의한 회귀계수의 값을 추정하라. 또한 가중최소제곱법에 의한 $X=5, 10, \cdots, 65, 70$의 값에서의 예측값 및 표준오차값 등의 결과와 최소제곱법을 적용할 때의 결과를 비교하라.

4.6 H 행렬의 성질

4.6.1 $\boldsymbol{H}'=\boldsymbol{H}$ 임을 증명하라.

4.6.2 $\boldsymbol{H}^2=\boldsymbol{H}$ 임을 증명하라.

4.6.3 단순선형회귀모형에서의 h_{00}는 $\frac{1}{n}+\frac{(x_0-\bar{x})^2}{S_{xx}}$ 임을 증명하라.

4.6.4 $\boldsymbol{H}$의 대각원소 h_{ii}의 평균값은 $\sum_{i=1}^{n} \frac{h_{ii}}{n} = \bar{h} = \frac{(p+1)}{n}$임을 증명하라.

4.6.5 $\frac{1}{n} \leqq h_{ii} \leqq 1$임을 증명하라.

4.6.6 4.6.1및 4.6.2의 성질이 행렬 $(\boldsymbol{I}-\boldsymbol{H})$에도 적용됨을 보여라.

다음의 4.7, 4.8, 4.9는 4장 보론을 참조하여 답하라.

4.7 가설검정

4.7.1 4.5절 예 4.5에 나온 다음의 귀무가설을 검정하라.

$H_0 : \beta_1 = 1, \beta_2 = 2$

H_1 : 이 중 적어도 하나는 사실이 아니다.

4.7.2 다중회귀모형 $Y = \beta_0 + \beta_1 X_1 + \beta_2 X_2 + \beta_3 X_3 + \beta_4 X_4 + \varepsilon$을 고려하여 보자. 다음의 귀무가설을 어떻게 검정할 수 있는지 설명하라.

(1) $H_0 : \beta_1 = \beta_2, \beta_3 = \beta_4$

(2) $H_0 : \beta_1 - 2\beta_2 = 4\beta_3, \beta_1 + 2\beta_2 = 0$

4.8 선형제약이 있는 최소제곱법

$\boldsymbol{\beta}$에 대한 선형제약조건 $\boldsymbol{T\beta} = \boldsymbol{c}$가 주어진 상태에서 모형 $\boldsymbol{y} = \boldsymbol{X\beta} + \boldsymbol{\varepsilon}$의 회귀계수벡터 $\boldsymbol{\beta}$를 최소제곱법에 의해 추정한다고 가정하자. 이러한 추정량 $\hat{\boldsymbol{\beta}}^*$는 다음과 같이 표현됨을 증명하라.

$$\hat{\boldsymbol{\beta}}^* = \hat{\boldsymbol{\beta}} + (\boldsymbol{X}'\boldsymbol{X})^{-1}\boldsymbol{T}'[\boldsymbol{T}(\boldsymbol{X}'\boldsymbol{X})^{-1}\boldsymbol{T}']^{-1}(\boldsymbol{c} - \boldsymbol{T}\hat{\boldsymbol{\beta}})$$

여기서 $\hat{\boldsymbol{\beta}} = (\boldsymbol{X}'\boldsymbol{X})^{-1}\boldsymbol{X}'\boldsymbol{y}$이다. 이 모형에서 나오는 SSE를 구하고 제약조건이 없는 경우의 SSE와 비교하여 어느 것이 큰 값을 갖는지 파악하라.

4.9 연료소모 자료

다음은 2001년 미국 50개 주와 워싱턴 컬럼비아 특별구(Washington DC)에 대한 연료소비량을 조사한 자료이다. 1인당 연료소비량과 연료 세율 등의 관계를 파악하고자 한다.

- TAX(X_1) : 1갤런당 연료세(단위 : 센트)
- POP : 16세 이상 인구(단위 : 명)
- DRIV : 운전면허 소지자(단위 : 명)
- DLIC(X_2) : 16세 이상 인구 1000명당 운전면허 소지자(단위 : 명) = 1000 × DRIV/POP
- INC(X_3) : 2000년 1인당 소득(단위 : 불)
- MILE : 연방고속도로의 길이(단위 : 마일)
- LMILE(X_4) : MILE의 자연로그 값
- FUELC : 연료소비량(단위 : 1000갤런)
- FUEL(Y) : 16세 이상 인구 1인당 연료소비량(단위 : 갤런) = 1000 × FUELC/POP

순서	TAX	POP	DRIV	DLIC	INC	MILE	LMILE	FUELC	FUEL	State
1	18.00	3451586	3559897	1031.38	23471	94440	11.46	2382507	690.26	AL
2	8.00	457728	472211	1031.64	30064	13628	9.52	235400	514.28	AK
3	18.00	3907526	3550367	908.60	25578	55245	10.92	2428430	621.48	AZ
4	21.70	2072622	1961883	946.57	22257	98132	11.49	1358174	655.29	AR
5	18.00	25599275	21623793	844.70	32275	168771	12.04	14691753	573.91	CA
6	22.00	3322455	3287922	989.61	32949	85854	11.36	2048664	616.61	CO
7	25.00	2651452	2650374	999.59	40640	20910	9.95	1458279	549.99	CT
8	23.00	610269	564099	924.34	31255	5814	8.67	382043	626.02	DE
9	20.00	468575	328094	700.20	37383	1534	7.34	148769	317.49	DC
10	13.60	12741821	12743403	1000.12	28145	117299	11.67	7471117	586.35	FL
11	7.50	6250708	5833802	933.30	27940	115534	11.66	4693703	750.91	GA
12	16.00	949184	787820	830.00	28221	4278	8.36	404684	426.35	HI
13	25.00	969166	896666	925.19	24180	46310	10.74	609051	628.43	ID
14	19.00	9530327	7809500	819.44	32259	138359	11.84	5015217	526.24	IL
15	15.00	4682392	4116924	879.24	27011	94038	11.45	3120985	666.54	IN
16	20.00	2281002	1978748	867.49	26723	113437	11.64	1475812	647.00	IA
17	21.00	2058489	1871301	909.07	27816	134725	11.81	1236951	600.90	KS
18	16.40	3161283	2756634	872.00	24294	78914	11.28	2085629	659.74	KY
19	20.00	3394854	2718209	800.69	23334	60829	11.02	2151437	633.73	LA
20	22.00	1010273	942556	932.97	25623	22672	10.03	590093	584.09	ME
21	23.50	4085342	3451966	844.96	33872	30622	10.33	2460545	602.29	MD
22	21.00	5008007	4610666	920.66	37992	35408	10.47	2720510	543.23	MA
23	19.00	7628170	6976982	914.63	29612	121790	11.71	4904689	642.97	MI
24	20.00	3782817	2961236	782.81	32101	132280	11.79	2545530	672.92	MN

25	18.40	2160165	1859487	860.81	20993	73701	11.21	1476477	683.50	MS
26	17.00	4292175	3862300	899.85	27445	124324	11.73	2958880	689.37	MO
27	27.00	701423	683351	974.24	22569	69503	11.15	467567	666.60	MT
28	24.50	1314974	1267284	963.73	27829	92766	11.44	812247	617.69	NE
29	24.75	1537896	1420714	923.80	30529	38658	10.56	945643	614.89	NV
30	19.50	960593	941829	980.47	33332	15508	9.65	662475	689.65	NH
31	10.50	6545471	5715089	873.14	36983	36175	10.50	3911837	597.64	NJ
32	18.50	1370134	1231701	898.96	22203	59883	11.00	885829	646.53	NM
33	22.00	14797284	11014805	744.38	34547	112961	11.63	5536612	374.16	NY
34	24.10	6291182	5884651	935.38	27194	101195	11.52	4060592	645.44	NC
35	21.00	502176	455921	907.89	25068	86591	11.37	334544	666.19	ND
36	22.00	8789530	7736115	880.15	28400	117267	11.67	5028276	572.08	OH
37	17.00	2665966	2172394	814.86	23517	112694	11.63	1751701	657.06	OK
38	24.00	2673283	2534464	948.07	28350	66784	11.11	1487269	556.35	OR
39	26.00	9693987	8226202	848.59	29539	119985	11.70	5024671	518.33	PA
40	29.00	827474	660435	798.13	29685	6053	8.71	399113	482.33	RI
41	16.00	3115130	2849885	914.85	24321	66167	11.10	2217141	711.73	SC
42	22.00	577391	544997	943.90	26115	83560	11.33	402472	697.05	SD
43	20.00	4445987	4188317	942.04	26239	87826	11.38	2837567	638.23	TN
44	20.00	15618097	13045727	835.30	27871	300767	12.61	10637488	681.10	TX
45	24.50	1598531	1495887	935.79	23907	42208	10.65	945531	591.50	UT
46	20.00	479265	515348	1075.29	26901	14291	9.57	331183	691.02	VT
47	17.50	5529436	4920753	889.92	31162	70721	11.17	3765718	681.03	VA
48	23.00	4552631	4237845	930.86	31528	80985	11.30	2622633	576.07	WA
49	25.65	1455370	1316955	904.89	21915	36997	10.52	818516	562.41	WV
50	27.30	4156609	3667497	882.33	28232	112663	11.63	2418289	581.79	WI
51	14.00	381882	370713	970.75	27230	27292	10.21	321847	842.79	WY

자료원 : Weisberg(2014)

4.9.1 다중회귀모형 $Y=\beta_0+\beta_1X_1+\beta_2X_2+\beta_3X_3+\beta_4X_4+\varepsilon$을 추정하라.

4.9.2 위 모형에서의 β_2와 β_4의 95% 조건결합신뢰영역을 구하라. 이를 위해서는 4장 보론 A.4.9에서 논의되었듯이 $(\boldsymbol{X}'\boldsymbol{X})^{-1}$에서의 적절한 부행렬을 구하고 (a.4.25)를 이용하여야 한다.

4.9.3 X_2와 X_4만 포함된 모형에서 β_2와 β_4의 95% 조건결합신뢰영역을 구하고 4.9.2에서 나온 조건결합신뢰영역과 비교하라.

잔차와 회귀진단 : 모형진단

chapter five

5

2장에서 4장까지에 걸쳐 회귀식 추정과 모수에 대한 추론을 알아보았다. 이와 같은 과정을 총괄분석(aggregate analysis)이라고 하며 전체 자료를 결합하여 회귀모형에 적합시켜 요약된 결과를 구하는 것이 주요 목적이다. 총괄분석은 설정한 회귀모형과 가정들이 정확하다는 전제 하에 이루어진다. 그러나 제시된 회귀모형과 가정은 얼마든지 틀릴 수가 있다.

총괄분석에 이어 회귀분석의 두 번째 중요한 과정은 사용된 회귀모형과 가정이 과연 타당한지, 각각의 관측값이 모형 및 가정에 어떠한 영향을 미치는지를 검토하는 것이며 이러한 과정을 회귀진단(regression diagnostics)이라고 부른다. 이 과정을 총괄분석과 대비하여 개별분석(case analysis)이라고 한다. 여기에서는 추정된 모형이 과연 적절하고 유용한지 여부를 판단하게 된다. 그리고 각각의 관측값에 대해 좀 더 세밀한 분석이 시행된다. 개별분석의 결과에서 추정된 모형을 고칠 필요가 생기면 자료나 가정을 수정하여 첫 번째 과정인 총괄분석부터 다시 시작하게 된다.

회귀진단은 모형진단(model diagnostics)과 자료진단(data diagnostics)의 두 가지로 구분된다. 모형진단에서는 모형이나 가정에 어떤 문제점이 있는지를 알아보고, 자료진단에서는 자료의 조그만 변화가 모형의 추정에 어떠한 영향을 미치는지를 알아본다. 모형진단이 필요한 이유는 회귀모형에 대해 세운 가정이 실제 문제에서는 적당하지 않는 경우가 종종 발견되기 때문이며 자료진단이 필요한 이유는 자료에서 모든 관측값의 특징이 모두 같을 수 없는 경우가 있기 때문이다. 모형진단이 가정의 타당성을 의심하는 반면에 자료진단은 기본적으로 가정은 적절하다는 전제 하에 이루어진다. 회귀진단에서 기본적이고도 핵심적으로 사용되는 통계량은 잔차이다. 잔차의 형태로부터 추정모형이 관측된 자료를 닮은 정도와 모형에 대해 세운 가정이 바람직한지 알 수 있다. 자료진단의 기본적인 개념은 각각의 관측값이 추정모형에 어떠한 영향을 미치고 있는가를 파악하는 것이다. 한 관측값을 제외시킨 경우와 제외시키지 않은 경우의 추정회귀식을 비교하면 그 결과가 달라지는 경우가 있다. 이러한 관측값을 영향력 있는 관측값(influential observation) 또는 간단히 영향력 관측값이라고 하는데 이를 찾아내는 것은 매우 중요하다.

본 장에서는 회귀진단에서 기본적으로 도구로 사용되는 통계량인 잔차의 개념에 대해서 알아보고 모형진단에 대해 다룬다. 자료진단은 제6장에서 다룬다.

예 5.1 산점도의 유용성(Anscombe, 1973)

개별분석의 필요성이 잘 나타나 있는 네 개의 서로 다른 자료가 [표 5.1]에 주어져 있다. 11개의 관측값을 가지고 있는 각각의 자료에 단순회귀모형($y_i = \beta_0 + \beta_1 x_i + \varepsilon_i$)을 적합시켜 보았다.

표 5.1 네 개의 가상자료

번호	$X_1 - X_3$	X_4	Y_1	Y_2	Y_3	Y_4
1	10	8	8.04	9.14	7.46	6.58
2	8	8	6.95	8.14	6.77	5.76
3	13	8	7.58	8.74	12.74	7.71
4	9	8	8.81	8.77	7.11	8.84
5	11	8	8.33	9.26	7.81	8.47
6	14	8	9.96	8.10	8.84	7.04
7	6	8	7.24	6.13	6.08	5.25
8	4	19	4.26	3.10	5.39	12.50
9	12	8	10.84	9.13	8.15	5.56
10	7	8	4.82	7.26	6.42	7.91
11	5	8	5.68	4.74	5.73	6.89

각각의 자료는 다음과 같이 똑같은 총괄분석 결과를 보여준다.

$$\hat{\beta}_0 = 3.0$$
$$\hat{\beta}_1 = 0.5$$
$$\hat{\sigma}^2 = 1.53$$
$$R^2 = 0.667$$

총괄분석 결과가 모두 같기 때문에 반응변수 Y와 설명변수 X의 관계가 위의 네 개 자료에서 모두 같다는 성급한 결론을 내리게 될지도 모른다. 그러나 [그림 5.1]~[그림 5.4]에서 보여지듯이 개별분석의 가장 간단한 도구인 산점도에 의해서 이와 같은 결론이 적절하지 않다는 것을 알게 된다.

그림 5.1

Y_1과 X_1의 산점도

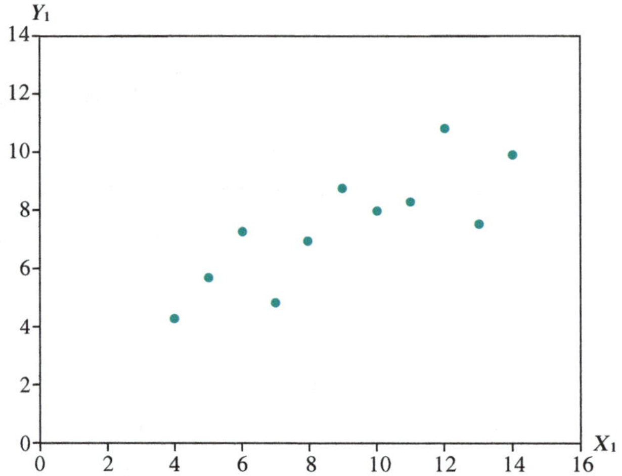

그림 5.2

Y_2와 X_2의 산점도

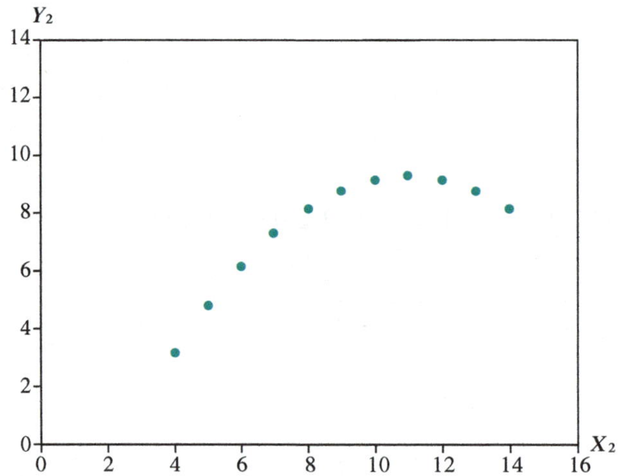

[그림 5.1]의 산점도를 보면 첫 번째 자료는 단순선형회귀모형이 적절하다는 생각이 들게 한다. 반면 [그림 5.2]는 두 번째 자료에 단순선형회귀모형을 적용하는 것은 옳지 않다는 것을 알려주고 포물선 형태의 모형이 더 적절하다는 사실을 보여

그림 5.3

Y_3와 X_3의 산점도

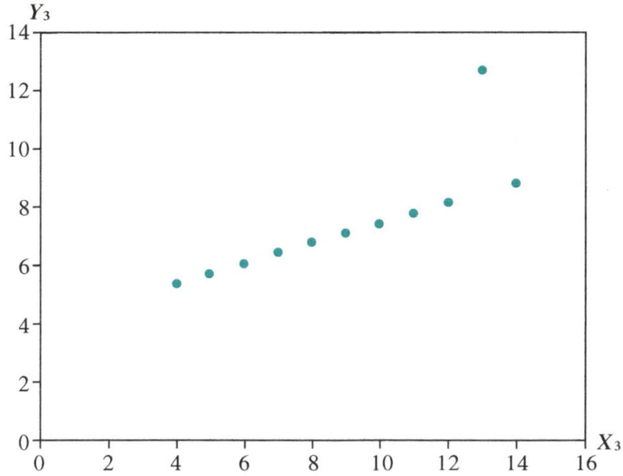

그림 5.4

Y_4와 X_4의 산점도

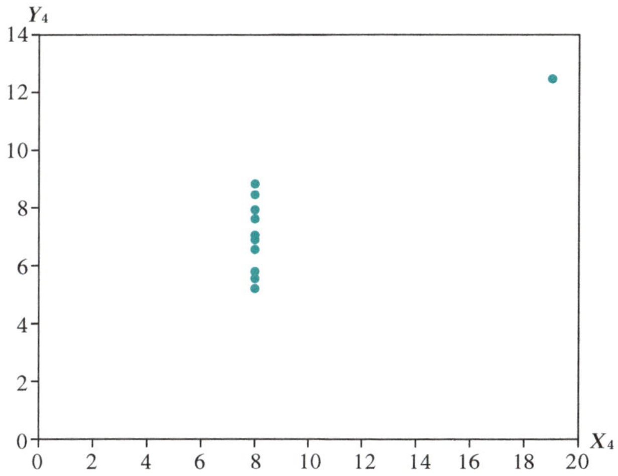

주고 있다. [그림 5.3]은 단순선형회귀모형이 대부분의 관측값에 적절하다고 보이나 관측값 중 하나는 추정회귀선으로부터 너무 멀리 떨어져 있다. 이 관측값을 나머지 관측값과 함께 같은 회귀모형을 적용해야 하는지 여부가 중요한 문제일 수 있다.

이러한 문제를 이상점 문제(outlier problem)라고 부른다. 만약 나머지 관측값과 함께 같은 모형을 가정할 수 없다고 판단되면 이 관측값은 분석대상에서 제거하고 나머지 10개의 관측값에 대해 다시 적합시켜야 한다. 10개의 관측값만으로 회귀선을 적합시키면 추정회귀식은 11개 자료에서 얻어진 $\hat{y} = 3 + 0.5x$와 상당히 다른 $\hat{y} = 4 + 0.345x$가 된다. 이 두 직선 사이의 차이점을 잘 이해할 필요가 있다.

[그림 5.4]의 산점도를 보면 네 번째 자료는 적용된 모형을 판단할 충분한 정보가 없다는 점에서 다른 세 개의 자료와 다르다. 기울기에 대한 회귀계수 β_1의 추정은 8번째 관측값에 많은 영향을 받음을 알 수 있다. 만약 8번째 관측값이 제거된다면 그나마 β_1을 추정할 수도 없는 상황이 벌어진다. 이와 같이 한 개의 관측값에 너무 많이 의존하는 총괄분석의 결과는 믿기 어렵다.

유용한 개별분석을 하기 위해서는 모형이 정확할 때는 물론, 가능하다면 모형이 부정확할 때도 개별통계량(case statistics)의 행태를 이해해야 한다. 본 장의 5.1절에서는 회귀진단에서 기본적으로 사용되는 통계량인 잔차의 개념에 대해서 알아보고 5.2절에서는 모형진단, 5.3절에서는 모형진단에서 발견된 문제점을 해결하는데 필요한 조치에 대해 다룬다.

5.1 잔차

잔차는 관측값과 적합값의 차이로 i번째 잔차는 $e_i = y_i - \hat{y}_i$로 정의된다. 잔차에 대해 좀 더 자세히 알아보기 위하여 행렬을 이용하여 설명하기로 한다. 4장에서 제시되었던 다음의 회귀모형을 생각하자.

$$\boldsymbol{y} = \boldsymbol{X\beta} + \boldsymbol{\varepsilon},\ Var(\boldsymbol{\varepsilon}) = \sigma^2 \boldsymbol{I} \tag{5.1}$$

모든 잔차를 원소로 하는 잔차벡터는 $\boldsymbol{e} = \boldsymbol{y} - \hat{\boldsymbol{y}}$으로 표현할 수 있다. 4장에서 소개된 행렬 표현방법을 이용하여 $\hat{\boldsymbol{y}}$와 $\boldsymbol{e}$를 다시 한 번 알아보자.

$$\begin{aligned}\hat{\boldsymbol{y}} &= X\hat{\boldsymbol{\beta}} \\ &= X[(X'X)^{-1}X'\boldsymbol{y}] \\ &= X(X'X)^{-1}X'\boldsymbol{y} \\ &= \boldsymbol{H}\boldsymbol{y}\end{aligned} \tag{5.2}$$

여기서 $\boldsymbol{H}$는 크기가 $n \times n$인 행렬로 다음과 같다.

$$H = X(X'X)^{-1}X' \tag{5.3}$$

행렬 $\boldsymbol{H}$는 $\boldsymbol{y}$를 적합값벡터(vector of fitted values) $\hat{\boldsymbol{y}}$으로 변환시키는 역할을 한다. 또한 잔차벡터 $\boldsymbol{e}$는 행렬 $(\boldsymbol{I}-\boldsymbol{H})$에 의해 변환되며 다음과 같이 표시된다.

$$\begin{aligned}\boldsymbol{e} &= \boldsymbol{y} - \hat{\boldsymbol{y}} \\ &= \boldsymbol{y} - \boldsymbol{H}\boldsymbol{y} \\ &= (\boldsymbol{I}-\boldsymbol{H})\boldsymbol{y}\end{aligned} \tag{5.4}$$

5.1.1 오차와 잔차

오차 $\boldsymbol{\varepsilon}$는 관찰할 수 없는 확률변수로서 기대값벡터는 $\boldsymbol{0}$이며 서로 상관관계가 없고 등분산이라고 가정하였다. 반면 잔차 $\boldsymbol{e}$는 계산되어진 값으로서 기대값벡터와 분산-공분산행렬은 다음과 같다(연습문제 5.8 참조).

$$\begin{aligned}E(\boldsymbol{e}) &= \boldsymbol{0} \\ Var(\boldsymbol{e}) &= \sigma^2(\boldsymbol{I}-\boldsymbol{H})\end{aligned} \tag{5.5}$$

오차와 같이 각각의 잔차 e_i는 기대값이 모두 0이지만 분산은

$$Var(e_i) = \sigma^2(1-h_{ii}) \tag{5.6}$$

로 같지 않을 뿐 아니라 서로 상관관계가 있다. 식 (5.4)에서와 같이 잔차는 $\boldsymbol{y}$의 선형결합으로 표현할 수 있으므로 오차가 정규분포를 따른다면 잔차도 정규분포를 따른다. 이제 잔차의 분산에 대한 이해를 높이기 위해 햇행렬 $\boldsymbol{H}$[1]에 대해 살펴보자. 행렬 $\boldsymbol{H}$는 $n \times n$이며 다음과 같은 성질을 가지고 있다(연습문제 4.6 참조).

(1) $\boldsymbol{HX} = \boldsymbol{X}$, $(\boldsymbol{I} - \boldsymbol{H})\boldsymbol{X} = \boldsymbol{0}$

(2) $\boldsymbol{H} = \boldsymbol{H}^2 = \boldsymbol{H}'$: 행렬 $\boldsymbol{H}$은 대칭행렬이며 멱등행렬이다.

(3) $\sum h_{ii} = rank(\boldsymbol{H}) = rank(\boldsymbol{X})$: 행렬 $\boldsymbol{H}$는 행렬 $\boldsymbol{X}$와 같은 계수(rank)를 가지며 $\boldsymbol{H}$가 멱등행렬이므로 계수는 대각합의 값과 같다(4장 보론 A.4.1 참조). 행렬 $\boldsymbol{H}$는 $n \times n$이고 일반적으로 $n > p'$이므로 역행렬이 존재하지 않는다.

(4) $\sum_{i=1}^{n} h_{ij} = \sum_{j=1}^{n} h_{ij} = 1$: 행렬 $\boldsymbol{H}$의 임의의 행(열)에 놓인 원소의 합은 1이다.

식 (5.6)에서 h_{ii}가 크면 $Var(e_i)$는 작은 값을 가지게 된다. 만약 h_{ii}가 1에 매우 가까운 값을 가지면 분산은 거의 0이 된다. 이러한 경우 관측값 y_i가 어떤 값인지에 관계없이 잔차는 0에 가까운 값을 가지게 된다. 식 (5.2)에서 $\hat{\boldsymbol{y}} = \boldsymbol{Hy}$이므로

$$\hat{y}_i = \sum_{j=1}^{n} h_{ij} y_j = h_{ii} y_i + \sum_{j \neq i}^{n} h_{ij} y_j \tag{5.7}$$

이다. 앞의 (4)에서 설명된 내용과 식 (5.7)을 종합해 보면 h_{ii}가 1에 접근하면 $\hat{y}_i$와 y_i의 값은 거의 일치한다. 이러한 이유에서 h_{ii}를 지레값(leverage value)이라고 부른다.

행렬 $\boldsymbol{H}$의 대각원소 h_{ii}는 다음과 같이 표현되기도 한다.

---

1. 행렬 $\boldsymbol{H}$는 $\boldsymbol{X}$의 열벡터가 만들어내는 공간(열공간 : column space)에 대한 정사영행렬(orthogonal projection matrix)이다. 따라서 $\boldsymbol{H}$는 n-차원 공간에서 벡터 $\boldsymbol{y}$를 $\boldsymbol{X}$의 열공간으로 사영(project)하여 $\hat{\boldsymbol{y}}$으로 만드는 기능을 한다.

$$h_{ii} = \frac{1}{n} + (\boldsymbol{x}_i - \overline{\boldsymbol{x}})'(X^{*\prime}X^{*})^{-1}(\boldsymbol{x}_i - \overline{\boldsymbol{x}}) \tag{5.8}$$

여기서 행렬 $\boldsymbol{X}^{*\prime}\boldsymbol{X}^{*}$은 설명변수의 모든 자료값에서 각 변수의 평균값 $\overline{x}_j$, $(j = 1, \cdots, p)$를 빼고 계산된 $\boldsymbol{X}'\boldsymbol{X}$이고 식 (5.8)의 $(\boldsymbol{x}_i - \overline{\boldsymbol{x}})'(\boldsymbol{X}^{*\prime}\boldsymbol{X}^{*})^{-1}(\boldsymbol{x}_i - \overline{\boldsymbol{x}})$는 $\overline{\boldsymbol{x}} = (\overline{x}_1, \overline{x}_2, \cdots, \overline{x}_p)'$에 중심을 둔 타원(ellipsoid)의 방정식을 나타낸다. 따라서 h_{ii}는 자료의 중심 $\overline{\boldsymbol{x}}$에서 i번째 설명변수벡터인 $\boldsymbol{x}_i = (x_{i1}, x_{i2}, \cdots, x_{ip})'$가 얼마나 떨어져 있는지를 나타내 준다고 할 수 있다. 여기에 $(n-1)$을 곱한 것을, $\boldsymbol{x}_i$에서 자료의 중심 $\overline{\boldsymbol{x}}$까지의 마할라노비스거리(Mahalanobis distance) 통계량이라 한다. 이는 다변량 자료분석, 특히 판별분석(discriminant analysis)에서 많이 쓰이는 거리통계량이다.

단순회귀모형을 생각해 보자. 행렬 $\boldsymbol{H}$의 원소 h_{ij}의 계산은 $(\boldsymbol{X}'\boldsymbol{X})^{-1}$을 이용해서 다음과 같이 구할 수 있다.

$$\begin{aligned} h_{ij} &= \boldsymbol{x}_i'(X'X)^{-1}\boldsymbol{x}_j \\ &= (1 \;\; x_i)\begin{pmatrix} \frac{\sum x_i^2}{nS_{xx}} & \frac{-\overline{x}}{S_{xx}} \\ \frac{-\overline{x}}{S_{xx}} & \frac{1}{S_{xx}} \end{pmatrix}\begin{pmatrix} 1 \\ x_j \end{pmatrix} \\ &= \frac{1}{n} + \frac{(x_i - \overline{x})(x_j - \overline{x})}{S_{xx}} \end{aligned} \tag{5.9}$$

위 식에서 i와 j를 같게 놓으면 행렬 $\boldsymbol{H}$의 대각원소 h_{ii}

$$h_{ii} = \frac{1}{n} + \frac{(x_i - \overline{x})^2}{S_{xx}} \tag{5.10}$$

이다. 대각선 원소 h_{ii}의 합은 $\Sigma h_{ii} = p' = 2$이다. 이는 위에서 언급한 행렬 $\boldsymbol{H}$의 세 번째 성질이다. $x_i = \overline{x}$일 때 h_{ii}는 최소값 $\frac{1}{n}$을 얻을 수 있으며, x_i가 $\overline{x}$에서부터 멀어지면서 h_{ii}는 증가한다. 4장 4.4절에서 언급한 바와 같이 $\hat{y}_i = y_i$인 경우 h_{ii}는 최대값 1을 가지게 된다. (예 5.1)의 네번째 자료에서 8번째 관측값은 이러한 경우로서 $h_{88} = 1$이다.

5.1.2 스튜던트화잔차

식 (5.6)을 보면 h_{ii}가 크면 잔차의 분산 $Var(e_i)$는 작아지므로 잔차는 $\boldsymbol{x}_i$가 $\bar{\boldsymbol{x}}$ 근방에 있는 경우보다 $\bar{\boldsymbol{x}}$에서 멀리 떨어져 있는 경우에 더 작을 가능성이 높다. 그러나 $\bar{\boldsymbol{x}}$에서 멀리 떨어져 있는 곳에서는 모형이 다를 가능성이 많은데 오히려 이곳에서 잔차가 작아지는 경향이 있다는 사실은 바람직하다고 볼 수는 없다. 잔차가 가지고 있는 이러한 문제점을 개선하기 위해 잔차 e_i를 표준오차인 $\sigma\sqrt{1-h_{ii}}$로 나누어 표준화시킬 수 있다. 이러한 표준화된 잔차를 스튜던트화잔차(studentized residual)라고 부른다. 스튜던트화잔차를 표준화잔차(standardized residual)라 부르기도 한다.

스튜던트화잔차는 σ의 추정방법에 따라 두 가지로 정의된다. 먼저 언급할 스튜던트화잔차는 다음과 같이 정의된다.

$$r_i = \frac{e_i}{\hat{\sigma}\sqrt{1-h_{ii}}} \tag{5.11}$$

즉, r_i는 잔차 e_i를 $\hat{\sigma}\sqrt{1-h_{ii}}$로 나눈 것이다. r_i[2]는 내적스튜던트화잔차(internally studentized residuals)라고 부른다. r_i는 잔차 e_i와 같이 기대값은 0, 즉 $E(r_i)=0, (i=1,2,\cdots,n)$이지만 r_i의 합 Σr_i는 0이 아니다. 그리고 r_i는 $\hat{y}_i$와 약간의 상관관계가 있지만 이 상관관계는 무시해도 좋을 정도로 작다. 모형이 맞다면 각각의 내적스튜던트화잔차 r_i는 모두 분산이 1이며 σ^2이나 h_{ii}와 독립인 특성을 가지고 있다. 또한 r_i는 e_i와는 달리 척도에 의존하지 않는 성질을 가지고 있고 r_i와 r_j의 공분산은 e_i와 e_j의 상관계수와 같다.

$$Cov(r_i, r_j) = \frac{-h_{ij}}{(1-h_{ii})^{1/2}(1-h_{jj})^{1/2}} \tag{5.12}$$

두 번째 스튜던트화잔차는 σ의 추정량으로 i번째 관측값을 제외하고 나머

2. 주어진 모형이 맞고 오차가 정규분포를 따른다는 가정 하에서는 $r_i^2/(n-p')$은 모수가 1/2과 $(n-p'-1)/2$인 베타분포를 따른다. 베타분포를 따르는 확률변수의 값은 0과 1 사이에 위치하므로 r_i는 $-(n-p')^{1/2}$과 $+(n-p')^{1/2}$ 사이에 있게 된다.

지 $n-1$개의 관측값으로 회귀모형에 적합시켜 얻은 추정량인 $\hat{\sigma}_{(i)}$를 사용하여 다음과 같이 정의된다.

$$t_i = \frac{e_i}{\hat{\sigma}_{(i)}\sqrt{1-h_{ii}}} \tag{5.13}$$

아래 첨자 (i)는 i번째 관측값이 생략되었음을 의미한다. t_i는 r_i와 구별하여 외적스튜던트화잔차(externally studentized residuals)라고 부르고 r_i와는 달리 t_i의 분모와 분자는 서로 독립이다. 또한 t_i는 자유도가 $n-p'-1$인 t-분포를 따르며 6장에서 다룰 이상점(outlier)을 찾기 위한 검정통계량으로 사용된다. 앞으로는 내적스튜던트화잔차는 간단히 스튜던트화잔차로 부르기로 한다.[3]

5.2 잔차산점도

잔차를 이용한 회귀진단에서 가장 보편화된 방법은 잔차 e_i나 스튜던트화잔차 r_i를 y축으로 하고 $\hat{y}_i$을 x축으로 하는 산점도를 그려보는 것이다. 이러한 산점도를 잔차산점도(residual plot)라고 한다. 모형이 적절하고 가정에 문제가 없다면 잔차산점도는 특별한 형태를 보이지 않는다. 하지만 모형이 적절하지 않거나 가정에 문제가 있다면 잔차산점도는 달라진다. 가정된 모형이 타당하다면 각각의 r_i는 평균 0, 분산 1을 갖는다. 오차는 정규분포를 따른다는 가정이 타당하다면 r_i의 약 95%는 −2에서 +2 사이에 놓이고, r_i의 99.7%는 −3에서 +3 사이에 놓일 것이다. 예를 들어 1000개의 r_i 중 −3에서 +3 밖에 놓이는 잔차의 수가 3개보다 훨씬 많은 경우, 일단 모형의 적합성을 의심하게 된다. 모형의 부적합도 잔차산점도의 모양에서 판단이 가능하다. 이와 같이 r_i를 이용하면 표준화된 기준을 제시할 수 있기 때문에 잔차산점도에서는 표준화되지 않은 잔차보다 스튜던트화잔차 r_i가 더 유용하게 쓰인다. 하지만 표준화되지 않은

---

3. 스튜던트화잔차는 책에 따라 그 용어의 사용에 차이가 있다. 최근 Weisberg(2014)는 내적스튜던트화잔차 r_i를 표준화잔차, 외적스튜던트화잔차 t_i를 스튜던트화잔차라고 부르고 있다. *SAS*에서도 마찬가지이다.

그림 5.5 잔차산점도(r_i vs $\hat{y}_i$)의 여러 가지 형태

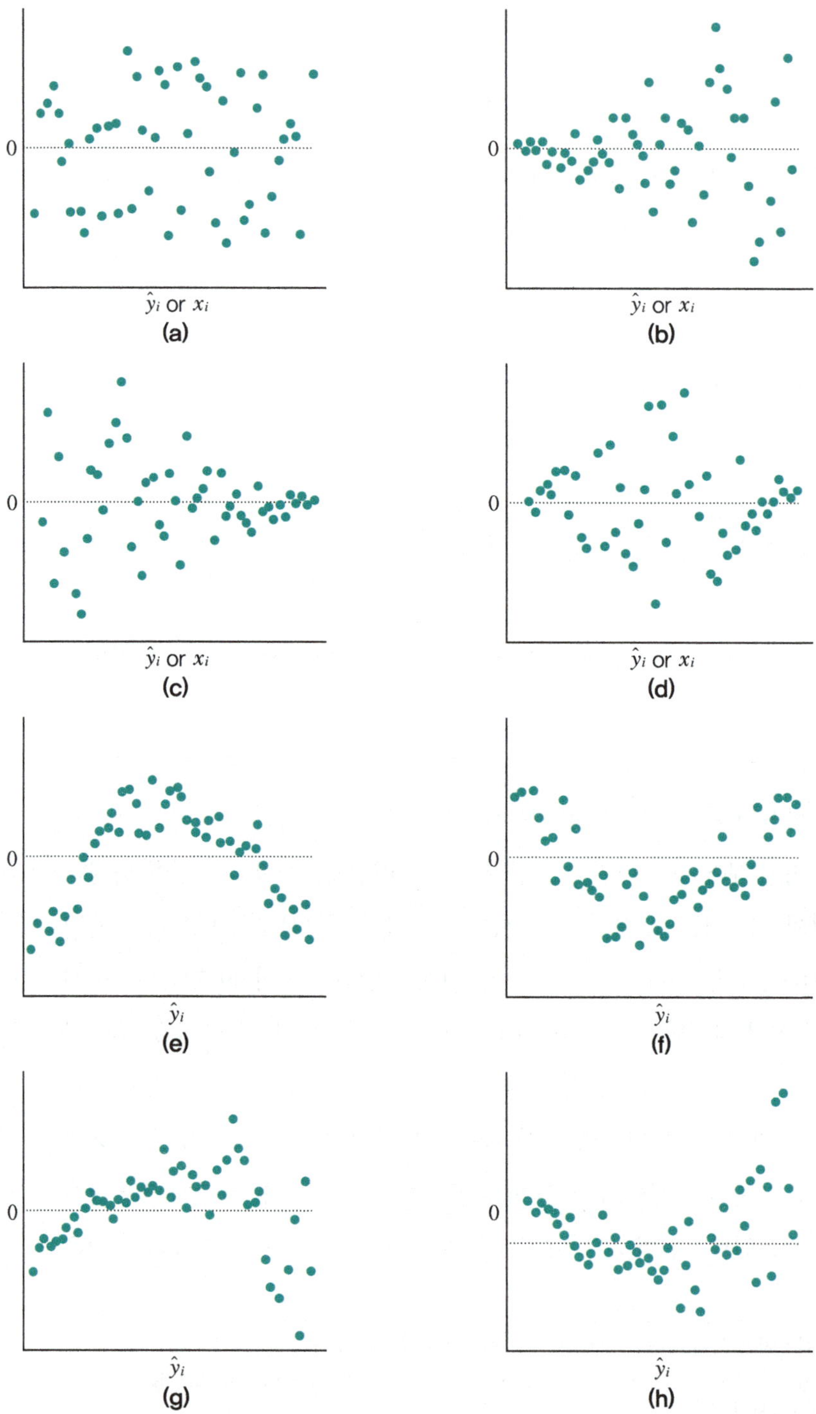

잔차를 이용하더라도 모형진단을 하는데 큰 문제가 없다. 잔차산점도에 나타날 수 있는 일반적인 형태를 [그림 5.5]에 제시하였다.

[그림 5.5]에서 첫 번째 그림 (a)는 회귀모형이 적절하게 적합되었을 때 보여지는 잔차산점도이다. 그림 (b)~(d)를 보자. $\hat{y}$이 증가함에 따라 y축의 값인 잔차나 스튜던트화잔차는 (b)에서는 증가하고 (c)에서는 감소함을 알 수 있다. (d)에서는 증가하다 다시 감소한다. 이와 같은 잔차산점도는 분산이 일정하지 않음을 보여주고 있는 것이다. (e)나 (f)에서는 $\hat{y}$이 증가함에 따라 곡선의 형태를 보여주는데 이는 회귀모형의 비선형성(non-linearity)을 나타내고 있는 것이다. (g)와 (h)를 보면 이분산성(heteroscedasticity 또는 non-constant variance)과 비선형성을 함께 나타내고 있다. 그러나 실제 문제에서는 잔차산점도가 이와 같이 명확한 구분을 주는 경우는 거의 드물다. 실제 문제에서는 [그림 5.6]과 같이 애매한 잔차산점도를 마주치게 되는 경우가 자주 생긴다.[4]

[그림 5.6]에서는 언뜻 보면 비선형의 모양이 보인다. 그러나 오른쪽 위에 있는 하나의 점을 제거하고 보면 이 비선형의 모양이 사라지고 특별한 형태가

그림 5.6

잔차산점도가 애매한 경우

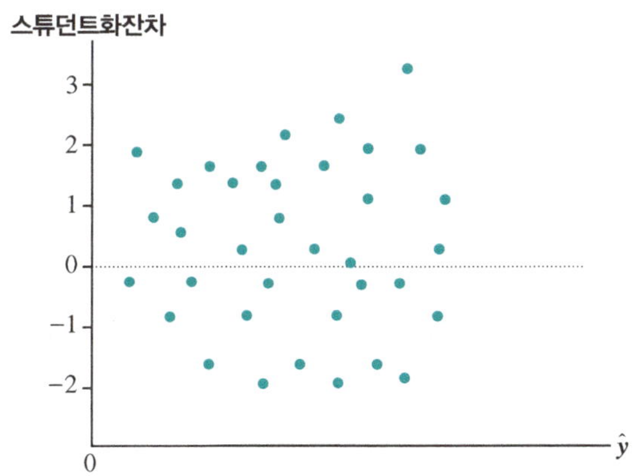

4. 잔차산점도는 많은 제약을 가지고 있다. 이분산성(heteroscedasticity 또는 non-constant variance), 비선형성(non-linearity), 이상점(outlier), 비정규성(non-normality) 등의 현상들이 비슷한 모양의 산점도를 만들어낼 수 있기 때문이다.

보이지 않는다. 만일 오른쪽 위의 점 대신에 왼쪽 위에 있는 점을 제거하면 $\hat{y}$이 증가함에 따라 y축의 값인 잔차나 스튜던트화잔차도 커지는 이분산성을 나타낸다. 이와 같이 한 그림에서 여러 가지 현상이 보이는 경우가 실제 문제에서 자주 일어난다.

이제 잔차산점도 이외에 회귀진단에 사용될 수 있는 잔차와 관련된 여러 가지 산점도를 알아본다. 식 (5.1)의 회귀모형 $\boldsymbol{y} = \boldsymbol{X\beta} + \boldsymbol{\varepsilon}$에 설명변수 Z가 추가된다면 모형은 다음과 같이 표현된다.

$$\boldsymbol{y} = \boldsymbol{X\beta} + \alpha \boldsymbol{z} + \boldsymbol{\varepsilon} \tag{5.14}$$

회귀모형에 포함되어 있는 변수의 영향을 진단하기 위해 여러 가지 그림이 제안되었는데 이러한 그림들은 추가로 모형에 들어오는 설명변수 Z의 회귀계수의 크기를 밝혀내고 이 변수가 모형에 들어오기 전에 변환(transformation)이 필요한지를 알려준다. 예를 들어 Z가 모형에 들어올 때 Z^2 또는 $\log(Z)$의 형태로 포함시켜야 할지 여부를 알려줄 수도 있을 것이다. 대부분의 이러한 그림에는 잔차가 이용된다. 앞으로 여러 가지 형태의 잔차가 나오는데 혼란을 피하기 위해 다음과 같은 표현방법을 사용한다.

$e(Y \mid \boldsymbol{X})$는 Y를 $\boldsymbol{X}$에 회귀시켜(Y를 반응변수로 하고 $\boldsymbol{X}$를 설명변수로 하여 회귀적합을 하여) 얻어지는 Y의 잔차를 나타내고, $e(Y \mid (\boldsymbol{X}, Z))$는 Y를 $\boldsymbol{X}$와 Z에 회귀시켜 얻어지는 Y의 잔차를 나타낸다. 그리고 $e(Z \mid \boldsymbol{X})$는 Z를 $\boldsymbol{X}$에 회귀시킨 후 만들어지는 Z의 잔차를 나타낸다. 행렬 $\boldsymbol{H}_X$와 $\boldsymbol{H}_{X,Z}$를 각각 $\boldsymbol{X}$와 $(\boldsymbol{X}, Z)$에 의한 햇행렬(hat matrix)이라고 하면 세 가지 잔차 $e(Y \mid \boldsymbol{X})$, $e(Y \mid (\boldsymbol{X}, Z))$, $e(Z \mid \boldsymbol{X})$를 원소로 하는 잔차벡터는 각각 다음과 같이 표현된다.

$$\boldsymbol{e}(\boldsymbol{y} \mid X) = (\boldsymbol{I} - \boldsymbol{H}_X)\boldsymbol{y} \tag{5.15}$$

$$\boldsymbol{e}(\boldsymbol{y} \mid (X, Z)) = (\boldsymbol{I} - \boldsymbol{H}_{X,Z})\boldsymbol{y} \tag{5.16}$$

$$\boldsymbol{e}(\boldsymbol{z} \mid X) = (\boldsymbol{I} - \boldsymbol{H}_X)\boldsymbol{z} \tag{5.17}$$

■ 잔차-설명변수 산점도

$e(Y \mid (\boldsymbol{X}, Z))$를 y축으로 하고 Z를 x축으로 하는 이차원 그림을 잔차-설명변수 산점도(residual versus predictor plots)라고 한다.

$$e(Y \mid (\boldsymbol{X}, Z)) \text{ vs } Z \tag{5.18}$$

잘 적합된 모형인 경우, 위 산점도는 특별한 형태를 취하지 않을 것이며 $e(Y \mid (\boldsymbol{X}, Z))$를 Z에 회귀할 때 회귀선의 기울기는 0이 될 것이다. 이 산점도는 설명변수에 변환을 취해야 할지의 여부, 예를 들면 설명변수의 이차항을 모형에 포함시켜야 하는지에 대한 정보를 제공해 준다. 산점도에 어떤 특별한 형태가 보일 경우 이것은 오차항이 설명변수와 상관관계가 있음을 나타낸다. 그러나 이 그림은 α의 크기에 대해 아무런 정보를 제공해 주지는 못하며 Z와 Y 사이에 얼마나 강한 관계가 있는지 알아내는 데에는 별로 유용하지 못하다. 그러나 이것은 등분산 가정의 위반(Z가 증가함에 따라 잔차의 분산이 증가 또는 감소함을 뜻함)이라든지 모형에 비선형 변수가 필요한지 등의 모형 부적합을 찾아내는데 많이 쓰인다.

예 5.2 흑체리나무 자료(4장 예 4.5 참조)

4장에서는 이 자료의 다중회귀모형을 이론에 근거하여 구하였다. 기억을 되살리기 위해 반응변수와 설명변수를 다시 여기에 나열해 본다.

V : 나무의 부피(단위 : 제곱피트)

D : 지표면 4.5피트에서의 나무 지름(단위 : 인치)

H : 나무의 높이(단위 : 피트)

[표 5.2]는 변환(transformation)을 취하지 않은 두 개의 설명변수에 대한 회귀분석 결과이다.

표 5.2 **흑체리나무 자료의 회귀분석 결과**

Variable	Estimate	Standard Error	t-value	p-value
Intercept	−57.98766	8.638225	−6.713	0.000
D	4.708161	0.264264	17.81	0.000
H	0.339251	0.130151	2.607	0.014

$\hat{\sigma}^2 = (3.881832)^2$, $d.f. = 28$, $R^2 = 0.9480$

흑체리나무 자료에 대한 잔차–설명변수 산점도를 보기 전에 반응변수 V와 각 설명변수 간의 기본 산점도를 몇 가지 살펴보기로 한다. [그림 5.7]은 반응변수인 부피(V)와 첫 번째 설명변수인 지름(D)의 산점도로서 부피와 지름 사이에 명백한 관계가 있음을 보여주고 있다. [그림 5.8]은 반응변수인 부피(V)와 두 번째 설명변수인 높이(H)의 산점도이다. 부피와 높이의 상관관계는 이분산의(높이가 증가하면 분산이 증가하는) 현상으로 말미암아 눈에 쉽게 뜨이지 않을 수도 있다.

만일 이분산의 증거가 분명히 있다면 아무런 조처를 취하지 않고 최소제곱법에 의해 모수를 추정하는 것은 옳지 않다. 5.4절에서 언급되겠지만 반응변수에 변환을 취한다든지 아니면 가중최소제곱법을 이용하여야 할 것이다. 이분산에 대해서는 5.3절에서 더 자세히 설명할 것이다.

다음은 V를 반응변수로 하는 단순회귀에서 얻어지는 잔차와 각 설명변수 간의

그림 5.7 V와 D의 산점도

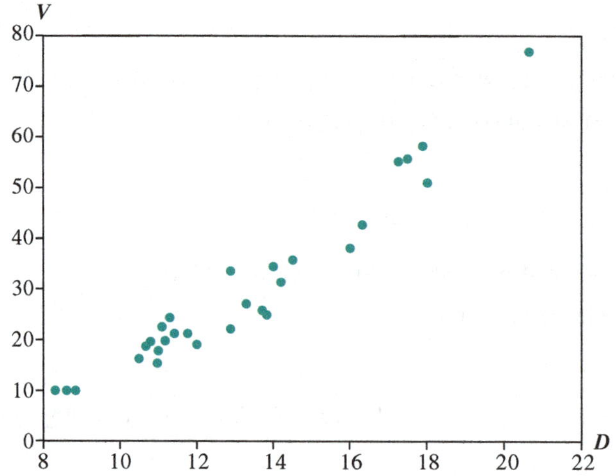

*V*와 *H*의 산점도

그림 5.8

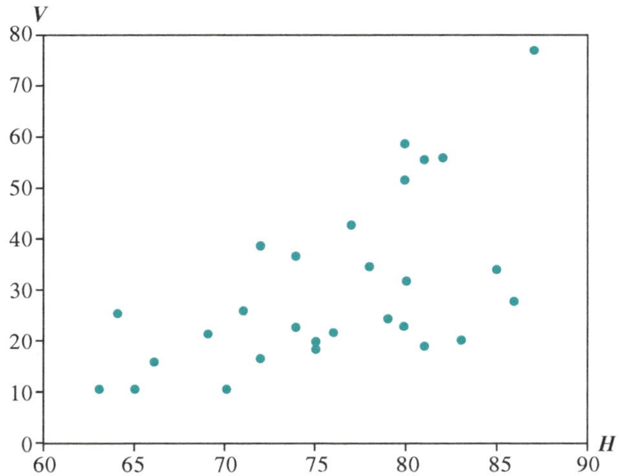

산점도를 살펴보기로 한다. [그림 5.9]는 *V*를 *D*에 회귀했을 때 얻어지는 잔차와 *H*의 산점도이다. [그림 5.9]에서 점들이 약간의 양의 기울기를 가지고 퍼져 있는 것은 *D*와 강한 선형관계를 가지고 있음에도 불구하고 아직도 *H*에 대해 회귀를 시킬 여분

$e(V \mid D)$ vs H

그림 5.9

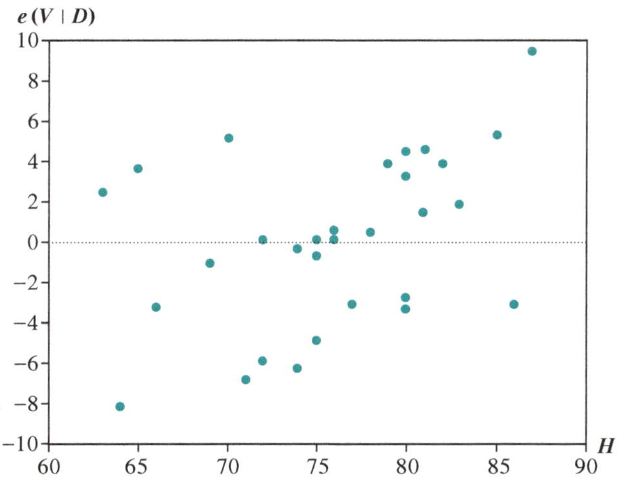

그림 5.10

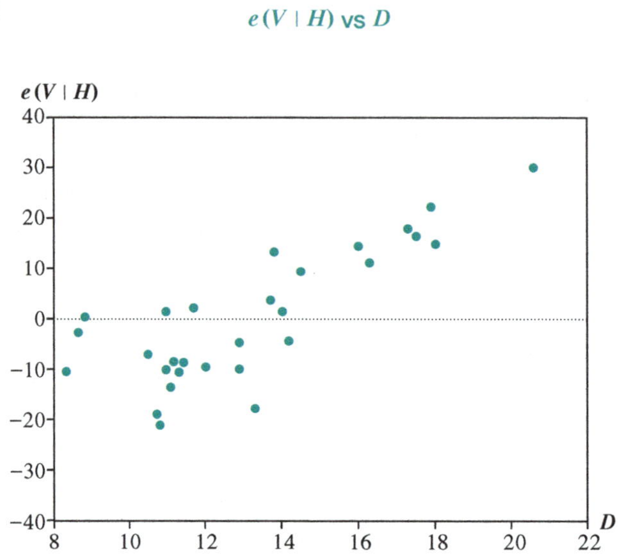

이 조금은 남아 있음을 나타내준다. 즉, V에서 D의 설명부분을 뺀 나머지가 아직도 H와 선형관계를 가지고 있다는 것이다. 이것은 [표 5.2]에서 보여지듯이 설명변수 두 개를 모두 포함하고 있는 회귀모형에서 H에 대한 t–값이 아주 크진 않지만 2.607이라는 사실에 의해서도 뒷받침된다.[5]

[그림 5.10]은 V를 H에 회귀했을 때 얻어지는 잔차와 D의 산점도이다. 앞에서 보았듯이 [그림 5.7]에서 보여주는 V와 D의 관계는 [그림 5.8]에서 보여주는 V와 H의 관계보다 훨씬 강하다. 따라서 H만을 이용하여 회귀했을 때 얻어지는 잔차, 즉 V에서 H의 설명부분을 뺀 나머지는 D와 강한 선형관계를 가질 수밖에 없으며 이 사실은 [그림 5.10]에서도 잘 나타나고 있다.

이제 V를 반응변수로 하고 두 변수 H와 D를 모두 설명변수로 하는 다중회귀에서 얻어지는 잔차 $e(V \mid D, H)$를 y축으로 하고 D 또는 H를 x축으로 하는 그림인 잔차–설명변수 산점도를 살펴보자. [그림 5.11]은 $e(V \mid D, H)$와 H의 산점도이고 [그림 5.12]는 $e(V \mid D, H)$와 D의 산점도이다. 모형이 잘 적합되었다면 이들 산점도는 특별한 형태를 취하지 않을 것이며 $e(V \mid D, H)$를 D나 H에 각각 단순회귀를 할 때 추

5. 만약 H와 D가 중복되어(상관관계가 존재) V를 설명한다면 중복된 부분을 제거하고 그림을 그리는 것이 H의 효과를 더 정확하게 파악할 수 있을 것이다. 이러한 그림을 추가변수그림이라고 한다.

그림 5.11 *H*의 잔차-설명변수 산점도($e(V \mid D, H)$ vs H)

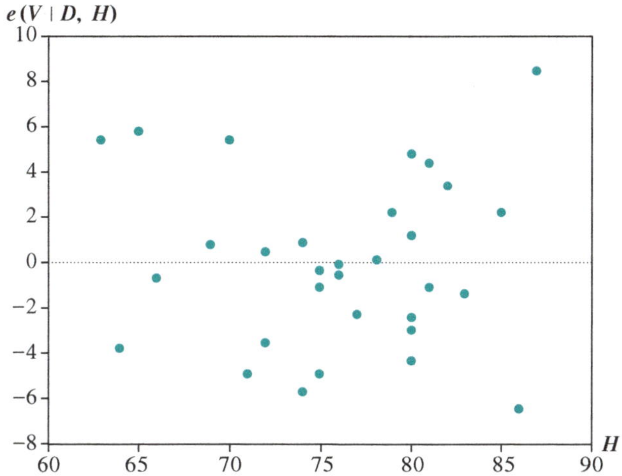

그림 5.12 *D*의 잔차-설명변수 산점도($e(V \mid D, H)$ vs D)

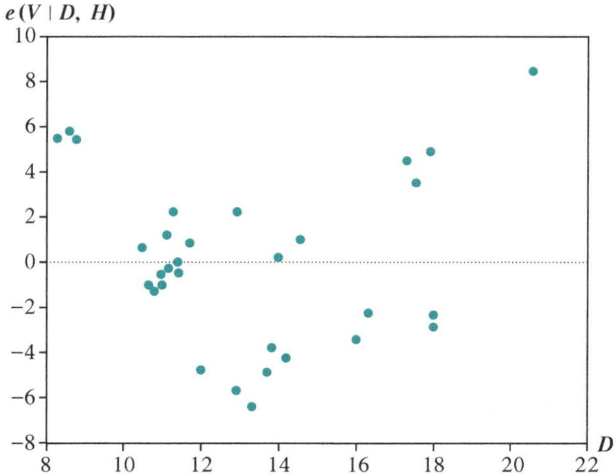

정회귀선의 기울기는 0이 되어야 할 것이다. 이러한 결과가 나오지 않는다면 잔차-설명변수 산점도로부터 설명변수의 변환을 취해야 하는지에 대한, 예를 들면 설명변수의 이차항을 모형에 포함시켜야 하는지에 대한 정보를 제공받을 수 있다. [그림

5.11]의 $e(V \mid D, H)$와 H의 산점도를 보면 가운데 위쪽으로 구멍이 있는 듯 보이는 것은 H가 증가함에 따라 잔차가 비선형의 모양을 하기 때문인 듯하다(확실하지는 않다). 이러한 비선형의 형태는 [그림 5.12]의 $e(V \mid D, H)$와 D의 산점도에서 더욱 뚜렷이 나타난다. 이 그림에 의하면 D가 증가함에 따라 잔차가 비선형의 모양을 하는 것이 뚜렷이 보이므로 설명변수 D의 이차항을 모형에 포함시켜야 하는 등의 조치가 필요한 것으로 나타난다. 이것은 원통과 원추의 중간 정도로 볼 수 있는 나무의 부피 계산을 위해 지름인 D의 제곱항이 필요하다는 사실과 부합된다(예 4.5 참조).

■ 추가변수그림[6]

$e(Y \mid \boldsymbol{X})$를 y축으로 하고 $e(Z \mid \boldsymbol{X})$를 x축으로 하는 산점도인 추가변수그림 또는 편회귀그림은 이미 4장에서 소개되었다. 추가변수그림이 가지는 특성에 대해 알아보도록 하자. 모형 (5.14)의 양변에 $(\boldsymbol{I}-\boldsymbol{H}_X)$를 곱하고 $(\boldsymbol{I}-\boldsymbol{H}_X)\boldsymbol{X}=\boldsymbol{O}$이라는 사실을 적용하면

$$(\boldsymbol{I}-\boldsymbol{H}_X)\boldsymbol{y} = \alpha(\boldsymbol{I}-\boldsymbol{H}_X)\boldsymbol{z} + (\boldsymbol{I}-\boldsymbol{H}_X)\boldsymbol{\varepsilon}$$

이 되고 정리하면 다음과 같이 표현된다.

$$\boldsymbol{e}(\boldsymbol{y} \mid X) = \alpha\boldsymbol{e}(\boldsymbol{z} \mid X) + (\boldsymbol{I}-\boldsymbol{H}_X)\boldsymbol{\varepsilon} \tag{5.19}$$

식 (5.19)의 양변에 기대값을 취하면 $E[\boldsymbol{e}(\boldsymbol{y} \mid \boldsymbol{X})] = \alpha\boldsymbol{e}(\boldsymbol{z} \mid \boldsymbol{X})$가 되고 이것은 절편이 0인 회귀식을 나타내게 되어서 자연스럽게 다음과 같은 그림인 추가변수그림이 제시된다.

$$e(Y \mid \boldsymbol{X}) \;\; \text{vs} \;\; e(Z \mid \boldsymbol{X}) \tag{5.20}$$

6. Mosteller와 Tukey(1977), Draper와 Smith(1998)에 의해 소개가 되었고 Cook과 Weisberg(1999)에 의해 적극적으로 활용되는 기법이다.

두 잔차 $e(Y \mid X)$와 $e(Z \mid X)$의 산점도에서 회귀선은 원점을 통과하고 기대되는 기울기는 α이고 이것이 바로 Z가 식 (5.1)의 모형에 추가로 들어갈 때 갖게 되는 회귀계수인 것이다.

예 5.2 (계속) 흑체리나무 자료

앞에서 흑체리나무 자료에 대한 여러 가지 잔차그림을 살펴보았다. 이제 각각의 설명변수 D, H의 추가변수그림을 그려보자. 먼저 변수 D가 이미 모형에 포함되어 있을 때 H가 추가로 필요한지 여부를 알아보기 위한 H의 추가변수그림은 $e(V \mid D)$를 y축으로 하고 $e(H \mid D)$를 x축으로 하는 산점도이다. [그림 5.13]이 H의 추가변수그림이다. 그림에서 V와 H 사이에는 양의 상관관계가 있긴 하지만 미약함을 알 수 있다. 이는 [표 5.2]에서 별로 크지 않은 t-값 2.607과 상통한다. [그림 5.9]의 잔차산점도($e(V \mid D)$ vs H)와 비교하여 크게 다른 점이 발견되지 않는다.

그러나 D의 추가변수그림인 [그림 5.14]는 비교대상이 되는 [그림 5.10]의 잔차산점도($e(V \mid H)$ vs D)보다 해석이 훨씬 더 명확해짐을 알 수 있다. [그림 5.14]에는 두 잔차의 선형관계가 뚜렷이 나타나 있는데 이것은 회귀모형에 D의 필요성을 명확

그림 5.13 H의 추가변수그림($e(V \mid D)$ vs $e(H \mid D)$)

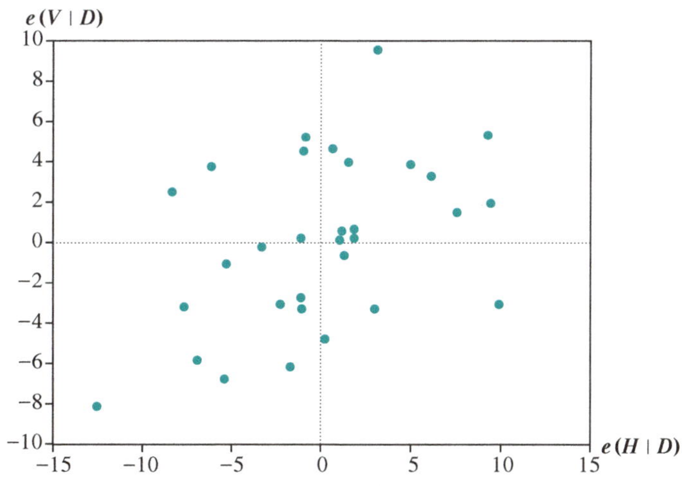

그림 5.14 D의 추가변수그림($e(V \mid H)$ vs $e(D \mid H)$)

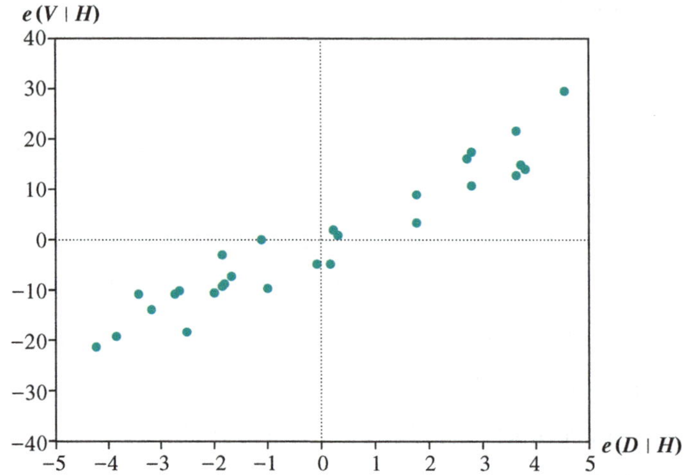

히 나타내고 있는 것이며 [표 5.2]에서 아주 큰 t-값 17.82로부터도 같은 결론을 내릴 수 있다. 이 추가변수그림과 비교해 볼 때 [그림 5.10]에 나타난 $e(V \mid H)$ vs D의 잔차산점도는 모형에 D의 필요성이 상대적으로 적게 강조되고 있음을 보게 된다.[7]

■ 편잔차그림[8]

$e(Y \mid \mathbf{X}, Z)$는 모든 설명변수들이 포함된 모형에서 발생하는 잔차이다. 여기에 $\hat{\alpha}Z$를 더하면 $e(Y \mid \mathbf{X}, Z) + \hat{\alpha}Z$를 원소로 하는 벡터는 다음과 같이 될 것이다.

$$e(\mathbf{y} \mid X, Z) + \hat{\alpha}\mathbf{z} = \mathbf{y} - \mathbf{X}\hat{\boldsymbol{\beta}} - \hat{\alpha}\mathbf{z} + \hat{\alpha}\mathbf{z} = \mathbf{y} - \mathbf{X}\hat{\boldsymbol{\beta}} \tag{5.21}$$

7. 추가변수그림은 본질적으로 잔차산점도보다 설명변수의 필요성 여부를 좀 더 확실하게 보여준다(D에 대한 설명을 참조하기 바란다). 또한 잔차산점도의 그림의 기울기는 회귀계수의 추정값이 아닌 반면 추가변수그림의 기울기는 회귀계수의 추정값과 같다.

8. Ezekiel(1924)에 소개된 편잔차그림은 Larson과 McCleary(1972)와 Wood(1973) 등에 의해 그 응용성이 적극적으로 보급되었다.

여기서의 추정량 $\hat{\boldsymbol{\beta}}$과 $\hat{\alpha}$은 설명변수 $\boldsymbol{X}$와 Z가 모두 포함된 모형에서의 추정량이다. 식 (5.21)의 $\boldsymbol{e}(\boldsymbol{y} \mid \boldsymbol{X}, Z) + \hat{\alpha}\boldsymbol{z}$ 또는 $\boldsymbol{y} - \boldsymbol{X}\hat{\boldsymbol{\beta}}$는 편잔차라고 부르고 편잔차그림(partial residual plot)은 다음과 같이 정의된다.

$$e(Y \mid \boldsymbol{X}, Z) + \hat{\alpha}Z \quad \text{vs} \quad Z \tag{5.22}$$

이 산점도는 (5.18)에서 정의된 잔차–설명변수 산점도와 비교하여 $\hat{\alpha}Z$가 추가되었기 때문에 추가된 잔차–설명변수 산점도(residual plus component plot)라고 부르기도 한다. 편잔차그림의 의도는 모든 설명변수가 포함된 모형에서 발생하는 잔차에서 Z에 해당하는 부분을 뺀 나머지가 Z와 얼마나 관련이 있는지를 알아보는 것이다. 잔차–설명변수 산점도의 일종인 $e(Y \mid \boldsymbol{X})$와 Z의 산점도의 경우와 비슷한 점이 있지만 편잔차를 이용하면 그 기울기가 $\hat{\alpha}$과 같다. 즉, 추가변수그림과 편잔차그림의 기울기는 추가로 모형에 들어오는 변수의 회귀계수 추정값이다. 모형이 적절하다면 잔차–설명변수 산점도의 기울기는 0으로 기대하고 있는데 $\hat{\alpha}Z$가 들어옴으로써 기울기가 생긴다면 이는 당연히 $\hat{\alpha}$이기 때문이다. 이러한 관점에서 $e(Y \mid \boldsymbol{X})$와 Z의 잔차산점도보다 해석하기가 용이하다. 편잔차그림은 Y와 각각의 설명변수의 산점도나 $e(Y \mid \boldsymbol{X})$와 Z의 잔차산점도와 같은 의도를 가지고 있으나 이 편잔차그림을 통하면 반응변수와 설명변수의 함수관계를 알 수 있다. x축이 Z이므로 이것은 종종(반드시 그렇지는 않지만) Z변수의 비선형의 효과를 찾아내고 변환의 필요성과 그 형태를 제시하기도 한다. 추가변수그림이 변수의 추가 여부를 부각시켰다면 편잔차그림은 반응변수와 설명변수와의 정확한 관계를 알려주고 경우에 따라서 변환을 제시한다. 그러나 추가변수그림에서는 $\hat{\alpha}$을 결정하는데 있어서 주요 영향력을 미치는 관측값이 무엇인지 알 수 있는 반면에 편잔차그림으로는 그러한 내용을 파악하기가 어렵다. 편잔차그림은 추가변수그림 및 잔차산점도와 함께 상호보완적으로 사용되어야 할 것이다.

예 5.2 (계속) 흑체리나무 자료

잔차–설명변수 산점도와 추가변수그림에 이어 이제 흑체리나무 자료에서 편잔차그림에 대해 알아보자. 설명변수 H의 편잔차그림은 $e(V \mid D, H) + \hat{\alpha}_H H$를 y축으로 하고 H를 x축으로 하는 산점도이다. [그림 5.15]가 H에 대한 편잔차그림이다. 이 그림은 설명변수 H에 대한 잔차산점도인 [그림 5.9]와 비교될 수 있다. [그림 5.15]에서 H에 대한 선형의 효과는 [그림 5.9]와 비교하면 뚜렷하지는 않지만 약간의 개선을 가져다 주었다. 설명변수 D의 편잔차그림인 [그림 5.16]에서는 설명변수 D에 대한 잔차산점도인 [그림 5.10]과 비교하여 더 강력하고 뚜렷한 효과를 볼 수 있고 곡선의 형태를 보이는 점으로 미루어 설명변수 D에 대한 변환의 필요성을 제시한다고 보여진다.

이외에도 Mallows(1986)는 덧편잔차그림(augmented partial residual plot)을 발표하였다. 이는 편잔차그림보다 비선형의 효과를 좀 더 잘 감지할 수 있다고 알려져 있다. 이를 일반화하여 Cook(1993, 1994)은 비선형의 형태를 알아볼 수 있는 방법(그림을 통한)을 제시하였다. Chatterjee와 Hadi(1988)는 각각의 그림들의 목적이 조금씩 다르기 때문에 그 의미를 잘 파악하는 것이 올바른 자료분석의 지름길이라고 하였다. 이러한 그림들은 독자들의 적극적인 이해가 요구되는 중요한 통계기법

그림 5.15 **H의 편잔차그림**($e(V \mid D, H) + \hat{\alpha}_H H$ vs H)

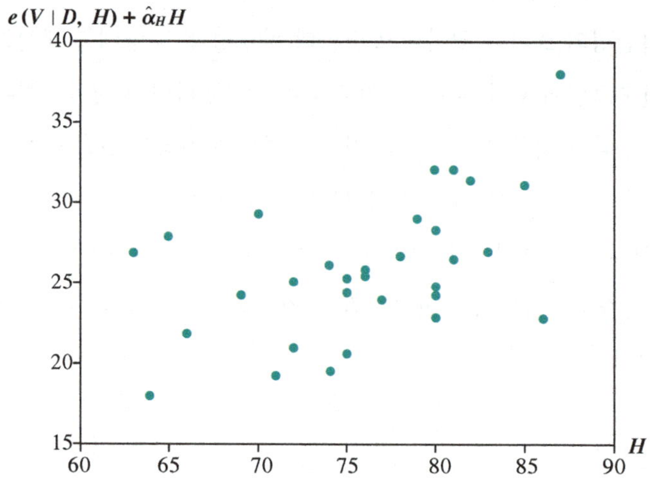

그림 5.16 **D의 편차차그림**($e(V \mid D, H) + \hat{\alpha}_D D$ vs D)

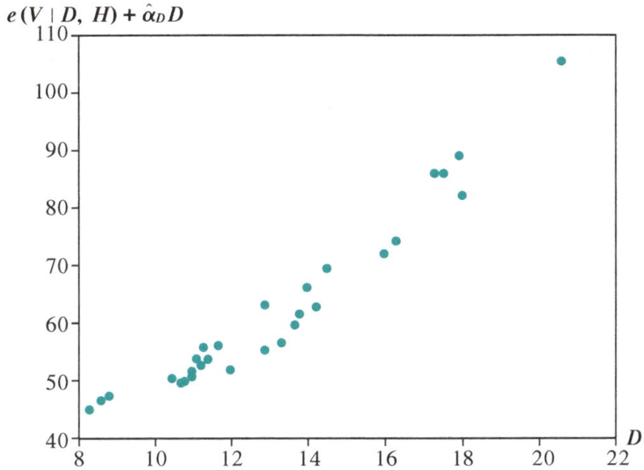

이다.

5.3 모형진단

모형진단은 모형이나 가정에 어떤 문제점이 있는지를 알아보는 것이다. 모형진단이 필요한 이유는 우리가 사용하는 회귀모형이나 회귀모형에 대해 세운 가정이 실제 문제에서는 적절하지 못한 경우가 있기 때문이다. 여기서도 기본적이고 핵심적으로 사용되는 통계량은 잔차이다.[9] 잔차의 형태로부터 모형과 가정의 적절성 여부를 알 수 있다. 회귀모형에 부여되는 가정에 대해 다시 한 번 알아보자.

첫째, 오차의 등분산성 가정이다. 모든 X의 값에 대해 Y의 분산은 같다는 가정이다. 그러나 오차의 분산의 크기는 반응변수나 설명변수 그리고 시간이

9. 모형이 적당하지 않은 경우 이 모형의 적합에서 나오는 잔차를 이용하여 모형이나 가정을 진단하는 것은 모순된다고 할 수도 있지만 잔차 외에 다른 특별한 도구가 없다.

나 장소와 같은 요인에 의해 달라지는 경우가 많으므로 등분산성 가정이 만족되지 않을 수도 있다.

둘째, 모형의 선형성 가정이다. 반응변수 Y와 설명변수 X 사이에는 선형의 관계가 있다는 것이다. 그러나 실제 문제에서는 비선형 관계인 경우가 있다.

셋째, 오차의 정규성 가정이다. 모든 X의 값에 대해 Y는 정규분포를 따른다는 가정이다. 정규분포는 오차에 대한 가장 보편적이고도 타당성 있는 분포라고 할 수 있다. 회귀분석의 추정과 검정에 쓰이는 t-검정과 F-검정은 정규성을 근거로 한다. 물론 정규성 가정이 만족되지 않았을 때의 심각성은 위의 두 경우보다 덜한 것이 사실이다. 그러나 정규성에서 크게 벗어나는 경우에는 문제가 될 수 있으므로 이에 대한 진단이 필요하다.

이제 앞에서 언급된 세 가지 가정에 대해 한 가지씩 살펴보기로 하자.

5.3.1 오차의 등분산성

첫 번째 가정은 모든 관측값에 대해 오차의 분산이 같다는 것이다. 즉, $Var(\varepsilon_i) = \sigma^2$이다. 그러나 오차의 분산은 반응변수나 설명변수, 또는 시간이나 장소 같은 외적요인에 의해서 달라지는 경우가 있다. 오차의 등분산성 여부를 판단하는 방법 중 가장 간단한 방법으로는 앞에서 언급한 잔차산점도를 들 수 있다. 잔차나 스튜던트화잔차를 y축으로 하고 $\hat{y}$을 x축으로 하는 산점도에서 $\hat{y}$이 증가함에 따라 y축의 값의 퍼짐의 정도가 증가 또는 감소하는 모양의 산점도는 이분산성을 나타낸다. [그림 5.5]에서 그림 (b)는 x축의 작은 값보다 큰 값에서 y축의 값에 변화가 많은 경우이며 (c)는 x축의 큰 값보다 작은 값에서 y축의 값에 변화가 많은 경우이다. 그림 (d)의 현상은 반응변수가 비율이나 퍼센트(%)로 표현되는 변수일 경우 자주 생긴다. 크거나 작은 비율보다는 0.5 근처에서 잔차의 값에 변화가 많은 경우이다.

일반적으로 잔차산점도를 보고 등분산성의 가정에 대한 판단이 가능하지만 [그림 5.6]에서 보았듯이 몇 개의 점에 의해 영향을 받기도 한다. 이분산성은 이상점에 의해서 발생할 수도 있고 x축에서 큰 값이 이분산성을 초래하기도 한다. 대개 이러한 점들은 모수추정에 많은 영향을 끼치는 점(influential observation)으로서 잔차는 대개 작은 값을 취한다. 이 문제는 e_i보다는 h_{ii}를 감안한 r_i를 사용하여 부분적으로 해결하였지만 모형이 적합한지의 문제는 여전히 남아 있다.

그림을 이용하여 오차의 이분산성을 찾아내는 과정에서는 주관적이고 경험적인 판단이 필요한 경우가 많은데 이러한 점을 보완하기 위한 통계적인 방법으로 다음의 스코어검정이 제시되었다.

■ 등분산 검정을 위한 스코어검정법

Cook과 Weisberg(1983)는 Cox(1977)가 제시한 모형확장(model expansion)의 개념을 이용하여 선형회귀모형에서 오차의 등분산성을 검정할 수 있는 스코어검정(score test) 방법을 제시하였다. 이 방법은 다음과 같다.

오차의 분산이 모수벡터 $\boldsymbol{\lambda}$와 알려져 있는 변수 $\mathbf{Z}$에 의해 결정된다고 가정하자. 예를 들어 오차의 분산이 반응변수의 값에 따라 달라진다면 $\mathbf{Z} = Y$로 쓸 수 있다. 또한 $\mathbf{Z}$는 한두 개의 설명변수이거나 시간이나 공간과 같은 변수일 수도 있다. $\mathbf{Z}$의 i번째 관측값 z_i가 주어졌을 때 다음과 같은 오차의 분산에 대한 함수식을 생각하여 보자.[10]

$$Var(\varepsilon_i) = \sigma^2[\exp(\boldsymbol{\lambda}' z_i)] \tag{5.23}$$

위 식은 다음과 같은 의미가 있다.

(1) 모든 i에 대해서 $Var(\varepsilon_i) > 0$이다.
(2) 분산은 $\boldsymbol{\lambda}$와 z_i의 함수인데 오직 $\boldsymbol{\lambda}' z_i$의 형태로 분산에 영향을 미친다.
(3) $Var(\varepsilon_i)$는 z_i에 대한 단조 증가 또는 단조 감소함수이다.
(4) 만일 $\boldsymbol{\lambda} = \mathbf{0}$이라면 모든 i에 대해서 $Var(\varepsilon_i) = \sigma^2$이다.

---

10. Cox(1977)가 제시한 방법인 모형확장방법(model expansion)은 기존 모형에 포함되어 있지 않는 모수를 추가하여 모형을 확장하고 모형과 관련된 가정이 사실일 때 이 추가된 모수가 특정한 값을 갖도록 하는 것이다. 후에 설명할 Box-Cox(1964)의 멱등변환(power transformation) 방법도 이 방법에 해당된다.

식 (5.23)에 의하면 등분산성을 가정하는 귀무가설은 $H_0 : \boldsymbol{\lambda} = \mathbf{0}$이 된다. 오차가 독립이고 정규분포를 따를 때 이 가설을 검정하기 위한 스코어검정은 다음 절차를 이용하여 실시하는데 이는 기존의 통계패키지에서도 간단히 실시할 수 있다.

단계 1) 반응변수 Y를 설명변수 $\mathbf{X}$에 회귀시켜 추정회귀선을 구하고 잔차 e_i를 저장한다.

단계 2) 조정된 제곱잔차 $u_i = e_i^2/\tilde{\sigma}^2$을 i번째 관측값으로 하는 새로운 변수 U를 구한다. 여기서 $\tilde{\sigma}^2 = (\Sigma e_i^2)/n$은 σ^2의 최대가능도추정량이다.

단계 3) 반응변수 U를 설명변수 $\mathbf{Z}$로 회귀시키고 회귀제곱합을 SS_{Reg}라고 표시한다. 이 경우 SS_{Reg}에 해당하는 자유도 q는 $\mathbf{Z}$에 포함되는 설명변수의 수이다.

단계 4) 스코어검정통계량 S는 SS_{Reg}의 절반, 즉 $S = SS_{Reg}/2$이다. n이 크면 S는 χ^2–분포를 따르며 자유도는 SS_{Reg}와 같은 q이다. 만일 S가 매우 큰 경우에는 오차의 등분산성이 만족된다고 할 수 없다.[11]

예 5.3 흰기러기 자료

캐나다의 허드슨만 서쪽 지역에서 여름 동안 서식하는 흰기러기의 숫자를 측정하기 위해 경비행기가 이 지역 상공을 정기적으로 비행하면서 흰기러기의 수를 기록하였다. 이러한 방법의 신뢰성을 조사하기 위한 실험을 행하였다. 두 사람의 관측자가 같은 비행기를 타고 45개의 기러기 무리를 독립적으로 측정하고 동시에 사진을 찍어 흰기러기 수를 정확히 알아내고 이를 비교 분석한 것이다. 자료는 [표 5.3]과 같다.

---

11. Cook과 Weisberg(1983)는 $Var(\varepsilon_i)$에 대한 확장모형으로 몇 가지 다른 함수에 대해서도 언급하고 있다. 본 책에서 사용한 지수함수는 본문에서 언급한 네 가지 이유로 바람직한 함수라 하겠는데 Chen(1983)은 이 네 가지가 만족되면 스코어검정은 함수의 형태에 큰 영향을 받지 않는다고 하였다.

표 5.3 흰기러기 자료

사진	관측자 A	관측자 B	사진	관측자 A	관측자 B
56	50	40	119	75	200
38	25	30	165	100	200
25	30	40	152	150	150
48	35	45	205	120	200
38	25	30	409	250	300
22	20	20	342	500	500
22	12	20	200	200	300
42	34	35	73	50	40
34	20	30	123	75	80
14	10	12	150	150	120
30	25	30	70	50	60
9	10	10	90	60	100
18	15	18	110	75	120
25	20	30	95	150	150
62	40	50	57	40	40
26	30	20	43	25	35
88	75	120	55	100	110
56	35	60	325	200	400
11	9	10	114	60	120
66	55	80	83	40	40
42	30	35	91	35	60
30	25	30	56	20	40
90	40	120			

자료원 : Cook과 Jacobson(1978)

여기서는 사진으로 측정한 흰기러기 수를 반응변수 Y, 관측자 A가 측정한 흰기러기 수를 설명변수 X로 놓기로 한다. [그림 5.17]의 잔차산점도는 [그림 5.5]의 (b)와 같이 $\hat{y}$이 증가함에 따라 잔차의 흩어짐이 많아짐을 나타낸다. 따라서 이분산성을 의심할 수 있다. 이런 경우 잔차산점도로 이분산성을 충분히 진단할 수 있지만 스코어검정을 통하여 다시 한 번 확인해 보자.

[표 5.4]는 Y(사진에 의한 기러기 수)를 X(관측자 A에 의한 기러기 수)에 회귀시킨 결과이다. 두 변수 사이에 비교적 강한 선형관계가 있음을 볼 수 있고, 이때의 잔차제곱합은 84790.18이고 $\tilde{\sigma}^2 = 84790.18/45 = 1884.23$이며 $u_i = e_i^2/1884.23$이다. 만약 분산이 설명변수의 함수로 나타난다고 가정하면 본문에서 언급된 Z는 X가 될 것이다. [표 5.5]는 U를 X에 회귀시켜 얻어진 분산분석 결과를 보여주고 있다. 등분산성의 여부를 알아볼 수 있는 스코어검정의 통계값은 $S = SSR/2 = 162.8263/2$

그림 5.17 흰기러기 자료의 잔차산점도

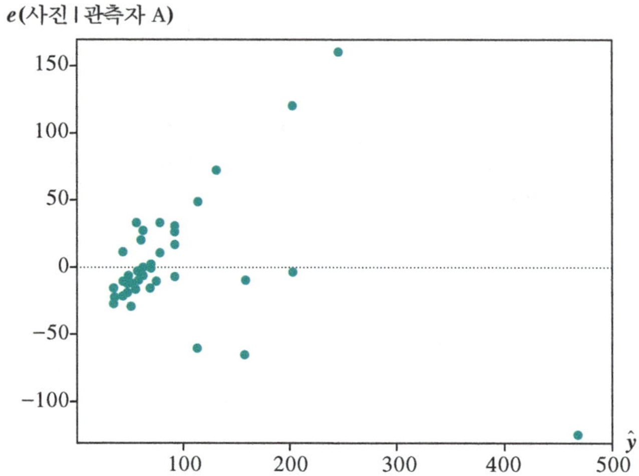

$=81.41$로서 $\chi^2(1)$의 값과 비교해 볼 때 이 자료는 등분산성 가정을 만족하지 않음을 알 수 있다.

표 5.4 흰기러기 자료의 회귀분석 결과 및 분산분석표

Variable	Estimate	Standard Error	t-value	p-value
Intercept	26.64957	8.614482	3.094	0.004
X	0.882557	0.077644	11.37	0.000

$\hat{\sigma}^2 = (44.405912)^2$, $d.f. = 43$, $R^2 = 0.7503$

SOURCE	$d.f.$	SS	MS	F	p-value
Regression	1	254769.46	254769.46	129.202	0.000
Residual	43	84790.18	1971.86		
Total	44	339559.64			

표 5.5 흰기러기 자료의 U와 X의 회귀에 대한 분산분석표

SOURCE	$d.f.$	SS	MS
Regression	1	162.8263	162.8263
Residual	43	137.8813	3.206541

예 5.2 (계속) 흑체리나무 자료

(예 5.2)에서 언급되었던 흑체리나무 자료에 대해 지금까지 사용했던 모형 대신 반응변수 Y가 부피임을 감안하여 반응변수에 세제곱근을 취한 $Y^{1/3} = \beta_0 + \beta_1 H + \beta_2 D + \varepsilon$을 사용하고 오차의 등분산성을 검토해 보자. 이 모형은 Atkinson(1982)과 Cook과 Weisberg(1982)가 추천했던 모형이기도 하다. 반응변수 변환에 대해서는 5.4.3절에서 좀 더 자세히 다룬다. 우선 [그림 5.18]의 잔차산점도에서는 이분산의 증상은 거의 보이지 않는다.

[표 5.6]은 U를 설명변수 중 하나인 높이(H)로 회귀시켜 얻어진 분산분석표이다. 등분산 가정 여부를 알아볼 수 있는 스코어검정의 통계값은 $S = 6.477/2 = 3.24$로서 p-값은 0.072이고 이는 분산이 어느 정도는 높이의 함수인 것을 보여준다. 높이가 큰 나무일수록 부피에 대한 측정오차가 커지게 되므로 높이의 증가에 따른 분산의 증가는 당연하다고 할 수 있다.

그림 5.18 흑체리나무 자료의 잔차산점도

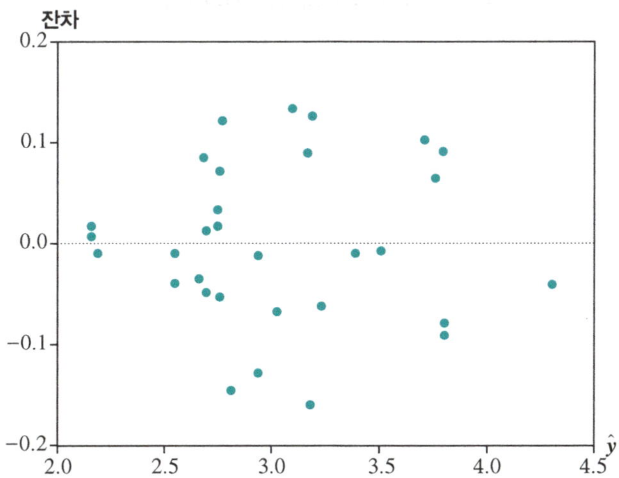

표 5.6 흑체리나무 자료의 U와 H의 회귀에 대한 분산분석표

SOURCE	$d.f.$	SS	MS
Height	1	6.477285	6.477285
Residual	29	33.34537	1.149840

[표 5.7]은 U를 지름(D)에 회귀시켜 얻어진 분산분석표이다. 등분산성 여부를 알아볼 수 있는 스코어검정의 통계값은 $S = 0.943/2 = 0.47$로 이분산의 현상은 지름과는 무관함을 보여주고 있다. [표 5.8]은 U를 두 개의 설명변수 지름(D)과 높이(H)로 회귀시켜 얻어진 분산분석표이다. 스코어검정통계값은 $S = (0.943 + 5.703)/2 = 3.32$로서 $\chi^2(2)$ 분포와 비교해 볼때 p-값은 0.20로서 분산이 지름과 높이 모두의 함수는 아니라는 것을 알 수 있다.

표 5.7 흑체리나무 자료의 U와 D의 회귀에 대한 분산분석표

SOURCE	$d.f.$	SS	MS
Diameter	1	0.942900	0.942900
Residual	29	38.87975	1.340681

표 5.8 흑체리나무 자료의 U와 (D, H)의 회귀에 대한 분산분석표

SOURCE	$d.f.$	SS	MS
Diameter	1	0.942900	0.942900
Height	1	5.702654	5.702654
Residual	28	33.17710	1.184896

5.3.2 회귀모형의 선형성

두 번째 가정은 모형의 선형성 가정이다. 하지만 실제 문제에서는 반응변수와 설명변수의 관계가 비선형인 경우도 있다. 이러한 비선형성도 기본적으로 잔차산점도에서 찾을 수 있다. [그림 5.5]의 (e)~(h)에서와 같이 $\hat{y}$ 또는 x축의 값이 증가함에 따라 잔차나 스튜던트화잔차값이 곡선의 형태를 보이는 경우에는 모형의 비선형성을 나타낸다고 할 수 있다. 5.2절에서 편잔차그림도 비선형성을 발견하는데 효과적이라고 하였다. 만일 각각의 설명변수 값에서 여러 개의 반응변수의 값이 반복적으로 얻어진 경우에는 3장에서 언급한 적합 결여검정(lack of fit test)을 이용하여 비선형성을 진단할 수 있다.

반응변수와 일부 설명변수들 사이의 관계가 선형이 아니더라도 선형모형은 많은 경우에 유용하다. 또한 전체적으로는 비선형이더라도 좁은 범위에서는 선형모형이 적절할 수 있다. 변수의 적절한 변환을 통해 실제 비선형의 모형이 선형으로 바뀌는 경우가 있는데 이러한 변환에는 설명변수나 반응변수 또는 두 변수 모두의 변환이 포함된다. 설명변수와 반응변수 간에 비선형의 관계가 발견된 경우 변환을 포함한 치료방법은 5.4절에서 다룰 것이다.

예 5.2 (계속) 흑체리나무 자료

지금까지 흑체리나무 자료에 대한 각종 잔차 및 추가변수그림을 살펴보았는데 여기에서는 세 가지의 가정 중 회귀모형의 선형성에 대해 알아보기로 하자. 이미 $e(V \mid D, H)$를 y축으로 하고 D 또는 H를 x축으로 하는 그림인 잔차-설명변수 산점도를 통하여 설명변수의 선형성에 대해 살펴보았다. 이들과 더불어 $\hat{y}$을 x축으로 하고 잔차 또는 스튜던트화잔차를 y축으로 하는 잔차산점도 역시 모형의 비선형에 대

그림 5.19 잔차산점도($e(V \mid D, H)$ vs $\hat{y}$)

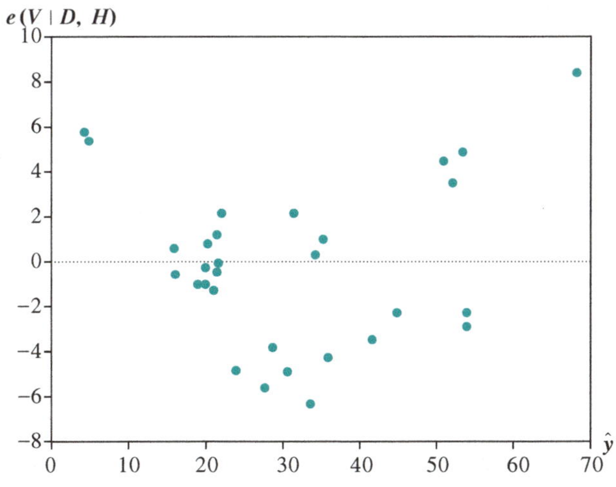

그림 5.20

잔차산점도(r_i vs $\hat{y}$)

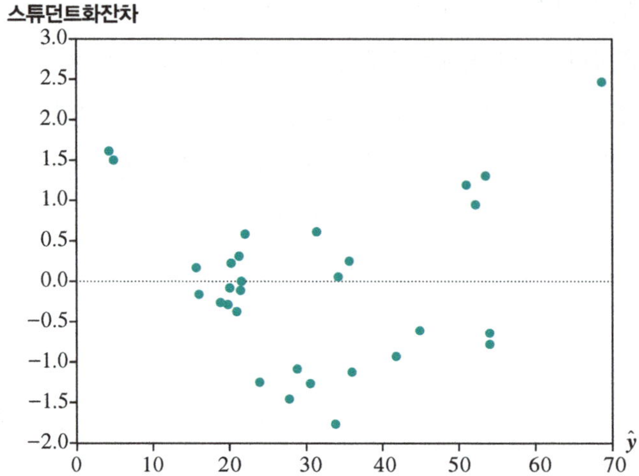

한 분석도구로 쓰인다.

[그림 5.12]의 설명변수 D의 잔차–설명변수 산점도($e(V \mid D, H)$ vs D)에서 잔차가 U자 모양의 비선형 형태를 갖는 것을 보았다. 이와 같은 현상이 [그림 5.19]의 $e(V \mid D, H)$와 $\hat{y}$의 잔차산점도와 [그림 5.20]의 스튜던트화잔차와 $\hat{y}$의 잔차산점도에서도 나타나고 있다. 등분산성이나 선형성을 진단하는데 [그림 5.19]과 [그림 5.20]은 대부분의 경우 거의 차이가 없다. 다만 스튜던트화잔차를 이용한 잔차산점도가 가지는 장점이 있다. 5.1절에서 모형이 맞다는 가정과 정규성 가정 하에서 스튜던트화잔차는 약 95%가 −2와 +2 사이에 있게 된다고 하였다. [그림 5.12]나 [그림 5.19]가 잔차의 모양에 대한 정보만 제공해 주는 반면 스튜던트화잔차를 이용하면 ±2(또는 ±3) 범위를 벗어나는 비정상적인 점들이 어떠한 것이며 이러한 점들이 전체 자료에서 차지하는 비율 등에 대한 유용한 정보를 알 수 있다.

5.3.3 오차의 정규성

회귀모형에서 또 하나의 가정은 오차가 정규분포를 따른다는 것이다. 오차의 정규분포 가정은 F–검정, t–검정과 신뢰구간을 구하는데 필요하다. 따라서 오차의 정규성 가정은 회귀분석에서의 통계적 추론에 중요한 역할을 한다.

식 (5.1)의 선형모형에서 오차의 정규성에 대한 진단을 생각해 보자. 물론 $\boldsymbol{\varepsilon}$은 관측된 적이 없으므로 정규성의 검정도 잔차에 기초하여야만 한다. 잔차 벡터는

$$
\begin{aligned}
\boldsymbol{e} &= \boldsymbol{y} - \hat{\boldsymbol{y}} \\
&= (\boldsymbol{I} - \boldsymbol{H})\boldsymbol{y} \\
&= (\boldsymbol{I} - \boldsymbol{H})(\boldsymbol{X\beta} + \boldsymbol{\varepsilon}) \\
&= (\boldsymbol{I} - \boldsymbol{H})\boldsymbol{X\beta} + (\boldsymbol{I} - \boldsymbol{H})\boldsymbol{\varepsilon} \\
&= (\boldsymbol{I} - \boldsymbol{H})\boldsymbol{\varepsilon}
\end{aligned} \tag{5.24}
$$

와 같이 표현되고 i번째 잔차는

$$e_i = \varepsilon_i - \sum_{j=1}^{n} h_{ij}\varepsilon_j \tag{5.25}$$

이다. 우변의 두 번째 항인 $\Sigma h_{ij}\varepsilon_j$는 n개의 오차항 $\varepsilon_j, (j=1, \cdots, n)$의 선형결합으로 ε_j가 정규분포를 따르지 않더라도 중심극한정리에 의하여 근사적으로 정규분포를 따른다. 표본의 크기가 크지 않은 경우에 h_{ij} 중에서 몇 개가 크다면 잔차는 식 (5.25)의 우변의 첫 번째 항인 ε_i에 비해 두 번째 항인 $\Sigma h_{ij}\varepsilon_j$에 더 큰 영향을 받을 것이다. 따라서 오차항이 정규분포를 따르지 않더라도 잔차는 정규분포에 근접하게 되어 잔차를 이용하여 오차항의 정규성을 검토하는 방법이 적절하지 않을 수 있다. Gnanadesikan(1977)은 이것을 잔차의 과정규성(super-normality)이라고 불렀다. 만약 설명변수의 수 p가 고정되어 있고 표본의 크기 n이 증가하면 h_{ij}의 값들은 0에 가까워지고 식 (5.25)에서 ε_i의 비중이 $\Sigma h_{ij}\varepsilon_j$보다 훨씬 커지고 $\Sigma h_{ij}\varepsilon_j$의 분산은 아주 작게 될 것이다. 따라서 크기가 큰 표본에서는 잔차를 이용하여도 ε_i에 대한 검정을 하는 것과 거의 같은 효과를 얻을 수 있다.

■ 정규확률그림

정규성의 검토에는 Wilk와 Gnanadesikan(1968), Gnanadesikan(1977)에 의해 제안된 정규확률그림(normal probability plot)이 흔히 사용된다. 크기가 n인 표본 $Z_1, Z_2, \cdots, Z_n$이 미지의 평균 μ와 분산 σ^2을 갖는 정규분포에서 추출된 것임을 조사하는데 목적이 있다면, 다음과 같은 과정을 통하여 자료에 대한 정규성 검정을 실시할 수 있다.

단계 1) $Z_1, Z_2, \cdots, Z_n$을 크기가 작은 순서부터 나열하고 각각을 $Z_{(1)} \leqq Z_{(2)} \leqq \cdots \leqq Z_{(n)}$으로 표시하자. 즉, $Z_{(i)}$는 순서통계량(order statistics)이다.

단계 2) 평균이 0이고 분산이 1인 표준정규분포에서 크기 n의 표본을 반복하여 취하고, i번째로 얻은 표본에서 관측값의 순서통계량을 $U^i_{(1)}, U^i_{(2)}, U^i_{(3)}, \cdots, U^i_{(n)}$로 표시하자. 이러한 표본을 M개 취하고 각 순서통계량의 평균을 $U_{(1)}, U_{(2)}, U_{(3)}, \cdots, U_{(n)}$이라 하자. M이 무한이 컸을 때 M개의 관측값의 평균값인 $U_{(j)}$, $(j = 1, \cdots, n)$을 정규점수(normal score 또는 rankit)이라고 부른다. 이는 부록 [표 7]에 수록되어 있다. 이러한 표는 컴퓨터를 사용하여 쉽게 만들 수 있다.

단계 3) Z가 정규분포를 따르면 $E(Z_{(i)}) = \mu + \sigma U_{(i)}$이 될 것이다. $Z_{(i)}$를 y축으로 하고 $U_{(i)}$를 x축으로 한 산점도를 정규확률그림이라고 하는데, 만약 표본이 정규분포에서 얻은 것이라면 정규확률그림은 일직선에 접근할 것이다.

$N(3, 4)$에서 $n = 17$의 표본을 모의실험을 통하여 생성하고 부록 [표 7]에서 얻은 정규점수에 대해 이 표본의 표준화된 순서통계량의 값을 산점도로 그린 결과가 [그림 5.21]의 (a)이다. 이 정규확률그림은 거의 직선이다. [그림 5.21]의 (b)는 $U(0, 1)$에서 $n = 17$인 표본을 추출하여 얻은 정규확률그림으로 직선이 아님을 볼 수 있다.

정규확률그림 이외에도 많은 통계량이 정규성을 검정하기 위해서 제안되었다. 이 중 많이 쓰이는 것으로 Shapiro와 Wilk(1965)에 의한 Shapiro–Wilk

정규확률그림

그림 5.21

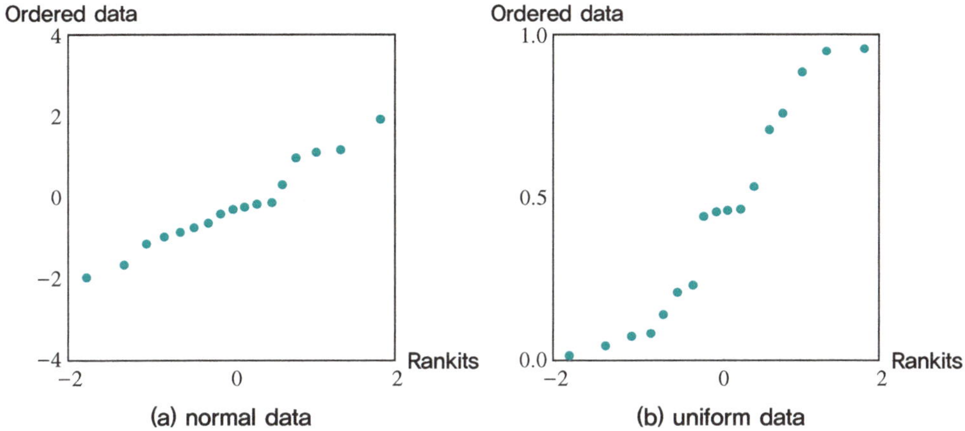

통계량(간단히 W-통계량)이 있다. 이것은 본질적으로 정규확률그림에서의 $U_{(i)}$와 $Z_{(i)}$ 사이의 상관계수의 제곱과 같고, 만일 W가 아주 작다면 정규성이 기각된다. 이 W 통계량을 이용한 정규성 검정은 부록 [표 6]을 이용하면 된다.

예 5.4 토양침식 자료

토양의 침식과 관련된 몇 가지 변수들이 침식에 미치는 영향을 알아보기 위해 다음과 같은 실험을 실시하였다. 경사진 농경지에 위치한 면적이 1제곱피트인 10곳을 실험대상으로 하여 20분 동안 2인치의 인공비를 뿌린 후에 토양이 침식된 양을 조사하였다. [표 5.9]에서 SL은 1에이커당 파운드로 기록된 토양의 침식량을 나타내고, SG는 땅의 경사도, LOBS는 토양의 침식이 가장 심한 곳의 깊이(단위 : 인치), PGC는 흙으로 덮여진 부분의 비율(단위 : 퍼센트)이다.

표 5.9 **토양침식 자료**

SL	SG	LOBS	PGC
27.1	0.43	1.95	0.34
35.6	0.47	5.13	0.32
31.4	0.44	3.98	0.29
37.8	0.48	6.25	0.30
40.2	0.48	7.12	0.25
39.8	0.49	6.50	0.26
55.5	0.53	10.67	0.10
43.6	0.50	7.08	0.16
52.1	0.55	9.88	0.19
43.8	0.51	8.72	0.18
35.7	0.48	4.96	0.28

자료원 : Packer(1951)

토양침식 자료를 사용하여 SL을 반응변수로 SG, LOBS, PGC를 설명변수로 하는 회귀모형의 오차에 대한 정규성 여부를 정규확률그림을 통하여 보고자 한다. [그림 5.22]는 잔차에 대한 정규확률그림으로 직선에서 많이 벗어나지는 않는다. W-통계량의 값은 0.8775로 유의수준 0.05에서의 기각값 0.850보다 크므로 오차가 정규분포를 따른다는 가설을 기각하지 못한다. 부록 [표 6]을 참조 바란다. 그

그림 5.22 **토양침식 자료의 잔차에 대한 정규확률그림**

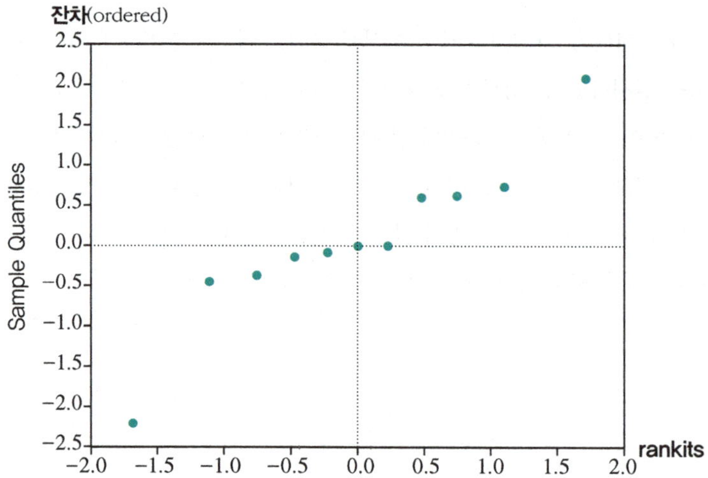

러나 이 경우에는 표본이 작기 때문에 주의해야 한다.

예 5.3 (계속) 흰기러기 자료

5.3.1절의 흰기러기 자료에서 [그림 5.17]의 잔차산점도와 스코어검정을 통하여 등분산가정에 문제가 있다는 것은 이미 확인하였다. 회귀모형의 오차에 대한 정규성 여부를 정규확률그림을 통하여 조사해 보기 위해 관측자 A에 의한 기러기 수를 설명변수로 사용했을 때 얻어진 잔차에 대한 정규확률그림을 그려보았다. [그림 5.23]의 형태로 보아 정규성 가정이 위배되는 것으로 판단된다. 정규성 여부를 검정하기 위한 W-통계량의 값은 0.8357로 유의수준 0.05에서 오차가 정규분포를 따른다는 가설을 기각한다. 결국 이 자료에서 오차는 등분산을 갖지 않으며 정규분포를 따르지도 않는다. 이제 5.4절에서는 이러한 바람직하지 않은 부분을 고치기 위한 여러 가지 방법을 살펴본다.

흰기러기 자료의 잔차에 대한 정규확률그림 그림 5.23

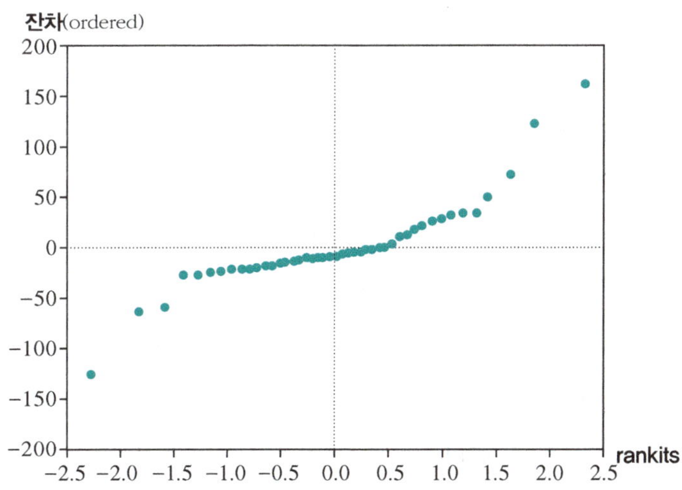

5.4 변수변환

5장에서 지금까지는 회귀모형에 대한 가정의 타당성을 진단해 보는 모형진단에 대해 알아보았다. 회귀진단을 끝낸 후 우리가 갖게 되는 결과는 크게 두 가지로 요약할 수 있다. 먼저, 모형이나 가정에 아무런 이상이 발견되지 않은 경우를 들 수 있다. 이때는 당연히 추정된 회귀식을 그대로 받아들이고 다음 분석단계로 넘어가면 된다. 그러나 대부분 회귀진단 과정에서 모형이나 가정에 문제점이 발견될 것이다. 본 절에서는 회귀진단으로 발견된 문제점을 치료하기 위하여 변수변환과 그 밖의 몇 가지 방법을 살펴보기로 한다.

5.4.1 분산안정을 위한 변환

선형회귀모형에서 가장 기본적인 가정은 등분산성이다. 이 가정이 위배되는 경우에는 최소제곱법으로 추정된 추정량은 비편향추정량의 성질은 만족시키지만 분산이 커질 가능성이 높아진다. 즉, 가장 작은 분산을 가지는 추정량이 될 수 없다. 분산은 반응변수 또는 한 개 이상의 설명변수의 함수로서 나타나거나, 자료가 수집된 순서나 장소 등의 외부적인 변수에 의해 결정이 되기도 한다. 이러한 이유로 등분산의 여부와 그 구조적인 특징을 찾는 작업은 매우 중요하다. 이를 위해 5.3절에서 등분산검정을 위한 스코어검정법을 추천하였다. 이분산성이 진단되었을 때에는 다음과 같은 치료방법이 있다.

첫째, 2장에서 보았던 가중최소제곱법을 이용하는 것이다. 이때 가중값은 분산의 역에 비례하도록 한다. 분산이 설명변수의 함수, 예를 들어 분산의 함수형태가 x_i^α, $(-2 \leqq \alpha \leqq 2)$로 설정된다면 이를 이용하여 가중최소제곱법을 통한 추정을 할 수 있다. 그러나 일반적으로 가중값은 경험적으로 채택된다. 분산이 반응변수의 함수로 의심이 가더라도 최소제곱법이 아닌 특수한 방법으로 추정되는 경우가 아니면 가중값은 $\hat{y}$의 값이나 e의 함수로서 지정할 수 없다(Holt와 Scott, 1981). 관측값이 반복되는 자료인 경우에는 각 그룹 안에서 계산된 분산을 이용하여 가중값을 구한다.

둘째, 등분산변환(variance stabilizing transformation)방법을 들 수 있다. Y가 양의 값을 갖고 분산 $Var(\varepsilon)$ 또는 $Var(Y)$가

$$Var(\varepsilon) = Var(Y \mid X = \boldsymbol{x}) = \sigma^2 g(E(Y \mid X = \boldsymbol{x})) \tag{5.26}$$

와 같이 $E(Y)$의 함수에 의해 결정이 된다면 Scheffé(1959)는 거의 모든 경우 반응변수의 적절한 변환으로 불안전한 분산을 안정시키고 등분산의 가정을 만족시켜 줄 수 있다고 하였다. [표 5.10]에 여러 다양한 경우의 반응변수변환의 형태를 제시하였다.

Y가 포아송분포를 따른다면 Y의 분산과 기대값이 같으므로 Y의 분산은 X의 함수가 되어 이분산의 문제가 발생된다. 그러나 포아송분포를 따르는 변수에 제곱근변환을 한 변수의 분산은 $E(Y)$에 독립이라는 사실을 이용하면 제곱근변환을 통하여 이분산성의 문제를 해결할 수 있다. 가장 많이 쓰이는 변환으로서 로그변환을 들 수 있다. 로그의 밑수는 어느 것을 사용해도 된다. 오차의 표준편차의 크기가 반응변수의 비율로 나타나는 경우 아주 효과적이다. 역의 변환은 반응변수의 값이 대부분 0에 가까우나 일부가 그렇지 않은 경우에 쓰이는 방법이다. 예를 들어 어떤 사건이 일어나기까지의 시간이나 약물의 효과가 나타날 때까지 걸리는 시간 등은 대부분의 값은 0에 가까우나 일부가 그렇지 않은 경우가 있다. 이러한 변환은 사건이 일어나기까지의 시간을 단위시간당 발생비율로 바꿔주는 효과가 있다. 만약 역수를 취하는 과정에서 아주 작은 수가 나오면 상수를 곱해 준다. 반응변수가 비율로 표시되는 경우 잔차산점도는 대부분 두 활을 포개놓은 형태로 나타난다([그림 5.5] (d) 참조). 이 경우에는 역사인(arcsin) 변환을 통하여 이분산의 문제를 해결할 수 있다.

만약 반응변수의 값이 0이거나 음의 값을 갖는 경우는 기술적인 문제가 발생된다. 예를 들어 음의 값에 로그변환을 취할 수는 없을 것이다. 이런 경우는 상수를 더하여, 즉 (y + 상수)의 변환을 하면 된다. 그러나 이러한 방법은 원래의 관측값이 큰 경우는 문제가 되지 않으나 관측값이 아주 작은 경우에는 그렇게 좋은 방법은 아니다.

표 5.10 **분산안정 변환의 예**[12]

변환	상황	비고
$\sqrt{Y}$	$Var(\varepsilon_i) \propto E(y_i)$	주로 계수(counts)의 값으로 포아송분포를 따르는 경우. 일부 반응변수의 값이 0이거나 아주 작을 경우 Freeman-Tukey(1950) 변환 $\sqrt{y}+\sqrt{y+1}$로 대체.
$\log y$	$Var(\varepsilon_i) \propto [E(y_i)]^2$	보편적으로 많이 사용됨. 반응변수의 값의 범위가 매우 큰 경우. 반응변수의 일부 값이 0이나 음이면 $\log(y+c)$로 대체.
$\frac{1}{y}$	$Var(\varepsilon_i) \propto [E(y_i)]^4$	대부분의 반응변수의 값이 0에 가까우나 일부 그렇지 않은 경우. 반응변수의 일부 값이 0이나 음수일 때 $\frac{1}{(y+c)}$로 대체.
$\sin^{-1}(\sqrt{y})$	$Var(\varepsilon_i) \propto E(y_i)(1-E(y_i))$	0과 1 사이의 비율의 경우.

이와 같이 분산의 구조적인 특성을 사전에 또는 이론적으로 아는 경우에는 변환을 취할 수 있으나 대부분의 경우는 그렇지 않다. 이럴 경우 대부분의 분석자들은 경험적으로 변수에 대한 변환을 시도하거나 무시하는 경우가 있는데 이는 잘못된 절차라 할 수 있다. 특히 후자인 경우는 변환을 통하면 원래의 단위를 보존하지 못한다는 잘못된 관념 때문인 것으로 보이나 그릇된 편견일 뿐이다. Box와 Cox(1964)는 자료에 의한 변수변환의 객관적이고 절차적인 선택방법을 모형확장의 개념으로 발표하였다. 이것이 유명한 Box-Cox 변환이다. 이는 5.4.3절에서 설명하기로 하고 변수의 변환을 통해서 선형의 관계를 만들어 주는 과정을 5.4.2절에서 먼저 소개하기로 한다.

5.4.2 선형으로의 변환

설명변수와 반응변수의 관계가 실제로 선형이 아니라도 선형의 관계는 처음 분석을 시작하는 단계에서 중요한 출발점이 된다. 비록 자료가 수집될 수 있는 모든 구간에서는 비선형의 관계가 있더라도 제한된 구간에서는 선형의 관계

12. [표 5.10]을 보면 일반적으로 제곱근, 로그, 역의 변환을 시도한다고 할 수 있다. 이론적으로 변환의 정당성이 주어져 있다 하더라도 제한된 좁은 범위에서는 제곱근 같은 '작은' 변환은 그렇게 큰 효과를 나타내지 못하니 유의하기 바란다. 여기서 제한된 범위라는 것은 Y의 최대값과 최소값의 비율이 2나 3임을 의미한다.

를 설정할 수 있기 때문이다. 제한된 구간을 벗어나면 모형의 타당성은 의심을 받지만 이 경우에는 또 다른 형태의 선형모형으로서 관계를 근사시킬 수 있기 때문에 많은 사람들이 선형을 선호한다. 설명변수와 반응변수의 관계가 실제로 비선형인 경우에도 적절한 변환을 통하여 선형모형으로 문제를 해결할 수 있다.

이제 선형으로 변환이 가능한 함수를 형태별로 분류해 보자. 이러한 함수가 [그림 5.24]에 주어졌고 이 그림은 Daniel과 Wood(1980)에서 인용하였다. 비선형함수, 변환 방법, 변환 후의 선형 형태 등을 [표 5.11]에 제시하였는데 이는 Montgomery 등(2006)을 참조하였다.

Y와 X의 관계가 다음과 같은 멱등함수로 설정이 된다면 β_0값이 양수로 주어졌을 때 β_1의 변화에 따른 함수의 형태는 [그림 5.24]의 (a), (b)와 같다.

$$Y = \beta_0 X^{\beta_1} \tag{5.27}$$

식 (5.27)의 양변에 로그를 취하면 다음과 같은 선형의 모형을 얻을 수 있다.

$$\ln Y = \ln \beta_0 + \beta_1 \ln X \tag{5.28}$$

즉 설명변수와 반응변수를 모두 로그변환을 시키면 비선형의 문제가 해결되고 통상적인 선형회귀에서의 최소제곱법을 이용하여 모형을 개발할 수 있을 것이다.

5.4.1절에서 반응변수에 로그를 취함으로써 등분산의 가정에 위배되는 현상을 해결하는 경우가 있었다. 이러한 로그변환은 다음과 같은 지수함수의 선형화에도 쓰인다.

$$Y = \beta_0 e^{\beta_1 X} \tag{5.29}$$

[그림 5.24]의 (c), (d)에 의하면 주어진 β_1의 값이 양수인지 또는 음수인지에 따라 함수의 형태가 달라짐을 알 수 있다. 식 (5.29)의 양변에 로그를 취하면

그림 5.24 선형으로 변환이 가능한 비선형함수

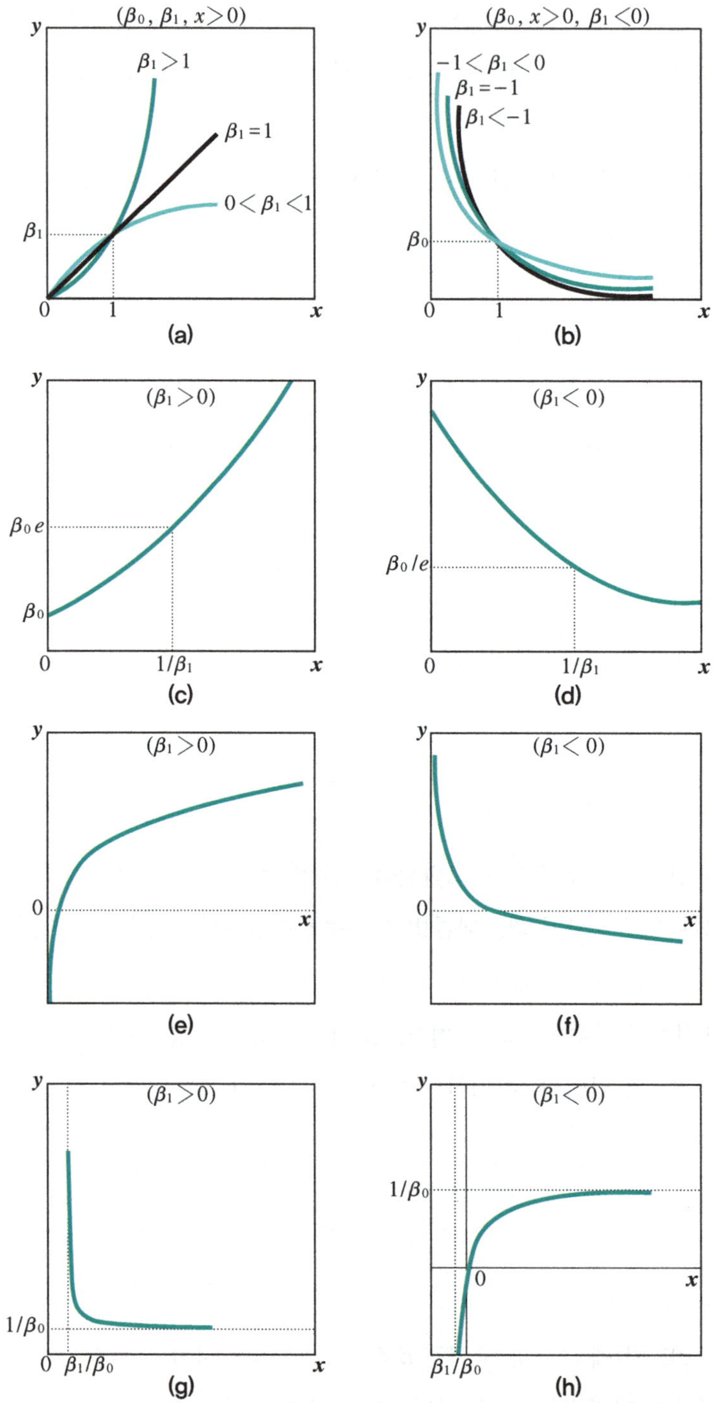

다음과 같은 선형모형이 된다.

$$\ln Y = \ln \beta_0 + \beta_1 X \tag{5.30}$$

설명변수와 반응변수의 관계가 식 (5.31)과 같은 경우에는 주어진 설명변수에 로그를 취하면 선형모형이 되는데 [그림 5.24]의 (e), (f)에서 보듯이 β_1의 부호에 따라 증가함수와 감소함수로 구분이 된다.

$$Y = \beta_0 + \beta_1 \ln X = \beta_0 + \beta_1 X^* \tag{5.31}$$

여기서 X^*는 $\ln X$를 의미한다.

표 5.11 선형변환 가능 함수

선형변환 가능 함수	변환	선형함수
$Y = \beta_0 X^{\beta_1}$	$Y^* = \ln Y,\ X^* = \ln X$	$Y^* = \ln \beta_0 + \beta_1 X^*$
$Y = \beta_0 e^{\beta_1 X}$	$Y^* = \ln Y$	$Y^* = \ln \beta_0 + \beta_1 X$
$Y = \beta_0 + \beta_1 \ln X$	$X^* = \ln X$	$Y = \beta_0 + \beta_1 X^*$
$Y = \dfrac{X}{\beta_0 X - \beta_1}$	$Y^* = \dfrac{1}{Y},\ X^* = \dfrac{1}{X}$	$Y^* = \beta_0 - \beta_1 X^*$
$Y = \beta_0 + \beta_1 \left(\dfrac{1}{X}\right)$	$X^* = \dfrac{1}{X}$	$Y = \beta_0 + \beta_1 X^*$
$\left(\dfrac{1}{Y}\right) = \beta_0 + \beta_1 X$	$Y^* = \dfrac{1}{Y}$	$Y^* = \beta_0 + \beta_1 X$

생물학이나 경제학 등의 분야에서는 다음과 같은 쌍곡선 형태의 함수가 많이 이용된다. [그림 5.24]의 (g), (h)에 의하면 β_1의 부호에 따라 함수형태가 결정된다.

$$Y = \frac{X}{\beta_0 X - \beta_1} \tag{5.32}$$

식 (5.32)의 좌변과 우변을 동시에 역을 취하면 다음과 같다. 즉 설명변수와 반응변수를 모두 역변환시키면 선형모형을 개발할 수 있을 것이다.

$$Y^* = \frac{1}{Y} = \frac{\beta_0 X - \beta_1}{X} = \beta_0 - \beta_1\left(\frac{1}{X}\right) = \beta_0 - \beta_1 X^* \tag{5.33}$$

여기서 Y^*는 $1/Y$을 X^*는 $1/X$을 의미한다.

역변환의 다른 예로 설명변수와 반응변수의 관계가 식 (5.34)와 같은 경우에는 주어진 설명변수에 역를 취하면 선형모형이 되고 식 (5.35)와 같은 경우에는 반응변수에 역를 취하면 선형모형이 된다.

$$Y = \beta_0 + \beta_1\left(\frac{1}{X}\right) = \beta_0 + \beta_1 X^* \tag{5.34}$$

$$Y^* = \left(\frac{1}{Y}\right) = \beta_0 + \beta_1 X \tag{5.35}$$

지금까지 변환을 통하여 얻어지는 선형의 관계가 설명변수와 반응변수의 관계를 잘 설명해 줄 것이라는 희망을 가지고 여러 가지 변환유형을 알아보았다. 그러나 변환을 통한 선형의 관계가 선형회귀모형이 기본적으로 갖추어야 할 가정을 만족시키는지의 여부는 잔차분석을 비롯한 여러 진단방법을 통하여 검토할 필요가 있다. 경우에 따라서 원래의 비선형의 관계가 오히려 더 바람직한 모형일 수가 있으므로 주의하기 바란다.

다음의 로지스틱(logistic)함수를 생각해 보자.

$$Y = \frac{e^{\beta_0 + \beta_1 X}}{1 + e^{\beta_0 + \beta_1 X}} \tag{5.36}$$

여기서 $0 \leqq Y \leqq 1$이며 $Y^* = \ln\left(\frac{Y}{1-Y}\right)$를 통해 선형화된다. 이 경우 오차는 평균이 0이고 등분산을 갖는다고 가정할 수 없으며 10장에서 다루는 로지스틱 회귀모형 또는 일반화선형모형의 방법을 적용해야 한다.

만약 오차가 식 (5.27)에서 다음과 같이 곱의 형태(multiplicative form)로 모형에 도입되는 경우

$$Y = \beta_0 X^{\beta_1} \varepsilon \tag{5.37}$$

양변에 자연로그를 취하면 다음과 같이 나타나므로

$$\ln Y = \ln \beta_0 + \beta_1 \ln X + \ln \varepsilon \tag{5.38}$$

$\ln \varepsilon$이 기대값이 0이고 분산이 일정한 정규분포를 따른다고 가정하여야 한다. 이는 원래 주어진 ε이 로그정규분포를 따라야 함을 의미한다. 이는 앞에서 멱등함수나 지수함수가 변환했을 때 오차는 곱으로 모형 안에 삽입이 되었다는 사실을 묵시적으로 가정한 것이다. 만약 오차가 합의 모형으로 다음과 같이 주어져 있다고 가정해 보자.

$$Y = \beta_0 X^{\beta_1} + \varepsilon \tag{5.39}$$

여기서의 ε은 $N(0, \sigma^2)$을 따른다. 이를 무시하고 위와 같이 변환을 통한 잔차분석을 할 경우의 잔차는 일반적인 가정을 만족시키지 못하는 수가 있다. 변환을 통한 선형모형 설정은 구조적으로 편리하지만 경우에 따라 등분산 또는 정규성의 가정을 위배할 가능성이 높다.

하지만 변환을 통한 모형개발을 자제할 필요는 없다. 다만 잔차분석 등을 통하여 선형화된 모형의 적합성 여부를 세심히 검토하여야 한다. 경우에 따라 원래의 비선형의 관계를 그대로 유지하거나 7장에서 설명할 다항회귀모형(polynomial regression model)을 통해 비선형의 문제를 해결할 수도 있다.[13]

예 5.5 미국 경제자료

Solow(1957)는 미국경제의 기술 변화에 관한 다음의 모형을 제시하였다.

$$q(t) = A(t) f[k(t)]$$

13. 변수변환이 요구되는 증상이나 다항회귀모형이 요구되는 증상은 비슷하다.

여기서 $q(t)$는 노동시간(man hour)당 총생산량, $k(t)$는 총 자본과 노동의 비율, $A(t)$는 기술지표를 의미한다. 그리고 t는 연도를 의미한다.

이 모형의 평가를 위하여 [표 5.12]의 1909년부터 1942년까지의 자료가 사용되었다. Solow는 다음과 같은 모형을 포함한 여러 모형을 제시하였다.

$$\ln\left(\frac{q}{A}\right) = \beta_0 + \beta_1 \ln k + \varepsilon$$

$Y(=q/A)$와 $X(=k)$의 산점도는 [그림 5.25]에 제시되어 있다. 반응변수와 설명변수의 관계가 선형으로 보여 단순선형회귀모형을 적용시켜 본 결과 아주 높은 $R^2 = 0.996$을 얻었다. 그러나 잔차와 적합값의 잔차산점도인 [그림 5.26]에서 비선형의 형태를 보여 주고 있어 Solow가 제시하였듯이 두 변수 Y와 X에 로그변환을 취해 보았다.

각 변수에 로그를 취하여 제시된 모형의 잔차의 형태를 살펴보면 정상적인 형태를 나타내고 있음을 알 수 있다([그림 5.27] 참조). 그리고 이 두 모형에서 나오는 적합값을 원래의 단위를 기준으로 비교하여도 변환을 통하여 나온 적합값이 좀 더 안정적이고 정확하다([표 5.13] 참조).

표 5.12 미국 경제자료

연도	q	k	A	연도	q	k	A
1909	0.623	2.06	1.000	1926	0.869	2.87	1.241
1910	0.616	2.10	0.983	1927	0.871	2.93	1.235
1911	0.647	2.17	1.021	1928	0.874	3.02	1.226
1912	0.652	2.21	1.023	1929	0.895	3.06	1.251
1913	0.680	2.23	1.064	1930	0.880	3.30	1.197
1914	0.682	2.20	1.071	1931	0.904	3.33	1.226
1915	0.669	2.26	1.041	1932	0.879	3.28	1.198
1916	0.700	2.34	1.076	1933	0.869	3.10	1.211
1917	0.679	2.21	1.065	1934	0.921	3.00	1.298
1918	0.729	2.22	1.142	1935	0.943	2.87	1.349
1919	0.767	2.47	1.157	1936	0.982	2.72	1.429
1920	0.721	2.58	1.069	1937	0.971	2.71	1.415
1921	0.770	2.55	1.146	1938	1.000	2.78	1.445
1922	0.788	2.49	1.183	1939	1.034	2.66	1.514
1923	0.809	2.61	1.196	1940	1.082	2.63	1.590
1924	0.836	2.74	1.215	1941	1.122	2.58	1.660
1925	0.872	2.81	1.254	1942	1.136	2.64	1.665

자료원 : Solow(1957)

그림 5.25

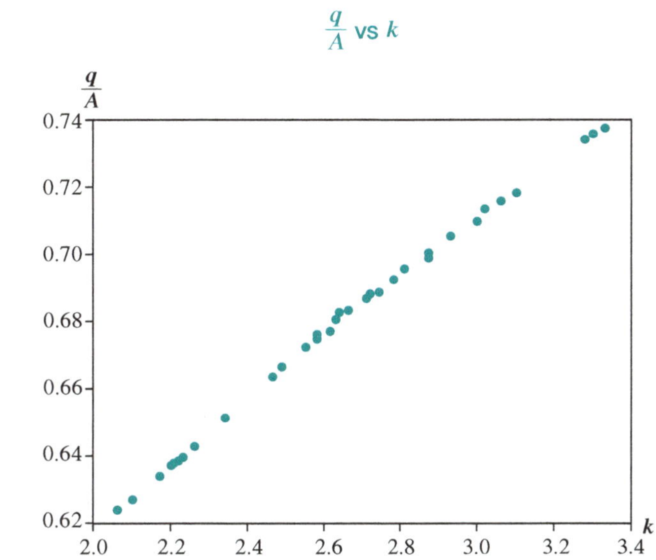
$\frac{q}{A}$ vs k
$\frac{q}{A}$
0.74
0.72
0.70
0.68
0.66
0.64
0.62
2.0
2.2
2.4
2.6
2.8
3.0
3.2
3.4
k

그림 5.26

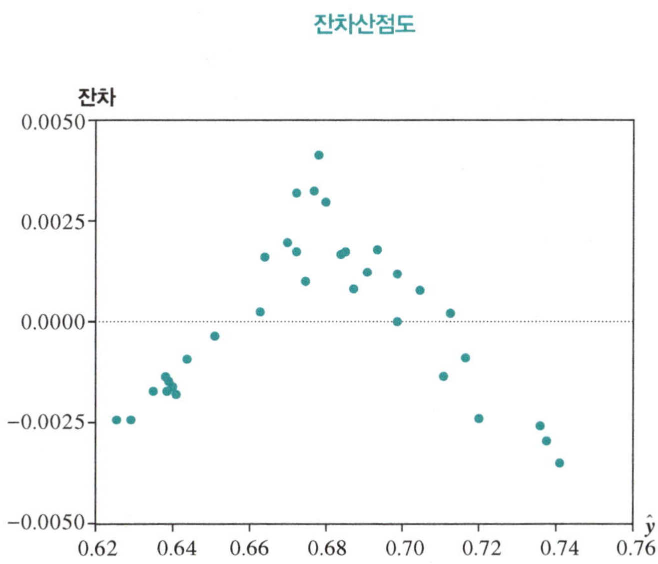
잔차산점도
잔차
0.0050
0.0025
0.0000
−0.0025
−0.0050
0.62
0.64
0.66
0.68
0.70
0.72
0.74
0.76
$\hat{y}$

그림 5.27 변환 후 잔차산점도

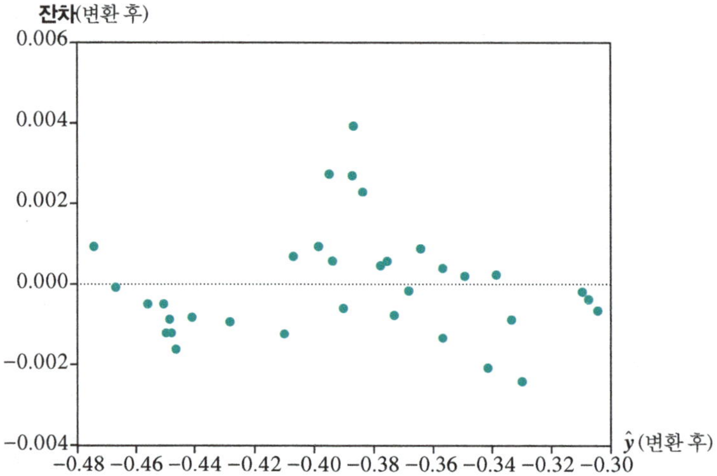

표 5.13 미국 경제자료 예측값

연도	Y	$\hat{Y}$	$\hat{Y}_T$	연도	Y	$\hat{Y}$	$\hat{Y}_T$
1909	0.623000	0.625425	0.622420	1926	0.700242	0.699055	0.699957
1910	0.626653	0.629061	0.626673	1927	0.705263	0.704509	0.705103
1911	0.633692	0.635424	0.633990	1928	0.712887	0.712690	0.712696
1912	0.637341	0.639060	0.638103	1929	0.715428	0.716326	0.716024
1913	0.639098	0.640878	0.640142	1930	0.735171	0.738142	0.735423
1914	0.636788	0.638152	0.637080	1931	0.737357	0.740869	0.737783
1915	0.642651	0.643606	0.643178	1932	0.733723	0.736324	0.733842
1916	0.650558	0.650878	0.651148	1933	0.717589	0.719962	0.719324
1917	0.637559	0.639060	0.638103	1934	0.709553	0.710872	0.711021
1918	0.638354	0.639970	0.639124	1935	0.699036	0.699055	0.699957
1919	0.662921	0.662695	0.663732	1936	0.687194	0.685420	0.686779
1920	0.674462	0.672694	0.674050	1937	0.686219	0.684511	0.685885
1921	0.671902	0.669967	0.671265	1938	0.692042	0.690874	0.692105
1922	0.666103	0.664513	0.665630	1939	0.682959	0.679966	0.681377
1923	0.676421	0.675421	0.676815	1940	0.680503	0.677239	0.678647
1924	0.688066	0.687238	0.688563	1941	0.675904	0.672694	0.674050
1925	0.695375	0.693601	0.694740	1942	0.682282	0.678148	0.679559

다음 설명을 참고 바란다.

(1) $\hat{Y}$은 변환하기 전의 Y를 X에 회귀시킬 때의 적합값이고, $\hat{Y}_T$는 변환 후 $\ln Y$를 $\ln X$에 회귀시킬 때의 적합값을 원래의 값으로 환원시킨 값이다. 즉, 적합값에 역로그를 취한 값이다. 변형 전의 잔차제곱합에 해당되는 $\Sigma(y_i - \hat{y}_i)^2$은 0.000135이고 변형 후의 $\Sigma(y_i - \hat{y}_{iT})^2$은 0.000030으로 상당히 줄어들었음을 알 수 있다.

(2) 변환 전의 설명변수가 주어졌을 때 Y의 기대값 $\hat{E}(Y \mid X = x_0)$에 대한 추론은 이미 알아보았다. 그러나 변환을 통한 자료에서 다시 원래의 단위로 돌아가 Y를 예측을 하는 경우에는 더 이상 기대값을 예측하지 않고 중앙값을 예측한다. 그 이유는 예에서와 같이 반응변수에 자연로그를 취하여 모형을 만든 후 원래의 단위로 돌아가기 위해서는 원래의 오차는 로그정규분포를 따라야 하기 때문이다. 그러므로 원래 단위로 환원하여 구하는 반응변수에 대한 기대값의 신뢰구간은 반드시 가장 좁은 신뢰구간을 장담할 수 없다. 다만 예측값의 크기의 순위만은 로그척도나 원래의 척도에 상관없이 변하지 않을 것이다.

5.4.3 반응변수의 변환

5.4.1절과 5.4.2절에서 변환을 통해 등분산을 만족시키거나 비선형을 선형으로 바꾸어 주는 구조의 단순화를 시도하였다. 또한 적절한 변환을 통하여 오차의 정규성을 만족할 수 있는지까지를 염두에 두었다. 그러나 하나의 변환방법을 통하여 이러한 모든 목적을 달성한다는 것은 무리이며 상호 목적 간에 타협이 요구된다.

■ Box-Cox 변환

Box와 Cox(1964)는 변환의 선택 문제를 해결할 수 있는 체계적인 방법을 제시하였다. 이들은 주어진 모형을 확장하고 변환방법을 찾는 문제를 모수의 추정의 문제로 접근하였다.

우선 반응변수의 모든 값은 양수임을 가정하고[14] i번째 반응변수 y_i의 멱등

14. 만약 반응변수의 일부 값이 음으로 나오면 상수 c를 더하여 $y_i + c > 0$, $(i = 1, 2, \cdots, n)$이 되도

변환인 y_i^λ를 생각하자. λ가 0일 때는 $y_i^\lambda = \ln(y_i)$로 정의한다. 변환을 하지 않는 $\lambda = 1$이나 역변환인 $\lambda = -1$, 제곱근 변환인 $\lambda = 1/2$ 등이 모두 이 범주에 포함된다. i번째 원소가 y_i^λ인 $n \times 1$ 벡터를 $\mathbf{y}^\lambda$라 하자. Box와 Cox는 모형

$$\mathbf{y}^\lambda = \mathbf{X}\boldsymbol{\beta} + \boldsymbol{\varepsilon},\ Var(\boldsymbol{\varepsilon}) = \sigma^2\mathbf{I} \tag{5.40}$$

을 통하여 $(\boldsymbol{\beta}, \sigma^2, \lambda)$에 대한 최대가능도추정량을 구하고자 하였고 항상 보장되지는 않지만 이러한 변환에 의해 오차가 정규표본과 가까워진다고 하였다.

주어진 λ에 대해 $\boldsymbol{\beta}$의 추정량과 SSE는 다음과 같이 표현된다.

$$\hat{\boldsymbol{\beta}} = (\mathbf{X}'\mathbf{X})^{-1}\mathbf{X}'\mathbf{y}^\lambda \tag{5.41}$$

$$SSE_\lambda = (\mathbf{y}^\lambda)'(\mathbf{I} - \mathbf{H})(\mathbf{y}^\lambda) \tag{5.42}$$

적절한 λ의 값은 $-2 \leqq \lambda \leqq 2$의 범위 안에서 찾아야 한다. 변환 후의 $\mathbf{y}^\lambda$의 단위의 척도가 같다면 각각의 λ에 대한 SSE_λ 값을 비교하여 가장 작은 값을 제공하는 λ의 값 $\hat{\lambda}$을 선택하면 되겠지만 척도가 각각 다르기 때문에 표준화된 방법을 이용하여야 한다. 로그가능도함수가 표준화된 척도가 된다.

식 (5.42)를 이용하면 로그가능함수는

$$L(\lambda) = \begin{cases} n\ln(\lambda) - \frac{n}{2}\ln(SSE_\lambda) + n(\lambda - 1)\ln(GM(\mathrm{y})), & \lambda \neq 0 \\ \frac{n}{2}\ln(SSE_0) + n\ln(GM(\mathrm{y})), & \lambda = 0 \end{cases} \tag{5.43}$$

이고, 여기서 $GM(\mathbf{y}) = (\prod y_i)^{1/n}$은 기하평균이다. 식 (5.43)의 $L(\lambda)$를 최대로 하는 λ를 찾기 위하여 Box와 Cox는 $L(\lambda)$와 λ의 산점도를 그려 $\hat{\lambda}$을 구하는 방법을 제시하였다. 그러나 $L(\lambda)$는 계산상의 불편함 때문에 이와 동등한 결과를 얻게 하는 다음과 같은 방법을 추천할 수 있다.

록 한다. 또한 Yeo와 Johnson(2000)이 제한한 변환방법을 이용하면 반응변수의 일부 값이 음이라도 해결이 가능하다.

(1) i번째 원소가 다음과 같은 $\mathbf{Z}^{\lambda}$의 멱등변환을 정의하고

$$z_i^{\lambda} = \begin{cases} \dfrac{y_i^{\lambda} - 1}{\lambda[GM(\mathbf{y})]^{\lambda-1}}, & \lambda \neq 0 \\ GM(\mathbf{y}) \ln(y_i), & \lambda = 0 \end{cases} \tag{5.44}$$

(2) $\boldsymbol{Z}^{\lambda} = \boldsymbol{X\beta} + \boldsymbol{\varepsilon}$에서 $SSE_{\lambda}(\boldsymbol{z}) = (\boldsymbol{z}^{\lambda})^T(\boldsymbol{I} - \boldsymbol{H})(\boldsymbol{z}^{\lambda})$가 최소가 되는 $\boldsymbol{\lambda}$를 추정한다.

이러한 방법에 의한 $\boldsymbol{\lambda}$의 추정값 $\hat{\boldsymbol{\lambda}}$은 앞에서 $L(\lambda)$를 최대화시켜 주는 $\boldsymbol{\lambda}$와 동일함을 보일 수 있다. 자세한 내용은 Cook과 Weisberg(1982)의 책을 참조하기 바란다. 주어진 $\boldsymbol{\lambda}$에서 최대의 로그가능도함수의 값은 다음과 같다.

$$L(\lambda) = -\frac{n}{2} \ln[SSE_{\lambda}(z)] \tag{5.45}$$

예 5.6 전기회사 자료

전기회사는 원활한 에너지 공급을 위하여 월간 총 에너지 사용량 X와 시간당 최대수요 Y의 관계를 알아보고자 한다. 자료와 산점도는 각각 [표 5.14]와 [그림 5.28]에 제시하였고 잔차산점도의 형태(연습문제 5.5 참조)로 미루어 보아 등분산 가정에 의심이 간다. 우선 적절한 변수변환을 경험적으로 살펴보자. 특정의 시간대에 소비자가 쓰는 전기수요(킬로와트로 표시)를 계수(counts)라 생각하면 제곱근변환을 이용하여 등분산의 가정을 만족시킬 수 있을 것이다. 이러한 변수변환이 자료에 의하여도 뒷받침이 되는지 Box-Cox 변환방법을 이용하여 적절한 변환선택을 $-1 \leq \boldsymbol{\lambda} \leq 1$ 구간에서 알아보았다. [표 5.15]에서 최소의 $SSE_{\lambda}(z) = (z^{\lambda})'(\boldsymbol{I} - \boldsymbol{H})(z^{\lambda})$의 값을 가져다 주는 $\boldsymbol{\lambda}$의 값은 0.6 정도임을 알 수 있다. 이는 $\hat{\boldsymbol{\lambda}} = 0.5$로 어림하면 제곱근변환에 해당이 된다.

또한 $\boldsymbol{\lambda}$의 $100(1-\alpha)\%$ 신뢰구간은 다음과 같이 신뢰구간의 상한과 하한에 해당되는 $SS^*(z)$를 구함으로써 [그림 5.29]에서 확인할 수 있다.

$$SS^*(z) = SSE_{\hat{\lambda}}(z)\left(1 + \frac{t(\frac{\alpha}{2}, d.f.)^2}{d.f.}\right)$$

$$= 96.9493\left(1 + \frac{(2.0076)^2}{51}\right)$$

$$= 104.61$$

즉, λ의 95% 신뢰구간은 $0.26 \leq \lambda \leq 0.80$이고 이 구간은 1을 포함하고 있지 않으므로 변환이 요구된다는 의미로 해석할 수 있다.

표 5.14 전기회사 자료

고객	X(KWH)	Y(KW)	고객	X(KWH)	Y(KW)
1	679	0.79	28	1748	4.88
2	292	0.44	29	1381	3.48
3	1012	0.56	30	1428	7.58
4	493	0.79	31	1255	2.63
5	582	2.70	32	1777	4.99
6	1156	3.64	33	370	0.59
7	997	4.73	34	2316	8.19
8	2189	9.50	35	1130	4.79
9	1097	5.34	36	463	0.51
10	2078	6.85	37	770	1.74
11	1818	5.84	38	724	4.10
12	1700	5.21	39	808	3.94
13	747	3.25	40	790	0.96
14	2030	4.43	41	783	3.29
15	1643	3.16	42	406	0.44
16	414	0.50	43	1242	3.24
17	354	0.17	44	658	2.14
18	1276	1.88	45	1746	5.71
19	745	0.77	46	468	0.64
20	435	1.39	47	1114	1.90
21	540	0.56	48	413	0.51
22	874	1.56	49	1787	8.33
23	1543	5.28	50	3560	14.94
24	1029	0.64	51	1495	5.11
25	710	4.00	52	2221	3.85
26	1434	0.31	53	1526	3.93
27	837	4.20			

자료원 : Montgomery 등(2006)

그림 5.28

시간당 최대수요(Y)와 총 에너지 사용량(X)의 산점도

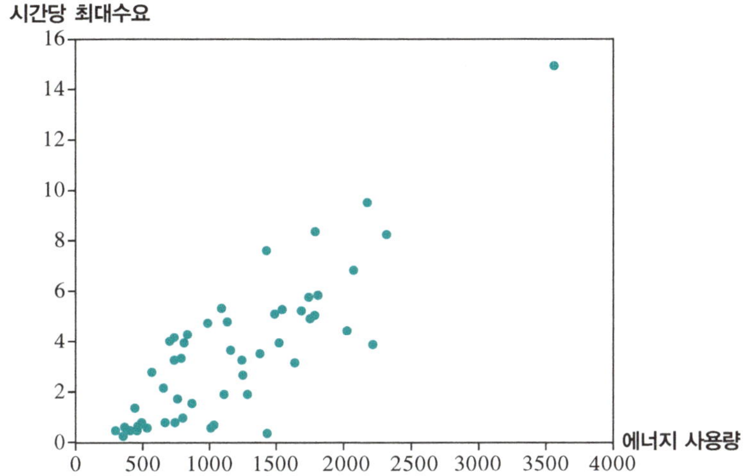

표 5.15 λ에 따른 SSE_λ의 변화

λ	$SSE_\lambda(z)$	λ	$SSE_\lambda(z)$
−1.0	986.034	0.1	120.948
−0.9	746.056	0.2	111.080
−0.8	574.332	0.3	103.972
−0.7	450.035	0.4	99.3086
−0.6	359.013	0.5	96.9493
−0.5	291.582	0.6	96.9156
−0.4	241.070	0.7	99.3954
−0.3	202.848	0.8	104.764
−0.2	173.681	0.9	113.623
−0.1	151.297	1.0	126.866
0.0	134.094		

그림 5.29

$SSE_\lambda(z)$와 λ의 산점도

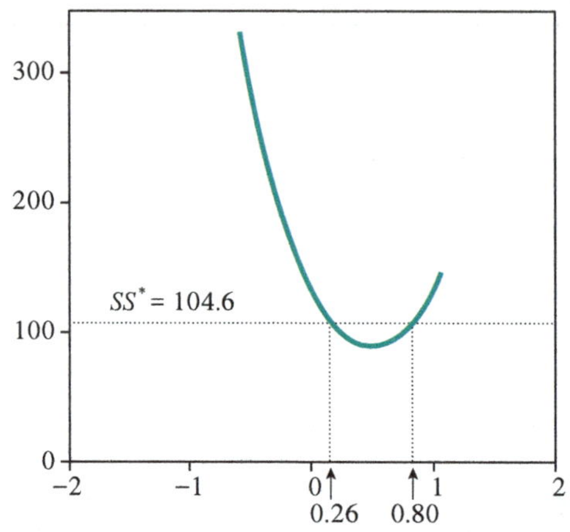

예 5.2 (계속) 흑체리나무 자료

이 자료에 대해 5.3.1절에서 이론적인 근거로 반응변수의 값에 세제곱근($\lambda = 1/3$)을 취하여 분석하였다. 변환 전의 자료에 Box–Cox 변환을 적용하여도 이러한 λ의 값이 나오는지 보았는데 λ의 최대가능도추정값은 0.307로 나와 이러한 사실과 부합됨을 확인할 수 있다(연습문제 5.6 참조).

그러나 반응변수를 세제곱근으로 변환한 모형에 대해 스코어검정법을 적용하였을 때 설명변수 H가 이분산을 유발하는 변수였음을 기억할 것이다. 이는 변환절차를 거친 모형이라 할지라도 무조건 받아들여서는 안 된다는 사실을 말해 주고 있는 사례이다. Box와 Cox(1964)에 의하면 Box–Cox 변환과정은 회귀분석의 기본가정인 정규성, 등분산성, 모형의 선형성 등 세 가지 조건을 대부분 만족시킬 수 있다고 하였지만 경우에 따라 이 예와 같이 모두 만족시키지는 못하는 경우가 발생하기도 한다. 그렇지만 적절한 멱등변환의 체계적인 방법을 제시하였다는 점에서 이 변환은 중요한 의미를 담고 있는 중요한 통계적인 방법이다.

5.4.4 설명변수의 변환

설명변수 X와 반응변수 Y의 참의 관계가 비선형이라고 하자. 오차에 대한 일반적인 가정은 만족된다고 하자. 이 경우 설명변수의 변환을 통해 비선형의 문제를 해결할 수 있는데 두 가지의 상황이 있다. 첫 번째 상황은 반응변수의 값이 주어진 설명변수의 범위 내에서 최고값이나 최소값을 갖는 경우이다. 일반적으로 최소값이나 최대값이 발생하는 점에 대해 많은 관심이 집중된다. 이러한 상황에서는 7장에서 소개할 다항회귀모형의 방법이 보편적으로 쓰인다. 이는 기존의 회귀모형에 X_1^2, X_1^3, 또는 X_1X_2 등의 변수를 추가시킴으로써 비선형의 문제를 해결하고자 하는 방법이다. 자세한 내용은 7장을 참조하기 바란다. 두 번째 상황은 반응변수의 값이 주어진 자료의 범위에서 단순 증가나 단순 감소하는 경우이다. 이 절에서 설명하고자 하는 설명변수의 변환과정은 여기에 해당된다.

■ Box-Tidwell 변환

p개의 설명변수를 포함하는 다음의 회귀모형을 생각하자.

$$Y = \beta_0 + \sum_{j=1}^{p} \beta_j X_j + \varepsilon \tag{5.46}$$

이 모형에서 하나의 설명변수에 대해 변환이 요구된다고 하자. 임의로 첫 번째 변수 X_1을 지정하자. 변환의 형태를 멱등함수로 국한시키면 식 (5.46)의 다중회귀모형은 다음과 같이 확장시킬 수 있다(Box와 Tidwell, 1962).

$$Y = \beta_0 + \beta_1 X_1^{\alpha_1} + \sum_{j=2}^{p} \beta_j X_j + \varepsilon \tag{5.47}$$

여기서 만약 α_1이 0이면 $X_1^{\alpha_1} = \ln(X_1)$을 의미한다. 모형 (5.47)은 비선형이지만 모수 α_1의 추정을 통하여 모형을 선형화하는데 그 의미가 있다. α_1을 추정하기 위해서는 비선형최소제곱법을 써야 하나 $X_1^{\alpha_1}$을 $\alpha_1 = 1$에 대해 테일러급수로

1차항까지 전개하면 선형모형으로 근사추정을 할 수 있다.

$$X_1^{\alpha_1} \cong X_1 + (\alpha_1 - 1)\left.\frac{\partial X_1^{\alpha_1}}{\partial \alpha_1}\right|_{\alpha_1=1}$$
$$= X_1 + (\alpha_1 - 1) X_1 \ln(X_1) \quad (5.48)$$

식 (5.48)을 식 (5.47)에 대입하면 다음과 같다.

$$Y \cong \beta_0 + \beta_1 [X_1 + (\alpha_1 - 1) X_1 \ln(X_1)] + \sum_{j=2}^{p} \beta_j X_j + \varepsilon \quad (5.49)$$
$$= \beta_0 + \sum_{j=1}^{p} \beta_j X_j + \beta_1 (\alpha_1 - 1) X_1 \ln(X_1) + \varepsilon$$
$$= \beta_0 + \sum_{j=1}^{p} \beta_j X_j + \eta X_1 \ln(X_1) + \varepsilon$$

여기서 $\eta = \beta_1(\alpha_1 - 1)$이다. $\eta = 0$은 $\beta_1 = 0$[15] 또는 $\alpha_1 = 1$을 의미하여 $H_0 : \eta = 0$을 검정한다는 것은 변수변환의 필요성을 검정하는 것이다. 기존의 p개의 설명변수에 새로운 설정변수 $X_1 \ln(X_1)$을 생성하여 추가한 후 일반적인 최소제곱법에 의해 η의 추정값 $\hat{\eta}$를 추정하고 α_1의 추정값은 $\eta = \beta_1(\alpha_1 - 1)$에 의해 다음과 같이 구할 수 있다.

$$\hat{\alpha}_1 = \frac{\hat{\eta}}{\hat{\beta}_1} + 1 \quad (5.50)$$

여기서 $\hat{\beta}_1$은 모형 (5.49)에서 구하는 것이 아니라 모형 (5.46)에서 구한다.

예 5.5 (계속) 미국 경제자료

(예 5.5)에 주어진 경제자료에 대해 Solow(1957)는 설명변수 $X(=k)$의 로그변환을 제시하였는데 이러한 로그변환에 대한 타당성을 알아보자. [표 5.16]과 [표 5.17]은 각각 Y를 X로 회귀시킨 결과와 Y를 X와 설정변수 $X \ln X$로 회귀시킨 결과이다. [표 5.16]에서 설정변수 $X \ln X$에 대한 p−값은 0에 가까운 값이므로 변수변환의 필

15. $\beta_1 = 0$의 가설을 기각하지 못하는 변수에 대해서는 설명변수에 대한 변환 자체가 무의미하다.

요성을 알 수 있다. α의 추정값 $\hat{\alpha}$는 $0.196(= -\frac{0.073020}{0.090901} + 1)$으로 0에 가깝기 때문에 로그변환을 제시한다.

표 5.16 **설명변수변환을 위한 회귀분석 결과**(1단계)

Variable	Estimate	Standard Error	t-value	p-value
Intercept	0.438170	0.0026409	165.916	0.000
X	0.090901	0.0009917	91.662	0.000

$\hat{\sigma}^2 = (0.0020569)^2$, $d.f. = 32$, $R^2 = 0.9962$

Variable	Estimate	Standard Error	t-value	p-value
Intercept	0.245993	0.016702	14.728	0.000
X	0.235243	0.012522	18.786	0.000
$X \ln X$	−0.073020	0.006331	−11.534	0.000

$\hat{\sigma}^2 = (0.00090852)^2$, $d.f. = 31$, $R^2 = 0.9993$

표 5.17 **회귀분석 결과**(2단계)

Variable	Estimate	Standard Error	t-value	p-value
Intercept	−0.545465	0.005779	−94.378	0.000
$X^{0.196}$	1.013053	0.004783	211.78	0.000

$\hat{\sigma}^2 = (0.0008916)^2$, $d.f. = 32$, $R^2 = 0.9993$

Variable	Estimate	Standard Error	t-value	p-value
Intercept	−0.566326	0.437988	−1.293	0.206
$X^{0.196}$	1.033593	0.431242	2.400	0.023
$X^{0.196} \ln(X^{0.196})$	−0.017279	0.362747	−0.048	0.962

$\hat{\sigma}^2 = (0.00090588)^2$, $d.f. = 31$, $R^2 = 0.9993$

Box와 Tidwell(1962)의 논문에 의하면 추정값 $\hat{\alpha}$을 이용한 $X^{\hat{\alpha}}$로 기존의 X를 대신하여 같은 과정을 반복하면 안정된 α의 값을 얻을 수 있다고 하였다. 하지만 대부분의 경우 첫 번째 단계에서 구한 α의 값으로 충분히 만족된 결과를 얻을 수 있다.

두 번째 단계에서 나오는 α의 추정값은 $0.1789(= -\frac{0.0173}{1.01305} + 0.196)$이고 0에 가까운 값이므로 다시 한 번 로그변환 $\ln(X^{0.196})$을 제시하고 있다고 볼 수도 있으나 설정변수 $X^{0.196}\ln(X^{0.196})$에 대한 p-값이 매우 크므로 두 번째 변환은 무의미하다. 따라서 1단계에서 나온 로그변환이 타당하다고 판단된다. 설명변수에 로그변환을 하여 구한 최종모형은 [표 5.18]과 같다.

표 5.18 **최종모형**

Variable	Estimate	Standard Error	t-value	p-value
Intercept	0.447626	0.0012246	365.528	0.000
$\ln X$	0.239708	0.0012615	190.018	0.000

$\hat{\sigma}^2 = (0.00099370)^2$, $d.f. = 32$, $R^2 = 0.9991$

예 5.2 (계속) 흑체리나무 자료

[그림 5.12]의 잔차-설명변수 산점도 분석 결과에 의하면 설명변수 D에 대한 비선형의 효과가 있음을 이미 본 바가 있다. 설명변수 D에 대해 흑체리나무 자료의 원자료에 Box-Tidwell 방법을 적용하여 보았다. 설정변수 $D\ln D$에 대한 p-값은 0에 가까운 값으로 확인되어 변환의 필요성이 제시되었다. $\hat{\alpha}_1$은 $\frac{7.336025}{4.708}+1$인 2.5589를 얻었다. 2.5589는 2에 가까운 변환, 즉 제곱변환을 추천한다. $Y=\beta_0+\beta_1 D^2+\beta_2 H+\varepsilon$에 대한 잔차분석을 실시하고 기존의 모형과 비교하는 것이 그 다음 순서가 될 것이다. 또한 이 모형에 Box-Cox 변환의 필요성을 보는 것 역시 또 하나의 모형을 탄생시킬 수 있다. 이 자료의 경우에는 λ의 최대가능도추정값은 0.662로 나와 $\lambda=\frac{2}{3}$를 제시한다. 또한 $Y^{1/3}=\beta_0+\beta_1 D+\beta_2 H+\varepsilon$에 Box-Tidwell 변환방법을 적용하여 Box-Cox 변환 후에도 설명변수에 대한 변환이 필요한지 여부도 확인할 수 있을 것이다. 이러한 모든 과정을 연습문제 5.6을 통하여 확인하여 보라.

지금까지 자료에 의존하는 변환과정을 알아보았다. 이런 방법들은 상호보완적인 성격을 가지고 있기 때문에 실제 자료분석을 통한 모형개발 과정에서는 적용에 세심한 주의가 요구된다. 다음의 각 사항을 참조하기 바란다.

(1) 다중회귀모형에서 여러 개의 설명변수를 변환시킬 필요가 있는 경우에는 변수의 변환에 대한 필요성을 알아볼 때 한 번에 하나씩 설명변수를 검정하는 것을 추천한다.

(2) 모형 (5.49)에서의 β의 t^*값이 아주 작다거나 X_1과 $X_1\ln(X_1)$ 간의 다중공선성이 아주 심각한 경우에는 α의 추정은 매우 불안정하게 된다.

특히 X_1의 최대값과 최소값의 비가 10 이상이면 후자의 현상이 발생할 가능성이 높은데 이러한 경우는 사전에 로그변환을 시도하는 것이 좋다. 이를 무시하고 α의 값을 Box–Tidwell 방법으로 추정하면 예를 들어 +78 또는 −12과 같은 매우 비현실적인 결과를 초래할 수 있다.

(3) 이미 지적하였듯이 위에 제시한 설명변수변환과 반응변수변환은 어느 것이 좋고 어느 것이 나쁘다고 할 수 없는 상호보완적인 관계를 가지고 있다. 경우에 따라 설명변수와 반응변수를 동시에 고려할 수 있는 변환방법인 Carroll과 Ruppert(1984)의 방법이나 Snee(1986)의 방법도 적용해 볼 수 있다.[16]

절대적인 절차는 아니지만 경험적으로 다음과 같은 방법을 추천한다. 설명변수의 최대값과 최소값의 비가 10을 넘으면 먼저 로그변환을 시도하고 다음으로 Box–Cox의 변환방법을 이용하여 변환의 필요성을 구하고 β에 대한 t^* 값이 아주 큰 설명변수에 대한 Box–Tidwell 방법을 적용하여 설명변수에 대한 변환의 필요성을 알아본다. 이 과정에서 논의되는 Box–Cox의 변환방법이 적용되는 모형은 설명변수의 설정의 적절함을 보여주어야 한다. 그렇지 않은 경우는 Box–Tidwell 방법에 의한 변환을 우선 시도해 본다.

---

16. Box–Cox 변환과 Box–Tidwell 변환의 순차적인 사용과 반응변수와 설병변수의 동시 변수변환과는 혼돈하지 않기를 바란다. 흑체리나무 자료에서 설명변수에 대해 로그변환을 취한 다음 Box–Cox 변환을 적용하여도 λ의 최대가능도추정값은 −0.00672로 나와 반응변수의 로그변환이 제시되었다. 이는 4장에서 이론적인 근거로 양변에 자연로그를 취하여 모형을 개발한 결과와 일치한다.

연습문제

5.1 (예 5.3 계속) 흰기러기 자료

5.3절의 (예 5.3)에서 언급되었던 흰기러기 자료에서 사진에 의한 기러기 수를 Y, 관측자 A에 의한 기러기 수를 X_1, 관측자 B에 의한 기러기 수를 X_2라고 하자.

5.1.1 Y와 X_1의 산점도와 Y와 X_2의 산점도에서 단순회귀모형이 적당하다고 판단되는가?

5.1.2 Y와 X_1의 단순회귀와 Y와 X_2의 단순회귀에서 추정회귀식을 구하라. 적절한 귀무가설과 대립가설을 세우고 F-검정을 수행하라. 이 문제에서 F-검정은 무엇을 의미하는가? 두 관측자 중 어느 관측자를 더 신뢰할 수 있는지를 논하라.

5.1.3 $\sqrt{Y}$와 $\sqrt{X_1}$의 단순회귀에서 5.1.2에 답하라. 5.1.2와 비교하여 달라진 것은 무엇인가? $\sqrt{Y}$와 $\sqrt{X_2}$의 단순회귀에서 같은 질문에 대해 답하라.

5.1.4 $Var(\varepsilon_i) = \sigma^2 x_i$라고 가정하고 5.1.2에 답하라.

5.1.5 X_2를 설명변수로 하는 단순회귀모형에서 등분산 가정 여부를 진단할 수 있는 스코어검정을 실시하고 X_1을 설명변수로 했던 경우(5.3절)와 비교하라.

5.1.6 이 실험 결과를 바탕으로 실험 및 분석자는 흰기러기의 수를 추정하기 위하여 어떠한 방법을 추천하겠는가?

5.2 (연습문제 4.2 계속) 헬스클럽 자료

5.2.1 스튜던트화잔차와 적합값의 잔차산점도를 작성하고 논하라.

5.2.2 정규확률그림을 작성하고 논하라.

5.2.3 이 자료에 적용하는 회귀모형에 대한 회귀진단, 즉 오차의 등분산성, 모형의 선형성, 오차의 정규성에 대해 진단하고 논하라.

5.3 동물의 두뇌무게와 몸무게 자료

다음은 62종의 동물에 대한 평균 두뇌무게와 몸무게를 조사한 자료이다. 우리의 관심은 두뇌무게를 몸무게의 함수로 보고 이 함수관계를 찾고자 하는 것이다. 이 자료는 Allison과 Cicchetti(1976)에 의해 수집된 것이다.

5.3.1 두뇌무게를 Y, 몸무게를 X라 하고 Y와 X의 산점도를 작성하고 논하라. 특히 변수에 대한 변환이 필요한지, 필요하면 그 이유는 무엇인지 논하라.

5.3.2 Y를 X에 회귀할 때 가정의 만족 여부 등에 대한 모형진단을 하라.

5.3.3 반응변수와 설명변수에 로그변환을 취한 후 모형진단을 하고 5.3.2의 결과와 비교하라.

번호	동물이름	몸무게(kg)	두뇌무게(g)
1	Arctic fox	3.385	44.5
2	Owl monkey	0.48	15.499
3	Beaver	1.35	8.1
4	Cow	464.983	423.012
5	Gray wolf	36.328	119.498
6	Goat	27.66	114.996
7	Roe deer	14.831	98.199
8	Guinea pig	1.04	5.5
9	Vervet	4.19	57.998
10	Chinchilla	0.425	6.4
11	Ground Squirrel	0.101	4
12	Arctic ground squirrel	0.92	5.7
13	African giant pouched rat	1	6.6
14	Lesser short-tailed shrew	0.005	0.14
15	Star-nosed mole	0.06	1
16	Nine-banded armadillo	3.5	10.8
17	Tree hyrax	2	12.3
18	N. American opossum	1.7	6.3
19	Asian elephant	2547.07	4603.17
20	Big brown bat	0.023	0.3
21	Donkey	187.092	419.012
22	Horse	521.026	654.977
23	European hedgehog	0.785	3.5
24	Patas monkey	10	114.996

25	Cat	3.3	25.6
26	Galago	0.2	5
27	Genet	1.41	17.5
28	Giraffe	529.006	680.005
29	Gorilla	206.996	406.019
30	Gray seal	85.004	324.992
31	Rock hyrax[a]	0.75	12.3
32	Human	61.998	1320.02
33	African elephant	6654.18	5711.86
34	Water opossum	3.5	3.9
35	Rhesus monkey	6.8	179.003
36	Kangaroo	34.998	56.003
37	Yellow-bellied marmot	4.05	17
38	Golden hamster	0.12	1
39	Mouse	0.023	0.4
40	Little brown bat	0.01	0.25
41	Slow loris	1.4	12.5
42	Okapi	250.01	489.997
43	Rabbit	2.5	12.1
44	Sheep	55.501	175.002
45	Jaguar	100.003	156.993
46	Chimpanzee	52.159	440.011
47	Baboon	10.55	179.504
48	Desert hedgehog	0.55	2.4
49	Giant armadillo	59.997	80.996
50	Rock hyrax[b]	3.6	21
51	Raccoon	4.288	39.201
52	Rat	0.28	1.9
53	Eastern American mole	0.075	1.2
54	Mole rat	0.122	3
55	Musk shrew	0.048	0.33
56	Pig	192.001	180.008
57	Echidna	3	25.001
58	Brazilian tapir	160.004	169
59	Tenrec	0.9	2.6
60	Phalanger	1.62	11.4
61	Tree shrew	0.104	2.5
62	Red fox	4.235	50.4

[a] Heterohyrax brucci, [b] procavia habessinica.

5.4 로마네스크(Romanesque)교회 자료

다음 표는 영국에 있는 25개의 중세기 교회의 둘레(단위 : 미터)와 면적(단위 : 평방미터)을 나타낸다. 교회의 크기와 형태가 매우 다양하지만 건축재료로 쓰이는 돌에 대한 제약 때문에 교회 건물의 각 부분에 대한 크기 또는 길이는 서로 밀접한 관계를 갖고 있는 것으로 추측이 되었다.

교회	둘레(m)	면적(m^2)	교회	둘레(m)	면적(m^2)
1	348	3883	14	314	3427
2	369	4392	15	204	1761
3	143	914	16	177	1337
4	205	1666	17	59	204
5	305	3616	18	69	222
6	419	3866	19	50	146
7	243	1774	20	69	192
8	240	1946	21	63	186
9	272	2300	22	58	169
10	299	2975	23	86	331
11	478	5119	24	41	113
12	133	660	25	123	674
13	167	904			

자료원 : Gould(1973)

5.4.1 면적(Y)과 둘레(X)의 산점도를 작성하고 논하라.

5.4.2 반응변수에 대해 Box-Cox의 변환방법을 적용시켜 보라.

5.5 (예 5.6 계속) 전기회사 자료

5.5.1 변환 전의 모형에 대한 잔차분석 및 스코어검정을 실시하라.

5.5.2 제곱근변환을 제시한 Box-Cox의 변환과정을 확인하라.

5.5.3 변환한 후의 모형에 대해 잔차산점도를 작성하고 변수변환의 효과를 논하라.

5.6 (예 5.2 계속) 흑체리나무 자료

5.6.1 세제곱근변환을 제시한 Box-Cox의 변환과정을 확인하라.

5.6.2 Box-Tidwell 변환방법을 원자료에 적용시켜 본문에 설명된 변환

의 필요성을 확인하라.

5.6.3 $Y=\beta_0+\beta_1H^2+\beta_2D+\varepsilon$에 대한 잔차분석을 실시하고 Box–Cox 방법을 적용하라.

5.6.4 $Y^{2/3}=\beta_0+\beta_1H^2+\beta_2D+\varepsilon$에 대한 잔차분석과 스코어검정을 실시하라.

5.6.5 모형개발에서는 잔차분석을 통하여 비선형효과가 보이는 경우에는 제곱변환변수를 추가하는 경우가 있다. $Y=\beta_0+\beta_1H+\beta_2H^2+\beta_3D+\varepsilon$에 대한 잔차분석을 실시하고 Box–Cox 방법을 적용하라.

5.6.6 $Y^{1/3}=\beta_0+\beta_1H+\beta_2D+\varepsilon$에 대한 Box–Tidwell 변환방법을 각 설명변수에 적용하라.

5.6.7 이론적인 근거로 모든 변수에 로그변환을 취하고 이 모형에 대한 잔차분석 및 스코어검정을 실시하라.

5.6.8 흑체리나무 자료의 경우는 본문 및 연습문제를 통해 확인하였듯이 다음과 같은 여러 가지 모형이 설정될 수 있다. 개발된 여러 모형에 대한 상대적인 비교를 하라. 즉, 경험적인 모형과 이론적인 모형의 장단점을 고려하여 최종적으로 어느 모형이 선호되는지 논하라. 모형의 단순성과 여러 가지의 잔차산점도 분석을 통하여 논하는 것이 바람직하다.

모형 1 : $Y^{1/3}=\beta_0+\beta_1H+\beta_2D+\varepsilon$

모형 2 : $Y=\beta_0+\beta_1H^2+\beta_2D+\varepsilon$

모형 3 : $Y^{2/3}=\beta_0+\beta_1H^2+\beta_2D+\varepsilon$

모형 4 : $Y=\beta_0+\beta_1H+\beta_2H^2+\beta_3D+\varepsilon$

모형 5 : $\ln Y=\beta_0+\beta_1H+\beta_2H^2+\beta_3D+\varepsilon$

모형 6 : $\ln Y=\beta_0+\beta_1\ln H+\beta_2\ln D+\varepsilon$

5.7 (예 5.4 계속) 토양침식 자료

5.3절의 (예 5.4)에서 언급한 토양침식 자료에서 각 설명변수의 추가변수그림, 편잔차그림을 작성하고 각 설명변수가 회귀식에 미치는 영향의 정도에 대해 논하고 비교하라.

5.8 잔차벡터 e의 성질

5.8.1 $E(\boldsymbol{e}) = \boldsymbol{0}$임을 증명하라.

5.8.2 $Var(\boldsymbol{e}) = \sigma^2(\boldsymbol{I} - \boldsymbol{H})$임을 증명하라.

이상점과 영향력 관측값 : 자료진단

chapter six

6

회귀식을 결정하는데 있어 모든 관측값이 똑같은 기여를 하는 것은 아니다. 대부분의 관측값에 적합되는 모형을 따른다고 볼 수 없는 이상점인 경우에는 이 관측값의 포함 여부에 따라 회귀모형의 근본 모양이 바뀌는 경우가 발생되기도 한다. 어떤 관측값은 다른 관측값에 비해 회귀식을 추정하는데 그 기여도가 매우 커서 이러한 점들에 대한 분석이 중요한 의미를 갖는다. 여기서는 회귀식의 결정에 영향을 미치는 관측값, 즉 이상점과 영향력 관측값을 검토하는 자료진단의 과정을 알아본다.

6.1 이상점

회귀분석에서 중요한 가정 중의 하나는 사용된 모형이 자료에 포함된 모든 관측값에 대해 적절하다는 것이다. 그러나 한두 개의 관측값이 대부분의 관측값에 잘 적합되는 모형을 따르지 않는 경우를 자주 보게 된다. [그림 5.3]에서 대부분의 관측값이 직선 근처에 놓여 있지만 한 관측값만이 멀리 떨어져 있는 경우를 보았다. 이와 같이 나머지 관측값들과는 다르게 주어진 모형을 따르지 않는 관측값을 이상점(outlier)이라 부른다. 개별분석의 중요한 기능 중의 하나는 이와 같은 이상점을 찾아내는 것이다.

이상점을 모형을 통하여 정의해 보자. i번째 관측값이 이상점이라고 생각되면 다음과 같은 모형을 가정할 수 있다.

$$
\begin{aligned}
y_j &= \boldsymbol{x}_j{}'\boldsymbol{\beta} + \varepsilon_j, \quad j \neq i \\
y_i &= \boldsymbol{x}_i{}'\boldsymbol{\beta} + \delta + \varepsilon_i
\end{aligned}
\tag{6.1}
$$

즉, i번째 관측값을 제외한 모든 관측값 y_j의 기대값은 $\boldsymbol{x}_j{}'\boldsymbol{\beta}$이지만 i번째 관측값 y_i는 $\boldsymbol{x}_i{}'\boldsymbol{\beta}$와는 δ만큼 차이가 나는 기대값을 가지고 있다는 것이다. 이 경우 $\delta = 0$에 대한 검정은 바로 i번째 관측값이 이상점인지를 판단할 수 있는 검정이 될 것이다. 식 (6.1)와 같은 모형을 평균이동이상점모형(mean shifted outlier model)이라 부른다.

검정방법을 알아보기 전에 이상점에 대해 몇 가지 생각해 보자. 우선 이상점의 후보는 잔차의 절대값인 $|e_i|$이 큰 관측값이 되겠지만 잔차의 절대값이 큰 관측값 모두가 이상점은 아니다. 그 이유는 모형에 따라서 절대값이 큰 잔차가 확률분포에 의해 발생될 수도 있기 때문이다. 또한 모든 이상점이 나쁜 것은 아니다. 예를 들면 석유탐사에서는 지정학적 모형을 사용하여 산유층일 가능성이 있는 관측값을 찾아내는 것이 중요한 과제이다. 따라서 대다수의 관측값이 가지고 있지 않는 어떤 특이한 성질을 갖는 이상점을 찾아내는 것이 오히려 분석의 목표가 될 수 있는 것이다. 이상점을 찾는 작업은 먼저 적절한 모형이 명시되어야 한다. 만약 모형의 형태가 변경된다면 이상점에 대한 기준도 바뀌어야 할 것이다. 모형이 잘못 설정된 경우라면 여기에서 발생된 잔차를 이용하여 이상점을 분석한다는 것은 옳지 않을 뿐 아니라 또 다른 근본적인 문제점을 발생시킬 수 있으므로 주의해야 한다. 어떤 이상점은 나머지 관측값에 비해서 회귀식의 추정에 더 많은 영향을 미칠 수 있는데 이러한 내용은 6.2절에서 다루어질 것이다.

■ 이상점 검정

i번째 관측값이 이상점으로 의심된다고 가정하고 이상점 검정을 유도해 보자.

(1) 자료에서 i번째 관측값을 제거한 후 남은 $n-1$개의 관측값을 이용하여 $\boldsymbol{\beta}$와 σ^2을 추정한다. 여기서 i번째 관측값이 쓰이지 않았음을 나타내기 위하여 이러한 추정량을 각각 $\hat{\boldsymbol{\beta}}_{(i)}$와 $\hat{\sigma}^2_{(i)}$라 표기한다.[1]

(2) (1)에서 구한 추정회귀식 $\tilde{y} = \boldsymbol{x}'\hat{\boldsymbol{\beta}}_{(i)}$를 이용하여 제거한 i번째 관측값에 대해 적합값 $\hat{y}_{i(i)} = \boldsymbol{x}_i'\hat{\boldsymbol{\beta}}_{(i)}$를 계산한다. 이때 i번째 관측값이 추정에 사용되지 않았기 때문에 y_i와 $\hat{y}_{i(i)}$는 독립이고 $y_i - \hat{y}_{i(i)}$의 분산은 다음과 같다

---

1. $\dfrac{(n-p-1)\hat{\sigma}^2_{(i)}}{\sigma^2}$는 $\chi^2(n-p'-1)$ 분포를 따른다.

$$Var(y_i - \hat{y}_{i(i)}) = \sigma^2 + \sigma^2 \boldsymbol{x}_i'(\boldsymbol{X}_{(i)}'\boldsymbol{X}_{(i)})^{-1}\boldsymbol{x}_i$$

여기서 행렬 $\boldsymbol{X}_{(i)}$는 i번째 행이 삭제된 행렬 $\boldsymbol{X}$이다. σ^2을 $\hat{\sigma}_{(i)}^2$로 대체하면 $Var(y_i - \hat{y}_{i(i)})$의 값을 추정할 수 있다.

(3) 만약 y_i가 이상점이 아니라면 $E(y_i - \hat{y}_{i(i)}) = 0$일 것이다. 정규오차를 가정할 때 가설 $H_0: E(y_i - \hat{y}_{i(i)}) = 0$ 대 $H_1: E(y_i - \hat{y}_{i(i)}) \neq 0$, 즉 i번째 관측값이 이상점이 아니라는 귀무가설에 대한 검정통계량은

$$t_i = \frac{y_i - \hat{y}_{i(i)}}{\hat{\sigma}_{(i)}[1 + \boldsymbol{x}_i'(\boldsymbol{X}_{(i)}'\boldsymbol{X}_{(i)})^{-1}\boldsymbol{x}_i]^{1/2}} \tag{6.2}$$

이고 오차가 정규분포를 따른다면 귀무가설 하에서 t_i는 자유도가 $n-p'-1$인 t-분포를 따른다. 식 (6.2)의 t_i는 다음과 같이 계산될 수 있으며 5.1.2절에서 설명한 외적스튜던트화잔차와 같음을 보일 수 있다.

$$t_i = r_i\left(\frac{n-p'-1}{n-p'-r_i^2}\right)^{1/2} = \frac{e_i}{\hat{\sigma}_{(i)}\sqrt{1-h_{ii}}} \tag{6.3}$$

이러한 이상점 검정은 다음과 같은 방법으로 동일하게 수행될 수 있다. 우선 i번째 관측값이 1이고 나머지 관측값은 0, 즉 $j \neq i$이면 $u_j = 0$이고 $u_i = 1$인 새로운 설명변수 U를 정의하고 Y를 X와 U에 회귀적합을 시킨다. U에 대한 회귀계수의 추정값은 모형 (6.1)에서의 δ의 추정값이고 $\delta = 0$에 대한 양측검정이 위에서 언급한 이상점 검정과 동일하게 된다. 만약 오차가 정규분포를 따른다면 검정통계량 t_i는 자유도 $n-p'-1$을 가진 t-분포를 따를 것이다.

■ 이상점 검정의 유의수준

만약 i번째 관측값이 이상점이라고 생각된다면 t_i의 절대값 $|t_i|$는 적절한 자유도를 갖는 t-분포와 비교되어져야 한다. 그러나 일반적으로 우리는 어느 관측값이 이상점이 될 것인지에 대한 아무런 정보를 가지고 있지 않다. 만약 가장 큰 $|t_i|$의 값을 갖는 관측값에 대해 이상점 검정을 행한다면 실제로는 n개의

관측값 각각에 대한 n개의 검정을 하게 되는 것이다. 예를 들어 $n = 18$, $p' = 2$이고 이상점이 없다고 가정하자. 자유도 15인 검정통계량 t_i의 절대값이 기각값 2.131보다 클 확률은 0.05이다. 그러나 18개의 서로 독립인 검정통계량 t_i 중 절대값이 가장 큰 것이 기각값 2.131을 넘을 확률은 0.05보다는 훨씬 클것이다.

올바른 기각값을 찾기 위해서는 3장 보론에서 설명한 Bonferroni 부등식[2]에 그 기초를 두어야 한다. 다시 한 번 3장 보론 A.3.2의 Bonferroni 부등식의 의미를 살펴보자. 이는 각각의 제1종 오류(type I error)의 크기가 α인 n개의 검정에 있어서 적어도 하나의 관측값을 이상점으로 잘못 분류하는 확률은 $n\alpha$보다 크지 않다는 것이다. α의 값을 일반적인 유의수준 5%로 두고 예를 들어보자. Bonferroni 부등식에 의하면 18개의 검정통계량의 절대값 중 최대값이 2.131보다 클 확률이 18×0.05인 90%보다 크지 않다고 할 수 있는데 여기서 90%는 일반적으로 사용하는 유의수준보다 월등히 큰 숫자이므로 가설검정의 의미가 없어진다. 그러나 기각값이 t–분포의 $(\alpha/n) \times 100\%$에 해당되는 점이 되도록 고른다면 제1종 오류의 전체 크기는 $n(\alpha/n) = \alpha$보다 크지 않게 될 것이다. 즉, 이러한 검정의 제1종 오류의 크기는 $18 \times 0.00278 = 0.05$인 5%보다 크지 않게 된다. 기각값을 쉽게 계산하기 위하여 특별한 표가 필요한데 부록 [표 5B]가 그것이다. 부록 [표 5B]를 사용하기 위해서는 α값을 정하고(0.01이나 0.05 모두 이용할 수 있음) 표에서 표본 크기와 일치하는 행과 회귀계수의 수인 p'의 숫자와 일치하는 열을 확인하여야 한다. 표에서 읽는 값은 $n - p' - 1$ 자유도를 가진 t–분포의 $(\alpha/n) \times 100\%$ 점에 해당하는 값이다. 만약 $n = 18$, $p' = 2$인 경우 $\alpha = 0.05$ 수준에서 기각값은 3.57이다. 이 값을 $|t_i|$와 비교해야 한다.

---

2. Bonferroni 부등식 : $\Pr(|t| > t_c) = \alpha$일 때 Bonferroni 부등식에 의하면, $\Pr(\max|t| > t_c) \leq n\alpha$이다.

예 6.1 Forbes 자료

2장 연습문제 2.3에서 언급된 내용을 다시 설명하여 보자. 스코틀랜드 물리학자인 Forbes는 물의 끓는 온도를 이용하여 해발고도를 측정하고자 하였다. 그는 대기압력을 통해 해발고도를 알 수 있다는 현상과 대기압력은 기압계를 사용하여 측정될 수 있다는 것을 알았다. 문제는 기압계를 손쉽게 가지고 다닐 수 없기 때문에 현재 있는 위치의 고도를 알아내는 일은 쉽지 않았던 것이다. 이러한 상황에서 그는 물의 끓는 온도와 대기압력 사이에 의미있는 관계가 존재한다고 주장하였다. 그리고 자기 주장이 맞다면 이 관계식을 이용하여 고도를 알아낼 수 있을 것이라고 생각하였다. 그는 알프스와 스코틀랜드 지역의 17곳에서 물의 끓는 온도와 운반해 가지고 간 기압계로 대기압력을 측정하였다. [표 6.1]은 Forbes의 1857년 논문에서 발췌된 것으로 물의 끓는 온도는 화씨로, 대기압력은 in. Hg(inches of mercury)로 각각 기록하였다. Forbes는 그의 논문에서 물이 끓는 온도와 고도에 로그를 취한 값 사이에는 선형관계가 존재한다고 하였다.

표 6.1 Forbes 자료

물의 끓는 온도(°F)	압력(Hg)	$100 \times \log_{10}$(압력)
194.5	20.79	131.79
194.3	20.79	131.79
197.9	22.40	135.02
198.4	22.67	135.55
199.4	23.15	136.46
199.9	23.35	136.83
200.9	23.89	137.82
201.1	23.99	138.00
201.4	24.02	138.06
201.3	24.01	138.04
203.6	25.14	140.04
204.6	26.57	142.44
209.5	28.49	145.47
208.6	27.76	144.34
210.7	29.04	146.30
211.9	29.88	147.54
212.2	30.06	147.80

자료원 : Weisberg(2014)

Forbes 자료의 산점도

그림 6.1

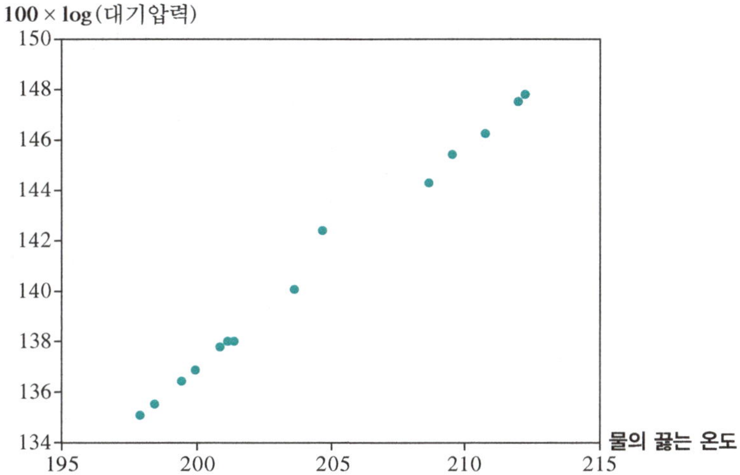

참고로 표에서 로그 취한 값에 다시 100을 곱한 것은 대기압력의 통계값(예를 들면 표본분산, 잔차, 회귀계수 추정값, 표준오차)들이 물의 끓는 온도의 통계값에 비해 상대적으로 너무 작은 숫자가 되어서 이들의 유효숫자가 서로 비교하기가 어려울 정도로 작아질 수 있기 때문이다(연습문제 2.3 참조).

[그림 6.1]에서 12번째 관측값은 큰 잔차 때문에 이상점이 될 수 있음을 알 수 있다. 이 12번째 관측값에 대한 이상점 검정을 하기 위해 $e_{12} = 1.36$, $\hat{\sigma} = 0.379$ 그리고 $h_{12,12} = 0.0639$를 구하고 내적스튜던트화잔차를 계산하면 다음과 같다.

$$r_{12} = \frac{1.3592}{0.379\sqrt{1 - 0.0639}} = 3.7078$$

이상점 검정통계량의 값은

$$t_{12} = 3.7078\left(\frac{17 - 2 - 1}{17 - 2 - 3.7078^2}\right)^{1/2} = 12.40$$

이다. 이 통계량은 자유도 14를 갖는다. $p' = 2$, $n = 17$인 경우 부록 [표 5B]에서 유의수준 0.01의 검정에 대한 기각값이 4.41이 됨을 알게 된다. t_{12}는 이 값보다 훨씬 크기 때문에 12번째 관측값은 이상점으로 판단된다.

이상점을 다루는 많은 문헌이 있는데 책으로는 Barnett과 Lewis(1994), Hawkins(1980)가 있으며 대표적인 논문으로는 Beckman과 Cook(1983)을 들 수 있다. 이상점에 대한 모형은 여러 가지 방법으로 만들 수 있다. 식 (6.1)의 평균이동이상점모형뿐만 아니라 분산이동이상점모형(variance shifted outlier model)을 적용할 수도 있다. 위에서 설명된 방법은 하나의 이상점을 찾는 것이었다. 만약 자료가 두 개 이상의 이상점을 가지면 서로 은폐(masking)시키는 현상이 발생할 수 있어 이상점을 찾는 것은 매우 어려울 수 있다. 실증적인 예로 Cook과 Prescott(1981)는 이상점 검정을 위해서 Bonferroni 방법을 사용했는데 그들은 한 번에 한 개의 이상점을 찾을 경우에는 이 방법이 매우 정확하지만 다중이상점(multiple outliers)을 파악하기에는 정확치 않다는 것을 발견했다. Cook과 Weisberg(1982)는 다중이상점에 대한 평균이동이상점모형의 일반화에 대해 설명하였다. Hawkins, Bradu와 Kass(1984)는 이상점의 집합을 찾아내기 위해 자료의 모든 부분집합을 조사하는 방법을 제시하였다.

본 책에서 이상점에 대해 취한 접근방법은 식별(identification)로서 다음에 수행할 연구에 이용될 수 있도록 이상점을 찾는 것이다. 이상점을 찾은 후에 무엇을 어떻게 할 것인지는 물론 문제에 따라 다를 것이다. 어떤 경우에는 이상점이 연구 관심의 대상이 될 수 없다고 하여 그냥 버려질 수 있으나 이상점으로 판정이 되었다고 하여 이것을 무조건 버리고 나머지 자료만 가지고 회귀분석을 실시하는 것은 옳은 방법이 아닐 수 있다. 이상점으로 판정되면 먼저 그 원인이 어디에 있는가를 규명하여야 한다. 원인으로는 자료입력 시 오류가 발생하였거나, 실험이 잘못 되었거나, 또는 적절하지 않은 원료가 사용되었거나, 자료를 측정하는 기계가 고장이 났다거나 하는 등 여러 가지를 들 수 있다. 이와 같이 원인이 밝혀지면 다시 실험을 하여 이상점을 새로운 자료로 대체시키거나 이것이 불가능한 경우 이상점은 제거시키고 분석해야 할 것이다. 원인이 뚜렷이 밝혀지지도 않았는데 이상점을 임의로 제거시키는 것은 바람직하지 못하다. 의심스러운 이상점을 포함하는 분석과 포함하지 않는 분석의 결과를 비교하는 것도 필요하다.

6.2 관측값의 영향

회귀분석의 과정에서 때때로 한두 개의 관측값이 회귀모형 추정에 상당한 영향을 미치는 것을 보게 된다. 즉, 회귀계수의 추정이나 예측이 대다수의 관측값보다는 몇 개의 관측값에 의해 결정되는 경우이다. 따라서 이러한 점들이 회귀모형에 미치는 영향력을 분석하는 일은 매우 중요하다. 관측값의 영향력 분석은 모형이 옳다는 가정 하에 이루어짐은 물론이다.

관측값의 영향력을 알아내는 한 가지 중요한 방법은 한 번에 하나씩 자료에서 관측값을 제거해 보는 것이다. 전체 자료를 이용한 분석과 특정의 관측값이 제거된 분석을 비교함으로써 각각의 관측값의 영향이나 효과를 알아낼 수 있다. 제거했을 때 중요한 변화를 가져오는 관측값을 영향력 있는 관측값(influential observation)이라 부른다. 또는 간단히 영향력 관측값이라고도 한다.

앞으로 사용될 표기에 대해 간단히 설명해 보자. $\hat{\boldsymbol{\beta}}_{(i)}$는 i번째 관측값을 제외하고 구한 $\boldsymbol{\beta}$의 추정량이며 행렬 $\boldsymbol{X}_{(i)}$는 행렬 $\boldsymbol{X}$에서 i번째 행을 제거한 $(n-1)\times p'$ 행렬이다. 이때 $\hat{\boldsymbol{\beta}}_{(i)}$는 다음과 같이 표기가 된다.

$$\hat{\boldsymbol{\beta}}_{(i)} = (\boldsymbol{X}_{(i)}'\boldsymbol{X}_{(i)})^{-1}\boldsymbol{X}_{(i)}'\boldsymbol{y}_{(i)} \tag{6.4}$$

만일, i번째 관측값이 영향력 있는 관측값이면 $\hat{\boldsymbol{\beta}}_{(i)}$의 값은 다른 관측값을 제거하고 구한 $\boldsymbol{\beta}$의 추정값과 비교하여 많이 다를 것이다. 설명변수가 두 개인 경우는 각 관측값이 제거된 후 구해지는 $\hat{\beta}_{1(i)}$와 $\hat{\beta}_{2(i)}$의 산점도에서 다른 점들과 유난히 구별되는 점을 영향력 있는 관측값으로 판정할 수 있을 것이다. 다음의 예를 통하여 이에 대한 이해를 돕고자 한다.

예 6.2 가솔린 자료

[표 6.2]의 자료는 Prater에 의해 사용되었던 것을 Hader와 Grandage(1958), Atkinson(1985)에 의해 다시 인용되어 설명되었다. 반응변수 Y는 중유와 분류된 후에 가솔린으로 만들어지는 원유의 비율을 나타낸다. 네 개의 설명변수는 다음과 같다.

X_1 : 원유중력(crude oil gravity, °API)

X_2 : 원유증기압력(crude oil vapour pressure, lbf/in^2)

X_3 : 원유 ASTM (crude oil ASTM 10 percent, °F)

X_4 : 가솔린 증발온도(gasoline end point, °F)

표 6.2 가솔린 자료

관측값 번호	X_1	X_2	X_3	X_4	Y
1	38.4	6.1	220	235	6.9
2	40.3	4.8	231	307	14.4
3	40.0	6.1	217	212	7.4
4	31.8	0.2	316	365	8.5
5	40.8	3.5	210	218	8.0
6	41.3	1.8	267	235	2.8
7	38.1	1.2	274	285	5.0
8	50.8	8.6	190	205	12.2
9	32.2	5.2	236	267	10.0
10	38.4	6.1	220	300	15.2
11	40.3	4.8	231	267	26.8
12	32.2	2.4	284	351	14.0
13	31.8	0.2	316	379	14.7
14	41.3	1.8	267	275	6.4
15	38.1	1.2	274	365	17.6
16	50.8	8.6	190	275	22.3
17	32.2	5.2	236	360	24.8
18	38.4	6.1	220	365	26.0
19	40.3	4.8	231	395	34.9
20	40.0	6.1	217	272	18.2
21	32.2	2.4	284	424	23.2
22	31.8	0.2	316	428	18.0
23	40.8	3.5	210	273	13.1
24	41.3	1.8	267	358	16.1

25	38.1	1.2	274	444	32.1
26	50.8	8.6	190	345	34.7
27	32.2	5.2	236	402	31.7
28	38.4	6.1	220	410	33.6
29	40.0	6.1	217	340	30.4
30	40.8	3.5	210	347	26.6
31	41.3	1.8	267	416	27.8
32	50.8	8.6	190	407	45.7

설명변수 중 처음 세 개는 모두 원유의 성질을 측정하는 변수이다. X_3는 10%의 원유가 증발하였을 때의 온도를 나타내고 X_4는 모든 가솔린이 증발하였을 때의 온도를 나타낸다. 일반적으로 가벼운 원유가 무거운 원유보다 더 많은 가솔린을 만들어내고 일정한 양의 원유가 주어졌을 때는 증발하는 온도가 높아질수록 많은 양의 가솔린이 추출된다. Prater의 의도는 다중회귀모형을 사용하여 가솔린의 생산량을 예측하는 방정식을 구하는 것이었다.

설명변수 모두 사용한 회귀모형에서 유의한 설명변수는 세 번째와 네 번째이므로 이 설명변수만을 포함하는 회귀모형 $y_i = \beta_0 + \beta_3 x_{i3} + \beta_4 x_{i4} + \varepsilon_i$를 설정하였다. [표 6.3]은 각각의 관측값을 제거하고 계산된 회귀계수의 추정값 $\hat{\beta}_{3(i)}$와 $\hat{\beta}_{4(i)}$이다.

표 6.3 **가솔린 자료의 $\hat{\beta}_{3(i)}$와 $\hat{\beta}_{4(i)}$**

case deleted	$\hat{\beta}_{3(i)}$	$\hat{\beta}_{4(i)}$	case deleted	$\hat{\beta}_{3(i)}$	$\hat{\beta}_{4(i)}$
1	−0.2082	0.1475	17	−0.2084	0.1498
2	−0.2088	0.1491	18	−0.2113	0.1512
3	−0.2082	0.1497	19	−0.2057	0.1476
4	−0.2059	0.1494	20	−0.2075	0.1502
5	−0.2085	0.1483	21	−0.2070	0.1506
6	−0.2120	0.1522	22	−0.2065	0.1500
7	−0.2064	0.1488	23	−0.2108	0.1483
8	−0.2079	0.1499	24	−0.2067	0.1498
9	−0.2078	0.1488	25	−0.2086	0.1480
10	−0.2102	0.1491	26	−0.2048	0.1486
11	−0.2096	0.1560	27	−0.2082	0.1496
12	−0.2080	0.1496	28	−0.2115	0.1519
13	−0.2146	0.1498	29	−0.2050	0.1486
14	−0.2083	0.1497	30	−0.2106	0.1504
15	−0.2077	0.1496	31	−0.2082	0.1493
16	−0.2082	0.1496	32	−0.1994	0.1453

그림 6.2 가솔린 자료의 $\hat{\beta}_{4(i)}$와 $\hat{\beta}_{3(i)}$의 산점도

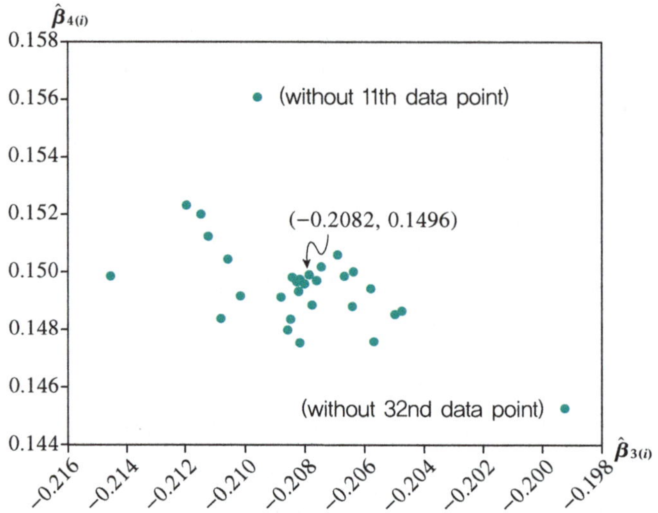

[그림 6.2]는 $\hat{\beta}_{4(i)}$와 $\hat{\beta}_{3(i)}$의 산점도이다.[3] 그림에서 "32번째 자료 제거 후(without 32nd data point)" 라고 표시된 점은 관측값 32를 제외한 나머지 31개의 관측값으로 얻어진 $\hat{\beta}_{3(32)}$와 $\hat{\beta}_{4(32)}$에 해당한다.

[그림 6.2]를 분석하여 보자. 먼저 전체 자료에 근거한 추정값은 (−0.2082, 0.1496)이다. 관측값 하나를 제거하면 추정값에 변화를 초래하지만 관측값 32, 11을 제외하면 대부분 관측값의 경우 그 변화는 크지 않다. 만약 관측값 32가 제거되면 추정값은 (−0.1994, 0.1453)이고 관측값 11이 제거되면 추정값은 (−0.2096, 0.1560)이다. 이 그림에서 이 두 점은 다른 점으로부터 상대적으로 멀리 있는 것으로 보인다. 추정값의 변화가 얼마나 큰가를 판단하기 위한 기준을 만들기 위해서 두 점 간의 거리를 재는 방법이 필요하게 된다. 그 중 대표적인 방법이 다음에 제시한 Cook의 D 통계량이다.

3. 제거된 각각의 관측값의 효과를 완전하게 보기 위해서는 $\hat{\beta}_{0(i)}$까지 포함하는 3차원 그래프가 필요하다.

■ Cook의 D 통계량

[그림 6.2]에서와 같이 $\hat{\boldsymbol{\beta}}$과 $\hat{\boldsymbol{\beta}}_{(i)}$를 비교함으로써 관측값의 영향력을 측정할 수 있었다. 그러나 이들은 $p'\times 1$ 벡터이고 p'이 3 이상이면 그림을 통하여 영향력을 측정하기는 어렵다. 이러한 문제를 해결하기 위해 p'개의 정보를 하나의 숫자로 조합하여 거리를 측정하는 방법이 Cook(1977)에 의해 제안되었다. Cook의 통계량 D_i는 다음과 같이 정의된다.

$$D_i = \frac{(\hat{\boldsymbol{\beta}}_{(i)} - \hat{\boldsymbol{\beta}})'(X'X)(\hat{\boldsymbol{\beta}}_{(i)} - \hat{\boldsymbol{\beta}})}{p'\hat{\sigma}^2} \tag{6.5}$$

이 통계량은 몇 개의 바람직한 특징을 갖고 있다.

(1) 우선 상수 D_i의 등고선(contours)은 타원형(ellipsoide)으로서 $\boldsymbol{\beta}$의 결합신뢰영역과 같은 모양을 하고 있다. 4장 보론의 식 (a.4.23)과 비교하기 바란다.

(2) D_i는 $\hat{\boldsymbol{\beta}}_{(i)}$에서 $\hat{\boldsymbol{\beta}}$까지의 거리의 개념으로 생각할 수 있다.

(3) D_i는 모수의 설정(parameterization)에 의존하지 않는다. 즉, 설명변수가 선형변환에 의해서 변형이 되더라도 D_i의 값은 변하지 않는 척도불변(scale invariant)의 성질을 가지고 있다.

(4) $\hat{\mathbf{y}} = X\hat{\boldsymbol{\beta}}$과 $\hat{\mathbf{y}}_{(i)} = X\hat{\boldsymbol{\beta}}_{(i)}$에 대해 D_i는 다음과 같이 표현될 수 있다(Bingham, 1977).

$$D_i = \frac{(\hat{\mathbf{y}}_{(i)} - \hat{\mathbf{y}})'(\hat{\mathbf{y}}_{(i)} - \hat{\mathbf{y}})}{p'\hat{\sigma}^2} \tag{6.6}$$

따라서 D_i는 $\hat{\mathbf{y}}$과 $\hat{\mathbf{y}}_{(i)}$ 사이의 일반적인 유클리디안 거리로 이해된다. D_i가 큰 관측값은 $\hat{\boldsymbol{\beta}}$과 적합값 $\hat{\mathbf{y}}$에 상당한 영향을 미친다. 따라서 그 관측값의 삭제는 결론에 큰 변화를 초래할 수도 있다. 가장 큰 D_i를 가지는 관측값이나 n이 큰 자료인 경우 몇 개의 큰 D_i를 가지는 관측값에 대해서 주의를 기울여야 한다.

D_i의 크기를 평가하는 기준은 결합신뢰영역의 해석과 비슷한 방법으로 얻

을 수 있다. 만약 D_i가 p'과 $n-p'$의 자유도를 가진 F-분포의 $\alpha \times 100\%$ 점과 정확히 같다면 i번째 관측값의 제거는 $\boldsymbol{\beta}$의 추정량을 $(1-\alpha)\times 100\%$의 신뢰영역(전체 자료를 가지고 만든)의 가장자리로 옮길 것이다. 예를 들면 대부분의 F-분포에 대해 50%에 해당하는 점이 1에 가깝기 때문에 $D_i = 1$의 값은 추정량을 약 50%의 신뢰영역 가장자리로 옮길 것이다. 만약 가장 큰 D_i가 1보다 상당히 작으면 관측값의 삭제는 $\boldsymbol{\beta}$의 추정량 $\hat{\boldsymbol{\beta}}$을 많이 변화시키지 않는다고 볼 수 있다. 관측값의 영향을 보다 자세히 조사하기 위해서는 가장 큰 D_i에 해당되는 관측값을 삭제하고 회귀분석의 결과가 어떻게 바뀌는지 보아야 한다.

Cook의 D 통계량은 식 (6.5)나 (6.6)에서와 같이 한 개의 관측값을 삭제하고 $\hat{\boldsymbol{\beta}}$과 $\hat{\boldsymbol{\beta}}_{(i)}$ 또는 $\hat{\mathbf{y}}$과 $\hat{\mathbf{y}}_{(i)}$ 사이의 거리를 직접 계산해서 구할 필요는 없다. D_i는 다음과 같이 간단히 계산된다.

$$D_i = \frac{1}{p'} r_i^2 \left(\frac{h_{ii}}{1-h_{ii}} \right) \tag{6.7}$$

식 (6.7)에 의하면 D_i는 i번째 스튜던트화잔차 r_i의 제곱과 h_{ii}의 단조함수(monotonic function)와의 곱이다. 만약 p'이 고정된다면 D_i의 크기는 이 두 요소에 의해 결정된다. 즉, i번째 관측값에서 모형적합의 부족을 반영하는 확률변수 r_i와 $\mathbf{x}_i$가 $\bar{\mathbf{x}}$로부터 떨어져 있는 위치를 반영하는 h_{ii}에 의해 D_i의 값은 결정이 되는데 r_i가 크거나 (또는 동시에) h_{ii}의 값이 크면 D_i의 값은 커진다.

예 6.2 (계속) 가솔린 자료

가솔린 자료에서 설명변수로 X_3와 X_4만을 사용한 경우 관측값 11, 22, 32에 대한 영향력 통계량을 계산해 보기로 하자. 이 세 개의 관측값에 관심이 있는 이유는 다음과 같다. 관측값 11은 잔차가 14.225로서 가장 크며, 22와 32는 X_3와 X_4의 산점도인 [그림 6.3]에서 보듯이 자료공간의 가장자리에 놓여 있으므로 h_{ii}값이 크게 될 것이므로 영향력이 클 가능성이 있는 점들이기 때문이다.

가솔린 자료의 X_3와 X_4의 산점도

그림 6.3

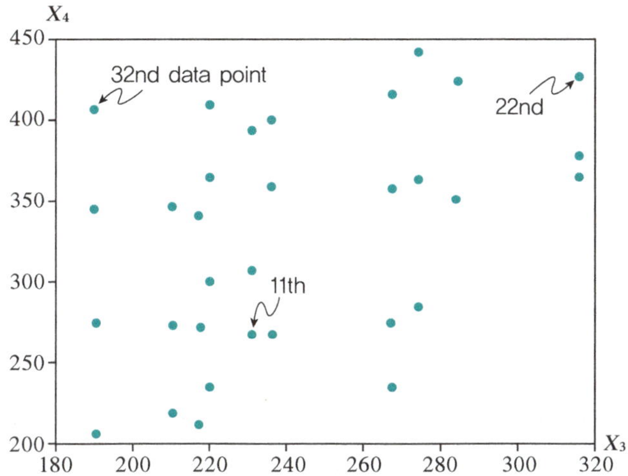

관측값 11, 22, 32에 대한 영향력 통계량를 계산한 결과가 [표 6.4]에 있다. 예를 들어 관측값 11의 r_i와 D_i는 다음과 같이 e_i와 h_{ii}에서 유도하여 계산하였다. $\hat{\sigma}^2$의 값은 13.2699이다.

$$r_{11} = \frac{14.2245}{\sqrt{13.2699\,(1-0.0566)}} = 4.020$$

$$D_{11} = \frac{(4.020)^2}{3}\left(\frac{0.0566}{1-0.0566}\right) = 0.323$$

[표 6.4]를 보면 관측값 22는 자료영역의 가장자리에 있어 h_{ii}는 다른 관측값에 비해 상대적으로 큰 0.1711의 값을 갖지만 Cook의 D_i는 0.006으로서 매우 작음을 알 수 있다. 이는 다른 관측값에 비해 잔차 e_i(또는 r_i)가 너무 작기 때문이다. 그러나 관측값 11은 [그림 6.3]에서와 같이 자료영역의 가운데에 놓여 있어서 h_{ii}는 0.0566으로 매우 작지만 Cook의 D_i는 0.323으로 상대적으로 큰 값이다. 따라서 관측값 11이 가장 영향력이 크다고 할 수 있다.

표 6.4 관측값 11, 22, 32에 대한 영향력 통계값

관측값	e_i	h_{ii}	r_i	D_i
11	14.225	0.0566	4.020	0.323
22	−0.9655	0.1711	−0.291	0.006
32	3.6486	0.2036	1.122	0.107

예 6.3 실험쥐 자료

실험용 쥐에게 사용되는 특정 약품의 적정투입량을 결정하기 위해 쥐의 간에 흡수되는 약품의 양을 조사하는 실험을 시행하였다. 우선 19마리의 실험쥐를 무작위로 뽑아서 몸무게를 측정하고 소량의 에테르 마취제를 놓은 후 1회 분량의 약을 입에 넣었다. 이때 간이 클수록 약을 더 많이 흡수할 것이라 생각되어 쥐에 투여하는 약품의 양은 대략 몸무게 1kg당 40mg으로 결정되었다(간의 무게는 몸무게와 매우 관련되어 있다고 알려져 있다). 일정한 시간이 경과한 후에 실험쥐의 간의 무게를 측정하고 간에 흡수된 약품의 양을 조사하였다. 이 실험에서의 가설은 간에 흡수된 약품이 투여약품량에서 차지하는 비율(Y)과 몸무게(X_1, gram), 간의 무게(X_2, gram), 최고치의 약품투입량을 1로 하였을 때 상대적인 약품투여량 X_3 사이에는 아무런 관계가 없다는 것이다.

자료와 표본상관계수는 [표 6.5]와 [표 6.6]에 제시되었다. 기대했던 것처럼 반응변수와 설명변수 사이에 표본상관계수는 모두 작다. 그리고 간의 약품 흡수량과 어떤 설명변수와의 단순회귀도 유의하지 않다. [표 6.7]에서 보여주는 것처럼 모두 t^* 값이 1보다 작다. 그러나 Y와 X_1, X_2, X_3의 다중회귀는 이와는 다른 결과를 보여준다. 두 설명변수 X_1과 X_3가 유의한 t^*의 값을 갖고 있는 것이다. 즉, 두 변수 X_1과 X_3가 결합하여 Y를 잘 설명해 주고 있다(각각 $p<0.05$임). 만약 X_2가 모형에서 제거된다 하더라도 같은 현상이 일어난다. 총괄통계량에 기초를 둔 분석에서는 약품의 양과 쥐의 무게가 Y를 잘 설명해 주고 있다고 결론을 내릴 것이다. 그런데 약품의 양이 쥐의 무게에 거의 비례하여 주어졌기 때문에 쥐의 무게와 약 투입량은 동일한 정보를 가지고 있는 상황이다.

표 6.5 실험쥐 자료

X_1	X_2	X_3	Y
176	6.5	.88	.42
176	9.5	.88	.25
190	9.0	1.00	.56
176	8.9	.88	.23
200	7.2	1.00	.23
167	8.9	.83	.32
188	8.0	.94	.37
195	10.0	.98	.41
176	8.0	.88	.33
165	7.9	.84	.38
158	6.9	.80	.27
148	7.3	.74	.36
149	5.2	.75	.21
163	8.4	.81	.28
170	7.2	.85	.34
186	6.8	.94	.28
146	7.3	.73	.30
181	9.0	.90	.37
149	6.4	.75	.46

자료원 : Weisberg(2014)

표 6.6 실험쥐 자료의 표본상관계수

	X_1	X_2	X_3	Y
X_1	1.00000	0.50001	0.99021	0.15109
X_2	0.50001	1.00000	0.49007	0.20333
X_3	0.99021	0.49007	1.00000	0.22754
Y	0.15109	0.20333	0.22754	1.00000

표 6.7 실험쥐 자료의 회귀분석 결과 및 분산분석표

Variable	Estimate	Standard Error	t-value	p-value
Intercept	0.196235	0.221582	0.886	0.3882
X_1	0.000811	0.001286	0.630	0.5370

Variable	Estimate	Standard Error	t-value	p-value
Intercept	0.220375	0.135727	1.624	0.1228
X_2	0.014709	0.017179	0.856	0.4038

Variable	Estimate	Standard Error	t-value	p-value
Intercept	0.133005	0.210912	0.631	0.5367
X_3	0.234610	0.243507	0.963	0.3488

Variable	Estimate	Standard Error	t-value	p-value
Intercept	0.265922	0.194585	1.367	0.1919
X_1	−0.021246	0.007974	−2.664	0.0177
X_2	0.014298	0.017217	0.830	0.4193
X_3	4.178111	1.522625	2.744	0.0151

표 6.8 실험쥐 자료의 개별 영향력 통계값

순서	y_i	e_i	r_i	t_i	h_{ii}	D_i
1	0.42	0.12376	1.76605	1.91707	0.17798	0.16883
2	0.25	−0.08914	−1.27304	−1.30223	0.17934	0.08854
3	0.56	0.02409	0.80715	0.79729	0.85091	0.92962
4	0.23	−0.10056	−1.37723	−1.42358	0.10762	0.05718
5	0.23	−0.06771	−1.12310	−1.13373	0.39154	0.20292
6	0.32	0.00713	0.10074	0.09736	0.16116	0.00049
7	0.37	0.05658	0.78795	0.77749	0.13688	0.02462
8	0.41	0.04958	0.74259	0.73097	0.25367	0.04686
9	0.33	0.01231	0.16490	0.15945	0.06702	0.00049
10	0.38	−0.00284	−0.03922	−0.03790	0.11969	0.00005
11	0.27	−0.08015	−1.10507	−1.11390	0.11951	0.04144
12	0.36	0.04236	0.60241	0.58915	0.17240	0.01890
13	0.21	−0.09815	−1.53566	−1.61605	0.31618	0.27260
14	0.28	−0.02714	−0.37681	−0.36576	0.13141	0.00537
15	0.34	0.03161	0.42556	0.41364	0.07617	0.00373
16	0.28	−0.05875	−0.85886	−0.85093	0.21661	0.05099
17	0.30	−0.01835	−0.26470	−0.25633	0.19522	0.00425
18	0.37	0.06068	0.85093	0.84267	0.14872	0.03163
19	0.46	0.13469	1.92204	2.13883	0.17796	0.19994

이런 역설을 풀기 위한 시도로 개별분석을 하여 보았다. 모형 $Y=\beta_0+\beta_1X_1+\beta_2X_2+\beta_3X_3+\varepsilon$에 대해 잔차와 연관된 통계량을 구한 결과가 [표 6.8]에 있다. 모든 $|r_i|$는 2보다 작고 특별한 패턴이 없기 때문에 잔차에 의한 역설의 근거는 보이지 않는다. 그러나 D_i가 그 이유를 알려주고 있다. 세 번째 관측값의 D_3는 0.93이다. 이에 비해 다른 어떤 관측값도 D_i가 0.27보다 크지 않다. 즉 세 번째 관측값은 그 하나만으로도 예외적인 결과를 낳을 수 있는 영향력을 갖고 있는 것이다. 또한 $h_{33}=0.851$의 값은 이 관측값이 다른 자료와 분리되었음을 보여준다.

여기에서 한 가지 제안할 수 있는 것은 세 번째 관측값을 제거하고 추정회귀식을 다시 계산하는 것이다. 이 결과인 [표 6.9]에 의하면 처음 분석에서 발견되었던 관계는 세 번째 관측값만의 탓으로 돌릴 수 있으므로 역설은 해결된다.

표 6.9 **관측값 3이 제거된 후의 회귀분석 결과**

Variable	Estimate	Standard Error	t-value	p-value
Intercept	0.311427	0.205094	1.518	0.1512
X_1	−0.007783	0.018717	−0.416	0.6838
X_2	0.008989	0.018659	0.482	0.6374
X_3	1.484877	3.713064	0.400	0.6953

$\hat{\sigma}^2 = (0.0782)^2$, $d.f. = 14$, $R^2 = 0.0021$

주의 깊은 분석가라면 세 번째 관측값이 왜 이렇게 큰 영향력을 행사했는지 알아내기 위해 노력할 것이다. 자료를 자세히 살펴보면 190g의 무게를 가진 세 번째 실험쥐는 규정된 것보다 많은 1.0의 최대의 투여약품량을 할당받았던 것이다(오히려 몸무게가 더 나가는 195g의 8번째 실험쥐가 0.98의 약품량이 주어졌다). 만약 세 번째 쥐의 몸무게 또는 투여약품량의 기록에 오류가 있었다면 분석과정에서 이 관측값을 제거했어야 옳을 것이다.

위 예제에서 보았듯이 자료분석에서 영향력이 큰 관측값이 발견되는 경우 이에 대한 원인을 밝히는 것이 중요하다. 만일 자료의 측정이나 기록 과정에서 발생한 오류가 원인이라면 이 관측값을 수정하거나 수정이 불가능한 경우에는 제거한 후에 다시 분석해야 한다. 특별한 오류를 발견하지 못하는 경우라면 해당 관측값이 제거된 분석결과와 포함된 분석결과를 모두 구하여 비교해야 한다. 영향력이 큰 관측값이 동시에 이상점인 경우도 발생하는데(자료공간의 중심에서 멀리 떨어져 있지는 않지만 잔차가 매우 큰 경우) 이 경우에도 원인분석에 따라 해당 관측값의 처리가 올바르게 이루어져야 한다.

Cook의 통계량 이외에 사용되는 영향력 측정 통계량에 대해 알아보기로 하자.

■ DFFITS

Belsley, Kuh와 Welsh(1980)는 적합값 $\hat{y}_i$와 i번째 관측값을 제거하고 구한 추정회귀식을 이용하여 구한 i번째 적합값 $\hat{y}_{i(i)}$의 차이를 표준화한 다음과 같은 통계량을 제안하였다.

$$DFFITS_i = \frac{\hat{y}_i - \hat{y}_{i(i)}}{\hat{\sigma}_{(i)}\sqrt{h_{ii}}} \tag{6.8}$$

이것은 ***DFFITS***라 부르는데 식 (6.8)은 다음과 같이 표현된다.

$$(DFFITS_i)^2 = \left(\frac{y_i - y_{i(i)}}{\hat{\sigma}_{(i)}\sqrt{h_{ii}}}\right)^2 = \frac{(\hat{\boldsymbol{\beta}}_{(i)} - \hat{\boldsymbol{\beta}})'(X'X)(\hat{\boldsymbol{\beta}}_{(i)} - \hat{\boldsymbol{\beta}})}{\hat{\sigma}^2_{(i)}} = t_i^2\left(\frac{h_{ii}}{1 - h_{ii}}\right) \tag{6.9}$$

이 식을 식 (6.5)와 비교해 보면 $(DFFITS_i)^2$은 Cook의 D_i에서 $\hat{\sigma}^2$을 $\hat{\sigma}^2_{(i)}$으로 대체한 개념에 불과하다. 또한 식 (6.7)과 비교하면 내적스튜던트화잔차 r_i 대신에 이상점 검정에 쓰였던 외적스튜던트화잔차 t_i를 사용하는데 이러한 의도는 이상점에 좀 더 가중치를 부여함으로써 영향력 통계량의 값이 두드러질 수 있도록 배려한 것이다. Belsley, Kuh와 Welsh(1980)는 영향력이 큰 관측값의 기준으로서 $2\sqrt{p/n}$을 제시하였다. 즉 ***DFFITS***의 절대값이 이보다 크면 영향력이 큰 관측값으로 볼 수 있다.

■ DFBETAS

DFFITS를 제안하였던 Belsley, Kuh와 Welsh(1980)는 모든 관측값에 근거한 회귀계수 β_k의 추정량 $\hat{\beta}_k$와 i번째 관측값이 제거된 후 계산된 $\hat{\beta}_{k(i)}$와의 차이를 표준화한 ***DFBETAS***라 부르는 다음의 통계량을 제안하였다.

$$(DFBETAS)_{k(i)} = \frac{\hat{\beta}_k - \hat{\beta}_{k(i)}}{\sqrt{\hat{\sigma}^2_{(i)} c_{kk}}} \tag{6.10}$$

여기서 c_{kk}는 $(X'X)^{-1}$의 k번째 대각원소이다. Cook의 D 통계량이나 ***DFFITS***는 각각의 관측값이 회귀계수 전체의 추정에 미치는 영향력을 측정한 통계량이었음에 반하여 ***DFBETAS***는 관측값이 각각의 회귀계수의 추정에 미치는 영향력을 측정하는 통계량이다.

$(DFBETAS)_{k(i)}$의 절대값이 큰 경우에는 i번째 관측값이 k번째 회귀계수에 영향력이 큰 것을 의미한다. 영향력이 큰 관측값을 고르는 기준으로서 $2/\sqrt{n}$가 제시되었다. 즉, ***DFBETAS***의 절대값이 이보다 크면 영향력이 큰 관측값으로 볼 수 있다. ***DFBETAS***의 한 가지 단점은 이 통계량의 분모에서 알 수 있듯이 척도불변이 아니라는 점이다.

■ COVRATIO

관측값의 영향력을 측정할 수 있는 다른 방법으로 $\hat{\boldsymbol{\beta}}$과 $\hat{\boldsymbol{\beta}}_{(i)}$의 추정분산-공분산행렬, 즉 $\hat{\sigma}^2(\boldsymbol{X}'\boldsymbol{X})^{-1}$와 $\hat{\sigma}^2_{(i)}(\boldsymbol{X}_{(i)}'\boldsymbol{X}_{(i)})^{-1}$의 비교를 생각할 수 있다. 이들을 비교하는 척도로서 두 행렬의 대각합(trace) 또는 행렬식의 비율을 들 수 있는데 대각합은 척도불변이 아닌 반면 행렬식은 척도불변이기 때문에 Belsley, Kuh와 Welsh(1980)는 ***COVRATIO***라 부르는 다음의 행렬식의 비율을 추천하였다.

$$COVRATIO_i = \frac{\det(\hat{\sigma}^2_{(i)}(\boldsymbol{X}_{(i)}'\boldsymbol{X}_{(i)})^{-1})}{\det(\hat{\sigma}^2(\boldsymbol{X}'\boldsymbol{X})^{-1})} \tag{6.11}$$

4장 보론 A.4.5에서 언급한 바와 같이 $\hat{\sigma}^2(\boldsymbol{X}'\boldsymbol{X})^{-1}$의 행렬식은 $\hat{\boldsymbol{\beta}}$의 일반화 분산(generalized variance)이라고 한다. $\boldsymbol{COVRATIO_i}$에 대한 해석은 $\boldsymbol{\beta}$에 대한 결합신뢰영역의 타원체(confidence ellipsoide)의 부피는 $\det(\sigma^2(\boldsymbol{X}'\boldsymbol{X})^{-1/2})$에 비례하는 사실에서 출발한다. 즉, $\det(\sigma^2(\boldsymbol{X}'\boldsymbol{X})^{-1/2})$의 값이 작으면 $\boldsymbol{\beta}$의 추정값 $\hat{\boldsymbol{\beta}}$에 대한 정밀(precision)성이 높다고 해석이 되는데, 식 (6.11)의 값이 1보다 작으면 자료를 제거함으로써 상대적으로 더 정밀한 $\boldsymbol{\beta}$의 추정값을 얻을 수 있으며, 1보다 크면 덜 정밀한 추정값을 얻을 수 있다. $\dfrac{\det((\boldsymbol{X}_{(i)}'\boldsymbol{X}_{(i)})^{-1})}{\det((\boldsymbol{X}'\boldsymbol{X})^{-1})}$은 $\dfrac{1}{1-h_{ii}}$과 같고 $\left(\dfrac{\hat{\sigma}^2_{(i)}}{\hat{\sigma}^2}\right)^{p'}$은 $\dfrac{n-p'-r_i^2}{n-p'-1}$임을 보일 수 있어 ***COVRATIO***는 다음과 같이 표현될 수 있다.

$$COVRATIO_i = \left(\frac{\hat{\sigma}_{(i)}^2}{\hat{\sigma}^2}\right)^p \cdot \frac{\det((X_{(i)}'X_{(i)})^{-1})}{\det((X'X)^{-1})} \qquad (6.12)$$
$$= \frac{n-p'-r_i^2}{n-p'-1} \cdot \left(\frac{1}{1-h_{ii}}\right)$$

식 (6.12)를 보면 큰 h_{ii}를 갖는 관측값은 ***COVRATIO***를 크게 함을 알 수 있고 이러한 관측값은 제거됨으로써 정밀성이 떨어진다. 바꾸어 말하면 이러한 관측값은 정밀한 추정에 기여한다고 볼 수 있다. 관측값이 이상점이 아닌 경우에는 큰 h_{ii}의 값은 회귀선 추정을 용이하게 하였음을 생각하면 당연하다. 반대로, 관측값의 h_{ii}의 값이 0에 가깝고 r_i^2의 값이 큰 이상점인 경우, ***COVRATIO***는 1보다 작은 값을 취하게 된다. 다른 한편으로는 r_i^2과 h_{ii}의 값이 상호작용을 일으켜 ***COVRATIO***의 값이 1에 가까운 값을 갖도록 할 수도 있다. 이렇듯 ***COVRATIO***의 목적은 r_i와 h_{ii}를 동시에 감안하여 추정값의 행렬식으로 나타낸 분산에 크게 영향을 미치는 관측값을 찾는 데 있다. Belsley, Kuh와 Welsh(1980)는 표본의 크기가 큰 경우 $COVRATIO_i > 1 + \frac{3p'}{n}$이거나 $COVRATIO_i < 1 - \frac{3p'}{n}$이면 그 관측값은 영향력이 크다고 하였다.

영향력이 큰 관측값을 알아낼 수 있는 좀 더 일반적인 접근방법으로서 Cook과 Weisberg(1982)는 관측값이 제거되었을 때 로그가능도(log-likelihood)함수값에 나타나는 차이를 측정하는 영향력 척도(influential measure)를 제안하였다. 만약 관심이 $\boldsymbol{\beta}$에만 있으면 이것은 Cook의 D 통계량과 동등한 것임을 보일 수 있다. 그러나 로그가능도함수를 이용하면 $\boldsymbol{\beta}$와 σ^2 모두에 관심을 둘 수 있는 장점이 있다. 그들의 책을 참고하기 바란다. 이외에도 Andrews와 Pregibon(1978)의 통계량, Johnson과 Geisser(1983)의 미래 예측값에 대한 영향력을 측정하는 베이지안(Bayesian) 방법 등이 있다.

예 5.4 (계속) 토양침식 자료

[그림 6.4]는 토양침식 자료에서 스튜던트화잔차와 적합값의 잔차산점도이고 [표 6.10]은 회귀분석 결과이다. 잔차산점도에서 숫자는 관측값의 순서를 나타내는데 0은 10번째, A는 11번째 관측값을 표시한다. 5장에서 언급되었듯이 이 그림은

그림 6.4

잔차산점도(r_i vs $\hat{y}_i$)

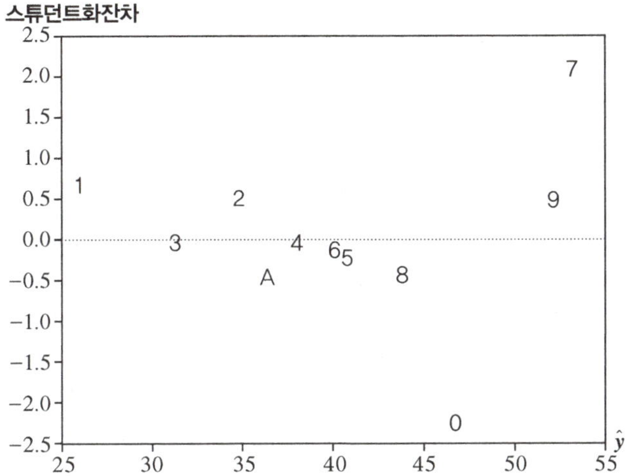

회귀모형의 타당성 여부를 보는 가장 기본적인 방법의 하나로서 특별한 형태가 보이지 않는 것이 바람직하다. 이상점이라든지 영향력 있는 관측값을 찾아내는 데에도 이 그림은 많은 도움을 준다. 여기서 7번과 10번 관측값을 눈여겨 볼 필요가 있다. 적합값이 가장 큰 7번이 영향력 있는 관측값이 될 가능성이 높고 실험영역(design space)에서 7번보다는 조금 더 중간에 가깝고 잔차가 큰 10번이 이상점이 될 가능성이 높은 것으로 나타났다.

이제 앞에서 언급되었던 관측값의 영향력을 측정하는 몇 가지 통계량을 계산하고 이 결과를 [그림 6.4]를 이용하여 대강 분석한 것과 비교해 보자. [표 6.11]을 보면 D_i와 $DFFITS_i$는 모두 7번째 관측값이 가장 크게 나왔으나 $COVRATIO_i$의 값은 10번째 관측값이 7번째 관측값보다 작으며, 0에 가깝게(0.0157과 0.0868) 나타나 행렬식으로 표시되는 분산이 10배 이상 차이가 났다. 반면 다른 관측값에서는 분산은 2～4배의 비율로 나타났다. 그리고 각각의 $DFBETAS$의 값은 7번째 관측값에서 제일 크게 나왔음을 참고하기 바란다. 이 자료에 대한 전체적인 분석 및 진단은 6장 연습문제 6.6에 주어져 있다.

Cook과 Weisberg(1982)는 위에 언급된 영향력을 측정하는 여러 가지 방법들은 거의 비슷한 정보를 보여준다고 주장하였다. 어떤 문제에서는 여러 개의 영향력 있는 관측값을 함께 찾는 것이 바람직할지도 모르나 이상점 문제(outlier problem)에서와 마찬가지로 이는 매우 어려운 작업이다. 이를 위하여 Cook(1986)은 곡률(curvature)의 개념을 적용한 국소영향력(local influence) 접근방법을 제시하였는데, 이는 다중이상점(multiple outliers)으로 인한 문제점을 해결할 수 있는 통합적 접근방법을 제시하였다는 점에서 회귀진단에 있어서 매우 중요한 논문으로 간주된다.

표 6.10 **토양침식 자료의 회귀분석 결과 및 분산분석표**

Variable	Estimate	Standard Error	t-value	p-value
Intercept	−1.879316	18.134196	−0.104	0.9204
X_1	77.32578	44.505470	1.737	0.1259
X_2	1.559100	0.7344701	2.123	0.0714
X_3	−23.90378	13.429357	−1.780	0.1183

$\hat{\sigma}^2 = (1.516304)^2$, $d.f. = 7$, $R^2 = 0.9769$

SOURCE	$d.f.$	SS	MS	F	p-value
Regression	3	680.4912	226.8304	98.657	0.0001
Residual	7	16.09424	2.299177		
Total	10	696.5855			

표 6.11 **토양침식 자료의 영향력 통계값**

순서	y	$\hat{y}$	e_i	r_i	t_i	h_{ii}	D_i
1	27.1	26.2837	0.8163	0.7355	0.7089	0.4643	0.117
2	35.6	34.8128	0.7872	0.5985	0.5689	0.2476	0.029
3	31.4	31.4171	−0.0171	−0.0142	−0.0131	0.3625	0.000
4	37.8	37.8103	−0.0103	−0.0081	−0.0075	0.2991	0.000
5	40.2	40.3619	−0.1619	−0.1306	−0.1211	0.3316	0.002
6	39.8	39.9295	−0.1295	−0.0909	−0.0842	0.1178	0.000
7	55.5	53.3486	2.1514	2.0753	3.0976	0.5326	<u>1.227</u>
8	43.6	43.9974	−0.3974	−0.3823	−0.3577	0.5301	0.041
9	52.1	51.5121	0.5879	0.6362	0.6068	0.6285	0.171
10	43.8	46.8495	−3.0495	−2.2324	−3.8510	0.1884	<u>0.289</u>
11	35.7	36.2771	−0.5771	−0.4541	−0.4268	0.2976	0.022

순서	Cov Ratio	DFFITS	INTERCEPT DFBETAS	X_1 DFBETAS	X_2 DFBETAS	X_3 DFBETAS
1	2.5070	0.6600	−0.0029	0.1092	−0.3195	−0.1966
2	1.9956	0.3263	−0.0598	0.0024	0.0770	0.2303
3	2.9058	−0.0099	−0.0072	0.0062	−0.0026	0.0021
4	2.6429	−0.0049	−0.0001	0.0013	−0.0028	−0.0040
5	2.7446	−0.0853	−0.0549	0.0662	−0.0717	−0.0354
6	2.0901	−0.0308	0.0107	−0.0081	0.0013	−0.0113
7	0.0868	3.3064	1.5430	−1.2807	0.9770	−1.3176
8	3.6236	−0.3800	0.0242	−0.1291	0.2503	0.3319
9	3.9299	0.7893	−0.6145	0.5344	−0.2148	0.2230
10	0.0157	−1.8555	−0.6541	0.6481	−0.7098	0.1962
11	2.3401	−0.2778	0.1808	−0.2075	0.2100	0.0423

연습문제

6.1 다음 그림에는 이상점(outlier)과 영향력이 큰 관측값(influential observation)이 있다. 어느 관측값들이 이들에 해당되는지 찾아보라.

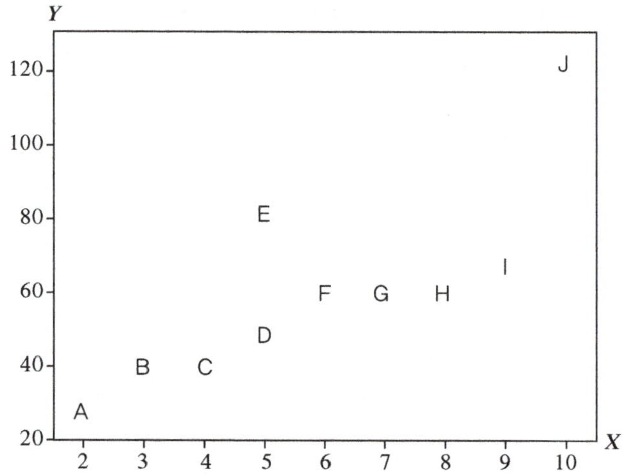

6.2 (연습문제 6.1 계속)

위 그래프의 자료는 다음과 같다.

관측값	A	B	C	D	E	F	G	H	I	J
X	2	3	4	5	5	6	7	8	9	10
Y	30	40	40	50	80	60	60	60	70	120

Y를 반응변수로 하고 X를 설명변수로 하는 회귀식을 추정하고 각 관측값에 대한 잔차, 스튜던트화잔차, 외적스튜던트화잔차, h_{ii}, Cook의 D 통계량 값을 구하고 6.1에서 답한 내용을 확인하라.

6.3 (연습문제 4.2 계속) 헬스클럽 자료

네 개의 설명변수가 포함된 모형을 염두에 두고 다음의 질문에 답하라.

6.3.1 스튜던트화잔차와 적합값의 잔차산점도를 작성하고 논하라.

6.3.2 X_1의 추가변수그림을 작성하고 논하라.

6.3.3 X_1의 추가변수그림에서 이상점으로 보이는 관측값이 있을 것이다. 이 관측값을 찾아내고 이상점 검정을 수행하라.

6.3.4 각 관측값의 영향력 통계값(Cook의 D 통계량, $DFFITS$, $DFBETAS$, $COVRATIO$)을 구하고 영향력이 큰 관측값을 찾아라.

6.4 (연습문제 5.3 계속) 동물의 두뇌무게와 몸무게 자료

6.4.1 Y를 X에 회귀시킬 때 이상점 검정, 영향력 관측값에 대한 자료진단을 하라.

6.4.2 반응변수와 설명변수에 로그변환을 취한 후 자료진단을 하고 6.4.1의 결과와 비교하라.

6.5 (예 6.2 계속) 가솔린 자료

6.2절의 (예 6.2)에서 언급한 가솔린 자료에 대해 다음 질문에 답하라

6.5.1 잔차산점도 분석 및 영향력 통계값의 계산을 통하여 관측값 11과 32가 회귀식에 미치는 영향에 대해 논하고 (예 6.2)의 결과와 비교하라.

6.5.2 11번째 관측값의 설명변수값 중 하나가 잘못 기재되었다고 한다. 어느 변수일 가능성이 가장 높은가? 짐작해 보라.

6.6 (예 5.4 계속) 토양침식 자료

6.6.1 잔차분석 및 영향력 통계값의 계산을 통하여 관측값 7과 10이 회귀식에 미치는 영향에 대해 논하라.

6.6.2 7번 관측값을 제거한 후 회귀선을 추정하고 자료진단과 모형진단을 하라.

6.6.3 10번 관측값을 제거한 후 회귀선을 추정하고 자료진단과 모형진단을 하라. 7번 관측값을 제거했을 때와의 차이는 무엇인가?

6.7 (연습문제 4.4 계속) 새 종류 자료

1장부터 6장까지의 모든 회귀분석의 기법을 이용하여 적절한 모형을 설정

하라. 총괄분석, 모형진단, 자료진단 및 변환의 모든 방법을 이용하여 반복적인 절차에 의해 모형을 설정하여야 할 것이다.

새로운 설명변수의 도입 : 모형개발

chapter seven

7

본 장에서는 자료에 적합한 모형개발에 대해 알아본다. 먼저 7.1절에서 반응변수와 설명변수의 관계가 곡선관계에 있을 때 이용되는 다항회귀모형을 다루고, 7.2절에서 설명변수가 질적변수일 때 지시변수를 이용하는 모형을 다룬다. 이러한 방법에는 새로운 설명변수가 도입되고 설명변수의 교호작용도 모형에 포함될 수 있다.

7.1 다항회귀모형

반응변수와 설명변수와의 관계를 선형으로 표시할 수 없는 경우가 있다. 그러나 이런 경우에도 설명변수 X의 이차변환 형태인 X^2 변수를 모형에 포함시키고 $Z=X^2$으로 치환하면 선형회귀모형을 이용하여 문제를 해결할 수 있다. 본 절에서는 이러한 형태의 함수를 이용한 모형개발의 전반적인 이해를 도모하고자 한다. 이러한 접근방법으로도 관계를 제대로 묘사하지 못하는 경우이거나 이론적으로 비선형의 관계가 알려져 있는 경우의 모형개발은 10장에서 다룬다.

어떠한 비선형 함수라 할지라도 부드러운(smooth) 곡선의 형태이면 다항함수(polynomial function)로 근사시킬 수 있는 수학적인 특징[1]이 있다. 즉, 반응변수와 설명변수와의 관계가 비선형이라 할지라도 다음과 같은 모형으로 접근할 수 있다.

$$Y=\beta_0+\beta_1 X+\beta_2 X^2+\cdots+\beta_d X^d+\varepsilon \qquad (7.1)$$

식 (7.1)을 d차 다항회귀모형(d–th order polynomial regression model)이라고 정의한다.

기본적으로 모형 (7.1)의 회귀계수는 각 설명변수를 $Z_k=X^k$, $(k=1,\cdots,d)$로 치환한 다음과 같은 모형에 최소제곱법을 적용하여 추정할 수 있다.

1. $g(X)$가 X의 평활함수(smoothing function)이면 테일러 정리(Taylor' s theorem)에 의하여 X의 다항식을 이용한 $g(X)$의 근사식을 구할 수 있다. 7장 보론을 참조하기 바란다.

$$Y = \beta_0 + \beta_1 Z_1 + \beta_2 Z_2 + \cdots + \beta_d Z_d + \varepsilon \tag{7.2}$$

치환된 변수 $Z_1, \cdots, Z_d$는 모두 설명변수 X로부터 만들어졌기 때문에 이 변수들 사이에서는 상당한 상관관계가 존재한다. 만약 d가 3 이상인 경우에는 수치적인 계산의 정확도에 심각한 안정성 문제가 발생한다. 8장에서 언급되겠지만 이러한 상관관계를 다중공선성(multicolliearity)이라고 한다. 이 다중공선성은 추정값의 안정적인 수치계산을 하는데 심각한 위해요소가 된다. 다행히 다항회귀모형에서는 k가 큰 경우라 할지라도 주어진 설명변수 X의 값에서 표본평균을 뺀 형태의 치환된 변수 $Z_k = (X - \overline{X})^k$, $(k = 1, \cdots, d)$를 이용하면 수치적인 안정성을 높일 수 있다.[2] 이보다 더 수치적인 안정성을 높일 수 있는 방법인 직교다항회귀모형은 다음에 언급된다. 좀 더 자세한 내용은 Seber(1977)의 책을 참조하기 바란다.

모형 (7.1)이나 (7.2)에서 차수 d를 선택하는 문제는 변수선택의 통계적인 절차와도 연결되어 있다. 한 개 이상의 설명변수의 값 $X = x$에 대해 반응변수의 값이 반복되는 경우 적합결여검정을 통하여 차수를 선택할 수 있다. 이러한 적합결여검정을 실시하지 못하는 경우에는 $H_0 : \beta_k = 0$에 대한 t-검정을 실시하여 차수를 결정한다. 여기에는 두 가지 선택방법이 있는데 하나는 회귀계수의 t-검정이 더 이상 유의하지 않을 때까지 차수를 높이는 방법이다. 다른 방법은 최대 차수를 미리 정해두고 가장 큰 차수부터 하나씩 제거해 나가다 $H_0 : \beta_k = 0$에 대한 t-검정이 기각되면 중단하는 방법이다. 전자의 방법을 전진선택법이라 하고 후자를 후진제거법이라 한다. 이러한 변수선택의 방법은 좀 더 일반화하여 8장에서 논의하기로 한다.

---

2. 예를 들어 $X = x_i$, $(i = 1, 2, 3)$의 값 1, 2, 3이 주어졌을 때 x_i와 x_i^2의 상관계수값과 $(x_i - \bar{x})$와 $(x_i - \bar{x})^2$의 상관계수값을 비교하여 보아라.

예 7.1 (예 1.4 계속) 교통사고 자료

[표 1.2]에 주어진 교통사고 자료에서 교통사고 발생건수 Y와 자동차 등록대수 X의 산점도인 [그림 1.3]을 보면 자동차 등록대수가 증가함에 따라 교통사고 발생건수는 증가하다가 그 증가속도가 점점 둔화되고 다시 감소하는 현상이 나타난다. 이를 감안하면 반응변수 Y와 설명변수 X의 관계는 (예 1.4)에서 설명된 바와 같이 다음의 2차 다항모형이 적절함을 알 수 있다.

$$Y = \beta_0 + \beta_1 X + \beta_2 X^2 + \varepsilon \tag{7.3}$$

주어진 자료의 산점도가 위로 볼록하기 때문에 예상되는 β_2의 부호는 음이다. 만약 β_2의 부호가 양이면 산점도는 아래로 볼록할 것이다. 모형 (7.3)의 β_1은 선형효과계수(linear effect coefficient), β_2는 곡선의 정도를 나타내는 2차 효과계수(quadratic effect coefficient)라고 한다.

예 7.2 동경국제마라톤 자료

[표 7.1]의 자료는 1990년부터 1992년까지 세 번의 동경국제마라톤대회[3]에서 얻은 남자 선수의 5km 구간별 평균속도(단위 : 초)를 기록한 결과이다. 이 중 1990년 자료에서 속도와 시간대의 산점도인 [그림 7.1]을 보면 구간별 속도는 일정한 페이스가 유지되지 않음을 알 수 있다. 이 자료에는 선형의 모형보다는 식 (7.4)의 3차의 다항회귀모형[4]이 더 타당할 것이다. 여기서 3차를 선정한 것은 전 구간의 레이스에서 두 번의 속도변화가 발생하였다고 판단되기 때문이다. 전반적인 선수들의 레이스를 분석하여 보면 빠른 속도의 초반 구간을 지나면 중간 구간에서는 정체상태를 보이며 마의 구간이라 부르는 30km를 지나면 자연적으로 속도가 떨어진다. 그리고 후반부로 갈수록 선수들 간의 편차는 더 벌어진다. 후반 레이스까지 초반의

3. 참고로 동경마라톤이 열리는 도로는 구간별 표고의 차이가 거의 없기 때문에 구간의 특성에 따른 속도의 변화는 무시하여도 좋다.

4. 이 자료의 경우 β_3의 부호는 양의 값으로 예상되며 β_3의 부호가 음이면 일반적으로 곡선은 왼쪽 위에서 아래로 향하며 두 번 굴곡을 할 것이다.

속도를 유지하는 것이 마라톤의 승부를 결정짓는 점을 감안하면 당연한 결과이다.

$$Y = \beta_0 + \beta_1 X + \beta_2 X^2 + \beta_3 X^3 + \varepsilon \tag{7.4}$$

표 7.1 1990-1992년 동경국제마라톤 자료

연도	1990		1991		1992	
구간	평균	표준편차	평균	표준편차	평균	표준편차
5	971.9	47.6	971.9	38.9	966.1	40.0
10	998.3	55.6	974.8	47.2	979.7	56.5
15	1010.5	55.1	987.2	57.0	992.4	49.1
20	1017.7	44.8	977.6	60.0	996.8	50.5
25	1031.5	51.1	991.1	56.8	1009.8	61.6
30	1045.4	54.2	1006.0	66.2	1039.2	66.1
35	1085.2	79.8	1041.4	75.2	1073.0	83.4
40	1161.4	123.0	1136.0	142.1	1140.6	105.5

자료원 : Buoncristiani와 Martin (1993)

일반적으로 다항회귀모형을 이용하여 관계식을 근사하는 경우에는 차수 d의 크기는 2를 넘지 않는다. 3차 이상인 경우에는 곡선은 물결모양으로 구불구불한 형태

그림 7.1 1990년 동경국제마라톤 5km 구간별 속도

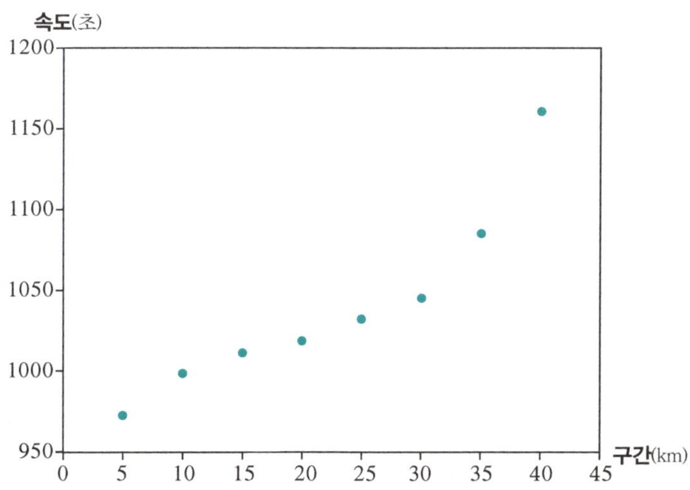

가 되기 때문에 관계를 적합시키기보다는 자료의 우연적인 변동까지 모형화하는 위험성을 안고 있다. 결과적으로 추정된 회귀계수의 해석이 어려워지고 외삽에 의한 추정이 매우 불확실해질 수 있다. 따라서 일반적으로 3차이상의 다항회귀모형은 이용되지 않는다. 그리고 수집된 자료를 3차 이상의 모형으로 한 번에 분석하기보다는 오히려 구간을 좁게 나눠 선형($d=1$)이나 2차 다항회귀모형으로 순차적으로 근사시키는 것이 여러 면에서 이로운 점이 많다. 앞으로 특별한 경우가 아니면 d는 2 이하로 고정한다.

설명변수가 하나인 경우는 모형 (7.1)과 같은 다항회귀모형으로 반응변수와 설명변수의 관계를 설정할 수 있으나 설명변수의 수가 두 개 이상인 경우는 설명변수 사이에서 발생하는 관계를 반영하는 변수를 추가해야 할 필요가 있다. 예를 들어 설명변수가 두 개인 경우의 모형은 다음과 같이 확장된다.

$$Y = \beta_0 + \beta_1 X_1 + \beta_2 X_2 + \beta_{11} X_1^2 + \beta_{22} X_2^2 + \beta_{12} X_1 X_2 + \varepsilon \tag{7.5}$$

모형 (7.5)에서 $\beta_{12}X_1X_2$에 대한 이해를 돕기 위하여 β_0, β_1, β_2, β_{11}, β_{22}는 알려져 있고 $\beta_{12}=0$임을 가정하자. 만약 X_1의 값이 $X_1+\delta$로 변한다면 반응변수 Y는 다음과 같이 변할 것이다.

$$Y^* = \beta_0 + \beta_1 (X_1 + \delta) + \beta_2 X_2 + \beta_{11} (X_1 + \delta)^2 + \beta_{22} X_2^2 + \varepsilon \tag{7.6}$$

여기서 Y의 변화량 $Y^* - Y$는 다음과 같고 이는 X_2에 의존하지 않는다.

$$Y^* - Y = \Delta Y = \beta_1 \delta + \beta_{11} (2X_1 \delta + \delta^2) \tag{7.7}$$

그러나 만약 $\beta_{12} \neq 0$이고 X_1의 값이 $X_1+\delta$의 값으로 변하면 ΔY는 다음과 같다.

$$\Delta Y = \beta_1 \delta + \beta_{11} (2X_1 \delta + \delta^2) + \beta_{12} \delta X_2 \tag{7.8}$$

이 경우는 Y의 변화량은 X_1뿐만 아니라 X_2에도 의존한다. 즉, 설명변수 X_1X_2는 $\beta_{12} \neq 0$일 때 X_1과 X_2 사이의 교호(interaction)관계를 반영한다고 할 수 있다. (예 1.3)에서는 속도 X_1과 도로상황 X_2의 교호작용으로 인하여 제동거리가 급격하게 늘어난다고 하였는데 이러한 경우 X_1X_2라는 교호작용변수를 모형에 포함시켜 이를 해결할 수 있다.

추정된 회귀계수의 부호에 따라 모형 (7.5)가 나타내는 반응표면(response surface)의 형태를 파악하는 것과 추정된 모형을 이용하여 반응변수의 값이 최대값 또는 최소값이 되게 하는 X의 조건을 찾는 것은 중요한 논제이다. 이러한 문제는 회귀모형을 도구로 하지만 실험계획 분야에서 주로 다루기 때문에 자세한 논의는 생략하기로 한다. Montgomery(2012)를 참조하기 바란다.

예 7.3 화학반응실험 자료

반응시간(reaction time)과 온도(temperature)의 변화에 따른 메르캅토벤조티아졸(mercaptobensothiazole : MBT)의 합성과정을 알아보기 위하여 다음 [그림 7.2]와 같이 실험영역을 나눈 다음 중앙(원점)에서만 세 번 실험을 실시하였고 그 외의 영역에서는 한 점을 제외하고 각 한 번씩 실험[5]을 실시하였다. 설명변수는 다음과

그림 7.2 실험영역에서의 실험조건설정(octagonal design points)

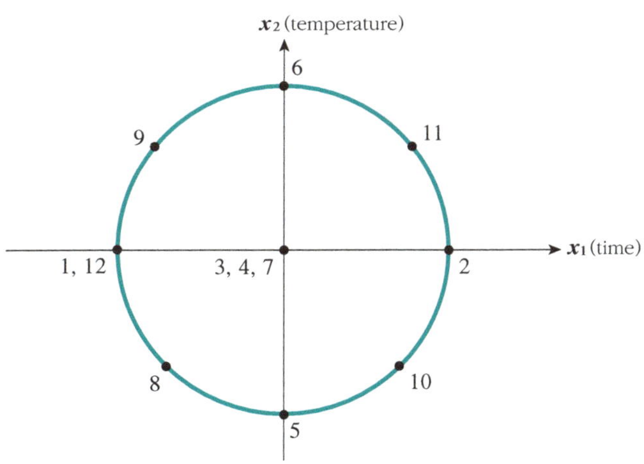

5. 실험영역 중앙에서 같은 거리에 있는 점에서 실험을 한다고 하여 이러한 실험을 equi-radial design이라 한다.

같이 각각의 변수의 중앙값인 12와 250을 빼주고 8과 30[6]으로 나누어 주었다.

$$X_1 = \frac{\text{시간} - 12}{8}, \ X_2 = \frac{\text{온도} - 250}{30}$$

[표 7.2]의 자료에 모형 (7.5)를 적합시킨 결과 추정회귀식은 다음과 같다.

$$\hat{y} = 82.17 - 1.01x_1 - 8.61x_2 + 1.40x_1^2 - 8.76x_2^2 - 7.20x_1x_2$$

적합된 모형의 등고선을 자료영역에 그려보면 [그림 7.3]과 같이 말의 안장 형태를 보인다. 대체로 높은 온도와 낮은 반응시간의 실험조건이나 낮은 온도와 높은 반응시간의 실험조건에서 합성률(Y)은 높게 나타남을 알 수 있다. 만약 추가적으로 실험을 실시한다면 이러한 결과를 염두에 두어야 할 것이다. 자세한 내용은 앞에서 언급한 참고문헌을 참조하기 바란다.

표 7.2 MBT의 합성관련 실험자료

실험순서	실험수준		원자료의 값		
	X_1	X_2	시간(hr)	온도(°C)	Y(% MBT)
1	−1	0	4	250	83.8
2	1	0	20	250	81.7
3	0	0	12	250	82.4
4	0	0	12	250	82.9
5	0	−1	12	220	84.7
6	0	1	12	280	57.9
7	0	0	12	250	81.2
8	$-\sqrt{2}/2$	$-\sqrt{2}/2$	6.3	229	81.3
9	$-\sqrt{2}/2$	$\sqrt{2}/2$	6.3	271	83.1
10	$\sqrt{2}/2$	$-\sqrt{2}/2$	17.7	229	85.3
11	$\sqrt{2}/2$	$-\sqrt{2}/2$	17.7	271	72.7
12	−1	0	4	250	82.0

자료원 : Frankel(1961)

6. 설명변수의 수준이 한 단위 증가할 때 시간이나 온도의 변화량에 해당된다.

그림 7.3

적합된 모형의 등고선 그림

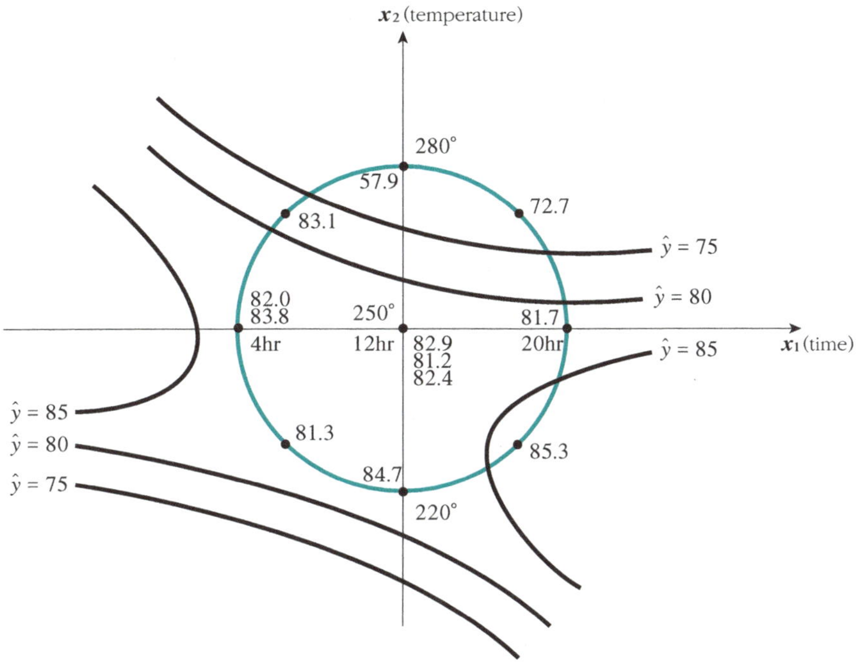

■ 직교다항회귀모형

다항회귀모형의 경우 원자료를 이용하여 최소제곱법을 적용하면 다중공선성에 의한 문제가 발생하므로 자료에서 평균값을 빼고 연산을 수행한다고 하였다. 이 역시 다중공선성을 완벽하게 해결하면서 추정할 수 있는 방법은 아니다. 자료가 특수한 형태로 수집된 경우 직교다항회귀모형(orthogonal polynomial regression)을 사용하면 다중공선성으로 인한 문제의 해결이 가능하다.

직교다항회귀모형은 d차 다항회귀모형인 모형 (7.1)에서 다항변수 1, X, $X^2, \cdots, X^d$를 직교변수(orthogonal variable) $P_0(X), P_1(X), \cdots, P_d(X)$로 교체하는 과정을 통하여 구성된다. 이에 관련된 절차를 알아보기 전에 변수의 직교성에 대하여 정의하여 보자. 설명변수 X로부터 생성되는 두 변수 $P_1(X)$와 $P_2(X)$의 자료값이 다음과 같을 때

$P_1(X)$	$P_1(x_1)$	$P_1(x_2)$	$\cdots$	$P_1(x_n)$
$P_2(X)$	$P_2(x_1)$	$P_2(x_2)$	$\cdots$	$P_2(x_n)$

$\sum_{i=1}^{n} P_1(x_i) \cdot P_2(x_i) = 0$이면 두 변수 P_1과 P_2는 직교변수라고 한다.

다항회귀모형에서 j차 직교변수 $P_j(X)$, $(j = 0, 1, \cdots, d)$는 자료값의 수에 따라 정의된다. 설명변수 X의 자료값이 등간격(equally spaced)일 때의 다항변수를 직교변수로 변환하는 방법이 부록 [표 8]에 제시되어 있다. 0차 직교변수를 제외한 모든 직교변수는 $\sum_{i=1}^{n} P_j(x_i) = 0$, $(j = 0, 1, \cdots, d)$이다. 4차까지의 직교변수를 구하는 공식은 [표 7.3]과 같다.

표 7.3 **4차까지의 직교변수 계산공식**

$$P_0(x_i) = 1 \qquad (j = 1, 2, \cdots, n)$$

$$P_1(x_i) = \lambda_1\left[\frac{x_i - \bar{x}}{s}\right]$$

$$P_2(x_i) = \lambda_2\left[\left(\frac{x_i - \bar{x}}{s}\right)^2 - \left(\frac{n^2 - 1}{12}\right)\right]$$

$$P_3(x_i) = \lambda_3\left[\left(\frac{x_i - \bar{x}}{s}\right)^3 - \left(\frac{x_i - \bar{x}}{s}\right)\left(\frac{3n^2 - 7}{20}\right)\right]$$

$$P_4(x_i) = \lambda_4\left[\left(\frac{x_i - \bar{x}}{s}\right)^4 - \left(\frac{x_i - \bar{x}}{s}\right)^2\left(\frac{3n^2 - 13}{14}\right) + \frac{3(n^2 - 1)(n^2 - 9)}{560}\right]$$

s : x값의 간격 $x_i - x_{i-1}$

λ_j : 다항식의 값이 정수가 되도록 정의된 상수

거듭제곱 X^j를 설명변수로 하는 모형 (7.1)의 대안으로 직교다항식 $P_j(X)$를 설명변수로 하는 모형

$$y_i = \alpha_0 P_0(x_i) + \alpha_1 P_1(x_i) + \alpha_2 P_2(x_i) + \cdots + \alpha_k P_k(x_i) + \varepsilon_i, \quad i = 1, \cdots, n \qquad (7.9)$$

을 직교다항회귀모형이라고 한다. 설명변수 X의 j차 거듭제곱 X^j를 적절하게 변환한 $P_j(X)$, $(j = 0, 1, \cdots, d)$가 서로 직교하면 이들 사이에는 상관관계는 없고 각 계수 $\alpha_0, \alpha_1, \cdots, \alpha_d$는 서로 독립적으로 추정될 것이다. 모형 (7.9)는 행렬을 이용하면 다음과 표현된다.

$$\boldsymbol{y} = \boldsymbol{X\alpha} + \boldsymbol{\varepsilon},\ E(\boldsymbol{\varepsilon}) = \boldsymbol{0},\ Var(\boldsymbol{\varepsilon}) = \sigma^2 \boldsymbol{I} \qquad (7.10)$$

여기서 설명변수 행렬

$$X = \begin{pmatrix} P_0(x_1) & P_1(x_1) & \cdots & P_d(x_1) \\ P_0(x_2) & P_1(x_2) & \cdots & P_d(x_2) \\ \vdots & \vdots & & \vdots \\ P_0(x_n) & P_1(x_n) & \cdots & P_d(x_n) \end{pmatrix}$$

의 각 열은 서로 직교하므로 행렬 $X'X$는

$$X'X = diag\left(\sum_{i=1}^{n} P_0(x_i)^2,\ \sum_{i=1}^{n} P_1(x_i)^2,\ \cdots,\ \sum_{i=1}^{n} P_d(x_i)^2\right)$$

이다. 회귀계수 벡터 $\boldsymbol{\alpha}$의 추정량 $\hat{\boldsymbol{\alpha}} = (X'X)^{-1}X'\boldsymbol{y}$의 원소는

$$\hat{\alpha}_j = \frac{\sum_{i=1}^{n} P_j(x_i)\, y_i}{\sum_{i=1}^{n} P_j(x_i)^2}, \quad j = 0, 1, \cdots, d \tag{7.11}$$

이다. $\hat{\alpha}_0, \hat{\alpha}_1, \cdots, \hat{\alpha}_d$는 서로 독립적으로 추정되며 $P_0(x) = [1, 1, \cdots, 1]'$이므로 $\hat{\alpha}_0 = \bar{y}$이다. 직교다항회귀모형에서 잔차제곱합은

$$SSE = SS_{yy} - \sum_{j=1}^{d} \hat{\alpha}_j \left[\sum_{i=1}^{n} P_j(x_i)\, y_i\right] \tag{7.12}$$

이고 회귀제곱합 $SSR = \sum_{i=1}^{n}(\hat{y}_i - \bar{y})^2$은 각각의 직교변수에 대하여 다음과 같은 분할이 가능하다. $P_j(x)$에 대한 회귀제곱합은 다음과 같다.

$$SSR(\alpha_j) = \hat{\alpha}_j \sum_{i=1}^{n} P_j(x_i)\, y_i, \quad j = 0, 1, \cdots, d \tag{7.13}$$

식 (7.12)와 (7.13)을 이용하여 각각의 계수 $\alpha_0, \alpha_1, \cdots, \alpha_d$에 대한 검정을 실시할 수 있다. 다음과 같은 α_k에 대한 가설

$$H_0 : \alpha_k = 0$$
$$H_1 : \alpha_k \neq 0$$

의 검정통계량은

$$F^* = \frac{SSR(\alpha_k)/1}{SSE/(n-d-1)} = \frac{\hat{\alpha}_k \sum_{i=1}^{n} P_k(x_i)y_i}{SSE/(n-d-1)} \tag{7.14}$$

이며, F^*는 귀무가설 하에서 $F(1, n-d-1)$ 분포를 따른다.

예 7.4 직교다항회귀 적용의 예

[표 7.4]는 정해진 온도(X)에 따른 화학물질의 수익률(Y)을 실험한 결과이다. Y는 X의 포물선함수라 생각하여 다음과 같이 2차 직교다항모형을 적합해 보기로 한다.

$$y_i = \alpha_0 P_0(x_i) + \alpha_1 P_1(x_i) + \alpha_2 P_2(x_i) + \varepsilon_i \tag{7.15}$$

표 7.4 온도에 따른 수익률

순서	Y	X	$P_0(X)$	$P_1(X)$	$P_2(X)$
1	82.0	180	1	−3	5
2	89.2	200	1	−2	0
3	94.5	220	1	−1	−3
4	99.6	240	1	0	−4
5	102.5	260	1	1	−3
6	103.2	280	1	2	0
7	103.8	300	1	3	5

자료원 : Myers(1976)

[표 7.4]에 주어진 직교다항변수 P_0, P_1, P_2의 값은 [표 7.3]의 공식이나 부록 [표 10]에 의해 구할 수 있다. $\Sigma P_0(x_i)^2 = 7$, $\Sigma P_1(x_i)^2 = 28$, $\Sigma P_2(x_i)^2 = 84$이고 회귀계수 벡터 $\boldsymbol{\alpha}$의 추정과정은 다음과 같다.

$$\mathbf{X'X} = \begin{pmatrix} 7 & 0 & 0 \\ 0 & 28 & 0 \\ 0 & 0 & 84 \end{pmatrix}, \quad \mathbf{X'y} = \begin{pmatrix} \Sigma P_0(x_i)y_i \\ \Sigma P_1(x_i)y_i \\ \Sigma P_2(x_i)y_i \end{pmatrix} = \begin{pmatrix} 674.8 \\ 101.4 \\ -60.4 \end{pmatrix}$$

$$\hat{\boldsymbol{\alpha}} = (\mathbf{X'X})^{-1}\mathbf{X'y} = \begin{pmatrix} 7 & 0 & 0 \\ 0 & 28 & 0 \\ 0 & 0 & 84 \end{pmatrix}^{-1} \begin{pmatrix} 674.8 \\ 101.4 \\ -60.4 \end{pmatrix} = \begin{pmatrix} 96.4 \\ 3.621 \\ -0.7191 \end{pmatrix}$$

따라서 추정회귀선은

$$\hat{y} = 96.4 + 3.621P_1(x) - 0.7191P_2(x)$$

이고 회귀제곱합은

$$\begin{aligned} SSR(\alpha_1, \alpha_2) &= \sum_{i=1}^{2}\hat{\alpha}_j\left[\sum_{i=1}^{7}P_j(x_i)\,y_i\right] \\ &= 3.621 \times 101.4 + (-0.7191) \times (-60.4) = 410.603 \end{aligned}$$

이며 이 회귀모형에 대한 분산분석표가 [표 7.5]에 주어져 있다.[7] [표 7.5]의 분산분석표에서 회귀제곱합 SSR은 식 (7.13)을 이용하여 1차 선형과 2차 회귀제곱합으로 분할하였으며 F-검정통계량의 값에 의하면 1차항과 2차항 모두 유의하다.

표 7.5 2차 직교다항모형의 분산분석표

SOURCE	*d.f.*	*SS*	*MS*	*F*	*p*-value
Regression	2	410.6434	205.3217	1331.81	0.000
Linear	1	367.2129	367.2129	2381.92	0.000
Quadratic	1	43.4305	43.43045	281.710	0.000
Residual	4	0.616669	0.154167		

직교다항회귀모형으로 회귀선을 적합시켰을 때, 원래의 설명변수 X로 표현된 회귀모형은 [표 7.3]의 명시된 $P_j(x_i)$와 x_i의 관계에 의하여 구할 수 있다. 이 자료의 경우는 $n=7$, $\bar{x}=240$, $\lambda_1=1$, $\lambda_2=1$(이 값은 $P_1(x)$와 $P_2(x)$를 구하는 과정에서 계산된다) 이므로 원래의 설명변수로 회귀모형을 표현하면 다음과 같다.

$$\begin{aligned} \hat{y} &= 96.4 + 3.621P_1(x) - 0.7191P_2(x) \\ &= 96.4 + 3.621 \times \left(\frac{x-240}{20}\right) - 0.7191 \times \left[\left(\frac{x-240}{20}\right)^2 - \frac{7^2-1}{12}\right] \\ &= -47.726 + 1.044x - 0.001798x^2 \end{aligned}$$

7. 수치적인 연산에 의한 약간의 오차가 있음을 주의하라.

7.2 지시변수와 회귀모형

지금까지의 회귀모형은 설명변수 X와 반응변수 Y가 모두 양적자료(quantitative data)인 경우에 국한되었다. 그러나 집단을 구분하는 변수인 질적자료(qualitative data)가 모형에 포함되는 경우도 있다. 성별을 구분하거나 질병 여부를 나타내는 변수 등은 반드시 양적일 필요는 없다. 이런 경우는 지시변수(indicator variable)를 설정하여 모형을 구축할 수 있다. 예를 들면 주어진 자료값이 관심대상의 어떤 특성을 갖고 있으면 1, 아니면 0의 값을 갖는 지시변수를 설정할 수 있을 것이다. 설명변수의 값은 주어진 값, 즉 상수로 처리하여 분석하기 때문에 설명변수가 이러한 값을 가진다 하더라도 문제가 되지 않는다. 그러나 반응변수가 이러한 지시변수인 경우는 회귀모형의 기본가정인 정규성과 등분산 등에 문제가 발생하므로 특별한 주의가 요구된다. 이러한 내용은 10장 10.2절에서 다루기로 한다. 지시변수는 가변수(dummy variable)라 불리기도 한다.

다음의 예를 통하여 지시변수를 모형에 포함시켜 특성에 따른 차이를 알아보는 모형개발을 생각해 보자.

예 7.5 당뇨병관련 쥐실험 자료

[표 7.6]은 정상적인 쥐와 당뇨병에 걸린 쥐의 몸무게(단위 : gram)와 신장의 무게(단위 : mg)를 조사한 자료이다. 당뇨병에 걸린 쥐는 순수혈통을 가진 쥐로부터 교차번식(cross-bred)이 되었다. 몸무게가 같다면 당뇨병에 걸린 쥐의 신장무게가 정상적인 쥐보다 더 무겁다는 가설이나, 당뇨병에 걸린 쥐는 몸무게가 늘어날수록 신장무게가 몸무게에서 차지하고 있는 비율이 더 커진다는 사실이 분석의 관심 대상이 될 수 있을 것이다. 일반적으로 신장무게는 몸무게에 비례한다고 알려져 있다.

표 7.6 당뇨병에 걸린 쥐와 정상적인 쥐의 몸무게와 신장무게

당뇨병에 걸린 쥐($I=1$)		정상적인 쥐($I=0$)			
몸무게(X)	신장무게(Y)	몸무게(X)	신장무게(Y)	몸무게(X)	신장무게(Y)
42	1030	34	810	37	780
44	1240	43	480	38	660
38	1150	35	680	32	750
52	1280	33	920	36	780
48	1240	34	650	32	670
46	1100	26	650	32	670
34	1040	30	650	38	700
44	1080	31	560	42	720
38	870	31	620	36	800
		27	740	44	830
		28	600	33	640
		27	640	38	800
		30	690		

자료원 : Bishop(1973)

당뇨병이 신장무게와 몸무게의 관계를 결정하는데 아무런 영향을 주지 못한다면 신장무게와 몸무게는 다음의 단순선형회귀모형으로 표현된다.

$$Y = \beta_0 + \beta_1 X + \varepsilon \tag{7.16}$$

신장무게와 몸무게의 관계가 당뇨병이라는 특성에 어떤 관련이 있는지를 알아보기 위하여 당뇨병에 걸린 쥐는 1의 값을 갖고 정상적인 쥐는 0의 값을 갖는 지시변수 I[8]를 생각해 보자. 모형 (7.16)에 이러한 지시변수 I가 포함된 다음의 회귀모형에서 어떠한 변화가 초래되는지 보자.

---

8. 두 개의 지시변수 I_1과 I_2를 이용하는 경우를 생각해 보자. I_1은 정상적인 쥐인 경우 1의 값을 I_2는 당뇨병에 걸린 쥐인 경우 1의 값을 갖게 하고 이 두 지시변수를 모형 안에 포함시킨다면 행렬 X의 첫 번째 열은 두 변수 I_1, I_2에 해당하는 두 번째와 세 번째 열의 합이된다. 즉, $\mathbf{1} = I_1 + I_2$라는 선형결합식이 만들어진다. 여기서 $\mathbf{1}$은 모든 원소의 값이 1인 $n \times 1$ 벡터를 의미한다. 세 열 중에서 하나는 다른 두 개에 의해 결정이 되기 때문에 두 지시변수를 다 사용하기보다는 절편이 없는 모형이나 하나의 지시변수만을 사용해야 한다. 두 지시변수를 다 사용하고 통계패키지를 이용하여 추정하는 경우에는 이 세 열 중 하나가 제거되어야 한다는 메세지를 얻을 것이다. 또한 반드시 지시변수를 1이나 0의 값을 갖도록 할 필요는 없으나 이러한 코딩은 해석상의 편리함을 가져다 준다. 연습문제 7.9를 참조하기 바란다.

$$Y = \beta_0 + \beta_1 X + \beta_2 I + \varepsilon \tag{7.17}$$

당뇨병에 걸린 쥐의 회귀모형은

$$Y = (\beta_0 + \beta_2) + \beta_1 X + \varepsilon \tag{7.18}$$

이고 정상적인 쥐의 경우는 다음과 같다.

$$Y = \beta_0 + \beta_1 X + \varepsilon \tag{7.19}$$

두 모형 (7.18)과 (7.19)에서 절편의 크기가 β_2만큼 차이가 난다. 모형 (7.17)에서 가설 $H_0 : \beta_2 = 0$이 기각되면 몸무게가 같은 경우 당뇨병에 걸린 쥐의 신장무게는 항상 더 나간다고 할 수 있을 것이다. 이 경우 대립가설의 형태는 $H_1 : \beta_2 > 0$이 되어야 할 것이다. [그림 7.4]를 참조하기 바란다. 그러나 [그림 7.5]의 산점도에서 당뇨병에 걸린 쥐는 몸무게가 증가할수록 신장무게의 증가율이 더 크다는 사실을 알 수 있다. 이러한 현상을 반영하기 위해서는 교호작용을 도입해야 한다. 지시변수 I와 몸무게 사이에서 일어나는 교호작용을 반영하는 XI라는 새로운 변수를 모형 (7.17)에 추가한 다음의 모형을 생각하자.

$$Y = \beta_0 + \beta_1 X + \beta_2 I + \beta_3 XI + \varepsilon \tag{7.20}$$

당뇨병에 걸린 쥐의 회귀모형은

$$Y = (\beta_0 + \beta_2) + (\beta_1 + \beta_3) X + \varepsilon \tag{7.21}$$

이고 정상적인 쥐의 경우는 다음과 같다.

$$Y = \beta_0 + \beta_1 X + \varepsilon \tag{7.22}$$

여기에서도 절편의 크기는 다르지만 기울기의 동질성 여부가 주요 관심사항이 될 것이다. 기울기의 동질성 여부는 모형 (7.20)에서 가설 $H_0 : \beta_3 = 0$에 대한 검정을 통하여 수행된다. [그림 7.6]을 참조하기 바란다.

지시변수의 유무로 인한 절편의 크기 변화

그림 7.4

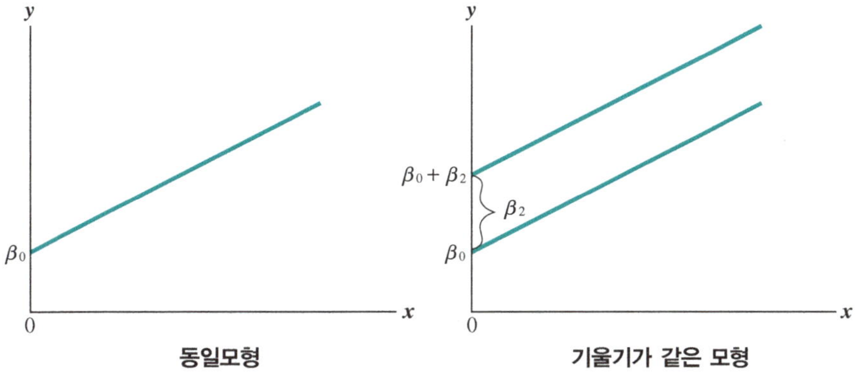

신장무게와 몸무게의 산점도

그림 7.5

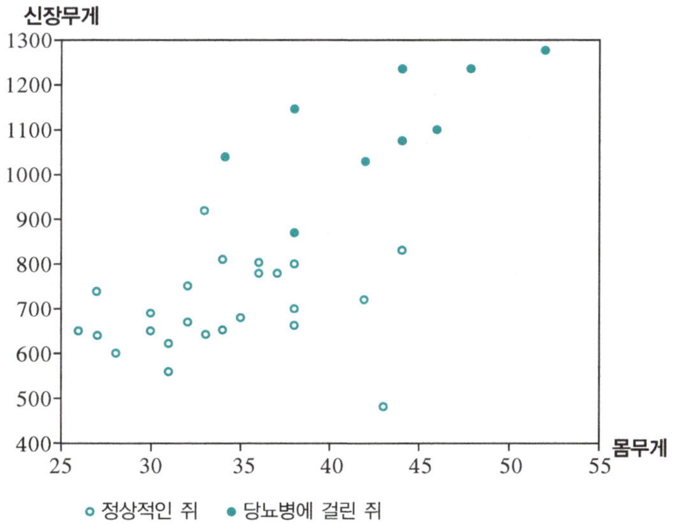

실제로 이 자료를 분석해 보자. [그림 7.5]의 산점도에서 전체적으로 몸무게와 신장무게는 비례하는 형태를 보여주고 있다. 또한 당뇨병에 걸린 쥐의 신장무게는 월등히 많이 나가는데, 지시변수만을 포함하는 모형 (7.17)에 대한 회귀분석의 결과인 [표 7.7]에서 지시변수의 t-검정의 결과가 유의하게 나와 이러한 사실을 뒷받침한다.

그림 7.6 교호작용으로 인한 절편 및 기울기의 변화

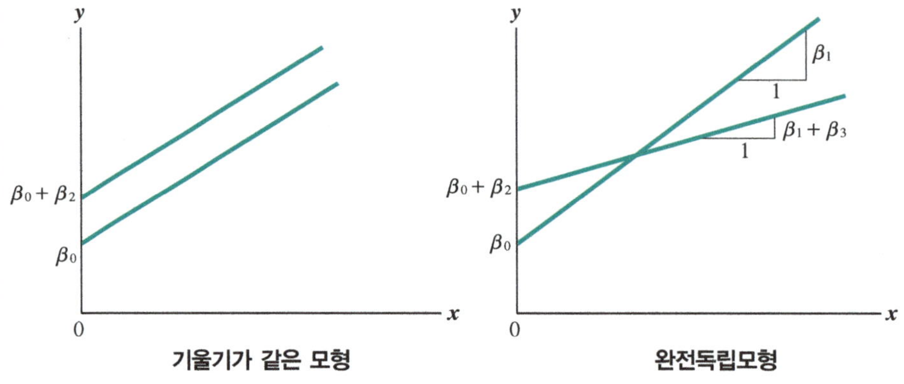

표 7.7 지시변수만 포함된 모형의 회귀분석 결과

Variable	Estimate	Standard Error	t-value	p-value
Intercept	445.4267	119.0069	3.74	0.001
X	7.502164	3.463375	2.17	0.038
I	347.2583	49.62452	7.00	0.000

$\hat{\sigma}^2 = (99.26838)^2$, $d.f. = 31$, $R^2 = 0.7951$

기울기의 동질성 여부를 검정하기 위하여 교호작용에 해당하는 변수 XI를 추가시킨 모형 (7.20)의 회귀분석 결과인 [표 7.8]를 보면 가설 $H_0 : \beta_3 = 0$을 기각하지 못한다. 이는 산점도에서 시각적으로 확인한 것과 상반되는 결과이다. 더욱이 지시변수 I에 해당하는 검정통계량 t^*의 값도 아주 작게 나와 분석에 혼동을 더한다. 교호작용과 지시변수 사이에서 발생하는 다중공선성에 그 원인을 돌리기에는 부족함이 있다. 그러면 이러한 현상은 과연 어디에서 오는 것일까?

표 7.8 교호작용이 추가된 모형의 회귀분석 결과

Variable	Estimate	Standard Error	t-value	p-value
Intercept	569.5089	138.1689	4.12	0.000
X	3.839760	4.038093	0.95	0.349
I	−138.2222	298.5618	−0.46	0.647
XI	12.08888	7.336434	1.65	0.110

$\hat{\sigma}^2 = (99.63116)^2$, $d.f. = 30$, $R^2 = 0.8121$

최종모형

그림 7.7

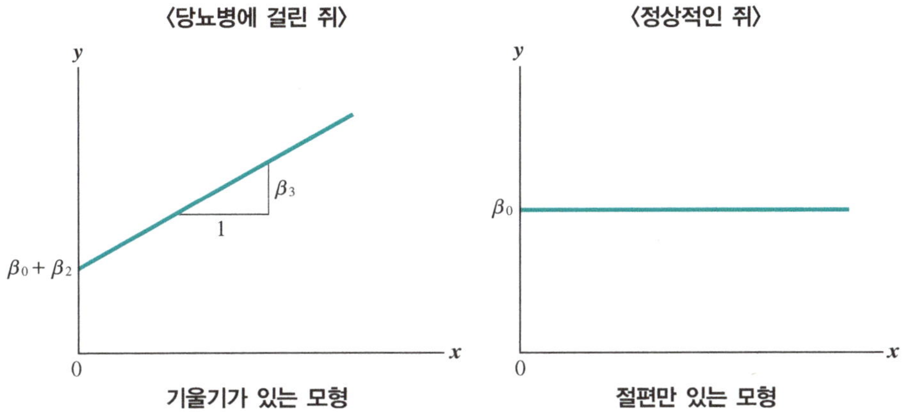

이러한 문제점을 해결하기 위하여 [그림 7.5]의 산점도를 다시 살펴보면 정상적인 쥐의 경우에는 몸무게에 상관없이 신장무게가 일정함을 알 수 있다. 정상적인 쥐의 자료만을 이용하여 단순회귀모형을 적합시킨 결과 F-검정은 유의하지 않았다.[9] 따라서 [그림 7.7]과 같이 정상적인 쥐의 경우에는 절편만 있는 모형을 적용하고 당뇨병에 걸린 쥐는 몸무게를 설명변수로 하는 회귀모형을 적용하여 보도록 하자. 이러한 상황은 [그림 7.6]의 완전독립모형에서 β_1을 0으로 보는 것과 같다.

모형 (7.20)에서 $\beta_1 = 0$으로 하면 모형은 다음과 같다.

$$Y = \beta_0 + \beta_2 I + \beta_3 XI + \varepsilon \tag{7.23}$$

당뇨병에 걸린 쥐의 회귀모형은

$$Y = (\beta_0 + \beta_2) + \beta_3 X + \varepsilon \tag{7.24}$$

이고 정상적인 쥐의 경우는 다음과 같다.

$$Y = \beta_0 + \varepsilon \tag{7.25}$$

9. [표 7.6]에서 자료 (43, 480)과 (33, 920)에 의해 이러한 현상이 유발되었다고 볼 수 있다.

모형 (7.23)의 회귀분석 결과인 [표 7.9]를 얻었고 위의 두 모형 (7.17), (7.20)과 비교하여 가장 작은 $\hat{\sigma}$의 값을 얻었다. 회귀추정식은 다음과 같다.

$$\hat{y} = 431.286 + 15.929x : \text{당뇨병에 걸린 쥐}$$
$$\hat{y} = 699.0 \qquad : \text{정상적인 쥐}$$

표 7.9 **최종모형의 회귀분석 결과**

Variable	Estimate	Standard Error	t-value	p-value
Intercept	699.6000	19.29634	36.26	0.000
I	−268.3143	264.9611	2.17	0.319
XI	15.92857	6.115644	2.60	0.014

$\hat{\sigma}^2 = (96.48170)^2$, $d.f. = 31$, $R^2 = 0.8064$

당뇨병에 걸린 쥐의 신장무게는 일반적으로 정상적인 쥐보다 높게 나타났음을 알 수 있는데 이는 몸무게를 당뇨병의 지표로 삼을 수 있음을 말한다. 당뇨병이 걸릴 수 있는 몸무게를 알아보고 주어진 몸무게에 대해 당뇨병에 걸린 쥐와 정상적인 쥐의 몸무게의 차이에 대한 신뢰구간을 구하여 보는 것도 추후 분석과제라 할 수 있다.[10]

■ 세 개 이상의 범주

지금까지는 범주가 두 개일 때 지시변수와 모형에 대해서 알아보았다. 지시변수는 두 범주를 각각 1과 0으로 구분하도록 정의되었다. 물론 범주의 수가 세 개 이상인 경우도 있다. 이 경우에도 모형과 분석과정은 범주가 두 개인 경우와 유사하며 기본적으로 정의되는 지시변수의 수는 '범주의 수 − 1' 이다. 지시변수와 설명변수와의 교호작용도 같은 원리로 처리하면 된다. 예를 들어 설명변수가 하나이고 범주가 세 개이면 두 개의 지시변수가 필요하고 교호작용이 포함된 모형은 다음과 같다.

10. 이러한 내용은 Johnson과 Neyman(1936)에 의해 처음 다루어졌다. Potthoff(1964)의 논문을 참조하기 바란다.

$$Y = \beta_0 + \beta_1 X + \beta_2 I_1 + \beta_3 I_2 + \beta_4 X I_1 + \beta_5 X I_2 + \varepsilon \tag{7.26}$$

모형 (7.26)에서 지시변수의 값을 지정하는 방법을 알아보자. 자료의 특성이 첫 번째 범주에 속하면 I_1은 1, I_2는 0의 값을 갖고 두 번째 범주에 속하면 I_1은 0, I_2는 1의 값을 가지며 마지막 범주에 속한다면 I_1과 I_2는 모두 0의 값을 가진다. I_i, $(i = 1, 2)$의 값에 따라 모형 (7.26)은 세 가지 회귀모형으로 구분되어 설명될 수 있다.

$$\begin{aligned} Y &= (\beta_0 + \beta_2) + (\beta_1 + \beta_4) X + \varepsilon \\ Y &= (\beta_0 + \beta_3) + (\beta_1 + \beta_5) X + \varepsilon \\ Y &= \beta_0 + \beta_1 X + \varepsilon \end{aligned} \tag{7.27}$$

■ 두 개 이상의 특성

자료에서 고려하는 특성이 두 개인 경우를 생각해 보자. 이러한 상황에서는 각각의 특성에 대해 지시변수를 정의해야 한다. 만약 설명변수가 하나이고 첫 번째 특성은 두 개의 범주가 있고 두 번째 특성은 범주가 세 개인 예를 생각해 보자. 첫 번째 특성에 해당하는 지시변수 I와 두 번째 특성에 해당하는 두 개의 지시변수 D_1과 D_2 그리고 교호작용이 포함된 모형은 다음과 같다.

$$\begin{aligned} Y = {} & \beta_0 + \beta_1 X + \beta_2 I + \beta_3 X I \\ & + \beta_4 D_1 + \beta_5 D_2 + \beta_6 X D_1 + \beta_7 X D_2 + \beta_8 I D_1 + \beta_9 I D_2 + \varepsilon \end{aligned} \tag{7.28}$$

모형 (7.28)에는 지시변수 간의 교호작용인 ID_1과 ID_2가 포함되어 있으나 이러한 교호작용을 생략한 모형을 생각할 수도 있다.

■ 구분선형회귀모형

지금까지 보았던 선형회귀모형은 관측된 구간에서 설명변수 X와 반응변수 Y 사이에 하나의 선형관계을 제시해 준다. 그러나 설명변수 X의 특정값

$X = x_0$를 기준으로 $X \geqq x_0$와 $X < x_0$인 경우에 서로 다른 회귀모형을 적용하는 것이 타당한 경우가 있다. 이와 같이 설명변수 X의 특정값 x_0를 기준으로 서로 다른 선형관계를 제시하는 모형을 구분선형회귀모형(piecewise linear regression)이라고 한다.

먼저 지시변수 I를 다음과 같이 정의하자.

$$I = \begin{cases} 0, & X < x_0 \\ 1, & X \geqq x_0 \end{cases}$$

구분선형회귀모형은 반응변수 Y와 설명변수 X, 그리고 지시변수 I를 이용하여 다음과 같이 세 가지 모형을 고려해 볼 수 있다.

1) 연결된 회귀모형(모형 1)

연결된 회귀모형이란 [그림 7.8]과 같이 X의 특정값 $x_0 = 200$을 기준으로 연결되어 있으나 기울기가 서로 다른 회귀선을 갖는 것을 의미한다. 이 모형은 다음과 같이 설정된다.

$$Y = \beta_0 + \beta_1 X + \beta_2 (X - 200) I + \varepsilon \tag{7.29}$$

(1) $X < 200$인 경우($I = 0$)

$$Y = \beta_0 + \beta_1 X + \varepsilon$$

(2) $X \geqq 200$인 경우($I = 1$)

$$Y = (\beta_0 - 200\beta_2) + (\beta_1 + \beta_2) X + \varepsilon$$

모형 (7.29)에서 두 회귀선의 기울기는 각각 β_1과 $\beta_1 + \beta_2$이다. 또한 $x_0 = 200$인 점에서 두 회귀선은 만나야 하기 때문에 $X > 200$인 경우의 절편은 $\beta_0 - 200\beta_2$이다. [그림 7.9]를 참조하기 바란다.

연결된 회귀모형 그림 7.8

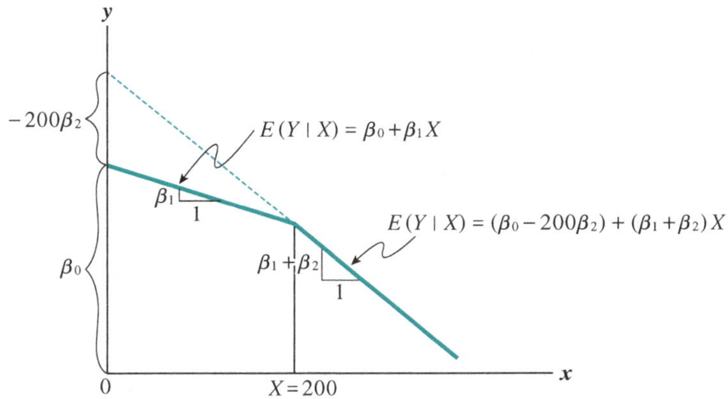

2) 기울기는 동일하나 분리된 회귀모형(모형 2)

두 번째 모형은 [그림 7.9]와 같이 두 회귀선이 기울기는 동일하나 $x_0 = 200$을 기준으로 서로 떨어진 것을 의미한다. 이 모형은 다음과 같이 설정된다.

$$Y = \beta_0 + \beta_1 X + \beta_3 I + \varepsilon \tag{7.30}$$

(1) $X < 200$인 경우($I = 0$)

$$Y = \beta_0 + \beta_1 X + \varepsilon$$

(2) $X \geqq 200$인 경우($I = 1$)

$$Y = (\beta_0 + \beta_2) + \beta_1 X + \varepsilon$$

그림 7.9 기울기는 동일하나 분리된 회귀모형

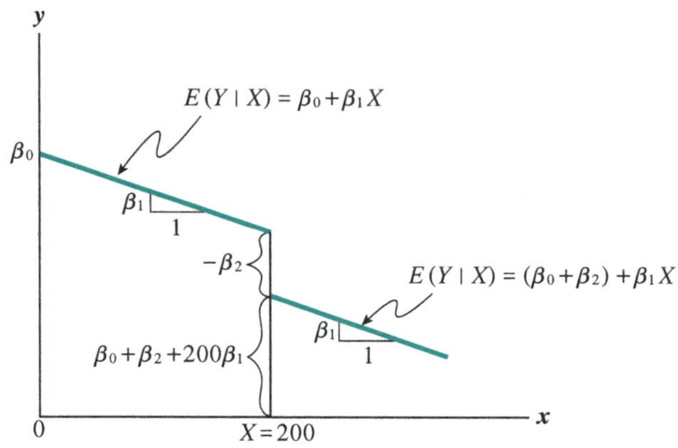

3) 완전독립모형(모형 3)

세 번째 모형은 [그림 7.10]과 같이 $x_0 = 200$을 기준으로 서로 전혀 별개의 모형을 생각할 수 있다. 이에 대한 모형은 다음과 같이 설정된다.

$$Y = \beta_0 + \beta_1 X + \beta_2 (X - 200) I + \beta_3 I + \varepsilon \tag{7.31}$$

(1) $X < 200$인 경우($I = 0$)

$$Y = \beta_0 + \beta_1 X + \varepsilon$$

2) $X \geqq 200$인 경우($I = 1$)

$$Y = (\beta_0 + \beta_3 - 200\beta_2) + (\beta_1 + \beta_2) X + \varepsilon$$

(모형 1)과 (모형 2)는 (모형 3)의 특수한 경우라고 할 수 있다. 즉, (모형 3)에서 $\beta_3 = 0$이면 (모형 1)이 되고, $\beta_2 = 0$이면 (모형 2)가 된다. 따라서 이와 같은 자료분석을 하는 경우에는 (모형 3)을 적합시킨 후에 회귀계수 β_3, β_2가

그림 7.10

완전독립모형

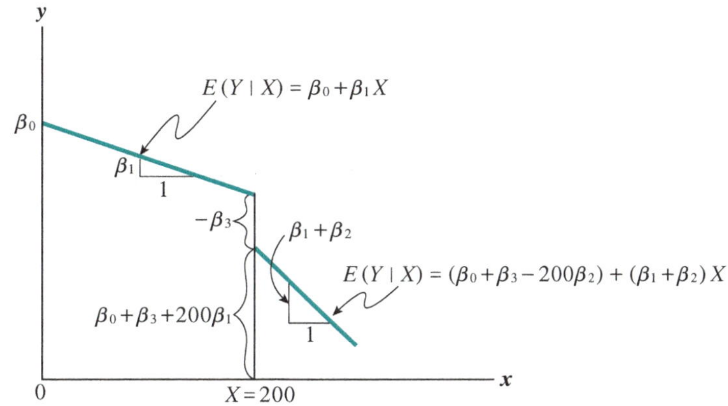

0인지에 대한 검정을 실시하여 최적모형을 구할 수 있다.

보론

A.7.1 테일러 정리[11]

x의 함수 $g(x)$에 대한 r차의 도함수 $g^{(r)}(a) = \left.\frac{d^r}{dx^r} g(x)\right|_{x=a}$ 가 존재한다고 가정하면 $g(x)$의 r차 테일러 다항식 $T_r(x)$는 다음과 같이 정의된다.

$$T_r(x) = \sum_{i=0}^{r} \frac{g^{(i)}(a)}{i!}(x-a)^i \qquad \text{(a.7.1)}$$

$g(x)$와 $T_r(x)$의 차이 $R_{(r+1)}(x) = g(x) - T_r(x)$는 다음과 같이 0에 가까워짐을 증명할 수 있다.

$$\lim_{x \to a} = \frac{g(x) - T_r(x)}{(x-a)^r} = 0 \qquad \text{(a.7.2)}$$

여기서 $R_{(r+1)}(x)$은 구체적으로 $\int_a^x \frac{g^{(r+1)}(t)}{r!}(x-t)^r\, dt$로 표현된다.

이를 테일러 정리(Taylor' s theorem)라고 한다. 증명은 미분적분학 책을 참조하기 바란다. 이와 같은 테일러 정리는 함수 $g(x)$를 다항식으로 근사시키는데 이용된다. r이 충분히 클 때 $R_{(r+1)}(x)$가 무시할 수 있을 정도로 작은 값이 되므로 $g(x)$를 만약 $x = 0$에서 전개하면 r차 다항식

$$T_r(x) = g(0) + g'(0)x + \frac{g''(0)}{2!}x^2 + \cdots + \frac{g^{(r)}(0)}{r!}x^r \qquad \text{(a.7.3)}$$

으로 근사시킬 수 있다. 예를 들어 $g(x) = e^x$는 테일러 정리를 이용하여 $x = 0$에서 전개하면 다음과 같은 다항함수로 근사된다.

$$e^x = T_r(x) + R_{(r+1)}(x) \approx T_r(x) = \sum_{k=0}^{r} \frac{x^k}{k!} = 1 + x + \frac{x^2}{2!} + \frac{x^3}{3!} + \cdots$$

---

11. 테일러 정리는 다변수함수에도 적용이 된다. 이의 응용은 10장 10.1절에 소개된다.

통계학에서 테일러 정의를 이용한 급수전개는 특수한 경우가 아니면 대부분 $r = 1$에만 관심이 있다.

연습문제

7.1 교통사고 자료

(예 1.4)의 자료에 2차 다항회귀모형을 적합시키고 비선형 효과에 대한 분석을 실시하라.

7.2 마라톤 자료

(예 7.2)의 자료를 이용하여 각 연도별로 3차 다항회귀모형 $Y = \beta_0 + \beta_1 X + \beta_2 X^2 + \beta_2 X^3 + \varepsilon$을 적합시켜라. 구간별 편차가 다르기 때문에 가중최소제곱법을 적용하는 것이 좋다.

7.3 토양 자료

토양에 녹아 있는 붕소(boron)의 양(Y)은 토양의 진흙의 비중(X_1), 토양의 pH(X_2)와 관련이 있다고 한다. 다음 자료는 20가지의 토양을 조사하여 붕소의 양, 진흙의 비중, pH를 기록한 것이다.

순서	Y (ppm)	X_1 (wt%)	X_2 (pH)	순서	Y (ppm)	X_1 (wt%)	X_2 (pH)
1	0.62	37	5.3	11	0.74	29	6.0
2	0.69	37	5.3	12	0.63	29	6.0
3	0.63	37	5.5	13	0.52	27	5.5
4	0.61	37	5.7	14	0.47	27	5.6
5	0.28	29	5.6	15	0.45	27	5.6
6	0.33	29	5.7	16	0.42	27	5.7
7	0.31	29	5.7	17	0.41	27	5.5
8	0.37	29	5.9	18	0.42	27	5.5
9	0.66	29	6.0	19	0.42	27	5.5
10	0.70	29	6.3	20	0.41	27	5.5

자료원 : Myers(1976)

7.3.1 2차 다항회귀모형 $Y=\beta_0+\beta_1X_1+\beta_2X_2+\beta_{11}X_1^2+\beta_{22}X_2^2+\beta_{12}X_1X_2+\varepsilon$을 적합시키고 그 적합성을 검토하라.

7.3.2 가설 $H_0 : \beta_{12}=0$ 대 $H_1 : \beta_{12}\neq 0$을 유의수준 5%에서 검정하라.

7.3.3 이차다항회귀모형의 추정회귀식 $\hat{y}=\hat{\beta}_0+\hat{\beta}x_1+\hat{\beta}_2x_2+\hat{\beta}_{11}x_1^2+\hat{\beta}_{22}x_2^2+\hat{\beta}_{12}x_1x_2$에 대하여 x_1와 x_2에 대한 $\hat{y}$의 등고선을 그려보라.

7.4 Snake River 자료

다음은 미국 와이오밍주에 있는 Snake River에서 매년 4월 1일의 눈에 포함된 수분량(X, water content of snow)과 4월부터 7월까지의 강수량(Y, 단위 : 인치)을 17년(1919～1935) 동안 측정한 자료이다.

X	Y	X	Y
23.1	10.5	37.9	22.8
32.8	16.7	30.5	14.1
31.8	18.2	25.1	12.9
32.0	17.0	12.4	8.8
30.4	16.3	35.1	17.4
24.0	10.5	31.5	14.9
39.5	23.1	21.1	10.5
24.2	12.4	27.6	16.1
52.5	24.9		

자료원 : Wilm(1950)

7.4.1 Y와 X의 산점도를 그려라.

7.4.2 $x_i-\bar{x}$를 이용하여 반응변수 Y에 대한 1차, 2차, 3차, 4차 다항회귀모형을 추정하라.

7.4.3 7.4.2에서 추정한 네 개의 다항회귀모형들 중에서 관측된 자료에 가장 적절한 모형은 무엇인가?

7.4.4 7.4.3에서 구한 최적모형에서 변수변환하기 전의 회귀식을 구하라.

7.5 Tippi의 실험자료

다음 표는 빵 포장재의 봉합강도(seal strength) Y(단위 : 인치당 그램)에 대한 봉합온도(sealing temperature), 냉각온도(cooling bar temperature), 폴리에틸렌 첨가율(% polyethylene additive)의 영향력을 조사하기 위하

여 측정한 자료이다.

관측번호	X	X_1	X_2	X_3
1	6.6	−1	−1	−1
2	6.9	1	−1	−1
3	7.9	−1	1	−1
4	6.1	1	1	−1
5	9.2	−1	−1	1
6	6.8	1	−1	1
7	10.4	−1	1	1
8	7.3	1	1	1
9	9.8	−1.682	0	0
10	5.0	1.682	0	0
11	6.9	0	−1.682	0
12	6.3	0	1.682	0
13	4.0	0	0	−1.682
14	8.6	0	0	1.682
15	10.1	0	0	0
16	9.9	0	0	0
17	12.2	0	0	0
18	9.7	0	0	0
19	9.7	0	0	0
20	9.6	0	0	0

자료원 : Myers(1976)

실제 자료는 계산상의 목적으로 다음과 같이 코딩되었다.

$$X_1 = \frac{\text{seal temp.} - 255}{30}$$

$$X_2 = \frac{\text{cooling temp.} - 55}{9}$$

$$X_3 = \frac{\%\text{polyethylene} - 1.1}{0.6}$$

	−1.682	−1.000	0.000	1.000	1.682
X_1	204.5	225	255	285	305.5
X_2	39.9	46	55	64	70.1
X_3	0.09	0.5	1.1	1.7	2.11

7.5.1 다음의 회귀모형을 적합시켜 보라.

$$Y = \beta_0 + \beta_1 X_1 + \beta_2 X_2 + \beta_3 X_3 + \beta_{11} X_1^2 + \beta_{22} X_2^2 + \beta_{33} X_3^2$$
$$+ \beta_{12} X_1 X_2 + \beta_{13} X_1 X_3 + \beta_{23} X_2 X_3 + \varepsilon$$

7.5.2 분산분석표를 구하고 이차항에 대한 검정을 실시하라.

7.5.3 이러한 결과로 어떠한 결론을 얻을 수 있는가?[12]

7.6 미국 경제자료

다음은 미국 경제자료로 1940년부터 1950년까지의 가처분소득(disposable income, Y)과 개인소비지출액(personal consumption, X)을 조사한 결과이다. 제2차 세계대전 기간을 1, 그 외의 기간을 0으로 하여 가처분소득과 개인소비지출액의 관계를 알아보라.

연수	처분소득	소비지출액	연수	처분소득	소비지출액
1940	244.0	299.9	1946	332.7	301.0
1941	277.9	243.6	1947	318.8	305.8
1942	317.5	241.1	1948	335.8	312.2
1943	332.1	248.2	1949	336.8	319.3
1944	343.6	255.2	1950	362.8	337.3
1945	338.1	270.9			

자료원 : Greene(1992)
1972년 금액으로 billion $

12. 이러한 결과를 바탕으로 최적해의 방향을 구하는 것을 정준분석(canonical analysis)이라고 하며 이에 대한 전반적인 이해는 4장 보론에서 언급된 고유값 및 고유벡터에 대한 이해가 선행이 되어야 한다. 자세한 내용은 Box와 Draper(1987)의 책을 참조하기 바란다.

7.7 선박사고 자료

다섯 종류의 배와 건조된 기간에 따른 선박사고 횟수를 조사한 결과가 다음과 같이 주어져 있다. 배 종류와 건조기간을 지시변수로 하여 이 자료를 분석하라.

배종류/건조기간	1960~1964	1965~1969	1970~1974	1975~1979
A	0	4	18	11
B	29	53	44	18
C	1	1	2	1
D	0	0	11	4
E	0	7	12	1

7.8 성차별 자료

한 대학교에서 성별에 따라 교수의 월급에 차이가 있는지를 알아보기 위하여 교수들의 월급액(*SL*, 단위 : $), 직위(*RK*), 근속연수(*YR*), 최종학위(*DG*)를 조사한 결과가 다음과 같이 주어져 있다. 직위변수에서는 1 = 조교수, 2 = 부교수, 3 = 정교수, 최종학위변수에서는 1 = 박사, 2 = 석사, 성별(*SX*)변수에서는 1 = 여자, 0 = 남자로 기록하였다.

7.8.1 성별을 나타내는 기호를 이용하여 월급액과 근속연수의 산점도를 그려라.

7.8.2 월급액을 반응변수로 하고 근속연수와 성별을 설명변수로 하는 회귀모형을 분석하라.

7.8.3 7.8.2의 결과에 의하여 성별에 따라 월급액과 근속연수의 관계가 다르다고 할 수 있는지를 설명하라.

7.8.4 월급액과 근속연수의 회귀모형에 성별, 직위, 최종학력을 포함시킨 경우와 포함시키지 않는 경우를 비교하는 검정을 실시하라.

7.8.5 월급액을 반응변수로 하는 최적모형을 찾고 성별에 의한 월급액의 차이가 있는지 여부를 판단하라.

순서	*SX*	*RK*	*YR*	*DG*	*SL*	순서	*SX*	*RK*	*YR*	*DG*	*SL*
1	0	3	25	1	36350	27	0	2	11	1	24800
2	0	3	13	1	35350	28	1	3	5	1	25500
3	0	3	10	1	28200	29	0	2	3	0	26182
4	1	3	7	1	26775	30	0	2	3	0	23725
5	0	3	19	0	33696	31	1	1	10	0	21600
6	0	3	16	1	28516	32	0	2	11	0	23300
7	1	3	0	0	24900	33	0	1	9	0	23713
8	0	3	16	1	31909	34	1	2	4	0	20690
9	0	3	13	0	31850	35	1	2	6	0	22450
10	0	3	13	0	32850	36	0	2	1	1	20850
11	0	3	12	1	27025	37	1	1	8	1	18304
12	0	2	15	1	24750	38	0	1	4	1	17095
13	0	3	9	1	28200	39	0	1	4	1	16700
14	0	2	9	0	23712	40	0	1	4	1	17600
15	0	3	9	1	25748	41	0	1	3	1	18075
16	0	3	7	1	29342	42	0	1	3	0	18000
17	0	3	13	1	31114	43	0	2	0	1	20999
18	0	2	11	0	24742	44	1	1	3	1	17250
19	0	2	10	0	22906	45	0	1	2	1	16500
20	0	3	6	0	24450	46	0	1	2	1	16094
21	0	1	16	0	19175	47	1	1	2	1	16150
22	0	2	8	0	20525	48	1	1	2	1	15350
23	0	3	7	1	27959	49	0	1	1	1	16244
24	1	3	8	1	38045	50	1	1	1	1	16686
25	0	2	9	1	24832	51	1	1	1	1	15000
26	0	3	5	1	25400	52	1	1	0	1	20300

자료원 : Weisberg(2014)

〈보충설명〉 승진 시 성차별이 있었다면 모형에 현재의 직위가 포함되어 있는 경우에는 성차별로 인한 월급액의 차이가 부각되지 않을 것이다.

7.9 다른 형태의 지시변수

$Y = \beta_0 + \beta_1 X + \beta_2 I + \varepsilon$의 모형에서 지시변수 I는 정해진 특성을 갖고 있는 경우에는 1의 값을 갖고 그렇지 않으면 -1의 값을 갖는다고 가정하였을 때 각 회귀계수의 의미를 해석하라.

변수선택 : 모형개발

chapter eight

8

이론적인 배경이나 사전 경험이 있는 경우에는 모형에 포함시킬 설명변수들의 선택이 비교적 수월하다. 그러나 이러한 정보가 부족한 경우에 반응변수에 영향을 주는 모든 설명변수들을 사전에 파악하여 모두 모형에 포함시키고 분석을 한다는 것은 매우 어려울 뿐 아니라 각각의 설명변수들의 설명력이 강하더라도 불필요한 작업이다. 이러한 모형은 변수의 값을 측정하고 유지하는데 많은 시간과 비용이 들어가고 대부분의 변수들 사이에서는 정보가 중복되어 나타나기 때문에 불필요한 변수가 포함될 가능성이 높고 계수의 의미를 해석하는데 어려움이 따른다. 또한 일반적으로 사람들은 복잡한 모형보다는 간편한 모형을 선호한다. 이러한 이유로 반응변수에 영향을 미치리라고 예상되는 많은 설명변수 중에서 모형에 포함시킬 변수를 결정하는 문제가 대두된다. 이를 변수선택의 문제(variable selection problem)라 부른다.

특히 포함되는 설명변수들 사이에 연관성이 높은 경우에는 변수선택의 문제는 매우 혼돈스럽게 진행될 가능성이 높다. 다중회귀모형에서 모형에 포함되어 있는 다른 설명변수에 따라 회귀계수의 크기와 부호가 바뀐다든지 하는 경우를 이미 보았다. 이러한 문제는 적합된 모형의 안정성과 신뢰성을 떨어뜨린다. 이를 통계학에서는 공선성 또는 다중공선성이라 하고 특별한 주의가 필요하다.

8.1 다중공선성

두 설명변수 X_1과 X_2가 임의의 상수 c_0, c_1, c_2에 대하여 다음과 같은 선형관계가 성립하면

$$c_1X_1 + c_2X_2 = c_0 \tag{8.1}$$

두 변수 사이에 완벽(exact)한 공선성(collinearity)이 있다고 한다. 두 설명변수 X_1과 X_2가 두 화학물질의 양을 나타내는 변수라 하자. 그런데 이 두 화학물질의 총량이 50ml로 정해져 있다면 $X_1 + X_2 = 50$ml의 관계가 성립하여 $X_2 = 50 -$

X_1은 다른 설명변수인 X_1에 의하여 결정되는 경우가 된다. 또한 한 변수는 킬로그램으로 다른 변수는 파운드로 측정하여 모형 안에 같은 현상을 측정한 동일한 두 변수가 우연히 포함되는 경우라든지 지시변수를 지정할 때 필요한 수 이상으로 지정하는 것도 이 경우에 해당이 된다.

이렇게 완벽한 공선성을 갖지는 않더라도 식 (8.1)의 관계가 근사적으로 성립되는 경우에 우리는 두 설명변수 사이에 공선성이 존재한다고 말한다. 두 설명변수의 표본상관계수의 제곱 r_{12}^2이 1인 경우 두 변수 사이에 완벽한 공선성이 있다고 하고, 0인 경우는 두 변수 사이에 전혀 공선성이 없고 직교한다고 한다. r_{12}^2이 1에 가깝게 갈수록 두 변수 사이에는 공선성이 심각하다 할 수 있을 것이다. 하지만 이러한 표본상관계수의 제곱만이 적절한 공선성에 대한 척도라고 할 수는 없다.

설명변수의 수가 2가 넘는 경우, 즉 $p > 2$일 때 설명변수 $X_1, X_2, \cdots, X_p$들이 임의의 상수 $c_0, c_1, c_2, \cdots, c_p$에 대하여 다음과 같은 관계가 성립하거나 또는 근사적으로 성립할 때

$$c_1X_1 + c_2X_2 + \cdots + c_pX_p = c_0 \tag{8.2}$$

이 설명변수들 사이에 다중공선성(multicollinearity)이 존재한다고 한다. 다시 말하면 적어도 하나 이상의 설명변수 X_h가 다음과 같이 다른 설명변수들에 의하여 결정될 때

$$X_h \cong \frac{c_0 - \sum_{j \neq h} c_j X_j}{c_h} \tag{8.3}$$

설명변수 사이에는 다중공선성이 존재한다고 말할 수 있다. 설명변수가 두 개 있는 경우는 표본상관계수의 제곱을 공선성에 대한 척도로 삼았듯이 이 경우는 설명변수 X_h와 나머지 설명변수들 간의 다중표본상관계수의 제곱 R_h^2을 다중공선성의 척도라 볼 수 있을 것이다. R_h^2은 X_h를 반응변수로 보고 나머지 설명변수들에 대한 회귀분석에서의 결정계수이다.

설명변수 사이에 완벽한 다중공선성이 존재를 하는 경우에는 하나 혹은 그

이상의 설명변수가 모형에서 제거되더라도 정보의 손실이 전혀 없다. 이는 근사적 다중공선성이 있는 경우에는 정보의 손실이 최소화되는 범위 내에서 변수를 모형에서 제거하여야 한다는 논리이기도 하다.

위에서 두 설명변수의 공선성의 척도로서 표본상관계수가 제시되었으나 이는 두 설명변수 사이의 산점도가 타원의 형태를 띠는 경우(두 설명변수가 이변량정규분포를 따르면 이러한 현상을 보일 것이다)에 효력을 발휘하는 기준이라 할 수 있다. 그러나 실제 자료에서는 설명변수의 정규성을 만족시킨다는 것은 매우 어려운 일이다. 또한 표본상관계수의 값은 이상점에 매우 민감한 통계량이기 때문에 공선성의 척도로서 표본상관계수의 사용에는 위험성이 따른다. 다중공선성에 대한 정의가 정확하게 내려지지 않은 상태에서 대체되는 기준을 찾는다는 것은 어려운 작업이다. 다중공선성의 척도에 대해서는 8.1.2절에서 다룬다.

8.1.1 다중공선성의 문제점 및 현상

다음과 같은 두 개의 설명변수를 포함하는 회귀모형에서 이들 사이에 공선성이 존재하는 경우에 추정된 회귀계수의 분산이 매우 커지게 된다.

$$Y = \beta_0 + \beta_1 X_1 + \beta_2 X_2 + \varepsilon \tag{8.4}$$

두 설명변수 X_1과 X_2의 표본상관계수를 r_{12}라 하고 $S_{x_j x_j} = \Sigma(x_{ij} - \bar{x}_j)^2, (j = 1, 2)$ 라 정의하면 회귀계수 $\hat{\beta}_j$의 분산은 다음과 같다.

$$Var(\hat{\beta}_j) = \sigma^2\left(\frac{1}{1 - r_{12}^2}\right)\left(\frac{1}{S_{x_j x_j}}\right), \quad j = 1, 2 \tag{8.5}$$

여기서 $\hat{\beta}_1$과 $\hat{\beta}_2$의 분산은 $r_{12}^2 = 0$일 때 최소가 되며 1에 가까워짐에 따라 매우 커지게 된다. 예를 들어 $S_{x_j x_j}$가 같다면 r_{12}^2이 0.95일 때의 $\hat{\beta}_j$의 분산은 $r_{12}^2 = 0$일 때의 분산의 20배가 된다. 따라서 두 설명변수 사이에 공선성이 존재하면 추정된 회귀계수의 분산은 큰 값이 된다.

설명변수의 수가 2가 넘는 경우 j번째 회귀계수의 추정량 $\hat{\beta}_j$의 분산은 다음과 같다.

$$Var(\hat{\beta}_j) = \sigma^2\left(\frac{1}{1-R_j^2}\right)\left(\frac{1}{S_{x_j x_j}}\right),\ \ j=1, \cdots, p \tag{8.6}$$

일반적으로 회귀모형을 분석하는 과정에서 다음 중 하나 이상의 현상이 발생하면 설명변수들 사이의 다중공선성에 대한 의심을 할 수 있다.

(1) 설명변수들의 표본상관계수가 크게(+1 또는 −1에 가까운 경우) 나타날 때
(2) 설명변수를 모형에 추가하거나 제거하는 것이 추정된 회귀계수의 크기나 부호에 큰 변화를 줄 때
(3) 새로운 자료를 추가하거나 기존의 자료를 제거하는 것이 추정된 회귀계수의 크기나 부호에 큰 변화를 줄 때
(4) 중요하다고 생각되어지는 설명변수에 대한 검정결과가 유의하지 않게 나타나거나 또는 이 설명변수에 대한 회귀계수의 신뢰구간이 상당히 넓을 때
(5) 추정된 회귀계수의 부호가 과거의 경험이나 이론적인 면에서 기대되는 부호와 상반될 때

위의 결과들이 나타나면 일단 다중공선성을 의심해 볼 필요가 있으므로 분석에 유의해야 한다. 그러나 이와 같은 현상이 나타났다고 하여 항상 문제가 발생하는 것은 아니다.

다중공선성은 예측값의 분산에도 영향을 미치게 되는데 이에 대한 효과는 불명확한 경우가 많다. 경우에 따라서는 다중공선성이 존재하는 변수로 이루어진 모형에 의한 예측값의 분산은 직교하는 변수들에 의해 형성된 모형에서의 분산보다 오히려 더 작은 경우가 발생된다. 물론 모든 예측에 해당이 되는 것은 아니다. Hocking과 Pendleton(1983)은 피켓울타리(picket fence)의 개념을 이용하여 이를 설명하였다. X_1의 값과 X_2의 값이 [그림 8.1]과 같이 수집되었다면 심각한 다중공선성의 문제가 발생이 될 것이다. 즉, $Y=\beta_0+\beta_1X_1+\beta_2X_2$

그림 8.1 피켓울타리

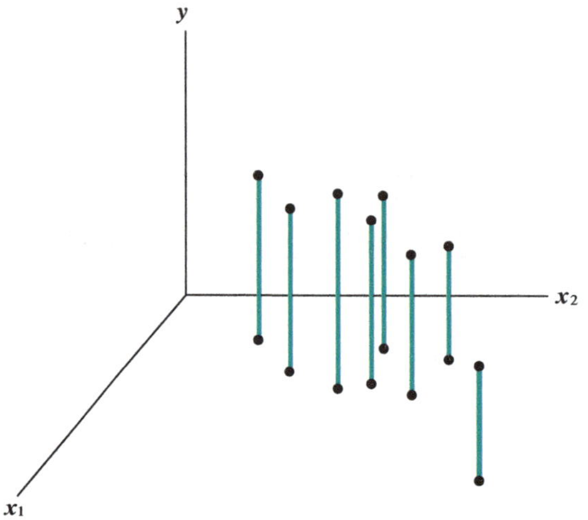

라는 평면의 방정식을 자료에 적합시키는 것은 어려운 작업이 될 것이다. 피켓울타리를 중심으로 불안정한 평면의 그림을 연상할 수 있을 것이다. 그러나 예측값의 문제에서는 조금 다른 현상이 나타난다. 여기서는 새로운 자료가 수집된 자료의 범주를 벗어나느냐 하는 것이 예측값의 분산을 결정하는 역할을 한다. 새로운 자료가 피켓울타리를 따라 위치하고 있는 경우에는 비교적 정확하게 예측값의 방향을 설정할 수 있을 것이며 이 경우에는 예측값의 분산이 작게 나와 예측에 있어서는 다중공선성은 문제가 되지 않는다. 그러나 예측하고자 하는 자료가 이러한 피켓울타리를 벗어나면 예측값의 분산은 급격하게 커질 것이다.

8.1.2 다중공선성의 척도

일반적인 다중공선성의 정도를 나타내는 계량적인 척도로 분산팽창인자(variance inflation factor), 상태수(condition number), 상태지표(condition index), 그리고 분산비율(variance proportion) 등을 들 수 있다. 이에 대해 하나씩 설명하여 보자.

■ 분산팽창인자

식 (8.6)에서 $\frac{1}{1-R_j^2}$을 j번째 분산팽창인자 VIF_j[1]라고 정의한다면 식 (8.6)은 다음과 같이 표현된다.

$$Var(\hat{\beta}_j) = \sigma^2 VIF_j\left(\frac{1}{S_{x_j x_j}}\right), \quad j = 1, \cdots, p \tag{8.7}$$

R_j^2의 값이 0이 되도록 X_j의 값이 수집된 경우를 기준으로 하고 $S_{x_j x_j}$의 값은 고정된다고 생각하면, 식 (8.7)에서 VIF_j는 설명변수 사이에서 발생하는 다중공선성으로 인한 분산의 증가를 의미한다. 이러한 논리로 VIF_j를 다중공선성에 대한 진단의 척도로 사용할 수 있다. 일반적으로 p개의 VIF_j 중에서 가장 큰 값이 5~10을 넘으면 다중공선성이 존재한다고 판정한다.

■ 상태수 및 상태지표[2]

설명변수의 수가 p개인 다중회귀모형의 반응변수와 모든 설명변수를 표준화[3]시킨 다중회귀모형은 다음과 같이 절편이 없는 모형이 된다.

$$y_i^* = \beta_1^* x_{i1}^* + \beta_2^* x_{i2}^* + \cdots + \beta_p^* x_p^* + \varepsilon_i^*, \quad i = 1, 2, \cdots, n \tag{8.8}$$

여기서 y_i^*와 x_{ij}^*는 다음과 같이 정의한다.

$$y_i^* = \frac{y_i - \bar{y}}{\sqrt{\sum_{i=1}^{n}(y_i - \bar{y})^2}}, \quad x_{ij}^* = \frac{x_{ij} - \bar{x}_j}{\sqrt{\sum_{i=1}^{n}(x_{ij} - \bar{x}_j)^2}}, \qquad i = 1, 2, \cdots, p, \quad j = 1, 2, \cdots, p \tag{8.9}$$

1. 이 용어는 Marquardt(1970)에서 처음 사용되었다.
2. 다중공선성의 척도로 쓰인 VIF는 설명변수의 척도에 의존하지 않는 척도불변의 특징을 갖고 있는 반면 상태수와 상태지표는 반응변수와 설명변수의 척도에 의존하는 성격을 가지고 있기 때문에 표준화 작업이 선행이 되어야 한다.
3. 여기서 표준화라 함은 변수값에서 표본평균의 값을 빼고 표준편차로 나누어준 과정을 의미한다.

이와 같이 표준화된 다중회귀모형으로부터 얻어진 설명변수 행렬을 X^*라고 하면 $X^{*\prime}X^*$는 설명변수들의 표본상관계수행렬이므로 대각원소는 모두 1이며 $X^{*\prime}X^*$의 p개의 고유값 $\lambda_1, \lambda_2, \cdots, \lambda_p$의 합은 설명변수의 수인 p와 같고 고유값의 평균은 1이 된다. 4장 보론을 참조하기 바란다. 고유값의 최대값 $\lambda_{\max}$가 크다는 것은 고유값 중에서 1보다 상당히 작은 것이 있다는 것을 의미한다. 이런 경우에는 다중공선성을 의심할 수 있다. 이러한 맥락에서 고유값를 이용한 다중공선성에 대한 진단의 척도로 상태수(condition number)와 상태지표(condition index)를 정의할 수 있다. 상태수는

$$\kappa = \left(\frac{\lambda_{\max}}{\lambda_{\min}}\right)^{1/2} \tag{8.10}$$

이며 이 상태수가 상당히 크면 다중공선성을 의심할 필요가 있다. 대체로 10에서 30 사이의 값을 가지면 다중공선성이 있다고 판정하고 30이 넘으면 심한 다중공선성이 존재한다고 본다.

또한 $X^{*\prime}X^*$의 고유값 $\lambda_1, \lambda_2, \cdots, \lambda_p$를 이용하는 다중공선성에 대한 진단의 척도로서 다음과 같은 상태지표가 있다.

$$\kappa_j = \left(\frac{\lambda_{\max}}{\lambda_j}\right)^{1/2}, \quad j = 1, \cdots, p \tag{8.11}$$

가장 큰 상태지표는 식 (8.10)의 상태수가 되며 일반적으로 상태지표 중에서 30보다 큰 수가 나오면 설명변수 사이에는 강력한 선형관계가 존재한다고 보아도 될 것이다. 30 이상인 상태지표의 개수에 의해 강력한 설명변수의 선형관계의 수가 결정이 된다고 본다.

■ 분산비율

$X^{*\prime}X^*$의 고유값 $\lambda_1, \lambda_2, \cdots, \lambda_p$에 대응하는 고유벡터를 $\boldsymbol{v}_1, \boldsymbol{v}_2, \cdots, \boldsymbol{v}_p$라고 하고 고유값을 대각원소로 하는 대각행렬 $D = diag(\lambda_1, \lambda_2, \cdots, \lambda_p)$와 고유벡터를 열벡터로 하는 직교행렬 $V = [\boldsymbol{v}_1, \boldsymbol{v}_2, \cdots, \boldsymbol{v}_p]$를 정의하자. 모형 (8.8)에서

최소제곱추정량 $\hat{\boldsymbol{\beta}}^*$의 분산–공분산행렬 $Var(\hat{\boldsymbol{\beta}}^*) = \sigma^2(\boldsymbol{X}^{*\prime}\boldsymbol{X}^*)^{-1}$은 행렬 $\boldsymbol{D}$와 $\boldsymbol{V}$에 의하여 다음과 같이 분해되어 표현된다(4장 보론 A.4.1 참조).

$$Var(\hat{\boldsymbol{\beta}}^*) = \sigma^2(\boldsymbol{X}^{*\prime}\boldsymbol{X}^*)^{-1} = \sigma^2\boldsymbol{V}\boldsymbol{D}^{-1}\boldsymbol{V}' \tag{8.12}$$

또한 v_{ji}를 $\boldsymbol{v}_i$의 j번째 원소라고 하면 식 (8.12)의 $Var(\hat{\boldsymbol{\beta}}^*)$의 j번째 대각원소인 $Var(\hat{\beta}_j^*)$는

$$Var(\hat{\beta}_j^*) = \sigma^2\sum_{i=1}^{p}\frac{v_{ji}^2}{\lambda_i} \tag{8.13}$$

으로 표현되고 작은 값을 갖는 고유값에 크게 영향을 받음을 알 수 있다. 이러한 현상을 계량화하여 보는 지표가 분산비율이다. 다음과 같이 분산비율 π_{ij}를 정의하여 보자.

$$\pi_{ij} = \frac{v_{ji}^2/\lambda_i}{c_{jj}},\quad i, j = 1, \cdots, p \tag{8.14}$$

여기서 c_{jj}는 $\sum_{i=1}^{p}\frac{v_{ji}^2}{\lambda_i}$이다. 분산비율 π_{ij}는 j번째 회귀계수의 추정량의 분산이 i번째 고유값 λ_i에 얼마만큼 의존하는지를 나타내는 비율이다. 각각의 j에 대하여 $\sum_{i=1}^{p}\pi_{ij} = 1$임을 기억하기 바란다. 따라서 최소의 고유값(최대의 상태지표를 유발한다)으로 인하여 π_{ij}가 매우 높은 비율(80~90% 이상)로 나타나는 설명변수의 수가 두 개 이상일 때 다중공선성의 문제가 있다고 볼 수 있고, 이러한 설명변수에 대한 회귀계수의 추정은 다중공선성으로 인하여 크게 영향을 받게 된다.

예 8.1 미국 해군병원 자료

[표 8.1]의 자료는 Myers(1990)에 수록된 세계 각지에 있는 17개의 미 해군병원에서 반응변수인 월간 의사들의 연 근무시간에 영향을 미칠 것으로 예상되는 다섯 개의 설명변수를 포함하고 있다. 이 자료에 대한 추정회귀식은

$$\hat{y} = 1963.0 - 15.852x_1 + 0.055930x_2 + 1.5896x_3 - 4.2187x_4 - 394.31x_5$$

이고 분산 σ^2의 추정량인 MSE의 값은 412277.5이며, 결정계수는 $R^2 = 0.99082$이다. 경험적으로 볼 때 반응변수인 월간 의사 연 근무시간(Y)은 하루 평균 환자수(X_1), 해당 지역의 병원이용 가능 인구(X_4), 그리고 평균 입원일(X_5)에 비례할 것으로 예상되나 이들 세 설명변수에 대한 회귀계수 β_1, β_3, β_5의 추정값의 부호가 모두 음으로 나타났다. 따라서 다중공선성의 존재가 예상되며 이에 대한 척도인 분산팽창인자, 상태수, 상태지표, 분산비율 등에 의한 진단이 요구된다.

표 8.1 **해군병원 자료**

X_1	X_2	X_3	X_4	X_5	Y
15.57	2463	472.92	18.0	4.45	566.52
44.02	2048	1339.75	9.5	6.92	696.82
20.42	3940	620.25	12.8	4.28	1033.15
18.74	6505	568.33	36.7	3.90	1603.62
49.20	5723	1497.60	35.7	5.50	1611.37
44.92	11520	1365.83	24.0	4.60	1613.27
55.48	5779	1687.00	43.3	5.62	1854.17
59.28	5969	1639.92	46.7	5.15	2160.55
94.39	8461	2872.33	78.7	6.18	2305.58
128.02	20106	3655.08	180.5	6.15	3503.93
96.00	13313	2912.00	60.9	5.88	3571.89
131.42	10771	3921.00	103.7	4.88	3741.40
127.21	15543	3865.67	126.8	5.50	4026.52
252.90	36194	7684.10	157.7	7.00	10343.81
409.20	34703	12446.33	169.4	10.78	11732.17
463.70	39204	14098.40	331.4	7.05	15414.94
510.22	86533	15524.00	371.6	6.35	18854.45

Y : 월간 의사 연 근무시간
X_1 : 일 평균 환자수
X_2 : 월간 X-ray 촬영 횟수
X_3 : 월간 이용 병석수
X_4 : 해당 지역의 병원이용 가능 인구/1000
X_5 : 평균 입원일

[표 8.2]에서 보면 분산팽창인자의 최대값이 $VIF_1 = 9597.6$이므로 다중공선성 문제가 존재함을 알 수 있다. 또한 상태지표 중 30 이상인 것이 한 개 있고 이들의 최대값인 상태수는 278.87이므로 다중공선성이 존재하고 설명변수 사이에 한 개의

선형관계가 존재함을 나타낸다. 분산비율을 보면 각 회귀계수의 추정량의 분산이 최대상태지표와 연관된 고유값인 λ_5에 의해 각각 0.9994, 0.0031, 0.9993, 0.4370, 0.1991의 비율로 설명되므로 두 설명변수 X_1과 X_3의 다중공선성이 존재한다고 판단된다. 다음과 같이, 설명변수 X_1, X_2, X_3, X_4, X_5의 표본상관계수행렬의 값들을 갖고 판단하더라도

$$
P = \begin{matrix} & X_1 & X_2 & X_3 & X_4 & X_5 \\ X_1 & 1.0000 & 0.90734 & 0.9999 & 0.9347 & 0.6712 \\ X_2 & & 1.0000 & 0.9072 & 0.9105 & 0.4467 \\ X_3 & & & 1.0000 & 0.9332 & 0.6711 \\ X_4 & & & & 1.0000 & 0.4629 \\ X_5 & & & & & 1.0000 \end{matrix}
$$

설명변수들 사이에, 특히 X_1, X_2, X_3, X_4 간에 강한 선형종속 관계가 있음을 짐작할 수 있다. 그리고 이 중 두 설명변수 X_1과 X_3 사이의 표본상관계수는 0.9999로 매우 강한 상관관계가 있다. 설명변수 X_1을 제거하는 경우 추정회귀식은

$$\hat{y} = 2032.2 + 0.056079x_2 + 1.0884x_3 - 5.0041x_4 - 410.08x_5$$

이고, 분산 σ^2의 추정량인 MSE의 값은 줄어든다. 결정계수 $R^2 = 0.99080$은 거의 변하지 않았으며 각각의 추정된 회귀계수의 표준오차는 모두 줄어들었음을 알 수 있다. 또한 [표 8.3]에서 보듯이 분산팽창인자도 X_1을 포함하는 경우에 비하여 모두 작은 값을 가지며 상태수 또는 분산비율에 의하면 다중공선성의 존재가 나타나지 않는다.

표 8.2 **해군병원 자료의 회귀분석 결과**

Variable	Estimate	Standard Error	t-value	p-value	VIF
Intercept	1962.9482	1071.3617	1.832	0.0941	
X_1	−15.851675	97.652990	−0.162	0.8740	9597.5708
X_2	0.055930	0.021258	2.631	0.0234	7.940593
X_3	1.589624	3.092083	0.514	0.6174	8933.0865
X_4	−4.218668	7.176557	−0.588	0.5685	23.293856
X_5	−394.31412	209.63954	−1.881	0.0867	4.2798353

$\hat{\sigma}^2 = (642.088)^2$, $d.f. = 11$, $R^2 = 0.99082$

Eigenvalue λ_i	Condition Index κ_i	Variance Proportions $\hat{\beta}_1$	$\hat{\beta}_2$	$\hat{\beta}_3$	$\hat{\beta}_4$	$\hat{\beta}_5$
4.19712	1.0000	0.0000	0.0062	0.0000	0.0022	0.0062
0.66748	2.5076	0.0000	0.0213	0.0000	0.0062	0.2768
0.09463	6.6599	0.0000	0.8607	0.0000	0.1309	0.0328
0.04071	10.1535	0.0006	0.1087	0.0007	0.4237	0.4851
0.0000540	278.8721	<u>0.9994</u>	0.0031	<u>0.9993</u>	0.4370	0.1991

Condition number κ = 278.8721

표 8.3 **해군병원 자료에서 X_1을 제거한 회귀분석 결과**

Variable	Estimate	Standard Error	t-value	p-value	VIF
Intercept	2032.1881	942.07483	2.157	0.0520	
X_2	0.056079	0.020359	2.755	0.0175	7.925796
X_3	1.088369	0.153398	7.095	0.0001	23.926841
X_4	−5.004066	5.080713	−0.985	0.3441	12.705971
X_5	−410.08296	178.07810	−2.303	0.0400	3.360866

$\hat{\sigma}^2 = (615.489)^2$, $d.f. = 12$, $R^2 = 0.99080$

Eigenvalue λ_i	Condition Index κ_i	Variance Proportions $\hat{\beta}_2$	$\hat{\beta}_3$	$\hat{\beta}_4$	$\hat{\beta}_5$
3.21229	1.0000	0.0106	0.0040	0.0068	0.0136
0.66748	2.1938	0.0214	0.0000	0.0114	0.3521
0.09183	5.9143	0.7916	0.0123	0.3361	0.0148
0.02839	10.6367	0.1763	0.9837	0.6457	0.6196

Condition number κ = 10.6367

설명변수들 사이에 전혀 선형관계가 성립하지 않는 서로 직교하는 설명변수만 있으면 회귀계수 간의 상대적 크기를 비교한다든지 제거할 설명변수를 결정하는 것은 그렇게 어려운 문제가 아니다. 이러한 이상적인 상황은 통제된 실험 하에서 자료가 수집되는 경우를 제외하면 거의 불가능하다. 일반적으로 설명변수 사이에서 다중공선성이 존재한다는 것은 당연하다고 할 수 있다. 물론 다중공선성의 문제가 그리 심각하지 않은 경우는 별 문제가 되지 않는다. 고려대상인 설명변수가 중요한 설명력을 가지고 있다면 이를 제거하기보다는 모형에 포함시키는 것이 올바른 방법이라 할 수 있다. 그리고 앞에서 지적하였듯이 모형개발이 예측목적으로 쓰이는 경우 제한된 조건 하에서는 다중공선성의 존재가 오히려 예측의 정확성에 도움을 줄 수도 있다. 이런 경우에 회귀계수의 해석은 좀 더 주의를 하여야 한다. 그렇지만 설명변수 사이에서의 상관관계가 상당히 큰 경우에는 회귀계수의 추정값의 표준오차는 커지게 되어 계수의 추정값은 불안정하고 신뢰할 수 없으며 잘못된 결론이 유도되기 쉽기 때문에 세심한 분석이 요구된다. 모형개발의 관점에서 보면 다중공선성은 아주 귀찮은 존재이다. 위의 해군병원 자료의 예와 같이 설명변수가 일부 제거되는 경우 오히려 좀 더 나은 모형이 나온다는 사실을 감안하면 어떠한 기준으로 설명변수를 선택할 것인지 논할 필요가 있을 것이다. 물론 변수선택의 문제가 다중공선성을 해결하기 위하여 존재하는 것은 아니지만 몇 개의 설명변수가 빠지더라도 설명변수의 설명력이 감퇴되지 않도록 기준을 설정하는 문제는 매우 중요하다 할 수 있다. 그 이전에 모형에서 일부 설명변수가 빠지는 경우 어떠한 효과가 있는지 알아보도록 하자.[4]

8.2 변수의 선택

모형에 포함되어 있는 일부 설명변수의 제거는 다중공선성으로 발생된 문제를 줄여주는 효과가 있음을 보았다. 이를 이론적으로 알아보기 위하여 설명변수가 두 개인 모형

$$Y = \beta_0 + \beta_1 X_1 + \beta_2 X_2 + \varepsilon \qquad (8.15)$$

과 이 모형에서 X_2를 제거한 다음의 선형회귀모형을 비교하여 보자.

4. 다중공선성의 문제는 통계적인 문제라기보다는 자료수집의 문제라고 할 수 있다. 설명변수를 제거하는 방법이 다중공선성의 문제를 해결한다고 할 수는 없으며 다만 주어진 상황 하에서 최선의 모형개발을 한다는 관점에서 변수선택의 문제로 보아야 할 것이다. 이보다 더 근본적인 해결방안은 다중공선성을 유발시킨 원인을 찾아 상관관계를 제거할 수 있도록 자료를 추가로 수집하는 것이다. 자료를 추가한다는 것은 물론 비용이 들어가고 경우에 따라서는 불가능한 경우도 있겠지만 향후 자료를 보완하여 모형을 개량하는 경우가 있으면 고려하여야 할 문제이다. Covey-Crump와 Silvey(1970)를 참조하기 바란다. 8.5절에서 설명할 주성분회귀(principle components regression) 분석기법과 9장에서 설명할 비최소제곱법의 하나인 능형회귀(ridge regression) 방법 등으로도 다중공선성의 문제를 해결할 수 있다.

$$Y = \beta_0 + \beta_1 X_1 + \varepsilon \tag{8.16}$$

분석의 목적은 β_1의 추정에 있으며 모형 (8.15)가 반응변수와 설명변수의 관계를 기술하는 올바른 관계식이라고 하자. 단순성을 위하여 $S_{x_1x_1}$이나 $S_{x_2x_2}$의 값은 1로 가정한다. 모형 (8.15)에서 최소제곱법에 의한 β_1의 추정량은 비편향추정량일 것이며 식 (8.5)에 의하여 분산은 다음과 같다.

$$Var[\hat{\beta}_1 \mid \text{완전모형 } (8.15)] = \frac{\sigma^2}{1 - r_{12}^2} \tag{8.17}$$

모형 (8.16)에서 β_1의 의미는 모형 (8.15)에서의 의미와 다르다는 것은 이미 알고 있을 것이다. 모형 (8.15)에서는 X_2에 대해 조정된 X_1의 효과이고 모형 (8.16)에서는 X_2를 무시한 X_1의 효과이다. 모형 (8.16)에서 $\hat{\beta}_1$은 두 설명변수가 직교하지 않는 경우에는 더 이상 비편향추정량이 아니라 다음과 같음을 보일 수 있다.

$$E[\hat{\beta}_1 \mid \text{축소모형 } (8.16)] = \beta_1 + r_{12}\beta_2 \tag{8.18}$$

모형 (8.16)을 적합하여 나오는 $\hat{\beta}_1$의 편향은 $-r_{12}\beta_2$이다. 그리고 분산은 다음과 같음을 보일 수 있는데 이는 r_{12}에 의존하지 않는다.

$$Var(\hat{\beta}_1 \mid \text{축소모형}) = \sigma^2 \tag{8.19}$$

두 모형에서 β_1의 추정량을 비교하기 위해서 모형 (8.16)에서의 $\hat{\beta}_1$의 평균제곱오차(mean squared error : *MSE*)의 값을 구하면 다음과 같다.

$$\begin{aligned} MSE(\hat{\beta}_1 \mid \text{축소모형}) &= Var(\hat{\beta}_1 \mid \text{축소모형}) + (\text{편향})^2 \\ &= \sigma^2 + (r_{12}\beta_2)^2 \end{aligned} \tag{8.20}$$

식 (8.17)과 (8.20)을 비교하면 다음의 조건 하에서는 축소모형이 β_1을 좀 더

r_{12}에 따른 축소모형과 완전모형의 비교 그림 8.2

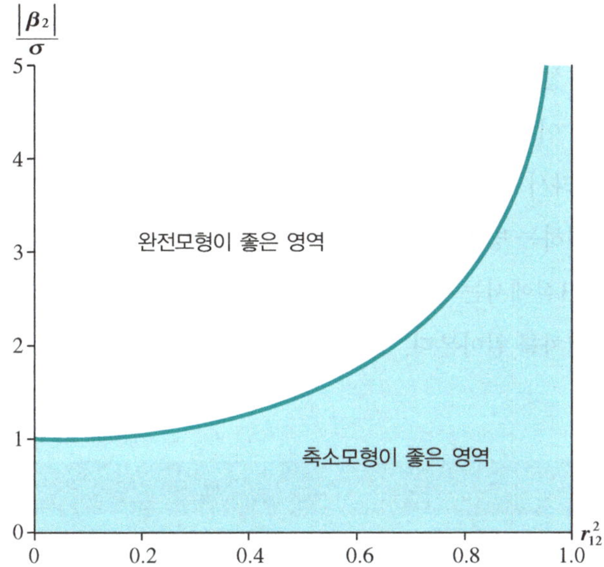

정확하게, 즉 축소모형의 평균제곱오차가 완전모형의 분산의 값보다 작게 나오게 추정을 한다.

$$\frac{|\beta_2|}{\sigma} < \frac{1}{\sqrt{1 - r_{12}^2}} \tag{8.21}$$

식 (8.21)을 그림으로 표현한 [그림 8.2]를 보면 r_{12}^2의 값이 1에 가까우면 축소모형의 추정값이 대부분 더 좋다고 할 수 있고 모든 r_{12}^2의 값에 대해 $|\beta_2| < \sigma$인 경우 축소모형이 선호가 된다. 다중공선성이 있는 경우에는 제거되는 변수의 계수값이 그렇게 크지 않은 경우라면 완전모형보다는 축소모형을 설정하는 것이 β_1에 대한 좀 더 정확한 추정을 할 수 있다. β와 σ가 알려져 있으면 작은 $|\beta_j|/\sigma$ 값을 가지는 설명변수부터 제거해야겠지만 실질적으로는 이러한 상황은 존재하지 않으므로 $|\beta_j|/\sigma$의 값이 작다고 의심이 가는 변수들을 적절히 제거하여야 할 것이다.

앞에서 언급하였지만 다중공선성을 해결하기 위하여 변수선택의 문제가 존재하는 것은 아니다. 축소된 모형이 반응변수와 설명변수의 관계를 표현하는데 무리가 없다면 다중공선성의 문제가 아니라 할지라도 간결성을 염두에 둔 축소모형이 선호될 것이다. 즉, 회귀모형을 적합시키는 이유 중의 하나가 반응변수를 설명변수로써 설명하고 그 모형을 통하여 반응변수의 값을 예측하는 것이므로 이해하기 쉽고 사용하기에도 편리한 간단한 모형이 좋다는 이야기이다. 따라서 적절한 선택기준(criterion)에 의하여 효과적인 방법으로 설명변수를 선택하는 방법이 필요하다.

8.3절에서는 변수선택의 판정기준에 대하여 살펴보고 변수를 선택하는 몇 가지 절차를 알아본다.

8.3 변수선택의 기준

지금까지 우리는 반응변수에 영향을 주는 설명변수의 수가 고정되어 있는 경우에 회귀모형의 적합과 추론, 그리고 모형의 타당성을 검토하여 보았다. 그러나 설명변수의 수가 매우 많은 경우에 "고려하고 있는 모든 설명변수들을 모형에 포함시킬 것인가?" 라는 질문에는 다음을 생각해 보아야 한다. 고려하고 있는 설명변수를 모두 회귀모형에 포함시키는 경우 설명변수들 중 일부만을 포함하는 회귀모형보다 결정계수의 값이 항상 크므로 설명력을 최대화할 수 있다. 반면에 설명변수들 간의 상관관계가 커져서 생기는 다중공선성의 문제에 직면하게 되는 경우가 많고 모형의 안정성과 신뢰성에 의문이 생길 수 있다. 회귀분석의 목적 중의 하나는 반응변수와 설명변수의 관계를 나타내는 모형을 통하여 반응변수의 값을 예측하는데 있으므로 이해하기 쉽고 사용하기에도 편리한 간단한 모형이 선호된다. 따라서 적절한 선택기준에 따라 효과적인 방법으로 설명변수를 선택함으로써 최적회귀모형을 찾는 것이 필요하다. 그러나 변수선택의 기준을 설정하고 변수선택을 하는 것이 모형개발의 중요한 부분이지만 전부는 아니며 축소된 모형에 대한 분석을 추후 반복적으로 진행하여야 한다.

여기서는 반응변수 Y에 영향을 미치리라고 예상되는 K개의 설명변수 $X_1, X_2, \cdots, X_K$ 중에서 p개의 설명변수를 선택하는 판정기준에 대하여 살펴보고, 다음 8.4절에서는 변수를 선택하는 몇 가지 절차를 알아본다. 변수를 선택하는 절차는 그 계산과정이 상당히 번거로우나 이를 지원하는 통계패키지가 많이 개발되어 있으므로 이를 이용하면 된다.

■ 결정계수 R_p^2

회귀모형의 적합성을 측정하는 척도로 3장과 4장에서 설명한 결정계수 R_p^2이 널리 사용된다. R_p^2은 p개의 설명변수로 구성되는 모형에서 다음과 같이 정의된다.

$$R_p^2 = 1 - \frac{SSE_p}{S_{yy}} \tag{8.22}$$

여기서 SSE_p는 p개의 설명변수를 포함하는 모형에서의 잔차제곱합이다. 그런데 R_p^2은 p가 증가함에 따라 증가하여 모든 설명변수가 포함된 모형($p = K$)일 때 최대가 된다. 이러한 이유로 최대의 결정계수 값을 갖는 모형을 선택하는 것은 의미가 없고 변수를 하나씩 증가시키면서 R_p^2의 증가가 둔화되는 지점에서 p개의 설명변수를 선택하면 좋을 것이다. 그러나 이 지점을 선택하는 과정은 다분히 분석자의 주관에 의존한다.

■ 수정결정계수 $\overline{R}_p^2$

결정계수의 결점을 보완하기 위하여 제시된 방법이 다음과 같이 정의되는 수정결정계수 $\overline{R}_p^2$이다. 4장에서 언급된 정의를 다시 쓰면

$$\overline{R}_p^2 = 1 - \frac{SSE_p/(n-p-1)}{S_{yy}/(n-1)} = 1 - \left(\frac{n-1}{n-p-1}\right)(1 - R_p^2) \tag{8.23}$$

이다. 즉 제곱합 SS를 그대로 사용하지 않고 해당되는 자유도로 나누는 조정과정을 거친 공식이다. $\overline{R}_p^2$은 설명변수의 수가 증가하여도 항상 증가하는 값은 아니다. 실제로 한 개 이상의 설명변수가 추가된 모형에서의 $\overline{R}_p^2$은 추가된 설명변수들에 대한 부분 F-검정통계량의 값이 1을 넘을 때만 증가한다는 것이 증명

되어 있다. 따라서 R_p^2과는 달리 $\overline{R}_p^2$을 기준으로 하는 경우에는 $\overline{R}_p^2$을 최대로 하는 p개의 설명변수를 선택하면 된다. $\overline{R}_p^2$을 다시 쓰면

$$\overline{R}_p^2 = 1 - \frac{MSE_p}{S_{yy}/(n-1)} \tag{8.24}$$

이므로 모형선택의 기준으로서의 최소 MSE_p와 최대 $\overline{R}_p^2$ 기준은 동일한 것임을 알 수 있다.

■ 맬로우즈(Mallows) C_p 통계량

K개의 설명변수 모두를 포함하는 완전모형을 참모형이라 가정하면 p개의 설명변수만을 포함하는 축소모형에서 적합값 $\hat{y}_i$는 $E(y_i)$의 편향추정량이다. 축소모형이 $E(y_i)$를 얼마나 잘 추정하는가를 알아보기 위하여 $\hat{y}_i$의 평균제곱오차를 살펴보도록 하자. 평균제곱오차는 다음과 같이 편향의 제곱과 분산의 합임을 알고 있을 것이다.

$$MSE(\hat{y}_i) = E[\hat{y}_i - E(y_i)]^2 = [E(\hat{y}_i) - E(y_i)]^2 + Var(\hat{y}_i) \tag{8.25}$$

각각의 자료값에서 $MSE(\hat{y}_i)$를 계산하여 그 합이 최소가 되게 하는 p개의 설명변수를 선택하면 평균제곱오차의 기준에서 최적인 모형을 구할 수 있다. 각 자료값에서의 평균제곱오차의 합을 오차의 분산인 σ^2으로 나누어 표준화시키면

$$\Gamma_p = \frac{1}{\sigma^2}\left[\sum_{i=1}^{n}(E(\hat{y}_i) - E(y_i))^2 + \sum_{i=1}^{n} Var(\hat{y}_i)\right] \tag{8.26}$$

이다. 여기서 각 자료값의 편향의 제곱합을 $SSB_p = \Sigma(E(\hat{y}_i) - E(y_i))^2$이라고 하면

$$E(SSE_p) = SSB_p + (n-p-1)\sigma^2 \tag{8.27}$$

$$\sum_{i=1}^{n} Var(\hat{y}_i) = (p+1)\sigma^2 \tag{8.28}$$

을 증명할 수 있고 Γ_p는 다음과 같이 표현된다.

$$\begin{aligned}\Gamma_p &= \frac{1}{\sigma^2}[E(SSE_p) - (n-p-1)\sigma^2 + (p+1)\sigma^2] \\ &= \frac{E(SSE_p)}{\sigma^2} - (n-2p-2)\end{aligned} \tag{8.29}$$

K개의 설명변수를 모두 사용하였을 때의 평균제곱오차 $MSE(X_1, X_2, \cdots, X_K) = \hat{\sigma}^2$이 σ^2의 비편향추정량이라는 사실을 이용하면 Γ_p의 추정량 C_p는 다음과 같다.

$$C_p = \frac{SSE_p}{\hat{\sigma}^2} - (n-2p-2) \tag{8.30}$$

이것을 Mallows(1973)의 C_p 통계량이라고 한다. 편향을 무시할 수 있으면 $E(SSE_p) \approx (n-p-1)\sigma^2$이 되고 이때 C_p의 기대값은 근사적으로

$$E[C_p \mid E(\hat{y}_i) \approx E(y)] \approx p+1 \tag{8.31}$$

이 된다. 따라서 C_p를 기준으로 K개의 설명변수 중에서 p개의 설명변수를 선택할 때의 기준으로 $C_p \approx p+1$이면 이런 모형들은 당연히 고려대상에 포함되어야 할 것이다. C_p 통계량은 확률변수이므로 비슷한 C_p의 값이 여러 개 존재할 수 있고 이런 경우에는 선택이 어려워진다. 무조건적으로 최소의 C_p를 가지는 모형을 선택하기보다는 C_p의 값이 일단 $p+1$보다 작게 나오면 모두 고려대상에 포함을 시키는 것이 좋다.

C_p만이 Γ_p를 추정하는 유일한 방법은 아니다. 예를 들어 주어진 자료를 둘로 나누어 한쪽만의 자료로 추정된 모형을 가지고 다른 쪽 자료에 대한 Γ_p값을 추정하는 방법도 있을 것이다.[5] 이에 대해서는 Snee(1977)을 참고 바란다. 이러한 종류의 방법을 교차타당성(cross-validation) 방법이라고 하는데 이러한 범주에 속하는 다음과 같은 통계량을 소개하고자 한다. 이는 6장에서 보았던

5. Γ_p뿐만 아니라 MSE_p, $\bar{R}_p^2$ 등도 모형비교의 기준이 될 수 있을 것이다.

여러 진단방법과 유사한 점이 있다.

■ $PRESS_p$ 통계량

6장에서와 같이 p개의 설명변수를 포함하는 모형에서 i번째 자료값을 제거하고 구한 추정회귀식을 이용한 i번째 적합값을 $\hat{y}_{i(i)}$라고 하자. 반응변수의 i번째 값인 y_i와 $\hat{y}_{i(i)}$의 차이인 잔차 d_i의 제곱합을 다음과 같이 $PRESS_p$ (prediction error sum of squares)라 정의한다(Allen, 1974).

$$PRESS_p = \sum_{i=1}^{n} d_i^2 = \sum_{i=1}^{n} (y_i - \hat{y}_{i(i)})^2 \tag{8.32}$$

식 (8.32)는 p개의 모형을 적합시켜야만 계산이 가능한 통계량으로 인식이 될 수 있지만 다음과 같이 새로운 모형을 적합시키지 않아도 계산이 가능하다.

$$PRESS_p = \sum_{i=1}^{n} \frac{e_i}{1 - h_{ii}} \tag{8.33}$$

이러한 $PRESS_p$의 값이 작은 모형이 선호된다. $PRESS_p$는 식 (8.33)의 공식에도 불구하고 C_p 통계량보다는 많은 계산이 요구된다. 따라서 C_p의 기준에 의한 후보모형에 $PRESS_p$ 통계량을 적용시키는 것이 올바른 절차일 것이다.

8.4 변수선택의 방법

이 절에서는 반응변수 Y에 영향을 미치리라고 예상되는 K개의 설명변수 $X_1, X_2, \cdots, X_K$ 중에서 p개의 설명변수를 선택하는 다음의 네 가지 절차를 알아보기로 한다. 이러한 절차를 통하여 선택된 모형은 일치하는 경우도 있으나 서로 다른 모형이 선택되는 경우도 있다. 또한 이들 중에서 어느 모형도 최적회귀모형임을 보장할 수는 없고 최적회귀모형이 둘 이상인 경우도 있을 수 있다.

(1) 모든 가능한 회귀(all possible regression)

(2) 전진선택법(forward selection)

(3) 후진제거법(backward elimination)

(4) 단계적 회귀방법(stepwise regression)

8.4.1 모든 가능한 회귀

이 방법은 모든 가능한 변수들의 조합을 회귀분석하여 보는 것이다. K개의 설명변수가 있는 경우 이 중에서 하나만을 포함하는 모형에서부터 K개 모두를 포함하는 모형까지를 고려하는 방법이다. 따라서 2^K-1개의 회귀모형을 적합시켜야 하는데 K가 작은 경우는 문제가 없으나 K가 커지면 방대한 계산이 요구되고 효율적인 알고리즘을 이용한 컴퓨터의 도움이 없이는 불가능하다. Furnival과 Wilson(1974)이 제시한 'leaps and bounds' 개념의 알고리즘을 이용하면 원하는 기준(예를 들면 C_p)으로 가장 최적의 값을 가지는 모형의 선택과정은 모든 회귀모형을 분석하지 않더라도 계산이 가능하다. 실증적으로 이를 이용하면 가장 작은 C_p의 값을 갖는 5개의 모형을 선택하는 데 들어가는 비용은 설명변수의 수가 30개까지는 같은 크기의 단계적 회귀방법(후에 설명)에 들어가는 비용과 비슷함을 알 수 있다.

다음 예를 통하여 앞 절에서 살펴본 R_p^2, $\overline{R}_p^2$, C_p, $PRESS_p$를 기준으로 최적 회귀모형을 찾는 방법을 생각해 보기로 한다.

예 8.2 경수로 자료

다음은 32개의 경수로(light water reactor) 발전소의 건설에 대한 자료로 반응변수인 건설비와 그것에 영향을 미친다고 예상되는 열 개의 설명변수를 포함하고 있다. Cox와 Snell(1981)은 변수들 중 C, S, N, T_1, T_2는 로그를 취하여 분석하였다. 여기서도 그 방법을 따라 열 개의 설명변수의 선택문제를 다룬다. 이 자료의 보다 구체적인 분석은 연습문제 8.7을 참조하기 바란다.

표 8.4 경수로 자료

C	D	T_1	T_2	S	PR	NE	CT	BW	N	PT
460.05	68.58	14	46	687	0	1	0	0	14	0
452.99	67.33	10	73	1065	0	0	1	0	1	0
443.22	67.33	10	85	1065	1	0	1	0	1	0
652.32	68.00	11	67	1065	0	1	1	0	12	0
642.23	68.00	11	78	1065	1	1	1	0	12	0
345.39	67.92	13	51	514	0	1	1	0	3	0
272.37	68.17	12	50	822	0	0	0	0	5	0
317.21	68.42	14	59	457	0	0	0	0	1	0
457.12	68.42	15	55	822	1	0	0	0	5	0
690.19	68.33	12	71	792	0	1	1	1	2	0
350.63	68.58	12	64	560	0	0	0	0	3	0
402.59	68.75	13	47	790	0	1	0	0	6	0
412.18	68.42	15	62	530	0	0	1	0	2	0
495.58	68.92	17	52	1050	0	0	0	0	7	0
394.36	68.92	13	65	850	0	0	0	1	16	0
423.32	68.42	11	67	778	0	0	0	0	3	0
712.27	69.50	18	60	845	0	1	0	0	17	0
289.66	68.42	15	76	530	1	0	1	0	2	0
881.24	69.17	15	67	1090	0	0	0	0	1	0
490.88	68.92	16	59	1050	1	0	0	0	8	0
567.79	68.75	11	70	913	0	0	1	1	15	0
665.99	70.92	22	57	828	1	1	0	0	20	0
621.45	69.67	16	59	786	0	0	1	0	18	0
608.80	70.08	19	58	821	1	0	0	0	3	0
473.64	70.42	19	44	538	0	0	1	0	19	0
697.14	71.08	20	57	1130	0	0	1	0	21	0
207.51	67.25	13	63	745	0	0	0	0	8	1
288.48	67.17	9	48	821	0	0	1	0	7	1
284.88	67.83	12	63	886	0	0	0	1	11	1
280.36	67.83	12	71	886	1	0	0	1	11	1
217.38	67.25	13	72	745	1	0	0	0	8	1
270.71	67.83	7	80	886	1	0	0	1	11	1

$Y = \ln C$ C : 1976년 기준 건설비용
$X_1 = D$ D : 건설허가일
$X_2 = \ln T_1$ T_1 : 건설허가에 걸린 기간
$X_3 = \ln T_2$ T_2 : 건설허가에서부터 가동허가가 난 기간
$X_4 = \ln S$ S : 발전소의 용량
$X_5 = PR$ PR : 건설 전 경수로의 존재 여부(1 : 존재)
$X_6 = NE$ NE : 미국 동북지방에 핵발전소 건설 여부(1 : 건설)
$X_7 = CT$ CT : 냉각탑(cooling tower)의 사용 여부(1 : 사용)
$X_8 = BW$ BW : Babcock-Wilcox사의 핵공급장치 사용 여부(1 : 사용)
$X_9 = \ln N$ N : 각 건축가의 총 핵발전소 건설수

$X_{10} = PT$ PT : 부분 턴키(turnkey) 베이스에 의한 발전소(1 : 턴키)

[표 8.5]는 8.3절에서 살펴본 여러 가지 판정기준에 대하여 모형에 포함되는 설명변수의 수에 따른 최적회귀모형을 나타내고 있다(이외에도 여러 모형이 존재하나 변수의 수가 너무 많기 때문에 최적의 모형만 포함시켰다). $p = 1, 2, 3, 4, 6, 7, 10$의 경우는 네 가지 판정기준에 의한 최적회귀모형이 일치하지만 $p = 5, 8, 9$의 경우에는 $PRESS_p$를 기준으로 할 때의 최적회귀모형과 나머지 판정기준을 사용하였을 때와 다른 결과를 나타낸다.

표 8.5 최적회귀모형

p	R_p^2	$\overline{R}_p^2$	MSE_p	C_p	$PRESS_p$	선택된 변수
1	0.4545377	0.4363557	0.0805114	61.2953	2.6511	X_{10}
2	0.6611704	0.6378029	0.0517365	29.4684	1.7174	$X_4 X_{10}$
3	0.7595424	0.7337791	0.0380272	15.3643	1.2826	$X_1 X_4 X_{10}$
4	0.8052260	0.7763705	0.0319434	9.8856	1.1290	$X_1 X_4 X_6 X_{10}$
5	0.8341819	0.8022938	0.0282405	7.1454	1.2313	$X_1 X_4 X_6 X_7 X_9$
	0.8313557	0.7989241	0.0287218	7.6080	1.1217	$X_1 X_4 X_6 X_7 X_{10}$
6	0.8568807	0.8225321	0.0253497	5.4295	1.1455	$X_1 X_4 X_6 X_7 X_9 X_{10}$
7	0.8612243	0.8207480	0.0256045	6.7184	1.1464	$X_1 X_4 X_6 X_7 X_8 X_9 X_{10}$
8	0.8705990	0.8255900	0.0249129	7.1837	1.2717	$X_1 X_3 X_4 X_5 X_6 X_7 X_9 X_{10}$
	0.8614835	0.8133039	0.0266678	8.6760	1.1815	$X_1 X_2 X_4 X_6 X_7 X_8 X_9 X_{10}$
9	0.8710692	0.8183248	0.0259506	9.1067	1.3394	$X_1 X_2 X_3 X_4 X_5 X_6 X_7 X_9 X_{10}$
	0.8650336	0.8098201	0.0271655	10.0948	1.2505	$X_1 X_2 X_4 X_5 X_6 X_7 X_8 X_9 X_{10}$
10	0.8717211	0.8106359	0.0270489	11.0000	1.4020	$X_1 \sim X_{10}$

결정계수 R_p^2을 기준으로 볼 때 물론 설명변수의 수가 증가함에 따라 R_p^2은 항상 증가하지만 $p = 6$ 이후에는 그 증가속도가 둔화됨을 알 수 있다. MSE_p를 기준으로 할 때도 $p = 6$일 때까지 MSE_p가 감소하다가 $p = 7$에서 증가하고 $p = 8$일 때는 다시 감소하여 최소가 되고 그 이후는 증가하나 $p = 6, 7, 8$의 세 경우에 그다지 큰 차이가 없다. 따라서 R_p^2와 MSE_p를 판정기준으로 하면 X_1, X_4, X_6, X_7, X_9, X_{10}의 6개의 설명변수가 포함된 모형이 최적회귀모형이라고 할 수 있다. C_p를 판정기준으로 할 경우도 X_1, X_4, X_6, X_7, X_9, X_{10}의 6개의 설명변수가 포함되는 모형의 C_p값이 제일 작으므로 이 모형이 최적회귀모형이 될 것이다. 물론 [표 8.5]에 포함된 p가 6 이상인 모든 모형에서 C_p의 값이 $p+1$보다 작거나 유사하므로 이런 모형도 고려해 볼 수

있을 것이다. $PRESS_p$를 기준으로 할 때는 그 값이 최소가 되는 X_1, X_4, X_6, X_{10}의 4개의 설명변수를 포함하는 모형이 최적회귀모형이라고 할 수 있다.

위의 결과를 종합해 보면 R_p^2, MSE_p, C_p를 기준으로 할 때 총 건설비용은 건설허가일, 발전소의 용량, 동북지방의 핵발전소 건설 여부, 냉각탑의 사용 여부, 총 핵발전소 건설수, 턴키 베이스의 여부에 영향을 받는다고 할 수 있고, $PRESS_p$를 기준으로 할 때는 위의 변수 중 냉각탑의 사용 여부와 총 핵발전소 건설수는 포함되지 않는다. 이 두 변수에 대해서는 추가변수그림 등을 통해 검토해 볼 필요가 있을 것이다.

8.4.2 전진선택법

반응변수에 영향을 줄 것으로 생각되는 K개의 설명변수들 중에서 가장 크게 영향을 줄 것으로 판단되는 설명변수부터 하나씩 선택하여 더 이상 중요한 설명변수가 없다고 판단될 때 변수의 선택을 중단하는 방법으로 다음과 같은 절차를 따른다.

과정 1) 고려대상인 K개의 설명변수들 중에서 반응변수 Y와 가장 상관관계가 높은 변수를 선택하거나, K개의 설명변수 각각에 대한 단순회귀모형 중에서 F-검정통계량을 가장 크게 하는 설명변수를 선택한다. 미리 정해진 유의수준에 의하여 유의성검정을 하여, 만약 유의하지 않으면 선택할 설명변수가 없다고 결론을 내리고, 유의하면 이 설명변수를 모형에 포함시킨다.

과정 2) 현재의 모형에 포함되어 있는 설명변수에 나머지 설명변수를 하나씩 추가하는 다중회귀모형을 적합시키고, 이들 각각의 모형에서 추가된 설명변수에 대한 부분 F-검정통계량[6]을 가장 크게 하는 설명변수를 선택한다.

과정 3) 과정 2)에서 추가된 설명변수에 대하여 미리 정해진 유의수준에

6. 추가하는 변수가 하나이므로 부분 F-검정통계량의 값은 다중회귀분석에서 t-검정통계량의 값의 제곱과 같다. 또한 $t(\frac{\alpha}{2}, df) = F(\alpha, 1, df)$이므로 부분 F-검정과 t-검정의 결과에는 차이가 없다.

의한 유의성검정을 하여 새로운 설명변수의 추가 여부를 결정한다. 이때 검정의 결과가 유의하면 그 설명변수를 추가하고 과정 2)로 되돌아간다. 그렇지 않으면 현재의 모형을 최종모형으로 결정한다.

전진선택법에서 일반적으로 사용하는 유의수준은 0.10～0.50이다. 변수 선택의 기준을 완화하려면 유의수준을 크게 하고 강화하려면 유의수준을 작게 하면 된다. 이 방법은 K개의 설명변수가 있는 경우 적합하여야 할 회귀모형의 최대 개수는 $K+(K-1)+\cdots+1=\frac{K(K+1)}{2}$로서 모든 가능한 회귀의 2^K-1과 비교하면 K가 상당히 큰 경우 계산상의 이점이 있다.

예 8.2 (계속) 경수로 자료

[표 8.4]의 자료에서 전진선택법을 이용하여 최적회귀모형을 구하고자 한다(유의수준은 0.2로 한다). 전진선택법의 과정 1)에서 고려대상인 10개의 설명변수를 각각 단순회귀모형에 적합시켜 F-검정통계량을 가장 크게 하는 설명변수로 X_{10}이 선택되었다. 이때 F-검정통계량의 값이 $F=25.0$이고 p-값은 0.0001이며 이것은 유의수준인 0.20보다 작으므로 X_{10}을 모형에 포함시킨다. 과정 2)에서 현재의 모형에 포함되어 있는 설명변수 X_{10}에 나머지 9개 설명변수를 하나씩 추가하는 9개의 다중회귀모형을 적합시키고 부분 F-검정통계량을 가장 크게 하는 설명변수 X_4를 선택한다. 과정 3)에서 부분 F-검정통계량의 값이 $F=4.205^2=17.68$이고 p-값은 0.0002로 유의수준인 0.20보다 작으므로 X_4를 모형에 추가시키고 과정 2)로 되돌아간다. 이러한 방법으로 설명변수 X_1, X_6, X_7, X_9을 차례로 추가한다. 6개의 설명변수 X_{10}, X_4, X_1, X_6, X_7, X_9를 제외한 나머지 4개의 설명변수의 추가에 대한 부분 F-검정에서 어느 것도 유의수준 0.20에서 유의하지 않으므로 과정을 중단하고 6개의 설명변수 X_{10}, X_4, X_1, X_6, X_7, X_9을 포함하는 모형을 최적회귀모형으로 결정한다. 따라서 전진선택법에 의한 최종모형은

$$\hat{y}=-13.26+0.2124x_1+0.7234x_4+0.2490x_6+0.1404x_7-0.08758x_9-0.2261x_{10}$$

이다. 따라서 총 건설비용은 건설허가일, 발전소의 용량, 동북지방의 핵발전소 건

설 여부, 냉각탑의 사용 여부, 총 핵발전소 건설수, 그리고 턴키 베이스의 여부에 영향을 받는다고 할 수 있고 R_p^2, MSE_p, C_p를 기준으로 하는 모든 가능한 회귀에서의 결과와 동일하다.

표 8.6 **전진선택법의 과정**

1. X_{10} 선택

Variable	Estimate	Standard Error	t-value	p-value
Intercept	6.187658	0.055647	111.195	0.0001
X_{10}	−0.642547	0.128511	−5.000	0.0001

SOURCE	$d.f.$	SS	MS	F	p-value
Regression	1	2.012722	2.012722	25.00	0.0001
Residual	30	2.415342	0.082511		
Total	31	4.4280645			

2. X_4 선택

Variable	Estimate	Standard Error	t-value	p-value
Intercept	1.564681	1.100198	1.422	0.1656
X_4	0.691961	0.164541	4.205	0.0002
X_{10}	−0.666950	0.103181	−6.464	0.0001

3. X_1 선택

Variable	Estimate	Standard Error	t-value	p-value
Intercept	−7.626597	2.874835	−2.653	0.0130
X_1	0.135585	0.040061	3.385	0.0021
X_4	0.670955	0.141202	4.752	0.0001
X_{10}	−0.490226	0.102721	−4.772	0.0001

4. X_6 선택

Variable	Estimate	Standard Error	t-value	p-value
Intercept	−7.969652	2.638377	−3.021	0.0055
X_1	0.140450	0.036768	3.821	0.0007
X_4	0.662863	0.129455	5.120	0.0001
X_6	0.191433	0.076071	2.516	0.0181
X_{10}	−0.424660	0.097685	−4.347	0.0002

5. X_7 선택

Variable	Estimate	Standard Error	t-value	p-value
Intercept	−8.980273	2.551966	−3.519	0.0016
X_1	0.154335	0.035540	4.343	0.0002
X_4	0.662982	0.122754	5.401	0.0001
X_6	0.185781	0.072188	2.574	0.0161
X_7	0.128535	0.064040	2.007	0.0552
X_{10}	−0.370544	0.096473	−3.841	0.0007

6. X_9 선택

Variable	Estimate	Standard Error	t-value	p-value
Intercept	−13.26031	3.139500	−4.224	0.0003
X_1	0.212415	0.043259	4.910	0.0001
X_4	0.723408	0.118820	6.088	0.0001
X_6	0.249025	0.074137	3.359	0.0025
X_7	0.140393	0.060425	2.323	0.0286
X_9	−0.087576	0.041475	−2.112	0.0449
X_{10}	−0.226103	0.113549	−1.991	0.0575

8.4.3 후진제거법

설명변수를 하나씩 선택하는 전진선택법과는 반대로 후진제거법은 반응변수에 영향을 줄 것으로 생각되는 K개의 설명변수들 중에서 가장 작게 영향을 준다고 생각되는 설명변수부터 하나씩 제거하여 나가면서 더 이상 제거할 설명변수가 없다고 판단될 때 변수의 제거를 중단하는 방법으로 다음과 같은 절차를 따른다.

과정 1) 고려대상인 K개의 설명변수를 모두 포함하는 다중회귀모형을 적합시킨다.

과정 2) 모형에 포함되어 있는 각각의 설명변수에 대한 부분 F-검정통계량을 가장 작게 하는 설명변수를 찾는다. 미리 정해진 유의수준에 의하여 유의성검정을 하여, 만약 유의하지 않으면 이 설명변수를 제거하고, 유의하면 현재의 모형을 최종모형으로 한다.

과정 3) 이미 제거된 설명변수를 제외한 나머지 설명변수를 모두 포함하는 다중회귀모형을 적합시키고 과정 2)로 돌아간다.

후진제거법에서 일반적으로 사용하는 유의수준은 0.05 ~ 0.10이다. 변수제거의 기준을 좀 더 완화하기 위해서는 유의수준을 작게 하고 강화하려면 크게 하면 된다. 이 방법도 전진선택법과 마찬가지로 적합시켜야 할 회귀모형의 최대 개수는 $\frac{K(K+1)}{2}$로서 모든 가능한 회귀와 비교하면 계산상의 이점이 있다.

예 8.2 (계속) 경수로 자료

[표 8.4]의 자료에서 후진제거법을 이용하여 최적회귀모형을 구하고자 한다(유의수준은 0.1로 한다). 후진제거법의 과정 1)에서 고려대상인 10개의 설명변수 모두를 포함하는 다중회귀모형을 적합시킨다. 과정 2)에서 모형에 포함되어 있는 각각의 설명변수에 대한 부분 F-검정통계량을 가장 작게 하는 설명변수 X_8을 찾는다. 이때 검정통계량의 값은 $F = 0.327^2 = 0.107$이고 p-값은 0.7472로 미리 정한 유의수준인 0.10보다 크므로 이 설명변수를 제거한다. 과정 3)에서 X_8을 제외한 나머지 설명변수 9개를 포함하는 다중회귀모형을 적합시키고, 다시 과정 2)에서 각각의 설명변수에 대한 부분 F-검정통계량을 가장 작게 하는 설명변수 X_2를 찾는다. 이때 검정통계량의 값은 $F = 0.283^2 = 0.080$이고 p-값은 0.7796으로 0.10보다 크므로 이 설명변수를 제거한다. 이러한 방법으로 설명변수 X_3, X_5를 차례로 제거한다. 제거된 설명변수 이외에 나머지 6개의 설명변수 X_{10}, X_4, X_1, X_6, X_7, X_9을 적합시키면 각각의 설명변수의 제거에 대한 부분 F-검정에서 모두 유의수준 0.10에서 유의하므로 과정을 중단하고 6개의 설명변수 X_{10}, X_4, X_1, X_6, X_7, X_9을 포함하는 모형을 최적회귀모형으로 결정한다. 따라서 후진제거법에 의한 최종모형은 전진선택법에서의 최종모형과 일치한다.

표 8.7 후진제거법의 OUTPUT

0. 모든 변수($X_1 \sim X_{10}$) 선택

Variable	Estimate	Standard Error	t-value	p-value
Intercept	−14.24198	4.228802	−3.368	0.0029
X_1	0.209220	0.065262	3.206	0.0042
X_2	0.091873	0.243956	0.377	0.7103
X_3	0.285527	0.272887	1.046	0.3073
X_4	0.693730	0.136053	5.099	0.0001
X_5	−0.092373	0.077302	−1.195	0.2454
X_6	0.258072	0.076930	3.355	0.0030
X_7	0.120404	0.066320	1.815	0.0838
X_8	0.033032	0.101118	0.327	0.7472
X_9	−0.080196	0.045960	−1.745	0.0956
X_{10}	−0.224288	0.122461	−1.832	0.0812

1. X_8 제거

Variable	Estimate	Standard Error	t-value	p-value
Intercept	−14.70537	3.902068	−3.769	0.0011
X_1	0.215449	0.061134	3.524	0.0019
X_2	0.063131	0.222869	0.283	0.7796
X_3	0.322105	0.243750	1.321	0.1999
X_4	0.688037	0.132165	5.206	0.0001
X_5	−0.098198	0.073674	−1.333	0.1962
X_6	0.258329	0.075348	3.428	0.0024
X_7	0.116549	0.063923	1.823	0.0819
X_9	−0.076837	0.043876	−1.751	0.0938
X_{10}	−0.215295	0.116879	−1.842	0.0790

2. X_2 제거

Variable	Estimate	Standard Error	t-value	p-value
Intercept	−15.225614	3.373278	−4.514	0.0002
X_1	0.227217	0.043941	5.171	0.0001
X_3	0.301861	0.228331	1.322	0.1992
X_4	0.682461	0.128051	5.330	0.0001
X_5	−0.093363	0.070222	−1.330	0.1967
X_6	0.258952	0.073794	3.509	0.0019
X_7	0.114618	0.062275	1.841	0.0786
X_9	−0.078731	0.042487	−1.853	0.0768
X_{10}	−0.215724	0.114508	−1.884	0.0723

3. X_3 제거

Variable	Estimate	Standard Error	t-value	p-value
Intercept	−13.58533	3.185306	−4.265	0.0003
X_1	0.215659	0.043728	4.932	0.0001
X_4	0.741944	0.121739	6.095	0.0001
X_5	−0.052352	0.063973	−0.818	0.4212
X_6	0.250512	0.074654	3.356	0.0026
X_7	0.136033	0.061061	2.228	0.0355
X_9	−0.091465	0.042021	−2.177	0.0396
X_{10}	−0.209151	0.116169	−1.800	0.0844

4. X_5 제거

Variable	Estimate	Standard Error	t-value	p-value
Intercept	−13.26031	3.139500	−4.224	0.0003
X_1	0.212415	0.043259	4.910	0.0001
X_4	0.723408	0.118820	6.088	0.0001
X_6	0.249025	0.074137	3.359	0.0025
X_7	0.140393	0.060425	2.323	0.0286
X_9	−0.087576	0.041475	−2.112	0.0449
X_{10}	−0.226103	0.113549	−1.991	0.0575

8.4.4 단계적 회귀방법

앞 절에서 설명한 전진선택법이나 후진제거법에 의하여 구한 최종모형이 반드시 최적회귀모형이라고 할 수는 없다. 그 이유는 전진선택법에서 일단 선택된 설명변수는 새로운 설명변수가 포함되어 그 중요도가 상실되더라도 제거될 수 없기 때문이다. 후진제거법에서도 일단 제거된 설명변수가 다시 포함될 수는 없다. 이를 개선하기 위한 방법이 전진선택법에 후진제거법을 가미한 여기서 설명할 단계적 회귀방법이다. 이 방법은 중요한 설명변수를 하나씩 선택해 나가면서 이미 선택된 변수가 새로운 변수가 추가되면서 중요도를 상실되어 제거할 필요가 있는지를 매 단계별로 검토하는 선택방법으로 다음과 같은 절차를 따른다.

과정 1) (전진선택법의 과정 1)과 동일함) 고려대상인 K개의 설명변수들 중에서 반응변수 Y와 가장 상관관계가 높은 설명변수를 선택하거나, K개의 설명변수 각각에 대한 단순회귀모형 중에서 F-검정통계량을 가장 크게 하는 설명변수를 선택한다. 미리 정해진 유의수준에 의하여 유의성검정을 하여, 만약 유의하지 않으면 선택할 설명변수가 없다고 결론을 내리고, 유의하면 이 설명변수를 모형에 포함시킨다.

과정 2) 현재의 모형에 포함되어 있는 설명변수에 나머지 설명변수를 하나씩 추가하는 다중회귀모형을 적합시키고, 이들 각각의 모형에서 추가된 설명변수에 대한 부분 F-검정통계량을 가장 크게 하는 설명변수에 대하여 미리 정해진 유의수준에 의한 유의성검정을 실시하고 설명변수의 추가 여부를 결정하고 과정 3)으로 간다.

과정 3) 현재 모형에 포함되어 있는 각각의 설명변수에 대한 부분 F-검정통계량을 가장 작게 하는 설명변수를 찾는다. 미리 정해진 유의수준에 의한 유의성검정을 실시하고 설명변수의 제거 여부를 결정하고 과정 2)로 돌아간다.

과정 2)와 과정 3)을 반복하여 수행한 후 더 이상 제거되거나 추가되는 설명변수가 없으면 과정을 중단하고 현재의 모형을 최종모형으로 한다.

단계적 회귀방법에서 유의수준은 선택과 제거 시 같은 유의수준을 사용하는 경우도 있으나 선택 시의 유의수준을 더 크게 하는 경우가 많다.

예 8.2 (계속) 경수로 자료

[표 8.4]의 자료에서 단계적 회귀방법을 이용하여 최적회귀모형을 구하고자 한다(유의수준은 변수선택 시 0.2, 변수제거 시 0.1로 한다). 단계별 변수의 선택 및 제거 과정에 관련된 결과물은 전진선택법과 동일하게 나와 생략하였으니 [표 8.6]을 참조 바란다.

전진선택법에서와 같이 과정 1)에서 고려대상인 10개의 설명변수를 각각 단순회귀모형에 적합시켜 F-검정통계량을 가장 크게 하는 설명변수 X_{10}이 선택되었고, 이것이 유의수준인 0.20에서 유의적이므로 X_{10}을 모형에 포함시킨다. 과정 2)에서 현재의 모형에 나머지 9개 설명변수를 하나씩 추가하는 9개의 다중회귀모형을 적합하고 부분 F-검정통계량을 가장 크게 하는 설명변수로 X_4가 선택되었고 역시 유의적이므로 모형에 추가한 후 과정 3)으로 간다. 현재의 모형에 포함되어 있는 두 설명변수의 부분 F-검정의 p-값이 각각 0.0002와 0.0001로 유의적이므로 어느 것도 제거할 수 없다. 다시 과정 2)로 돌아가서 가장 중요하다고 생각되는 변수를 부분 F-검정에 의하여 추가할 것인지를 결정하고, 과정 3)에서 포함되어 있는 변수들의 제거 여부를 부분 F-검정에 의하여 결정하는 과정을 반복하면 X_{10}과 X_4 이외에 X_1, X_6, X_7, X_9이 차례로 모형에 포함된다. 이제 $X_{10}, X_4, X_1, X_6, X_7, X_9$의 6개의 설명변수를 포함하는 현재 모형에 추가할 설명변수나 제거할 설명변수가 없게 된다. 따라서 현재의 모형이 최종모형이 되며 이것은 전진선택법과 후진제거법의 최종모형과 동일하다.

■ 변수선택기법에 대한 추가설명

지금까지 여러 가지 변수선택의 방법에 대해 알아보았다. 전진선택법에 의한 방법은 설명변수 간의 다중공선성이 심각한 경우에 사용을 자제하는 것이 바람직하다. 단순한 F-검정만으로 변수를 선택하고 절차적으로만 분석하는 것은 위험한 발상이다. 전진선택법을 개량한 단계적 회귀방법도 문제점을 약간 보완할 수 있으나 여전히 다중공선성의 위험이 존재한다. 이러한 방법들은 변수가 모두 포함된 모형이 어떻게 구성되는지 모르는 상황에서 과정이 정지되는 경우가 많은데, 각각의 설명변수의 설명력보다 전체 설명변수들의 설명력을 보고자 하는 관점에서 이는 바람직하지 않다. 이런 면에서 오히려 후진제거법에 의한 방법이 더 낫다고 할 수 있다. 가능한 설명변수 전체와 반응변수가 어떠한 관계식을 만들어 주고 있는지를 먼저 파악한 후에 변수의 제거, 추가, 그리고 변환을 반복적으로 실시하는 것이 여러 가지 면에서 바람직하다. 앞에서 알아본 절차적인 분석기법은 과거 계산상의 어려움이 많았던 시절 일부 사회과학 분야에서 많이 수행되었으나 모든 가능한 회귀의 계산문제가 어느 정도 해결이 된 이상 이는 당연히 자제가 되어야 하고 1장부터 8장까지 배운 내용을 대화식으로 실시하면서 모형개발을 하여야 한다. 모형개발은 한두 단계의 절차적인 방법에 의해 결정되지 않는다는 사실을 유념하여야 한다.

8.5 주성분회귀

식 (8.12)에 나오는 행렬 $\boldsymbol{V}$는 $\boldsymbol{VV'}=\boldsymbol{I}$인 성질을 가지고 있기 때문에 표준화된 다중회귀모형은 다음과 같이 표현할 수 있다.[7]

$$
\begin{aligned}
\boldsymbol{y}^* &= \boldsymbol{X}^*\boldsymbol{\beta}^* + \boldsymbol{\varepsilon}^* \\
&= \boldsymbol{X}^*\boldsymbol{VV'}\boldsymbol{\beta}^* + \boldsymbol{\varepsilon}^* = \boldsymbol{Z}\boldsymbol{\alpha} + \boldsymbol{\varepsilon}^*
\end{aligned} \tag{8.34}
$$

여기서 $\boldsymbol{\alpha} = \boldsymbol{V'}\boldsymbol{\beta}^*$이고 새로운 설명변수의 행렬

$$\boldsymbol{Z} = [z_1, z_2, \cdots, z_p] = \boldsymbol{X}^*\boldsymbol{V} \tag{8.35}$$

의 p개의 서로 직교하는 열벡터 $\boldsymbol{z}_i$를 $\boldsymbol{X}^*$의 주성분(principal components)이라고 한다. 그리고 주성분의 일부 또는 전부를 설명변수로 하여 회귀분석을 실시하는 것을 주성분회귀(principle components regression)라고 한다. 모형 (8.34)에서 $\boldsymbol{\alpha}$의 최소제곱추정량은

$$\hat{\boldsymbol{\alpha}} = (\boldsymbol{Z'Z})^{-1}\boldsymbol{Z'}\boldsymbol{y}^* \tag{8.36}$$

이며 $\boldsymbol{\beta}^*$의 최소제곱추정량은

$$\hat{\boldsymbol{\beta}}^* = \boldsymbol{V}\hat{\boldsymbol{\alpha}} \tag{8.37}$$

이 된다. 이것을 주성분회귀추정량이라고 한다.

---

7. 다중공선성의 척도를 목적으로 상태수와 상태지표를 정의하였을 때에는 변수의 척도에 따른 문제를 해결하기 위하여 반응변수와 설명변수에 대한 표준화를 실시하였지만 주성분회귀의 경우는 그 의도가 설명변수의 상관구조를 통해 주성분을 추출하는 것이기 때문에 반응변수에 대한 표준화작업은 반드시 실시할 필요는 없다.

$\boldsymbol{X}^{*\prime}\boldsymbol{X}^{*}$의 고유값 중에서 0에 상당히 가까운 것이 있으면 식 (8.13)에서와 같이 추정된 회귀계수의 분산은 작은 고유값에 크게 영향을 받는다. 설명의 편의를 위해 $\boldsymbol{X}^{*\prime}\boldsymbol{X}^{*}$의 고유값이 다음과 같이 순서대로 정렬되었다고 가정하자.

$$\lambda_1 \geqq \lambda_2 \geqq \cdots \geqq \lambda_p \tag{8.38}$$

여기서 차수가 $m \times m$, $(p-m)\times(p-m)$인 두 대각행렬,

$$\begin{aligned} \boldsymbol{D}_1 &= diag(\lambda_1, \lambda_2, \cdots, \lambda_m) \\ \boldsymbol{D}_2 &= diag(\lambda_{m+1}, \lambda_{m+2}, \cdots, \lambda_p) \end{aligned} \tag{8.39}$$

를 정의하면 식 (8.12)에 나오는 행렬 $\boldsymbol{D}$는

$$\boldsymbol{D} = \begin{pmatrix} \boldsymbol{D}_1 & \boldsymbol{0} \\ \boldsymbol{0} & \boldsymbol{D}_2 \end{pmatrix} \tag{8.40}$$

와 같이 표현되며 $\boldsymbol{D} = \boldsymbol{V}'\boldsymbol{X}^{*\prime}\boldsymbol{X}^{*}\boldsymbol{V}$, $\boldsymbol{VDV}' = \boldsymbol{X}^{*\prime}\boldsymbol{X}^{*}$이다(4장 보론 참조).

모형 (8.34)에서 최소제곱법에 의하여 회귀계수를 추정할 때 정규방정식

$$\boldsymbol{X}^{*\prime}\boldsymbol{X}^{*}\boldsymbol{\beta}^{*} = \boldsymbol{VDV}'\boldsymbol{\beta}^{*} = \boldsymbol{X}'\boldsymbol{y}^{*} \tag{8.41}$$

에 의하여 $\boldsymbol{X}^{*\prime}\boldsymbol{X}^{*}$의 역행렬이 존재한다면, $\hat{\boldsymbol{\beta}}^{*}$는 다음과 같이 구할 수 있음을 이미 알고 있다.

$$\hat{\boldsymbol{\beta}}^{*} = (\boldsymbol{X}^{*\prime}\boldsymbol{X}^{*})^{-1}\boldsymbol{X}^{*\prime}\boldsymbol{y}^{*} = \boldsymbol{VD}^{-1}\boldsymbol{V}'\boldsymbol{X}^{*\prime}\boldsymbol{y}^{*} \tag{8.42}$$

만약 행렬 $\boldsymbol{D}_2$의 대각원소가 0에 가까운 경우, $\boldsymbol{X}^{*\prime}\boldsymbol{X}^{*}$의 역행렬을 구하는 데는 많은 어려움이 따르고 이때의 역행렬은 수치적인 안정성이 없으므로 회귀계수의 추정량도 신뢰하기 어렵다. 고유값 $\lambda_1, \lambda_2, \cdots, \lambda_m$에 대응하는 고유벡터를

열로 하는 행렬을 $\boldsymbol{V}_1$, 고유값 $\lambda_{m+1}, \lambda_{m+2}, \cdots, \lambda_p$에 대응하는 고유벡터를 열로 하는 행렬을 $\boldsymbol{V}_2$, 그리고 $\boldsymbol{D}_2$의 대각원소가 모두 0이라고 놓으면 식 (8.41)의 정규방정식은

$$(\boldsymbol{V}_1 \quad \boldsymbol{V}_2)\begin{pmatrix} \boldsymbol{D}_1 & \boldsymbol{0} \\ \boldsymbol{0} & \boldsymbol{0} \end{pmatrix}\begin{pmatrix} \boldsymbol{V}_1' \\ \boldsymbol{V}_2' \end{pmatrix}\boldsymbol{\beta}^* = \boldsymbol{X}^{*\prime}\boldsymbol{y}^* \tag{8.43}$$

와 같이 표현할 수 있고, 정리하면

$$\boldsymbol{V}_1\boldsymbol{D}_1\boldsymbol{V}_1'\boldsymbol{\beta}^* = \boldsymbol{X}^{*\prime}\boldsymbol{y}^* \tag{8.44}$$

이 되고 이 정규방정식의 해는

$$\hat{\boldsymbol{\beta}}_m^* = \boldsymbol{V}_1\boldsymbol{D}_1^{-1}\boldsymbol{V}_1'\boldsymbol{X}^{*\prime}\boldsymbol{y}^* \tag{8.45}$$

이 된다. 이렇게 구한 회귀계수의 추정량은 m개의 주성분만을 사용하여 구한 주성분회귀추정량 $\hat{\boldsymbol{\beta}}^* = \boldsymbol{V}\hat{\boldsymbol{\alpha}}$과 일치한다. 즉, 다중공선성이 존재하는 경우 회귀계수를 추정할 때 행렬 $\boldsymbol{X}^{*\prime}\boldsymbol{X}^*$의 고유값 중에서 0에 아주 가까운 것들을 제외하고 얻어진 고유값 행렬 $\boldsymbol{D}_1$과 이에 대응하는 고유벡터를 열로 하는 행렬 $\boldsymbol{V}_1$을 이용하여 회귀계수를 추정하는 방법이다. 이와 같이 구한 주성분회귀추정량은 다중공선성이 존재할 때 최소제곱법에 의한 추정량보다 더 우수하다는 것이 알려져 있다.[8]

예 8.1 (계속) 해군병원 자료

[표 8.1]의 자료에서 X_1, X_2, X_3, X_4, X_5를 각각 표준화시켜서 얻은 설명변수들의 행렬 $\boldsymbol{X}^*$에서 $\boldsymbol{X}^{*\prime}\boldsymbol{X}^*$의 고유값과 그에 대응하는 고유벡터로 이루어지는 행렬 $\boldsymbol{D}$

8. 다중공선성을 해결하는데 주성분이 이용된 것은 사실이나 주성분의 본질적인 목적은 상관구조를 이용한 주성분이라는 새로운 변수의 창출에 있다. Johnson과 Wichern(2007)이나 Morrison(2004)의 책을 참조하기 바란다.

와 $\boldsymbol{V}$는 다음과 같다.

$$\boldsymbol{D} = diag(4.19712,\ 0.66748,\ 0.09463,\ 0.04071,\ 0.00005)$$

$$\boldsymbol{V} = (\boldsymbol{v}_1\ \boldsymbol{v}_2\ \boldsymbol{v}_3\ \boldsymbol{v}_4\ \boldsymbol{v}_5)$$

$$= \begin{pmatrix} 0.485286 & -0.002029 & -0.166232 & -0.468191 & -0.719484 \\ 0.453235 & -0.335605 & 0.804239 & 0.187470 & -0.001158 \\ 0.484977 & -0.000855 & -0.153960 & -0.509262 & 0.694079 \\ 0.460969 & -0.310800 & -0.537199 & 0.633860 & 0.023439 \\ 0.333737 & 0.889251 & 0.115239 & 0.290733 & 0.006781 \end{pmatrix}$$

식 (8.35)에 의하여 계산된 주성분 값이 [표 8.8]에 있다. 모든 주성분을 포함하는 표준화된 반응변수에 대한 추정회귀식을 구하면 다음과 같다.

$$\hat{y}^* = -0.4792073Z_1 + 0.1465187Z_2 - 0.0635303Z_3 - 0.5438045Z_4 - 1.300872Z_5$$

표 8.8 주성분

Z_1	Z_2	Z_3	Z_4	Z_5
−1.81170	−0.30609	0.00379	−0.12005	0.001482
−1.16504	1.11100	0.15353	0.10704	0.005744
−1.80908	−0.40993	0.06350	−0.19816	−0.001283
−1.74265	−0.73249	0.0172	−0.09470	0.002301
−1.24284	0.18037	0.04845	0.00119	0.004339
−1.38486	−0.38253	0.26886	−0.15550	−0.001887
−1.14627	0.22486	0.00905	0.03041	0.005234
−1.21993	0.05181	−0.03732	−0.04037	−0.019687
−0.58559	0.39431	−0.10235	0.12853	0.009004
0.26954	−0.09984	−0.23024	0.64433	−0.009180
−0.61267	0.20059	0.14488	0.00290	0.002010
−0.48828	−0.44453	−0.30515	−0.15943	−0.008359
−0.17553	−0.23818	−0.18855	0.15002	0.010034
1.46850	0.18695	0.29779	0.02696	0.000630
3.22479	2.29596	0.14744	−0.17240	−0.005230
3.55409	−0.33631	−0.86803	−0.19605	0.003935
4.86750	−1.59233	0.57712	0.04529	0.000912

이러한 방법으로 다섯 개의 주성분의 일부 또는 전부를 이용한 회귀분석에서 회귀계수의 추정값 $\hat{\boldsymbol{\beta}}^*_m$, $(m = 1, \cdots, 5)$, 결정계수 R^2, MSE의 제곱근 $\hat{\sigma}^*$, 그리고 표준화

를 하지 않은 자료에 대한 회귀계수의 추정값 $\hat{\boldsymbol{\beta}}_m$, $(m = 1, \cdots, 5)$의 결과가 [표 8.9]에 있다.

표 8.9 주성분회귀분석 결과

	Z_1	Z_1, Z_2	$Z_1 \sim Z_3$	$Z_1 \sim Z_4$	$Z_1 \sim Z_5$
$\hat{\boldsymbol{\beta}}_1^*$	0.23257	0.23287	0.22231	0.47693	−0.45924
$\hat{\boldsymbol{\beta}}_1$	8.03053	8.0408	7.6761	16.468	−15.857
$\hat{\boldsymbol{\beta}}_2^*$	0.21721	0.26639	0.31748	0.21553	0.21402
$\hat{\boldsymbol{\beta}}_2$	0.056764	0.069615	0.082968	0.056324	0.055930
$\hat{\boldsymbol{\beta}}_3^*$	0.23242	0.23255	0.22277	0.49973	1.4028
$\hat{\boldsymbol{\beta}}_3$	0.26340	0.26354	0.25246	0.56633	1.5898
$\hat{\boldsymbol{\beta}}_4^*$	0.22092	0.26646	0.23233	−0.11239	−0.081894
$\hat{\boldsymbol{\beta}}_4$	11.379	13.725	11.967	−5.7891	−4.2182
$\hat{\boldsymbol{\beta}}_5^*$	0.15994	0.029641	0.036962	−0.12115	−0.11233
$\hat{\boldsymbol{\beta}}_5$	561.44	104.05	129.75	−425.28	−394.316
R^2	0.9640	0.9783	0.9787	0.9907	0.9908
$\hat{\sigma}^*$	0.18977	0.15208	0.15602	0.10675	0.11056

[표 8.9]에 의하면 첫 번째 주성분만 포함된 모형의 R^2값은 0.9640으로 상당히 큰 값이다. 주성분이 추가적으로 포함됨에 따른 R^2값의 증가는 두 번째 주성분이 들어간 후 정체가 되는 것을 알 수 있다. 또한 주성분이 4개나 5개인 경우에는 회귀계수의 값은 매우 불안정한 상태가 된다. 주성분이 두 개인 경우의 회귀계수의 값이 주성분이 세 개인 경우와 거의 같다고 판단되고 주성분이 두 개인 경우의 MSE의 값이 세 개인 경우보다 작게 나왔다. 여기서는 주성분이 두 개인 것으로 간주하는 것이 좋을 것이다.

다중공선성의 문제를 해결하는 방법으로서 주성분회귀분석이 행하여졌으나 이렇게 만들어진 주성분은 해석이 가능한 새로운 변수로 탄생되는 경우가 많이 있다. 두 개의 주성분 Z_1과 Z_2에 대한 해석을 생각해 보자.

먼저 고유벡터의 원소값을 살펴볼 필요가 있다. 가장 큰 고유값에 해당하는 고유벡터인 $\boldsymbol{V}$의 첫 번째 열벡터인 $\boldsymbol{v}_1$의 원소값은 거의 크기가 같다. 즉, 첫 번째 주성분은

$$
\begin{aligned}
Z_1 &= 0.485286X_1^* + 0.453235X_2^* + 0.484977X_3^* + 0.460969X_4^* + 0.333737X_5^* \\
&\simeq \frac{1}{2}(X_1^* + X_2^* + X_3^* + X_4^* + X_5^*)
\end{aligned}
$$

와 같이 표시될 수 있고 병원의 규모를 나타내는 일종의 총괄지표라 해석할 수 있을 것이다. 같은 방법으로 Z_2는

$$Z_2 = -0.002029X_1^* - 0.335605X_2^* - 0.000855X_3^* - 0.310800X_4^* + 0.889251X_5^*$$
$$\simeq -\frac{1}{3}(X_2^* + X_4^*) + X_5$$

이다. 이는 평균 입원일에 대비한 X-ray 촬영횟수 및 해당 지역의 병원이용 가능 인구수의 형태로 나타나는 복합적인 변수로 생각할 수 있다.

참고로 가장 작은 고유값에 해당하는 고유벡터 $\mathbf{v}_5$의 원소값을 보면 첫 번째와 세 번째의 원소값만 0에 가까운 수가 아님을 알 수 있는데 이는 다음과 같이 하루 평균 환자수와 월간 이용 병석수에 의하여 만들어지는 변수로 생각할 수 있다.

$$Z_5 = -0.719484X_1^* - 0.001158X_2^* + 0.694079X_3^* + 0.023439X_4^* + 0.006781X_5^*$$
$$\simeq -0.7(X_1^* - X_3^*) = (\text{상수})$$ [9]

(예 8.1)에서 두 변수 중 X_1을 제거한 것은 이에 근거하였다고 볼 수 있다. 즉, 변수들 간의 다중공선성의 구조를 고유벡터를 통하여 알 수 있다.

---

9. 주성분의 분산은 고유값과 같다. 그러므로 0에 가까운 고유값에 해당하는 주성분의 분산값은 0에 가깝다. 이러한 의미에서 이 경우 마지막 주성분은 상수로 해석할 수 있을 것이다. [표 8.8]에서 마지막 주성분의 값의 분산값은 가장 작은 고유값인 0.00005임을 수치적으로 확인해 볼 수 있다.

연습문제

8.1 Hald 자료

다음의 자료는 Hald(1960)에 의하여 조사된 것으로 1그램(gram)의 시멘트에서 발생하는 열량(calories)을 반응변수로 하고 시멘트의 네 가지 원료의 양을 설명변수로 한다.

Y	X_1	X_2	X_3	X_4
78.5	7	26	6	60
74.3	1	29	15	52
104.3	11	56	8	20
87.6	11	31	8	47
95.9	7	52	6	33
109.2	11	55	9	22
102.7	3	71	17	6
72.5	1	31	22	44
93.1	2	54	18	22
115.9	21	47	4	26
83.8	1	40	23	34
113.3	11	66	9	12
109.4	10	68	8	12

Y : 시멘트 1그램당 발열량
X_1 : tricalcium aluminate
X_2 : tricalcium silicate
X_3 : etracalcium alumino ferrite
X_4 : decalcium silicate

8.1.1 설명변수 간의 표본상관계수행렬을 구하라. 이 행렬에서 설명변수들의 다중공선성을 말할 수 있는가?

8.1.2 분산팽창인자를 구하라.

8.1.3 행렬 $X^{*\prime}X^{*}$의 고유값을 찾고 이를 이용하여 상태지표와 상태수를 구하라.

8.1.4 분산비율을 구하라.

8.2 토양증발 자료

다음의 자료는 토양으로부터 증발되는 수분의 양이 토양의 온도 및 대기 온도와 어떠한 관계가 있는지 알아보고자 수집되었다.

DAY	MAXST	MINST	AVST	MAXAT	MINA	AVAT	EVAP
6	84	65	147	85	59	151	30
7	84	65	149	86	61	159	34
8	79	66	142	83	64	152	33
9	81	67	147	83	65	158	26
10	84	68	167	88	69	180	41
11	74	66	131	77	67	147	4
12	73	66	131	78	69	159	5
13	75	67	134	84	68	159	20
14	84	68	161	89	71	195	31
15	86	72	169	91	76	206	38
16	88	73	178	91	76	208	43
17	90	74	187	94	76	211	47
18	88	72	171	94	75	211	45
19	88	72	171	92	70	201	45
20	81	69	154	87	68	167	11
21	79	68	149	83	68	162	10
22	84	69	160	87	66	173	30
23	84	70	160	87	68	177	29
24	84	70	168	88	70	169	23
25	77	67	147	83	66	170	16
26	87	67	166	92	67	196	37
27	89	69	171	92	72	199	50
28	89	72	180	94	72	204	36
29	93	72	186	92	73	201	54
30	93	74	188	93	72	206	44

자료원 : Freund와 Minton(1979)

MAXST : 토양 내 최고온도
MINST : 토양 내 최저온도
AVST : 토양 내 평균온도
MAXAT : 최고기온
MINAT : 최저기온
AVAT : 평균기온

8.2.1 설명변수 간의 표본상관계수행렬을 구하라. 이 행렬에서 설명변

수들의 다중공선성을 말할 수 있는가?

8.2.2 분산팽창인자를 구하라.

8.2.3 행렬 $X^{*\prime}X^{*}$의 고유값를 찾고 이를 이용하여 상태지표와 상태수를 구하라.

8.2.4 분산비율을 구하라.

8.2.5 주성분회귀분석을 실시하라.

8.3 Webster, Gunst와 Mason 자료

다음은 Webster, Gunst와 Mason(1974)에 의하여 생성된 자료이다.

Y	X_1	X_2	X_3	X_4	X_5	X_6
10.006	8.000	1.000	1.000	1.000	0.541	−0.099
9.737	8.000	1.000	1.000	0.000	0.130	0.070
15.087	8.000	1.000	1.000	0.000	2.116	0.115
8.422	0.000	0.000	9.000	1.000	−2.397	0.252
8.625	0.000	0.000	9.000	1.000	−0.046	0.017
16.289	0.000	0.000	9.000	1.000	0.365	1.504
5.958	2.000	7.000	0.000	1.000	1.996	−0.865
9.313	2.000	7.000	0.000	1.000	0.228	−0.055
12.960	2.000	7.000	0.000	1.000	1.380	0.502
5.541	0.000	0.000	0.000	10.000	−0.798	−0.399
8.756	0.000	0.000	0.000	10.000	0.257	0.101
10.937	0.000	0.000	0.000	10.000	0.440	0.432

8.3.1 설명변수 간의 표본상관계수행렬을 구하라. 이 행렬에서 설명변수들의 선형종속관계를 말할 수 있는가?

8.3.2 분산팽창인자, 상태수, 상태지표, 분산비율을 이용하여 다중공선성의 존재를 파악하라.

8.4 (8.1. Hald 자료 계속)

연습문제 8.1의 자료를 이용하여 다음 물음에 답하라.

8.4.1 $\overline{R}_p^2$을 선택기준으로 할 때 최적모형을 구하라.

8.4.2 C_p를 선택기준으로 할 때 최적모형을 구하라.

8.4.3 $PRESS_p$를 선택기준으로 할 때 최적모형을 구하라.

8.4.4 전진선택법을 이용하여 최적모형을 구하라.

8.4.5 후진제거법을 이용하여 최적모형을 구하라.

8.4.6 단계적 회귀방법을 이용하여 최적모형을 구하라.

8.4.7 위의 세 가지 방법에 의하여 선택된 모형을 비교하라.

8.5 미국 미네소타주 도로자료

다음은 교통사고의 원인을 알아보기 위하여 1973년 미국 미네소타주의 도로 39개 구간에서 자동차 주행거리 100만 마일당 사고의 횟수를 반응변수로 하고 사고의 원인이 될 수 있을 것으로 예상되는 13개의 설명변수를 조사한 자료이다.

Y	X_1	X_2	X_3	X_4	X_5	X_6	X_7	X_8	X_9	X_{10}	X_{11}	X_{12}	X_{13}
4.58	4.99	69	8	55	12	10	1.20	0	4.60	8	1	0	0
2.86	16.11	73	8	60	12	10	1.43	0	4.40	4	1	0	0
3.02	9.75	49	10	60	12	10	1.54	0	4.70	4	1	0	0
2.29	10.65	61	13	65	12	10	0.94	0	3.80	6	1	0	0
1.61	20.01	28	12	70	12	10	0.65	0	2.20	4	1	0	0
6.87	5.97	30	6	55	12	10	0.34	1.84	24.80	4	0	1	0
3.85	8.57	46	8	55	12	8	0.47	0.70	11.00	4	0	1	0
6.12	5.24	25	9	55	12	10	0.38	0.38	18.50	4	0	1	0
3.29	15.79	43	12	50	12	4	0.95	1.39	7.50	4	0	1	0
5.88	8.26	23	7	50	12	5	0.12	1.21	8.20	4	0	1	0
4.20	7.03	23	6	60	12	10	0.29	1.85	5.40	4	0	1	0
4.61	13.28	20	9	50	12	2	0.15	1.21	11.20	4	0	1	0
4.80	5.40	18	14	50	12	8	0	0.56	15.20	2	0	1	0
3.85	2.96	21	8	60	12	10	0.34	0	5.40	4	0	1	0
2.69	11.75	27	7	55	12	10	0.26	0.60	7.90	4	0	1	0
1.99	8.86	22	9	60	12	10	0.68	0	3.20	4	0	1	0
2.01	9.78	19	9	60	12	10	0.20	0.10	11.00	4	0	1	0
4.22	5.49	9	11	50	12	6	0.18	0.18	8.90	2	0	1	0
2.76	8.63	12	8	55	13	6	0.14	0	12.40	2	0	1	0
2.55	20.31	12	7	60	12	10	0.05	0.99	7.80	4	0	1	0
1.89	40.09	15	13	55	12	8	0.05	0.12	9.60	4	0	1	0
2.34	11.81	8	8	60	12	10	0	0	4.30	2	0	1	0
2.83	11.39	5	9	50	12	8	0	0.09	11.10	2	0	1	0
1.81	22.00	5	15	60	12	7	0	0	6.80	2	0	1	0

9.23	3.58	23	6	40	12	2	0.56	2.51	53.00	4	0	0	1
8.60	3.23	13	6	45	12	2	0.31	0.93	17.30	2	0	0	1
8.21	7.73	7	8	55	12	8	0.13	0.52	27.30	2	0	0	1
2.93	14.41	10	10	55	12	6	0	0.07	18.00	2	0	0	1
7.48	11.54	12	7	45	12	3	0.09	0.09	30.20	2	0	0	1
2.57	11.10	9	8	60	12	7	0	0	10.30	2	0	0	1
5.77	22.09	4	8	45	11	3	0	0.14	18.20	2	0	0	1
2.90	9.39	5	10	55	13	1	0	0	12.30	2	0	0	1
2.97	19.49	4	13	55	12	4	0	0	7.10	2	0	0	1
1.84	21.01	5	12	55	10	8	0	0.10	14.00	2	0	0	1
3.78	27.16	2	10	55	12	3	0.04	0.04	11.30	2	0	0	1
2.76	14.03	3	8	50	12	4	0.07	0	16.30	2	0	0	1
4.27	20.63	1	11	55	11	4	0	0	9.60	2	0	0	1
3.05	20.06	3	11	60	12	8	0	0	9.00	2	0	0	0
4.12	12.91	1	10	55	12	3	0	0	10.40	2	0	0	0

자료원 : Weisberg(2014)

Y : 100만 마일의 자동차 주행거리당 사고의 횟수
X_1 : 구간의 길이(miles)
X_2 : 하루 평균 통과 자동차의 수(1000대)
X_3 : 트럭의 비율
X_4 : 제한속도(mile/hour)
X_5 : 차선의 폭(feet)
X_6 : 갓길의 폭(feet)
X_7 : 1마일당 고속도로 진입로의 수
X_8 : 1마일당 신호등이 있는 교차로의 수
X_9 : 1마일당 진입로의 수
X_{10} : 차선의 수
X_{11} : 1 : 연방고속도로, 0 : 기타
X_{12} : 1 : 주고속도로, 0 : 기타
X_{13} : 1 : 주간선도로, 0 : 기타

8.5.1 전진선택법을 이용하여 최적모형을 구하라.

8.5.2 후진제거법을 이용하여 최적모형을 구하라.

8.5.3 단계적 회귀방법을 이용하여 최적모형을 구하라.

8.5.4 위의 세 가지 방법에 의하여 선택된 모형을 비교하라.

8.6 연비 자료

다음은 자동차들의 연비(1갤런당 주행 마일)를 알아보기 위하여 예상되는 열 개의 설명변수를 조사한 자료이다.

Y	X_1	X_2	X_3	X_4	X_5	X_6	X_7	X_8	X_9	X_{10}
21.0	6	160.0	110	3.90	2.620	16.46	0	1	4	4
21.0	6	160.0	110	3.90	2.875	17.02	0	1	4	4
22.8	4	108.0	93	3.85	2.320	18.61	1	1	4	1
21.4	6	258.0	110	3.08	3.215	19.44	1	0	3	1
18.7	8	360.0	175	3.15	3.440	17.02	0	0	3	2
18.1	6	225.0	105	2.76	3.460	20.22	1	0	3	1
14.3	8	360.0	245	3.21	3.570	15.84	0	0	3	4
24.4	4	146.7	62	3.69	3.190	20.00	1	0	4	2
22.8	4	140.8	95	3.92	3.150	22.90	1	0	4	2
19.2	6	167.6	123	3.92	3.440	18.30	1	0	4	4
17.8	6	167.6	123	3.92	3.440	18.90	1	0	4	4
16.4	8	275.8	180	3.07	4.070	17.40	0	0	3	3
17.3	8	275.8	180	3.07	3.730	17.60	0	0	3	3
15.2	8	275.8	180	3.07	3.780	18.00	0	0	3	3
10.4	8	472.0	205	2.93	5.250	17.98	0	0	3	4
10.4	8	460.0	215	3.00	5.424	17.82	0	0	3	4
14.7	8	440.0	230	3.23	5.345	17.42	0	0	3	4
32.4	4	78.7	66	4.08	2.200	19.47	1	1	4	1
30.4	4	75.7	52	4.93	1.615	18.52	1	1	4	2
33.9	4	71.1	65	4.22	1.835	19.90	1	1	4	1
21.5	4	120.1	97	3.70	2.465	20.01	1	0	3	1
15.5	8	318.0	150	2.76	3.520	16.87	0	0	3	2
15.2	8	304.0	150	3.15	3.435	17.30	0	0	3	2
13.3	8	350.0	245	3.73	3.840	15.41	0	0	3	4
19.2	8	400.0	175	3.08	3.845	17.05	0	0	3	2
27.3	4	79.0	66	4.08	1.935	18.90	1	1	4	1
26.0	4	120.3	91	4.43	2.140	16.70	0	1	5	2
30.4	4	95.1	113	3.77	1.513	16.90	1	1	5	2
15.8	8	351.0	264	4.22	3.170	14.50	0	1	5	4
19.7	6	145.0	175	3.62	2.770	15.50	0	1	5	6
15.0	8	301.0	335	3.54	3.570	14.60	0	1	5	8
21.4	4	121.0	109	4.11	2.780	18.60	1	1	4	2

자료원 : Hocking(1976)

Y : 연비(mile/gallon)

X_1 : 실린더의 수

X_2 : 배기량(단위 : 제곱인치)

X_3 : 마력

X_4 : 최종구동장치비(최종기어비)

X_5 : 자동차 무게

X_6 : 순간가속도(정지상태에서 1/4마일까지 도달시간, 단위 : 초)

X_7 : 엔진의 형태(0 : V자형, 1 : 직선형)

X_8 : 기어의 종류(0 : 자동, 1 : 수동)

X_9 : 기어속도의 수

X_{10} : 기화기의 밸브수

8.6.1 전진선택법을 이용하여 최적모형을 구하라.

8.6.2 후진제거법을 이용하여 최적모형을 구하라.

8.6.3 단계적 회귀방법을 이용하여 최적모형을 구하라.

8.6.4 위의 세 가지 방법에 의하여 선택된 모형을 비교하라.

8.7 (예 8.2 계속) 경수로 자료

본문에서 언급된 모형은 절차적인 방법에 의해 개발된 모형이라 할 수 있다. 보다 근본적인 분석을 하기 위해서는 1장부터 8장까지의 모든 방법들을 이용할 필요가 있다. 참고로 다음의 절차는 하나의 절차일 따름이지 절대적인 것은 아니다.

8.7.1 설명변수가 모두 포함된 모형에 대해 회귀모형의 가정을 검토하라.

8.7.2 설명변수 *PT*는 마지막 6개의 자료값에 대해서만 1의 값을 갖는 지시변수이다. 6개의 값은 충분히 *PT*의 효과를 보기에는 충분하다고 할 수 없다. 이를 제거하고 8.7.1을 답하라.

8.7.3 교호작용을 일으킬 만한 변수는 다음과 같다.

(PT, D), $(PT, \log S)$, (PT, CT), $(PT, \log N)$

이 네 가지 교호작용을 한 번에 하나씩 모형에 포함하여 분석을 실시하라. 이때 추가변수그림을 그려 교호작용의 영향을 분석하라.

8.7.4 8.7.2와 8.7.3의 결과에 근거하여 변수를 선정한 다음 8.7.1을 다시 실시하라.

8.7.5 본문에서 언급된 변수선택의 기준으로 모형을 개발하라.

8.7.6 무작위로 표본을 둘로 나눈 후 위에서 제시될 수 있는 몇 개의 모형을 대상으로 교차타당성 분석을 실시하라.

8.7.7 표준경수로 건설비를 추정하고 이에 대한 신뢰구간을 원래의 단위로 구하라.

비최소제곱법

chapter nine

9

회귀계수의 추정방법으로 지금까지 사용하였던 최소제곱법은 많은 방법 중 하나이며 이것이 유일한 방법은 아니다. 하지만 최소제곱법은 계산절차가 간편하고 기하학적 의미가 있으며 여러 면에서 최적의 성질을 갖고 있다는 사실과 더불어 무엇보다도 지난 200년간 많은 분야에서 효용성을 검증받았다. 그러나 최근에 값이 저렴하고 속도가 빠른 컴퓨터의 보급으로 말미암아 최소제곱법이 가지고 있는 문제점의 해결이 가능한 비최소제곱법에 근거한 여러 가지 추정방법들이 등장하였다.

6장에서 이상점이나 영향력 있은 관측값이 회귀계수의 추정이나 가설검정에 심각한 영향을 미치는 것을 보았다. 따라서 이러한 자료값에 덜 민감하고 더 '로버스트(robust)' 한 추정방법이 탄생하게 되었다. 일반적으로 로버스트 추정방법은 잘못된 자료에 대한 분석을 염두에 둔 방법이라고 할 수 있다.

다중공선성이 존재하는 경우에는 최소제곱법은 회귀계수의 추정값을 해석하는 과정뿐 아니라 설명변수을 선택하는 과정에서도 큰 오류를 범할 수 있는 여지가 있다. 본 장 2절에서 설명될 능형회귀(ridge regression)를 비롯한 편향회귀(biased regression)는 개발초기에 비해서 사용빈도가 떨어지기는 하지만 상관관계가 높은 설명변수를 이용하는 모형개발에서 매우 유용한 방법이다.

9.1 로버스트추정

좋은 통계적 절차의 기준으로 가정이 조금 위배되더라도 이로 인한 모수에 대한 추론이 급격하게 변하지 않아야 하는 점을 들 수 있다. Box(1953)에 의해 처음 쓰여진 로버스트라는 용어는 이러한 기준을 염두에 둔 것이다. 로버스트 성질을 갖는 통계방법론은 근래 중요한 연구분야로 자리잡고 있다. 가정의 일부가 변형되었을 때 유도되는 결과를 평가함으로써 가정에 대한 진단을 실시하였던 많은 방법들 역시 이러한 로버스트란 개념에 근거한 것이라 할 수 있다.

로버스트추정은 로버스트란 개념의 다른 용도를 보여주는 분야라 할 수 있다. 로버스트추정은 모형의 가정을 변형시켜 어떠한 결과가 나오는지를 검토하는 방법이 아니라 변형된 가정 하에서도 효과적인 추정방법을 모색하는 것이다.

한 모집단으로부터 구한 n개의 확률표본 $y_1, y_2, \cdots, y_n$을 이용하여 모집단의 중심을 추정하는 문제를 생각해 보자. 일반적으로 사용되는 중심의 추정량인 표본평균은 하나 또는 일부의 관측값이 다른 값들에 비하여 매우 크거나 작을 때 이 값에 영향을 크게 받아 로버스트추정량이라고 할 수 없다. 한편 중앙값(median)은 각 관측값의 순서통계량을 이용하여 중심위치를 추정하므로 하나 또는 일부 관측값이 매우 크거나 작은 경우에도 큰 영향을 받지 않는다. 이와 같이 일부 관측값에 의한 영향을 적게 받도록 하는 추정이 로버스트추정이다. Andrews 등(1972)은 좌우대칭인 분포의 중심에 대해 평균과 중앙값 이외에도 다양한 추정량에 대하여 논하고 있다. 이들 추정량 중에서 Huber(1972)에 의해 처음 제시된 M-추정량을 소개하고자 한다. 이 M-추정량은 오차의 제곱합 이외의 함수를 이용하는 모수 추정방법으로 이러한 M-추정량을 이해하기 위해서는 다음과 같은 정의가 필요하다.

정의 9.1 확률변수 Y의 누적분포함수 $F_Y(y \mid \mu, \sigma)$가 $\frac{y-\mu}{\sigma}$의 함수로만 표현되는 경우에 두 모수 (μ, σ), $\sigma > 0$의 집합을 위치-척도(location-scale) 모수라 한다.

이에 근거하여 다음 정리가 성립된다.

정리 9.1 확률변수 Y의 확률밀도함수가 $f_Y(y \mid \mu, \sigma)$이고 절대연속이면 다음의 식 (9.1)은 (μ, σ)가 위치-척도 모수가 되기 위한 필요충분조건이다.

$$f_Y(y \mid \mu, \sigma) = \frac{1}{\sigma} f\left(\frac{y-\mu}{\sigma}\right) \tag{9.1}$$

정규분포 $N(\mu, \sigma^2)$을 따르는 확률변수 Y의 확률밀도함수 $f_Y(y \mid \mu, \sigma)$는 다음과 같이 표현된다.

$$f_Y(y \mid \mu, \sigma) = \left(\frac{1}{\sqrt{2\pi}\,\sigma}\right)\exp\left(-\frac{(y-\mu)^2}{2\sigma^2}\right) = \left(\frac{1}{\sigma}\right) f\left(\frac{y-\mu}{\sigma}\right)$$

따라서 모수 μ와 σ는 위치-척도 모수이다. 여기서 $f(y) = \frac{1}{\sqrt{2\pi}}\exp\left(-\frac{y^2}{2}\right)$이다.

식 (9.1)과 같은 밀도함수를 갖는 확률변수 Y의 표본크기 n의 가능도함수는

$$L = \prod_{i=1}^{n} \frac{1}{\sigma} f\left(\frac{y_i-\mu}{\sigma}\right) \tag{9.2}$$

이며 로그가능도함수는 다음과 같다.

$$\ln L = -n \ln \sigma + \sum_{i=1}^{n} \ln f\left(\frac{y_i-\mu}{\sigma}\right) \tag{9.3}$$

식 (9.3)을 μ와 σ에 대해 편미분을 취하면

$$\frac{\partial \ln L}{\partial \mu} = \sum_{i=1}^{n} \frac{\frac{\partial}{\partial \mu} f\left(\frac{y_i-\mu}{\sigma}\right)}{f\left(\frac{y_i-\mu}{\sigma}\right)} = -\frac{1}{\sigma}\sum_{i=1}^{n} \frac{f'\left(\frac{y_i-\mu}{\sigma}\right)}{f\left(\frac{y_i-\mu}{\sigma}\right)} \tag{9.4}$$

$$\frac{\partial \ln L}{\partial \sigma} = -\frac{n}{\sigma} - \frac{1}{\sigma^2}\sum_{i=1}^{n}(y_i-\mu)\frac{f'\left(\frac{y_i-\mu}{\sigma}\right)}{f\left(\frac{y_i-\mu}{\sigma}\right)} \tag{9.5}$$

이다. 여기에서 $f'(\mu) = \frac{\partial f(\mu)}{\partial \mu}$이다. $\psi(\mu) = -\frac{f'(\mu)}{f(\mu)}$로 치환하고 편미분결과인 식 (9.4)와 (9.5)를 0으로 놓으면 다음과 같이 정리된다(참고로 만약 f가 대칭함수이면 ψ는 기(odd)함수이다).

$$\sum_{i=1}^{n} \psi\left(\frac{y_i-\mu}{\sigma}\right) = 0 \tag{9.6}$$

$$\sum_{i=1}^{n}\left[\left(\frac{y_i-\mu}{\sigma}\right)\psi\left(\frac{y_i-\mu}{\sigma}\right) - 1\right] = 0 \tag{9.7}$$

■ 정규분포

식 (9.1)의 확률밀도함수의 구성요소, $f(y)$가 $f(y)=\frac{1}{\sqrt{2\pi}}\exp\left(-\frac{y^2}{2}\right)$으로 나타나는 정규분포인 경우에는 $f'(y)=\frac{1}{\sqrt{2\pi}}\exp\left(-\frac{y^2}{2}\right)(-y)$이다. 그러므로

$$\psi(y)=-\frac{f'(y)}{f(y)}=y \tag{9.8}$$

이다. 그리고 최대가능도추정량을 구하기 위한 연립방정식 (9.6)과 (9.7)은

$$\frac{1}{\sigma}\sum_{i=1}^{n}(y_i-\mu)=0 \tag{9.9}$$

$$\frac{1}{\sigma^2}\sum_{i=1}^{n}[(y_i-\mu)^2-\sigma^2]=0$$

이고 최대가능도추정량 $\hat{\mu}=\bar{y}$와 $\hat{\sigma}=\sqrt{\Sigma\frac{(y_i-\hat{\mu})^2}{n}}$이다.

ψ함수를 영향함수(influence function)라 부르는데 $\psi\left(\frac{y-\mu}{\sigma}\right)$를 y-축으로 하고 $\frac{y-\mu}{\sigma}$를 x-축으로 하는 그림을 통해 의미를 파악하여 보자. [그림 9.1]은 $\frac{y-\mu}{\sigma}$의 값이 커지면, 즉 자료가 평균에서 멀어질수록 위치모수 추정량 $\hat{\mu}=\bar{y}$에 미치는 영향은 직선으로 비례하면서 커진다는 의미를 담고 있다. 만약 이러

직선의 영향함수 그림 9.1

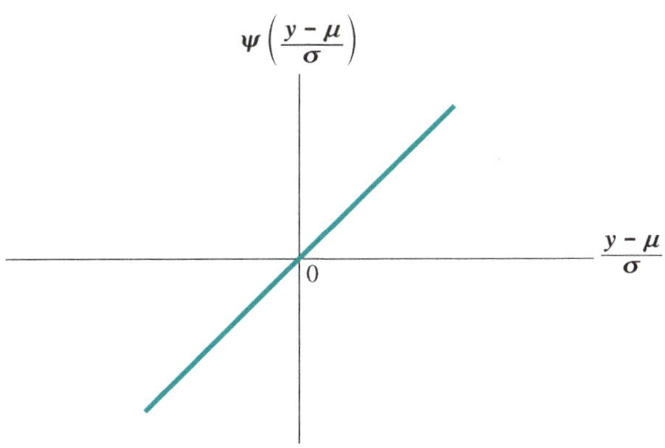

한 상황이 만족스럽지 못한 경우에는 적절한 영향함수의 선택을 통하여 문제를 해결할 수 있다. 예를 들면 자료 중 이상점이 있는 경우에는 표준화된 자료값이 일정한 수준을 넘어가면 $\bar{y}$에 미치는 영향력을 일정한 수준으로 묶어주는 영향함수를 생각할 수 있을 것이다. Huber(1981)는 상황에 맞는 다양한 영향함수를 제시하고 있다. 이에 대한 논의는 잠시 후에 하기로 한다.

■ 이중지수분포

[그림 9.2]와 같이 확률밀도함수가 $f(y)=\frac{1}{2}\exp(-|y|)$인 이중지수(double exponential)분포인 경우 영향함수는 다음과 같이 나타난다([그림 9.3] 참조).

$$\psi(y)=-\frac{f'(y)}{f(y)}=sgn(y),\ f'(y)=\begin{cases}\frac{1}{2}\exp(-|y|),\ y\leqq 0\\ -\frac{1}{2}\exp(-|y|),\ y>0\end{cases} \tag{9.10}$$

따라서 식 (9.6)에서와 같이 위치모수에 대한 방정식은 $\sum sgn(y_i-\mu)=0$이 되며 μ의 최대가능도추정량은 중앙값이 된다.

위와 같은 이론적인 바탕을 둔 것이 M-추정량이다.

정의 9.2 Y의 분포를 모르는 상황에서 실수함수 ρ에 의한 $\sum_{i=1}^{n}\rho\left(\frac{y_i-\mu}{\sigma}\right)$값을 최소화하는 위치모수의 추정량 $\hat{\mu}$을 M-추정량이라 한다. 여기서 σ는 척도모수(scale parameter)이다.

그림 9.2 이중지수분포함수

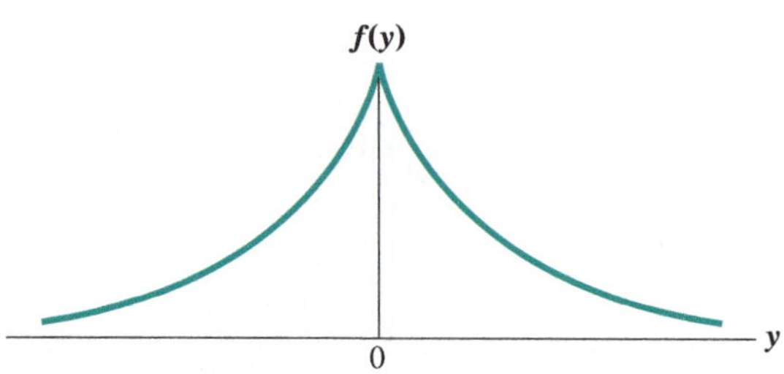

그림 9.3

계단영향함수

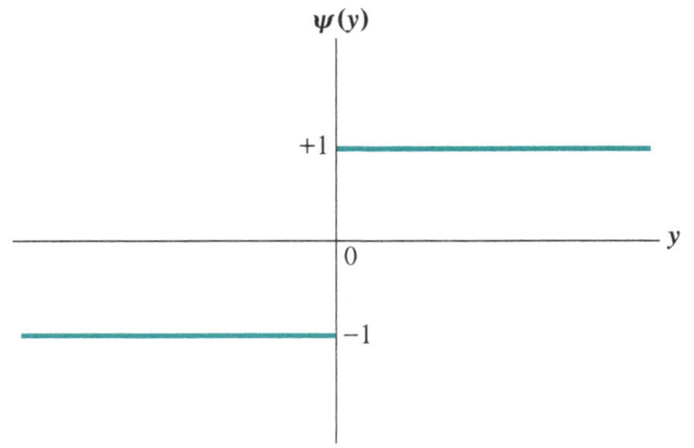

만약 ρ가 $-\ln f$이면 M–추정량은 확률밀도함수 f에 해당하는 μ의 최대가능도추정량을 제공한다. 그리고 $\hat{\mu}$는 당연히 다음의 방정식을 만족한다.

$$\sum_{i=1}^{n} \psi\left(\frac{y_i - \mu}{\sigma}\right) = 0 \tag{9.11}$$

이러한 의미에서 M은 최대가능도추정량(maximum likelihood estimator)의 첫 글자를 뜻한다.

μ를 추정하기 위해 필요한 척도모수 σ의 값은 다음 두 가지의 로버스트 값으로 대체한다.

(1) 표준화된 사분위수편차 : $\dfrac{(Q_3 - Q_1)}{1.35}$

(2) $median \dfrac{[(y_j - \hat{\mu}) - median\,(y_j - \hat{\mu})]}{0.6745}$

여기서 상수 1.35나 0.6745는 n이 크고 오차가 정규분포를 따를 때 (1)과 (2)에서 제시된 추정량이 점근적으로 σ의 비편향추정량이 되도록 구한 값이다. 잠시 후에 보겠지만 $\hat{\mu}$는 초기 $\hat{\mu}$의 값으로 대체하고 반복과정을 통해 계속 바꾸어 준다. σ의 값도 새롭게 바꾸어 줄 수 있다.

f가 주어져 있으면 단순히 최대가능도추정량을 구하면 되지만 모르는 경

우에는 영향함수 ψ의 형태를 탄력적으로 조정함으로써 로버스트한 $\hat{\mu}$을 구해야 한다. 어떠한 ψ를 사용하여 $\hat{\mu}$을 구하느냐 하는 것이 로버스트추정의 핵심적인 사항이다. 이와 같은 추정방법들의 공통점은 특이한 관측값의 추정량에 대한 영향이 크지 않은 특징을 가지고 있다. 가장 흔히 쓰이고 이해하기가 쉬운 것이 Huber(1972)의 ρ함수

$$\rho(y) = \begin{cases} \dfrac{y^2}{2}, & |y| \leqq t,\ t\text{는 상수} \\ t|y| - \dfrac{t^2}{2}, & |x| > t \end{cases} \tag{9.12}$$

이고 이에 대한 영향함수 ψ의 형태는 [그림 9.4]와 같이 표현된다.

예를 들어 자료의 오차 $y-\mu$가 σ보다 큰 자료의 영향력을 σ와 같은 크기의 오차를 갖고 있는 자료와 영향력이 같도록 영향함수를 설정할 때에는 $\frac{t-\mu}{\sigma}$의 값으로 1을 정할 수 있을 것이다. 일반적으로 $\frac{t-\mu}{\sigma}$의 값으로 1이나 1.5 또는 2가 사용된다.

ρ나 ψ의 함수가 정해지면 $\hat{\mu}$는 다음의 정리 9.2에 나타난 성질에 의해 반복적 과정을 거쳐 구할 수 있다. 다음의 정리는 M-추정량이 가중평균으로 표현할 수 있음을 보여준다.

그림 9.4 Huber의 영향함수

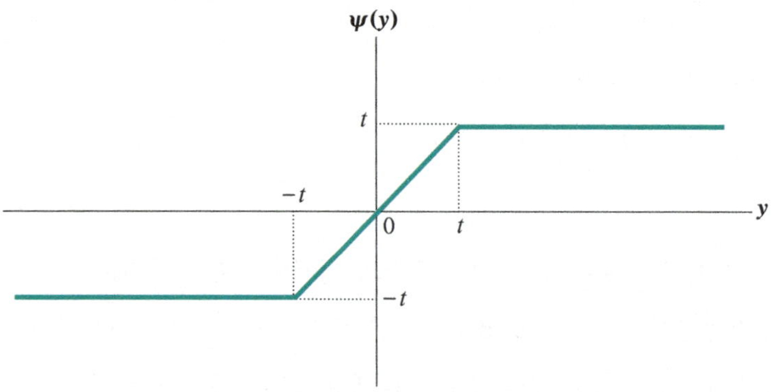

정리 9.2 식 (9.11)을 만족하는 μ의 추정량은 가중평균인 $\hat{\mu} = \frac{\sum w_i y_i}{\sum w_i}$이다. 여기서 i번째 가중값은 $w_i = \psi\left(\frac{y_i - \hat{\mu}}{\sigma}\right) \Big/ \left(\frac{y_i - \hat{\mu}}{\sigma}\right)$이다.

[증명] $\hat{\mu}$가 식 (9.11)을 만족하면

$$\sum_{i=1}^{n} \psi\left(\frac{y_i - \hat{\mu}}{\sigma}\right) = \sum_{i=1}^{n}\left[\psi\left(\frac{y_i - \hat{\mu}}{\sigma}\right) \Big/ \left(\frac{y_i - \hat{\mu}}{\sigma}\right)\right]\left(\frac{y_i - \hat{\mu}}{\sigma}\right) = \sum_{i=1}^{n} w_i\left(\frac{y_i - \hat{\mu}}{\sigma}\right) = 0$$

이고 다음이 성립한다.

$$\sum_{i=1}^{n} w_i \frac{y_i}{\sigma} = \sum_{i=1}^{n} w_i \frac{\hat{\mu}}{\sigma} \Rightarrow \hat{\mu} = \frac{\sum w_i y_i}{\sum w_i}$$

정리 9.2는 다음과 같은 μ의 자연스러운 추정방법을 제시하고 있다.

■ μ의 반복추정방법

과정 1) μ의 초기추정값 $\hat{\mu}$을 정한다. 흔히 중앙값을 이용한다.

과정 2) $\hat{\mu}$를 이용하여 $\hat{\sigma}$와 w_i를 계산한다.

과정 3) 가중평균을 이용하여 $\hat{\mu}$를 계산한다.

과정 4) 새로운 $\hat{\mu}$이 수렴될 때까지 과정 2)와 3)을 반복한다.

9.2 로버스트회귀

로버스트회귀에서는 로버스트추정방법을 이용하여 회귀계수를 추정한다. 회귀분석에서 로버스트추정을 이용하는 이유를 간단하게 설명하여 보자. 회귀모형 $y_i = \boldsymbol{x}_i'\boldsymbol{\beta} + \varepsilon_i$에서 오차항 ε_i가 독립이고 정규분포 $N(0, \sigma^2)$을 따르면 최소제곱추정량 $\hat{\boldsymbol{\beta}}$은 여러 가지 유용한 통계적 특성을 갖는다. 그러나 오차가 정규분포를 따르지 않고 상대적으로 꼬리부분의 확률이 큰 분포를 갖는다면 최소제곱추정량은 최선의 방법이 아니다. 꼬리부분의 확률이 큰 분포에서는 일반적

으로 이상점들이 존재하는데 이와 같은 이상점들은 최소제곱법을 이용하는 추정에 영향을 크게 미친다. 이러한 이상점들에 해당하는 잔차값은 작은 경우도 있어 이상점으로 판단되지 않을 수도 있다. 이와 같은 문제를 해결하기 위하여 Cook의 D 통계량과 같이 영향력 있는 관측값을 찾는 회귀진단방법들이 연구되었으나 이에 대한 이해가 완벽하지 않으면 자료분석에서 혼동을 일으키기가 쉽다. 이러한 맥락에서 로버스트추정방법이 연구되었는데 이는 이상점들이 $\boldsymbol{\beta}$의 추정에 미치는 영향력을 줄이는 추정방법이라고 할 수 있다.

다음의 단순선형회귀모형

$$y_i = \beta_0 + \beta_1 x_i + \varepsilon_i,\ \ i = 1, 2, \cdots, n \tag{9.13}$$

에서 ε_i는 다음의 확률밀도함수를 갖는 이중지수분포[1]를 따른다고 하자.

$$f(\varepsilon_i) = \frac{1}{2\sigma}\exp\left(-\frac{|\varepsilon_i|}{\sigma}\right),\ \ -\infty < \varepsilon_i < \infty \tag{9.14}$$

모형 (9.13)에서 회귀계수 β_0, β_1의 최대가능도추정량을 구하기 위한 가능도함수는

$$L(\beta_0,\ \beta_1) = \prod_{i=1}^{n}\frac{1}{2\sigma}\exp\left(-\frac{|\varepsilon_i|}{\sigma}\right) = \frac{1}{(2\sigma)^n}\exp\left(-\sum_{i=1}^{n}\frac{|\varepsilon_i|}{\sigma}\right) \tag{9.15}$$

이고 가능도함수를 최대화하는 것은 $\Sigma|\varepsilon_i|$를 최소화하는 것을 의미한다. 이와 같이 오차가 이중지수분포를 갖는 경우에는 잔차의 절대값의 합을 최소화하는 추정량을 구해야 하며 최소제곱법은 최선의 방법이라고 할 수 없다. 이와 같이 오차가 정규분포를 따르지 않는 경우에 발생하는 최소제곱법의 문제점을 해결하기 위하여 로버스트추정방법으로 회귀계수를 추정할 필요가 있다. 이중지수분포의 경우에는 선형계획법(linear programming)을 이용하면 $\Sigma|\varepsilon_i|$를 최소화하는 $\boldsymbol{\beta}$의 추정량을 얻을 수 있다(Spositio, 1975).

1. 이중지수분포는 정규분포에 비하여 꼬리부분의 확률이 크다.

회귀계수에 대한 M–추정을 생각해 보자. M–추정방법을 이용한 $\boldsymbol{\beta}$의 추정량 $\hat{\boldsymbol{\beta}}$는 함수

$$\sum_{i=1}^{n} \rho\left(\frac{y_i - \mathbf{x}_i'\boldsymbol{\beta}}{\sigma}\right) = \sum_{i=1}^{n} \rho\left(\frac{\varepsilon_i}{\sigma}\right) \tag{9.16}$$

를 최소화하는 값이다. 식 (9.16)을 각각의 β_j, $(j = 1, \cdots, p')$에 대해 편미분을 하면 다음과 같은 p'개의 방정식이 만들어진다.

$$\sum_{i=1}^{n} x_{ij}\, \psi\left(\frac{y_i - \mathbf{x}_i'\boldsymbol{\beta}}{\sigma}\right) = 0, \quad j = 1, 2, \cdots, p \tag{9.17}$$

식 (9.17)에서 x_{ij}는 행렬 $\mathbf{X}$의 j번째 열의 i번째 원소이다.

9.1절 마지막에서 설명한 반복적인 추정과정을 그대로 회귀분석방법에 이용하면 $\boldsymbol{\beta}$의 추정을 할 수 있다. 이를 반복가중최소제곱법(iteratively reweighted least square method)이라 한다. 이 방법은 Beaton과 Tukey(1974)에 의하여 소개되었다.

■ 반복가중최소제곱법

반복가중최소제곱법에 의한 회귀계수의 추정방법은 다음과 같다.

단계 1) $k = 0$으로 하고 벡터 $\boldsymbol{\beta}$의 초기추정값 $\hat{\boldsymbol{\beta}}_k$를 정하고 σ의 초기추정값 s를 계산한다.

식 (9.17)에서 벡터 $\boldsymbol{\beta}$를 $\hat{\boldsymbol{\beta}}_k$로, σ를 s로 대체하면 다음과 같다.

$$\sum_{i=1}^{n} x_{ij}\, \psi\left(\frac{y_i - \mathbf{x}_i'\hat{\boldsymbol{\beta}}_k}{s}\right) = \sum_{i=1}^{n} x_{ij}\left[\psi\left(\frac{y_i - \mathbf{x}_i'\hat{\boldsymbol{\beta}}_k}{s}\right) \Big/ \left(\frac{y_i - \mathbf{x}_i'\hat{\boldsymbol{\beta}}_k}{s}\right)\right]\left(\frac{y_i - \mathbf{x}_i'\hat{\boldsymbol{\beta}}_k}{s}\right) = 0 \tag{9.18}$$

단계 2) 정리 9.2에서 가중값을 구하는 방법과 마찬가지로 식 (9.18)을 이용하여 가중값

$$w_{ik} = \begin{cases} \psi\left(\dfrac{y_i - \boldsymbol{x}_i'\hat{\boldsymbol{\beta}}_k}{s}\right) \Big/ \left(\dfrac{y_i - \boldsymbol{x}_i'\hat{\boldsymbol{\beta}}_k}{s}\right), & y_i \neq \boldsymbol{x}_i'\hat{\boldsymbol{\beta}}_k \\ 1 & , \ y_i = \boldsymbol{x}_i'\hat{\boldsymbol{\beta}}_k \end{cases} \tag{9.19}$$

과 대각행렬 $\boldsymbol{W}_k = diag(w_{1k}, w_{2k}, \cdots, w_{nk})$를 구한다.

식 (9.18)은 식 (9.19)의 w_{ik}를 이용하면

$$\sum_{i=1}^{n} x_{ij} w_{ik} (y_i - \boldsymbol{x}_i'\boldsymbol{\beta}) = 0, \quad j = 1, 2, \cdots, p \tag{9.20}$$

과 같은 형태가 되고 식 (9.20)은 행렬 $\boldsymbol{W}_k$를 이용하면 다음과 같은 가중최소제곱법에서의 정규방정식이 된다.

$$\boldsymbol{X}'\boldsymbol{W}_k\boldsymbol{X}\boldsymbol{\beta} = \boldsymbol{X}'\boldsymbol{W}_k\boldsymbol{y} \tag{9.21}$$

단계 3) 식 (9.21)의 정규방정식을 이용하여 다음 단계의 회귀계수의 추정량

$$\hat{\boldsymbol{\beta}}_{k+1} = (\boldsymbol{X}'\boldsymbol{W}_k\boldsymbol{X})^{-1}\boldsymbol{X}'\boldsymbol{W}_k\boldsymbol{y} \tag{9.22}$$

을 구하고 단계 2)에서 $\hat{\boldsymbol{\beta}}_k$에 $\hat{\boldsymbol{\beta}}_{k+1}$을 대입하여 반복시행한다. 이와 같은 과정을 반복하여 임의의 k번째 추정값 $\hat{\boldsymbol{\beta}}_k$와 $k+1$번째 추정값 $\hat{\boldsymbol{\beta}}_{k+1}$의 차이가 기준값 이하이면 반복과정을 중단하고 $\hat{\boldsymbol{\beta}}_{k+1}$을 최종추정값으로 정한다.

예 9.1 배달시간 자료(로버스트회귀 예)

Montgomery 등(2006)에서 인용한 [표 9.1]의 자료를 이용하여 최소제곱법과 로버스트추정에 의한 결과를 비교하여 보자. 음료수 판매회사의 트럭배달시스템을 평가하기 위하여 배달시간을 반응변수 Y로 하고 배달상자의 수를 X_1, 배달거리를 X_2로 하여 최소제곱법으로 구한 추정회귀식은 다음과 같다.

$$\hat{y} = 2.3412 + 1.6591x_1 + 0.014385x_2$$

표 9.1 배달시간 자료

순서	배달시간	상자수	거리(피트)	순서	배달시간	상자수	거리(피트)
1	16.68	7	560	14	19.75	6	462
2	11.50	3	220	15	24.00	9	448
3	12.03	3	340	16	29.00	10	776
4	14.88	4	80	17	15.35	6	200
5	13.75	6	150	18	19.00	7	132
6	18.11	7	330	19	9.50	3	36
7	8.00	2	110	20	35.10	17	770
8	17.83	7	210	21	17.90	10	140
9	79.24	30	1460	22	52.32	26	810
10	21.50	5	605	23	18.75	9	450
11	40.33	16	688	24	19.83	8	635
12	21.00	10	215	25	10.75	4	150
13	13.50	4	255				

자료원 : Montgomery 등(2006)

잔차에 절대값을 취하여 자료순서별로 표시한 [그림 9.5]를 그려보면 1, 4, 9, 20, 23, 24번째의 값은 다른 값에 비하여 상대적으로 크다. 이러한 자료들이 로버스트

그림 9.5 잔차의 절대값과 자료순서의 산점도

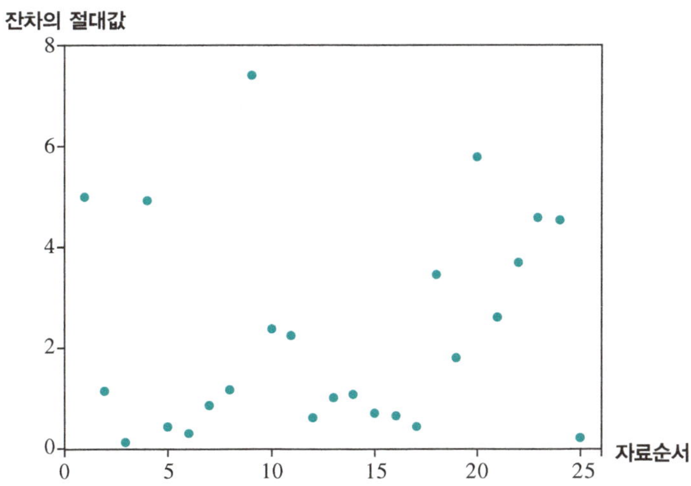

추정에 어떻게 영향을 미치는지 알아보도록 한다. 최소제곱법으로 구한 잔차의 중앙값은 0.436으로 척도모수의 초기추정값 s는 $\frac{median|e_i - 0.436|}{0.6745} = 1.63$으로 하였고 식 (9.12)에서 t를 2로 하는 Huber의 영향함수를 이용하여 로버스트추정을 하였다. 수렴기준은 변화율이 1% 미만이면 계산을 중단하는 것으로 하였다. 이렇게 구한 로버스트추정회귀식은 다음과 같다.

$$\hat{y} = 4.6532 + 1.4582x_1 + 0.01211x_2$$

최소제곱법의 잔차, 로버스트추정에서의 잔차, 최종가중값을 [표 9.2]에 수록하였다. 최종가중값 중 1보다 작은 가중값을 갖고 있는 자료는 1, 4, 9, 20, 23, 24번째 자료임을 알 수 있다. 특히 9번째 자료의 가중값은 0.327의 작은 값을 가지므로 이 자료를 제거하고 최소제곱법을 이용하여 회귀식을 추정해 본 결과 다음과 같이 나타난다.

$$\hat{y} = 4.447 + 1.498x_1 + 0.010x_2$$

이 식의 회귀계수 추정값과 로버스트 추정회귀식의 회귀계수 추정값을 비교하면 거의 비슷함을 알 수 있다. 참고로 9번째 자료는 Cook의 D 통계량 값이 3.419로 모수의 추정에 미치는 영향력이 큰 자료이다.

회귀분석에서 M-추정과 같은 로버스트추정방법은 이상점이나 영향력 있는 관측값의 경우에는 매우 유용하다. 그러나 회귀모형에 주어진 다른 가정들이 적절하지 않은 경우에는 로버스트추정은 해결방법을 제시해 주지 못하는 단점이 있다. 예를 들면 M-추정량은 설명변수들의 로그나 제곱근변환이 필요한 경우에는 최소제곱추정량보다 우수하다고 할 수 없다. 따라서 로버스트회귀의 바람직한 이용은 최소제곱법에 의한 결과를 확인하는 것이다. 즉, 최소제곱법을 이용하여 구한 회귀분석의 결과와 로버스트회귀분석의 결과를 비교한 후에 차이가 미미하면 최소제곱법의 결과를 받아들이고 차이가 크면 보다 정밀한 분석을 실시하여야 한다. M-추정량 이외에 L-추정량, R-추정량 등의 여러 가지 로버스트추정량이 있다. Huber(1972)의 책을 참조하기 바란다.

표 9.2 최소제곱법과 로버스트추정의 비교

순서	y	$\hat{y}$ (OLS)	$\hat{y}$ (Robust)	잔차 (OLS)	잔차 (Robust)	Cook의 D 통계량	최종 가중값
1	16.68	21.708	21.765	−5.028	−5.085	0.100	0.63974
2	11.50	10.354	10.981	1.146	0.519	0.003	1.00000
3	12.03	12.080	12.630	−0.050	−0.600	0.000	1.00000
4	14.88	9.956	10.586	4.924	4.294	0.078	0.75717
5	13.75	14.194	14.604	−0.444	−0.854	0.001	1.00000
6	18.11	18.400	18.605	−0.290	−0.495	0.000	1.00000
7	8.00	7.155	7.941	0.845	0.059	0.002	1.00000
8	17.83	16.673	16.956	1.157	0.874	0.003	1.00000
9	79.24	71.820	69.279	7.420	9.961	3.419	0.32702
10	21.50	19.124	19.327	2.376	2.173	0.054	1.00000
11	40.33	38.093	37.278	2.237	3.052	0.016	1.00000
12	21.00	21.593	21.610	−0.593	−0.610	0.002	1.00000
13	13.50	12.473	12.990	1.027	0.510	0.002	1.00000
14	19.75	18.683	18.890	1.068	0.860	0.003	1.00000
15	24.00	23.329	23.283	0.671	0.718	0.001	1.00000
16	29.00	29.663	29.317	−0.663	−0.317	0.003	1.00000
17	15.35	14.914	15.291	0.436	0.059	0.000	1.00000
18	19.00	15.551	15.885	3.449	3.115	0.044	1.00000
19	9.50	7.707	8.453	1.793	1.047	0.012	1.00000
20	35.10	40.888	39.933	−5.788	−4.832	0.132	0.67283
21	17.90	20.514	20.579	−2.614	−2.679	0.051	1.00000
22	52.32	56.007	54.236	−3.687	−1.916	0.451	1.00000
23	18.75	23.358	23.310	−4.608	−4.560	0.030	0.71348
24	19.83	24.403	24.324	−4.573	−4.494	0.102	0.72379
25	10.75	10.963	11.547	−0.213	−0.797	0.000	1.00000

9.3 편향회귀

최소제곱추정량은 모형이 맞다는 가정 하에서는 비편향추정량이다. 최소제곱법의 대안으로 생각할 수 있는 접근방법은 비편향성의 조건을 완화하면서 이 조건을 만족시키는 과정에서 발생하는 단점을 보완하는 추정량을 찾는 것이다. 각각의 설명변수의 값에서 표본평균을 뺀 자료로 구성된 행렬 $\boldsymbol{X}^*$를 이용하면 선형회귀모형은 다음과 같이 표현된다.

$$\boldsymbol{y} = \boldsymbol{1}\beta_0 + \boldsymbol{X}^*\boldsymbol{\beta} + \boldsymbol{\varepsilon} \tag{9.23}$$

여기서 행렬 $\boldsymbol{X}^*$는 $n \times p$이고 $\boldsymbol{\varepsilon}$의 분산–공분산행렬은 $\sigma^2\boldsymbol{I}$이다. $\boldsymbol{\beta}$의 최소제곱추정량은 $\hat{\boldsymbol{\beta}} = (\boldsymbol{X}^{*\prime}\boldsymbol{X}^*)^{-1}\boldsymbol{X}^{*\prime}\boldsymbol{y}$이며 2장에서 언급하였듯이 최소분산을 갖는 비편향추정량이며 $Var(\hat{\boldsymbol{\beta}}) = \sigma^2(\boldsymbol{X}^{*\prime}\boldsymbol{X}^*)^{-1}$이다.

최소제곱추정량을 포함한 일반적인 추정량 $\hat{\boldsymbol{\beta}}$을 생각하여 보자. 각각의 β_j의 값을 $\hat{\beta}_j$로 추정하였다면 평균제곱오차는 다음과 같다.

$$MSE(\hat{\beta}_j) = E(\hat{\beta}_j - \beta_j)^2 = Var(\hat{\beta}_j) + [E(\hat{\beta}_j) - \beta_j]^2 \tag{9.24}$$

여기서 $E(\hat{\beta}_j) - \beta_j$는 편향이다. 식 (9.24)의 각각의 $\hat{\beta}_j$의 MSE의 합인 $SMSE$는 다음과 같다.

$$SMSE = \sum_{j=1}^{p} E(\hat{\beta}_j - \beta_j)^2 = E(\hat{\boldsymbol{\beta}} - \boldsymbol{\beta})'(\hat{\boldsymbol{\beta}} - \boldsymbol{\beta}) \tag{9.25}$$

8장에서 보았듯이 다중공선성이 심각한 경우에 최소제곱법은 편향은 없지만 분산이 큰 추정량을 제공하였다. 따라서 식 (9.25)를 기준으로 추정량을 찾는다면 추정량이 최소제곱법의 형태로 나타나지 않을 것이다. 여러 대안을 살펴보기 전에 식 (9.25)의 중요한 특징을 알아보자. 첫째, 모든 β_j에 대해 같은 비중으로 계산되는 특징을 갖고 있다. 즉, $SMSE$의 기준은 각각의 β_j에 대한 관심이 모두 같다고 가정한다. 둘째, $SMSE$의 기준은 척도불변이 아니다. 따라서 설명변수의 척도가 중요한 선택일 수 있다. 셋째, 회귀계수의 추정 이외에는 관심을 두지 않기 때문에 전반적인 모형개발에는 도움을 주지 않는다. 넷째, 각각의 추정량 사이에서 발생하는 공분산은 무시된다.

척도불변의 문제를 해결하기 위하여 $\boldsymbol{X}^*$의 각 열을 표준편차로 나누는 표준화작업이 필요하다. 이러한 과정을 거쳐 형성된 행렬 $\boldsymbol{X}^{*\prime}\boldsymbol{X}^*$은 설명변수 간의 표본상관계수행렬이 된다. 이 행렬의 고유값은 앞으로 논의할 추정량의 개발에 중요한 역할을 하기 때문에 이의 특징 및 관련된 사항을 몇 가지 열거해 본다. 식 (8.38)에서와 같이 편의를 위해 $\boldsymbol{X}^{*\prime}\boldsymbol{X}^*$의 고유값이 $\lambda_1 \geqq \lambda_2 \geqq \cdots \geqq \lambda_p$의 순서대로 정렬되었다고 가정하자.

(1) 행렬 $\boldsymbol{X}^{*\prime}\boldsymbol{X}^{*}$의 행렬식은 p개의 고유값의 곱이다.

$$\det(\boldsymbol{X}^{*\prime}\boldsymbol{X}^{*}) = \prod_{i=1}^{p}\lambda_i \tag{9.26}$$

각각의 고유값은 0보다 큰 값을 갖는다. 만약 고유값 중에서 하나라도 0에 매우 가까운 값이 있으면 행렬식의 값은 0에 가까운 값이 된다.

(2) 행렬 $\boldsymbol{X}^{*\prime}\boldsymbol{X}^{*}$의 대각원소의 합은 고유값의 합과 같고 그 값은 p이다.

$$trace(\boldsymbol{X}^{*\prime}\boldsymbol{X}^{*}) = \sum_{i=1}^{p}\lambda_j = p \tag{9.27}$$

(3) 행렬 $\boldsymbol{X}^{*\prime}\boldsymbol{X}^{*}$의 역행렬이 존재하면 $(\boldsymbol{X}^{*\prime}\boldsymbol{X}^{*})^{-1}$의 고유값은 $\boldsymbol{X}^{*\prime}\boldsymbol{X}^{*}$의 고유값의 역수이다.

(4) Hoerl과 Kennard(1970a,b)가 지적하였듯이 $\hat{\boldsymbol{\beta}}$이 최소제곱추정량이라면 $SMSE$는 다음과 같이 표현된다.

$$SMSE = E[(\hat{\boldsymbol{\beta}}-\boldsymbol{\beta})'(\hat{\boldsymbol{\beta}}-\boldsymbol{\beta})] = \sigma^2\, trace(\boldsymbol{X}^{*\prime}\boldsymbol{X}^{*})^{-1} = \sigma^2\sum_{i=1}^{p}\lambda_j^{-1} \tag{9.28}$$

최소제곱추정량 $\hat{\boldsymbol{\beta}}$은 비편향추정량이므로 $E[(\hat{\boldsymbol{\beta}}-\boldsymbol{\beta})'(\hat{\boldsymbol{\beta}}-\boldsymbol{\beta})] = E(\hat{\boldsymbol{\beta}}'\hat{\boldsymbol{\beta}}) - \boldsymbol{\beta}'\boldsymbol{\beta}$가 성립함을 확인할 수 있고 이를 식 (9.28)에 대입하면

$$E(\hat{\boldsymbol{\beta}}'\hat{\boldsymbol{\beta}}) = \boldsymbol{\beta}'\boldsymbol{\beta} + \sigma^2\sum\lambda_j^{-1} \geqq \boldsymbol{\beta}'\boldsymbol{\beta} + \sigma^2\lambda_p^{-1} \tag{9.29}$$

이다. 따라서 $\hat{\boldsymbol{\beta}}$가 $\boldsymbol{\beta}$에 대해서 비편향추정량이라도 $\hat{\boldsymbol{\beta}}'\hat{\boldsymbol{\beta}}$는 $\boldsymbol{\beta}'\boldsymbol{\beta}$에 대해서 비편향추정량이 아니다. 만약 λ_p의 값이 0에 가까운 경우 평균적으로 $\hat{\boldsymbol{\beta}}'\hat{\boldsymbol{\beta}}$은 매우 큰 값이 된다. 즉, λ_p의 값이 0에 가까운 경우에 식 (9.25)의 기준으로 보면 최소제곱량보다 더 나은 추정량이 탄생할 수 있는 여지가 있다.

본 절에서 논의할 대체추정량 $\tilde{\boldsymbol{\beta}}$의 공통적인 특징은 $\tilde{\boldsymbol{\beta}}'\tilde{\boldsymbol{\beta}}$이 $\hat{\boldsymbol{\beta}}'\hat{\boldsymbol{\beta}}$보다 작은

값을 갖는다는 점이다. 이미 이러한 종류의 추정량을 변수선택의 논의과정에서 경험하였다. 다중공선성이 존재하는 경우에는 모형에서 일부 설명변수의 회귀계수를 0으로 채택하는 과정, 즉 일부 변수를 주어진 모형에서 제거하는 과정에서 편향이 발생하였는데 이러한 과정은 인위적으로 최소가 되는 고유값을 크게 하여 줄 수 있으므로 $E(\hat{\boldsymbol{\beta}}'\hat{\boldsymbol{\beta}})$의 하한의 값을 줄여주는 효과가 있다. 이러한 방법은 최소제곱추정량을 원점(0)을 향한 방향으로 축소(shrinkage)해 주는 성질을 갖는다.

모형 (9.23)의 행렬 $\boldsymbol{X}^*$의 열을 구성하고 있는 p개의 변수를 서로 직교하게 변환시킨 새로운 p개의 변수를 고려하여 보자. 이미 8장에서 보았듯이 $p \times p$ 직교행렬 $\boldsymbol{V}$의 각 열은 $\boldsymbol{X}^{*\prime}\boldsymbol{X}^*$ 행렬의 고유벡터로 구성이 되어 있으며 행렬 $\boldsymbol{X}^{*\prime}\boldsymbol{X}^*$는 다음과 같이 표현된다.

$$\boldsymbol{X}^{*\prime}\boldsymbol{X}^* = \boldsymbol{VDV}' \tag{9.30}$$

여기서 행렬 $\boldsymbol{D}$는 대각행렬로서 대각원소가 $\boldsymbol{X}^{*\prime}\boldsymbol{X}^*$의 고유값 $\lambda_1 \geq \cdots \geq \lambda_p$의 순서대로 구성되어 있다.

$\boldsymbol{Z} = \boldsymbol{X}^*\boldsymbol{V}$로 치환하면 $\boldsymbol{Z}$의 각 열은 주성분이라 불리는 서로 직교하는 p개의 변수가 된다. 그리고 $\boldsymbol{\alpha} = \boldsymbol{V}'\boldsymbol{\beta}$로 치환하면 (9.23)의 식은 다음과 같이 표현된다.

$$\begin{aligned} \boldsymbol{y} &= \mathbf{1}\beta_0 + \boldsymbol{X}^*\boldsymbol{\beta} + \boldsymbol{\varepsilon} = \mathbf{1}\beta_0 + \boldsymbol{X}^*(\boldsymbol{VV}')\boldsymbol{\beta} + \boldsymbol{\varepsilon} \\ &= \mathbf{1}\beta_0 + \boldsymbol{Z\alpha} + \boldsymbol{\varepsilon} \end{aligned} \tag{9.31}$$

모형 (9.31)은 모형 (9.23)과 표현만 다를 뿐 동격이며 모형 (9.31)을 정준모형이라 한다. 추정량 $\hat{\boldsymbol{\alpha}}$과 $\hat{\boldsymbol{\beta}}$은 $\hat{\boldsymbol{\alpha}} = \boldsymbol{V}'\hat{\boldsymbol{\beta}}$의 관계가 있다. 또한 $\boldsymbol{Z}'\boldsymbol{Z} = \boldsymbol{D}$이고 $Var(\hat{\boldsymbol{\alpha}}) = \sigma^2(\boldsymbol{Z}'\boldsymbol{Z})^{-1} = \sigma^2\boldsymbol{D}^{-1}$이므로 각각의 $\hat{\alpha}_j$은 서로 독립임을 알 수 있고 $Var(\hat{\alpha}_p) = \sigma^2\lambda_p^{-1}$이다. 따라서 λ_p의 값이 0에 가까우면 $\hat{\alpha}_p$의 분산은 매우 커지고 행렬 $\boldsymbol{Z}$의 p번째 변수는 다른 변수들보다 덜 중요하다는 뜻으로 해석할 수 있다. 원래의 행렬 $\boldsymbol{X}$을 이루고 있는 설명변수의 선형으로 나타나는 새로운 변수의 정보는 중요하지 않을 수 있다는 의미이다.

9.3.1 능형회귀

Hoerl과 Kennard(1970a,b)가 제안한 능형회귀추정량 $\tilde{\boldsymbol{\beta}}(RR)$은 $k \geqq 0$에 대해 다음과 같이 정의된다.

$$\tilde{\boldsymbol{\beta}}(RR) = (\boldsymbol{X}^{*\prime}\boldsymbol{X}^{*} + k\boldsymbol{I})^{-1}\boldsymbol{X}^{*\prime}\boldsymbol{y} \tag{9.32}$$

만약 $k = 0$이면 $\tilde{\boldsymbol{\beta}}(RR)$은 최소제곱추정량 $\hat{\boldsymbol{\beta}}$과 같아지며 k가 커질수록 $\hat{\boldsymbol{\beta}}$의 값과 멀어지고 편향이 커진다. 이러한 k를 능형모수(ridge parameter)라 한다. $\tilde{\boldsymbol{\beta}}(RR)$의 분산은

$$Var(\tilde{\boldsymbol{\beta}}(RR)) = \sigma^2(\boldsymbol{X}^{*\prime}\boldsymbol{X}^{*} + k\boldsymbol{I})^{-1}\boldsymbol{X}^{*\prime}\boldsymbol{X}^{*}(\boldsymbol{X}^{*\prime}\boldsymbol{X}^{*} + k\boldsymbol{I})^{-1} \tag{9.33}$$

이고 최소제곱추정량의 분산보다 작음을 보일 수 있다.

행렬 $(\boldsymbol{X}^{*\prime}\boldsymbol{X}^{*} + k\boldsymbol{I})$의 구조를 알아보자. 식 (9.30)의 좌변과 우변의 좌우에 $\boldsymbol{V}'$과 $\boldsymbol{V}$를 곱하면

$$\boldsymbol{V}'\boldsymbol{X}'\boldsymbol{X}^{*}\boldsymbol{V} = \boldsymbol{V}'\boldsymbol{V}\boldsymbol{D}\boldsymbol{V}'\boldsymbol{V} = \boldsymbol{D} \tag{9.34}$$

이고 $(\boldsymbol{X}^{*\prime}\boldsymbol{X}^{*} + k\boldsymbol{I})$의 좌우에 각각 $\boldsymbol{V}'$과 $\boldsymbol{V}$를 곱하여 보면

$$\boldsymbol{V}'(\boldsymbol{X}^{*\prime}\boldsymbol{X}^{*} + k\boldsymbol{I})\boldsymbol{V} = \boldsymbol{V}'\boldsymbol{X}^{*\prime}\boldsymbol{X}^{*}\boldsymbol{V} + k\boldsymbol{I} = \boldsymbol{D} + k\boldsymbol{I} = \boldsymbol{D}^{*} \tag{9.35}$$

이다. 행렬 $(\boldsymbol{X}^{*\prime}\boldsymbol{X}^{*} + k\boldsymbol{I})$와 원래의 행렬 $\boldsymbol{X}^{*\prime}\boldsymbol{X}^{*}$는 같은 직교행렬 $\boldsymbol{V}$를 갖고 있으나 $\boldsymbol{D}$의 대각원소 λ_i는 $\lambda_i + k$, $(i = 1, \cdots, p)$로 변하였음을 알 수 있다. 특히 제일 작은 마지막 고유값은 λ_p에서 $\lambda_p + k$로 변하였다. 즉, 양의 값 k를 더해 줌으로써 $SMSE$를 줄이는 효과가 있다.

능형회귀에서 모수추정이 k가 증가함에 따라 최소제곱법과 어떤 관계가

그림 9.6 능형회귀모수 k에 따른 회귀계수의 추정값 경로

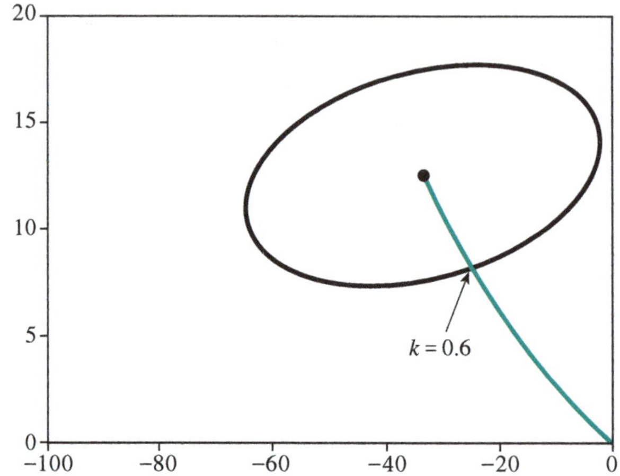

있는지 알아보도록 하자. 4장 연습문제 4.9의 자료에서 설명변수 X_1과 X_2를 포함하는 모형 $Y=\beta_0+\beta_1 X_1+\beta_2 X_2+\varepsilon$에서 β_1과 β_2의 95% 결합신뢰영역을 [그림 9.6]에 그려보았다. [그림 9.6]의 곡선은 k의 값이 증가함에 따라 능형회귀에 의한 모수의 추정값이 변하는 경로를 그린 선이다. 물론 k가 0일 때는 두 추정값은 일치하고 k가 약 0.6일 때 능형회귀추정량은 95% 결합신뢰영역을 나타내는 타원의 가장자리에 걸치는 것으로 나타났다. k의 값이 커짐에 따라 능형회귀의 추정값은 원점(0)을 향하고 있음을 알 수 있다.

일반적으로 능형모수 k가 커지면 분산은 줄어들지만 편향이 커지며, 반대로 k가 작아지면 편향은 줄고 분산은 커진다. 이러한 k의 값은 분산과 편향의 균형을 이루는 관점에서 조정되어야 한다. k를 선택하는 가장 보편적이고 시각적인 방법은 k값이 커짐에 따라 회귀계수의 값의 변화를 알아보고 안정적인 값을 취하는 점에서 k의 값을 정하는 방법을 들 수 있다. 이에 대한 논의는 Hoerl과 Kennard(1970a,b)와 Draper와 Van Nostrand(1978)를 참조하기 바란다.

정준모형에서의 α_j의 능형회귀추정량 $\tilde{\alpha}_j(RR)$은 다음과 같음을 보일 수 있다.

$$\tilde{\alpha}_j(RR) = \frac{\lambda_j}{\lambda_j + k}\hat{\alpha}_j, \quad j = 1, 2, \cdots, p \tag{9.36}$$

여기서 $\hat{\alpha}_j$는 최소제곱추정량이다. 능형회귀추정량은 만약 λ_j의 값이 k에 비해 아주 크면 최소제곱법의 추정값과 비교하여 차이가 없으나 λ_j의 값이 k보다 아주 작으면 $\tilde{\alpha}_j(RR)$은 $\hat{\alpha}_j$보다 훨씬 작은 값을 가질 것이다.

예 9.2 Longley 자료

[표 9.3]은 Longley(1967)가 수집한 자료로 통계패키지의 수치적인 부정확성을 보여주는 예로 유명한 자료이다.

표 9.3 Longley 자료

X_1	X_2	X_3	X_4	X_5	X_6	Y
83.0	234289	2356	1590	107608	1947	60323
88.5	259426	2325	1456	108632	1948	61122
88.2	258054	3682	1616	109773	1949	60171
89.5	284599	3351	1650	110929	1950	61187
96.2	328975	2099	3099	112075	1951	63221
98.1	346999	1932	3594	113270	1952	63639
99.0	365385	1870	3547	115094	1953	64989
100.0	363112	3578	3350	116219	1954	63761
101.2	397469	2904	3048	117388	1955	66019
104.6	419180	2822	2857	118734	1956	67857
108.4	442769	2936	2798	120445	1957	68169
110.8	444546	4681	2637	121950	1958	66513
112.6	482704	3813	2552	123366	1959	68655
114.2	502601	3931	2514	125368	1960	69564
115.7	518173	4806	2572	127852	1961	69331
116.9	554894	4007	2827	130081	1962	70551

자료원 : Longley(1967)

X_1 : 국민소득 디플레이터(deflator)(단위 : %)
X_2 : 국민소득(단위 : 백만 달러)
X_3 : 실업인구(단위 : 1000명)
X_4 : 군사력(단위 : 1000명)
X_5 : 14살 이상의 비제도(non-institutional) 인구(단위 : 1000명)
X_6 : 연도
Y : 고용인구(단위 : 1000명)

설명변수를 연도, 국민소득 디플레이터(deflator), 국민소득, 군사력으로 하는 모형에서 최소제곱법과 능형회귀의 추정값을 비교하여 보았다. 가장 큰 분산팽창지수(*VIF*)의 값은 142.86이다. [표 9.4]는 능형회귀의 결과이다. [표 9.4]를 보면 $k=0.3$에서 안정적인 값을 갖는데 국민소득을 제외하면 최소제곱추정값과 차이가 많음을 알 수 있다. 반면, 능형회귀에서의 *MSE*의 값은 비편향추정량이 아님을 감안하여 식 (9.33)의 σ^2의 값을 최소제곱법의 *MSE*값으로 대입하여 표준오차값을 비교하여 보면 연도변수를 제외하면 최소제곱법과 그렇게 큰 차이가 없음을 보여준다.

표 9.4 Longley 자료의 k값에 따른 능형회귀계수 및 표준오차추정값 비교

k	능형회귀계수 추정값			
	연도	deflator	국민소득	군사력
0.0	−576.46	−19.761	0.064394	−0.010145
0.0000001	−564.21	−25.773	0.064439	−0.004397
0.000001	−121.19	−81.751	0.048952	0.12188
0.00001	−8.1198	−96.038	0.044999	0.15411
0.0001	25.914	−100.34	0.043809	0.16381
0.001	29.395	−100.78	0.043687	0.16480
0.01	29.741	−100.77	0.043669	0.16488
0.1	29.767	−100.49	0.043639	0.16477
0.2	29.757	−100.10	0.043598	0.16460
0.3	29.747	−99.768	0.043563	0.16445

	회귀계수추정량의 표준오차값			
	연도	deflator	국민소득	군사력
최소제곱법	433.48	138.89	0.01995	0.30856
능형회귀	3.848	124.84	0.01323	0.28194

9.3.2 일반화능형회귀

일반화능형회귀에서는 능형모수 k를 $k_1, k_2, \cdots, k_p$로 대체한다. 모든 변수에 같은 능형모수를 적용하지 않고 변수별로 다른 능형모수의 값을 적용시킨다는 것이다. 이 방법은 각 변수별로 축소되는 형태를 각각의 k_j의 값에 따라 달

리할 수 있는 장점이 있다. 정준모형에서의 일반화능형회귀추정량 $\tilde{\alpha}_j(GR)$은 다음과 같이 표현된다.

$$\tilde{\alpha}_j(GR) = \frac{\lambda_j}{\lambda_j + k_j}\hat{\alpha}_j \tag{9.37}$$

원래의 좌표축에서 설명되기 위해서 $k_1, k_2, \cdots, k_p$ 값을 대각원소로 하는 대각행렬 $\boldsymbol{K}$와 앞에서 언급한 $\boldsymbol{V}$를 이용하여 다음과 같은 $p \times p$ 행렬

$$\boldsymbol{G} = \boldsymbol{VKV}' \tag{9.38}$$

을 정의하면 Bingham과 Larntz(1977)가 보였듯이 $\tilde{\alpha}_j(PC)$는 다음과 같다.

$$\tilde{\alpha}_j(GR) = (\boldsymbol{X}^{*\prime}\boldsymbol{X}^{*} + \boldsymbol{G})^{-1}\boldsymbol{X}^{*\prime}\boldsymbol{y} \tag{9.39}$$

만약 $k_1 = k_2 = \cdots = k_p$이면 $\boldsymbol{K} = k\boldsymbol{I}$, $\boldsymbol{G} = \boldsymbol{V}(k\boldsymbol{I})\boldsymbol{V}' = k\boldsymbol{I}$ 이므로 $\tilde{\alpha}_j(GR) = \tilde{\alpha}_j(RR)$이 되며 능형회귀는 일반화능형회귀의 특별한 경우이다.

능형모수 $k_1, k_2, \cdots, k_p$의 값 결정에 대한 많은 연구가 있다. Strawderman (1978), Berger(1975), Thisted(1978a,b)를 참조하기 바란다.

9.3.3 주성분회귀

일반화능형회귀의 특별한 경우로 주성분의 일부를 설명변수로 하여 회귀분석을 실시하는 주성분회귀를 이미 8장에서 보았다. 각각의 k_j는 0을 고정하거나 양의 무한대로 하면 주성분추정량 $\tilde{\alpha}_j(PC)$는

$$\tilde{\alpha}_j(PC) = \begin{cases} \tilde{\alpha}_j, & k_j = 0 \\ 0, & k_j \to +\infty \end{cases} \tag{9.40}$$

이고 대응되는 $\hat{\boldsymbol{\beta}}_j(PC)$는 $\hat{\boldsymbol{\beta}} = \boldsymbol{V}\hat{\boldsymbol{\alpha}}$의 관계식에 대입하여 구할 수 있다. 작은 λ_j에 대해 k_j의 값이 $+\infty$로 가는 것을 허용한다면 주성분회귀분석은 최소제곱법

에의 *SMSE*값보다 아주 작은 *SMSE*를 가질 수 있다(Dempster 등(1977) 참조).

Draper와 Van Nostrand(1978)가 지적하였듯이 본 절에서 설명한 모든 편향추정량은 *SMSE*의 기준으로 보면 최소제곱법에 의한 추정량보다 더 좋을 수 있다. 하지만 다중공선성의 문제가 심각하지 않고 $\boldsymbol{\beta}$가 $\mathbf{0}$에 가까운 값을 취하지 않는 경우에는 편향추정량의 효과는 별로 크지 않다. 이와 반대되는 경우에는 편향추정량의 효과가 뛰어나다고 하지만 $\boldsymbol{\beta}$의 추정량의 값이 $\mathbf{0}$에 가까우면 모형 전체에 대한 타당성이 의심을 받는 경우이므로 향상된 추정량의 의미가 반감된다. 이러한 점을 무시하고 맹목적으로 좋아 보이는(표준오차가 작은) 추정량을 구하는 것은 바람직한 통계적 방법이 아니다.

연습문제

9.1 (연습문제 4.4 계속) 새 종류 자료

4장 연습문제에서 언급된 자료에 대해 M-추정방법을 적용하여 회귀식을 추정하고 최소제곱법의 결과와 비교하라. 그리고 연습문제 6.7에서 구한 모형과 비교하라.

9.2 (예 8.1 계속) 미국 해군병원 자료

8장에서 언급된 해군병원의 인력자료에 대해 능형회귀를 적용하라. 그리고 8장 본문에서 언급한 주성분회귀분석의 결과와 비교하라.

비선형최소제곱법

chapter ten

10

지금까지 보아온 선형회귀모형은 많은 경우에 현상을 분석하는 데 적절하게 이용될 수 있지만, 반응변수와 설명변수의 관계가 이미 알려진 비선형함수에 의하여 결정되는 경우에는 새로운 분석방법을 사용하여야 한다.

본 장에서는 선형회귀모형에서와 같이 오차가 정규분포를 따른다고 가정하고 비선형회귀모형을 논하기로 한다. 반응변수가 성공 또는 실패와 같이 이분법적인 현상을 나타낼 때나 정해진 횟수의 시도 중에서 성공의 횟수를 나타내는 경우에 사용하는 로지스틱회귀모형(logistic regression model) 및 이러한 로지스틱회귀모형을 포함한 일반화선형모형(generalized linear model)에 대해서도 다루기로 한다.

10.1 비선형회귀모형

지금까지 사용한 회귀모형은 모두 선형모형의 범주에 속하는 것이었다. 여기서 선형이라 함은 모형이 모수의 선형형태로 표현된다는 것이다. 이러한 선형모형에는 4장의 모형 (4.7)과 같은 일반적인 선형회귀모형뿐만 아니라 다음의 모형들도 포함된다.

$$Y = \beta_0 + \beta_1 X + \beta_2 X^2 + \varepsilon_i \tag{10.1}$$

$$Y = \beta_0 + \beta_1 \sin X + \varepsilon \tag{10.2}$$

이들은 설명변수에 대하여는 선형이 아니지만 모수에 대하여는 모두 선형이므로 선형모형이라고 할 수 있다. 다음의 모형은 설명변수와 반응변수의 관계가 모수에 대해서 비선형이다.

$$Y = \exp(\beta_0 + \beta_1 X + \varepsilon) \tag{10.3}$$

그러나 5.4절에서 언급되었듯이 이 모형의 양변에 로그를 취하면

$$\ln Y = \beta_0 + \beta_1 X + \varepsilon \tag{10.4}$$

이 되며 반응변수의 변환 $Y^* = \ln Y$를 통하여 선형모형으로 바꿀 수 있다. 적절한 변환을 통하여 선형으로 바꿀 수 있는 모형을 본질적 또는 변환 가능한 선형모형(intrinsically/transformable linear model)이라고 한다. 이러한 모형은 적절한 변환을 통한 설명변수와 반응변수의 선택으로 선형회귀모형이 되므로 최소제곱법에 의한 추정이 가능하다. 변환을 통하여도 선형으로 표현할 수 없는 모형을 본질적으로 비선형모형(intrinsically non-linear model)이라고 한다. 이러한 모형의 예로 1장의 식 (1.13), (1.14)나 다음과 같은 모형들을 생각할 수 있다.

$$Y = \theta_1 + \theta_2 \exp(\theta_3 X) + \varepsilon \tag{10.5}$$

$$Y = \theta_1 \exp[-\exp(\theta_2 - \theta_3 X)] + \varepsilon \tag{10.6}$$

$$Y = \frac{\theta_1\theta_3(X_2 - X_3/1.632)}{1 + \theta_2 X_1 + \theta_3 X_2 + \theta_4 X_3} + \varepsilon \tag{10.7}$$

본 장에서는 본질적인 비선형회귀모형에 대하여 모형의 적합과 모수에 대한 추론 등을 알아본다. 선형회귀모형과 달리 비선형회귀모형은 어떠한 정형이 있을 수 없으므로 p개의 모수 $\boldsymbol{\theta} = (\theta_1, \theta_2, \cdots, \theta_p)'$에 대하여 일반적으로

$$Y = f(X_1, X_2, \cdots, X_q ; \theta) + \varepsilon \tag{10.8}$$

과 같이 표현한다. 반응변수 Y와 q개의 설명변수 $X_1, X_2, \cdots, X_q$의 n개의 관측값 $\boldsymbol{y} = (y_1, y_2, \cdots, y_n)'$, $\boldsymbol{x}_i = (x_{i1}, x_{i2}, \cdots, x_{iq})'$, $(i = 1, 2, \cdots, n)$에 대하여 함수관계가 알려진 비선형회귀모형

$$y_i = f(\boldsymbol{x}_i ; \boldsymbol{\theta}) + \varepsilon_i, \quad i = 1, 2, \cdots, n \tag{10.9}$$

을 고려하여 보자. 모형 (10.9)는 행렬로 표현하면 다음과 같다.

$$\boldsymbol{y} = F(X\,;\,\boldsymbol{\Theta}) + \boldsymbol{\varepsilon},\quad F(X\,;\,\boldsymbol{\Theta}) = \begin{pmatrix} f(\boldsymbol{x}_1\,;\,\boldsymbol{\Theta}) \\ f(\boldsymbol{x}_2\,;\,\boldsymbol{\Theta}) \\ \vdots \\ f(\boldsymbol{x}_n\,;\,\boldsymbol{\Theta}) \end{pmatrix} \tag{10.10}$$

선형회귀모형과는 달리 대부분의 비선형회귀모형에서는 설명변수의 수와 모수의 수가 일치할 필요는 없다. 비선형회귀모형에서도 선형회귀모형에서와 마찬가지로 오차항은 기대값 $E(\boldsymbol{\varepsilon}) = \mathbf{0}$, 분산 $Var(\boldsymbol{\varepsilon}) = \sigma^2\boldsymbol{I}$인 정규분포를 따른다고 가정한다.

모수벡터 $\boldsymbol{\Theta} = (\theta_1, \theta_2, \cdots, \theta_p)'$의 추정량은 최소제곱법에 의하여 다음의 잔차제곱합

$$S(\boldsymbol{\Theta}) = \sum_{i=1}^{n}[y_i - f(\boldsymbol{x}_i\,;\,\boldsymbol{\Theta})]^2 \tag{10.11}$$

을 최소화하는 방법으로 구한다. 즉, 최소제곱추정량 $\hat{\boldsymbol{\Theta}}$은 모수벡터 $\boldsymbol{\Theta}$에 대한 다음의 편미분식을 만족하는 값이다.

$$\frac{\partial S(\boldsymbol{\Theta})}{\partial \boldsymbol{\Theta}} = 0 \tag{10.12}$$

이것은 모수의 수와 같은 p개의 연립방정식이다. 이 연립방정식의 해는 함수 f가 선형인 경우는 쉽게 구할 수 있으나 함수가 비선형인 경우 해를 구하는 계산과정이 복잡하고 정확한 해를 구하기 힘들어진다. 예를 들어 모형 (10.5)에서 잔차제곱합은

$$S(\boldsymbol{\Theta}) = [y_i - (\theta_1 + \theta_2 \exp(\theta_3 x_i))]^2 \tag{10.13}$$

이고 최소제곱추정량은 다음 연립방정식의 해이다.

$$\frac{\partial S}{\partial \theta_1} = -2\,[y_i - (\theta_1 + \theta_2 \exp(\theta_3 x_i))] = 0$$
$$\frac{\partial S}{\partial \theta_2} = -2\,[y_i - (\theta_1 + \theta_2 \exp(\theta_3 x_i))]\exp(\theta_3 x_i) = 0$$

$$\frac{\partial S}{\partial \theta_3} = -2\left[y_i - (\theta_1 + \theta_2 \exp(\theta_3 x_i))\right]\theta_2 x_i \exp(\theta_3 x_i) = 0$$

이 연립방정식은 $\boldsymbol{\theta} = (\theta_1, \theta_2, \theta_3)'$에 대하여 비선형이므로 선형회귀모형에서와는 달리 해석적인 해(analytic solution)가 존재하지 않는다. 따라서 수치적인 해(numerical solution)를 구해야 하는데 이를 위하여 컴퓨터에 의존할 수밖에 없다. 이와 같은 비선형회귀모형에서 모수의 추정값을 수치해로 구하는 여러 가지 방법이 제시되어 있는데 그 중 대표적인 것은 다음과 같다.

(1) 가우스-뉴튼(Gauss-Newton) 방법
(2) 뉴튼-랩슨(Newton-Raphson) 방법
(3) 레벤버그-마쿼트(Levenberg-Marquardt) 방법
(4) 최대경사법(steepest descent method : Gradient method)
(5) DUD(doesn' t use derivatives) 방법

일반적으로 수치적인 해를 구하기 위하여 반복적(iterative) 계산 방법이 쓰이며 이를 위하여 각각의 모수에 대하여 초기값(initial value)을 지정해 주어야 한다. 그러나 초기값의 지정이 잘못되면 아무리 많은 수의 반복적 계산을 하여도 모수의 추정에 실패할 수 있다. 여기서는 가우스-뉴튼 방법에 대해서만 알아보고 다른 방법들의 자세한 내용은 Bates와 Watts(1988), Seber와 Wild(1989)의 책을 참조하기 바란다.

주어진 비선형모형 (10.9)에서 비선형함수 $f(\boldsymbol{x}_i ; \boldsymbol{\theta})$를 모수벡터 $\boldsymbol{\theta}$의 현재의 추정값 $\boldsymbol{\theta}^{(k)}$에 대하여 테일러급수전개를 하고 2차 이상 미분한 부분은 무시할 수 있다고 가정하면 비선형함수는 $\boldsymbol{\theta}^{(k)}$ 근방의 $\boldsymbol{\theta}$에서 다음과 같이 선형화(linearization)할 수 있다.

$$f(\boldsymbol{x}_i ; \boldsymbol{\theta}) \cong f(\boldsymbol{x}_i ; \boldsymbol{\theta}^{(k)}) + \boldsymbol{v}_i(\boldsymbol{\theta}^{(k)})'(\boldsymbol{\theta} - \boldsymbol{\theta}^{(k)}) \tag{10.14}$$

여기에서 $\boldsymbol{v}_i(\boldsymbol{\theta}^{(k)})'$은 p개의 원소를 갖고 있는 행벡터이고 j번째 원소는 편미분 $\dfrac{\partial f(\boldsymbol{x}_i ; \boldsymbol{\theta})}{\partial \theta_j}$에서 $\boldsymbol{\theta}$에 $\boldsymbol{\theta}^{(k)}$를 대입하여 구한 값이다. 또한 $\boldsymbol{V}(\boldsymbol{\theta}^{(k)})$를 다음과 같이

$\boldsymbol{v}_i(\boldsymbol{\theta}^{(k)})'$을 i번째 행으로 하는 $n \times p$ 행렬이라고 하면 이 행렬의 i번째 행과 i번째 열에 놓이는 원소는 $\boldsymbol{\theta} = \boldsymbol{\theta}^{(k)}$에서 계산된 편미분 $\dfrac{\partial f(\boldsymbol{x}_i\ ;\ \boldsymbol{\theta})}{\partial \theta_j}$의 값이고 비선형모형 (10.10)에서의 비선형함수 $F(\boldsymbol{X}\ ;\ \boldsymbol{\theta})$는 $\boldsymbol{\theta}^{(k)}$ 근방의 $\boldsymbol{\theta}$에서 다음과 같이 선형화된다.

$$F(X\ ;\ \boldsymbol{\theta}) \cong F(X\ ;\ \boldsymbol{\theta}^{(k)}) + \boldsymbol{V}(\boldsymbol{\theta}^{(k)})(\boldsymbol{\theta} - \boldsymbol{\theta}^{(k)}) \tag{10.15}$$

따라서 식 (10.10)의 양변에서 $F(\boldsymbol{X}\ ;\ \boldsymbol{\theta}^{(k)})$를 빼주면 다음과 같은 모형이 도출된다.

$$\boldsymbol{y} - F(X\ ;\ \boldsymbol{\theta}^{(k)}) \cong \boldsymbol{V}(\boldsymbol{\theta}^{(k)})(\boldsymbol{\theta} - \boldsymbol{\theta}^{(k)}) + \boldsymbol{\varepsilon} \tag{10.16}$$

여기에서 $\boldsymbol{z}^{(k)} = \boldsymbol{y} - F(\boldsymbol{X}\ ;\ \boldsymbol{\theta}^{(k)})$, $\boldsymbol{\beta}^{(k)} = (\boldsymbol{\theta} - \boldsymbol{\theta}^{(k)})$라고 하면 모형 (10.16)은 4장에서 다루었던 다음과 같은 행렬형태의 다중회귀모형이 된다.

$$\boldsymbol{z}^{(k)} = \boldsymbol{V}(\boldsymbol{\theta}^{(k)})\boldsymbol{\beta}^{(k)} + \boldsymbol{\varepsilon} \tag{10.17}$$

따라서 식 (10.17)은 선형모형의 특성을 가지므로 선형모형에 적용한 여러 가지 방법을 그대로 사용할 수 있고 최소제곱법을 적용하면 $\boldsymbol{\beta}^{(k)}$ 추정량은

$$\hat{\boldsymbol{\beta}}^{(k)} = \widehat{\boldsymbol{\theta} - \boldsymbol{\theta}^{(k)}} = [\boldsymbol{V}(\boldsymbol{\theta}^{(k)})'\boldsymbol{V}(\boldsymbol{\theta}^{(k)})]^{-1}\boldsymbol{V}(\boldsymbol{\theta}^{(k)})'\boldsymbol{z}^{(k)} \tag{10.18}$$

이고 $\hat{\boldsymbol{\theta}}$는 다음과 같다.

$$\hat{\boldsymbol{\theta}} = \boldsymbol{\theta}^{(k)} + [\boldsymbol{V}(\boldsymbol{\theta}^{(k)})'\boldsymbol{V}(\boldsymbol{\theta}^{(k)})]^{-1}\boldsymbol{V}(\boldsymbol{\theta}^{(k)})'\boldsymbol{z}^{(k)} \tag{10.19}$$

가우스–뉴튼 방법은 다음과 같은 반복적 계산과정을 통해 비선형회귀모형에서 회귀계수의 최소제곱추정량을 추정한다.

단계 1) $k=0$으로 한다. 초기추정값 $\boldsymbol{\theta}^{(0)}$를 지정하고 식 (10.11)의 잔차제곱합 $S(\boldsymbol{\theta}^{(0)})$를 계산한다.

단계 2) $\boldsymbol{V}(\boldsymbol{\theta}^{(k)})$와 $\boldsymbol{z}^{(k)}$를 계산하고 식 (10.19)를 이용하여 최소제곱추정량 $\boldsymbol{\theta}^{(k+1)}$을 구하고 $S(\boldsymbol{\theta}^{(k+1)})$을 계산한다.

단계 3) $S(\boldsymbol{\theta}^{(k)})$와 $S(\boldsymbol{\theta}^{(k+1)})$의 차이가 기준값 이하이면 반복과정을 중단하고 $\boldsymbol{\theta}^{(k+1)}$을 최종추정값으로 정한다. k를 $k+1$로 한다. 만약 k가 매우 크면 수렴에 실패한 것으로 보고 과정을 중단하고, 그렇지 않으면 단계 2)로 간다.

이제까지 현재의 추정값으로 사용한 $\boldsymbol{\theta}^{(k)}$를 $\boldsymbol{\theta}$의 참값 $\boldsymbol{\theta}^*$로 대체하면 식 (10.15)의 선형화는

$$F(X\,;\,\boldsymbol{\theta}) \cong F(X\,;\,\boldsymbol{\theta}^*) + \boldsymbol{V}(\boldsymbol{\theta}^*)(\boldsymbol{\theta}-\boldsymbol{\theta}^*) \qquad (10.20)$$

이 되고 식 (10.19)는 다음과 같이 표현된다.

$$\hat{\boldsymbol{\theta}} = \boldsymbol{\theta}^* + [\boldsymbol{V}(\boldsymbol{\theta}^*)'\boldsymbol{V}(\boldsymbol{\theta}^*)]^{-1}\boldsymbol{V}(\boldsymbol{\theta}^*)'\boldsymbol{\varepsilon} \qquad (10.21)$$

여기서 $\boldsymbol{\varepsilon}=\boldsymbol{y}-F(X\,;\,\boldsymbol{\theta}^*)$이다. 식 (10.21)은 비선형함수 $F(X\,;\,\boldsymbol{\theta})$가 $\boldsymbol{\theta}^*$ 근방에서 식 (10.20)의 선형근사에 의하여 정확하게 근사된다는 가정에 근거한다. 물론 이러한 사실은 표본의 크기 n이 충분히 큰 경우에만 보장된다.

식 (10.21)에서 $\hat{\boldsymbol{\theta}}$는 $\boldsymbol{\theta}^*$와 $\boldsymbol{\varepsilon}$의 원소 $\varepsilon_1, \varepsilon_2, \cdots, \varepsilon_n$의 선형결합의 합이므로 중심극한정리에 의해 다음과 같이 근사적으로 정규분포

$$\hat{\boldsymbol{\theta}} \sim N(\boldsymbol{\theta}^*, \sigma^2[\boldsymbol{V}(\boldsymbol{\theta}^*)'\boldsymbol{V}(\boldsymbol{\theta}^*)]^{-1}) \qquad (10.22)$$

를 따른다고 할 수 있고 추정 분산-공분산행렬은 $\boldsymbol{\theta}^*$를 $\hat{\boldsymbol{\theta}}$로 대체한

$$\widehat{Var}(\hat{\boldsymbol{\theta}}) = \hat{\sigma}^2(\hat{\boldsymbol{V}}'\hat{\boldsymbol{V}})^{-1} \qquad (10.23)$$

이며 $\hat{\theta}_j$의 표준오차 $s.e.(\hat{\theta}_j)$는 식 (10.23)의 행렬에서 j번째 대각원소의 제곱근이다. 여기서 $\hat{\boldsymbol{V}}$은 $n \times p$ 행렬 $\boldsymbol{V}(\hat{\boldsymbol{\theta}})$이고 i번째 행과 i번째 열에 놓이는 원소는 $\boldsymbol{\theta} = \hat{\boldsymbol{\theta}}$에서 계산된 편미분값 $\dfrac{\partial f(\boldsymbol{x}_i\,;\,\boldsymbol{\theta})}{\partial \theta_j}$이고 σ^2의 추정량은 다음과 같다.

$$\hat{\sigma}^2 = \frac{SSE(\hat{\boldsymbol{\theta}})}{n-p} \tag{10.24}$$

이러한 사실들은 4장에서 언급되었던 다중선형회귀에서의 특성과 매우 흡사하며 선형모형에 적용한 분산분석, F-검정, t-검정, 구간추정 등의 여러 가지 추론 과정을 그대로 적용할 수 있다.

모수벡터 $\boldsymbol{\theta}$의 j번째 원소인 θ_j에 대한 가설 $H_0 : \theta_j = \theta_{j0}$ 대 $H_1 : \theta_j \neq \theta_{j0}$의 검정통계량은

$$t = \frac{\hat{\theta}_j - \theta_{j0}}{s.e.(\hat{\theta}_j)} \tag{10.25}$$

이며 귀무가설 하에서 이 검정통계량은 $t(n-p)$ 분포를 따른다. 따라서 귀무가설은

$$|t| > t\left(\frac{\alpha}{2},\, n-p\right) \tag{10.26}$$

일 때 기각되며 $(1-\alpha) \times 100\%$ 근사신뢰구간의 하한과 상한은

$$\theta_j \pm t\left(\frac{\alpha}{2},\, n-p\right) s.e.(\theta_j) \tag{10.27}$$

이다. 또한 모수벡터 $\boldsymbol{\theta}$의 $(1-\alpha) \times 100\%$ 근사결합신뢰영역은 다음을 만족하는 $\boldsymbol{\theta}$의 집합이다.

$$(\boldsymbol{\theta} - \hat{\boldsymbol{\theta}})' \hat{\boldsymbol{V}}' \hat{\boldsymbol{V}} (\boldsymbol{\theta} - \hat{\boldsymbol{\theta}}) \leqq p\hat{\sigma}^2 \cdot F(\alpha\,;\, p,\, n-p) \tag{10.28}$$

지금까지 본 비선형회귀모형에서의 추론들은 선형근사화(linear approximation)와 큰 표본(large sample) 이론에 근거한 것이다. 이러한 근사가 부정확하거나 또는 표본의 크기가 작을 때는 위에서의 추론은 정확한 것이라고 할 수 없다. Donaldson과 Schnabel(1987)은 모의실험의 결과에 의하여 선형근사에 근거한 앞에서의 추론보다는 가능도비(likelihood ratio)에 근거한 추론을 사용하여야 한다고 주장한다. 여기서 가능도비에 근거한 모수벡터 $\boldsymbol{\theta}$의 $(1-\alpha)\times 100\%$ 근사결합신뢰영역은 다음을 만족하는 $\boldsymbol{\theta}$의 집합이고

$$S(\boldsymbol{\theta}) \leqq S(\hat{\boldsymbol{\theta}})\left[1+\frac{p}{n-p}F(\alpha\ ;\ p,\ n-p)\right] \tag{10.29}$$

각각의 θ_j의 신뢰구간은 다음을 만족하는 θ_j의 집합이다.

$$S(\hat{\boldsymbol{\theta}}(\theta_j)) \leqq S(\hat{\boldsymbol{\theta}}(\hat{\theta}_j))\left[1+\frac{p}{n-p}F(\alpha\ ;\ p,\ n-p)\right] \tag{10.30}$$

여기서 $\hat{\boldsymbol{\theta}}(t)$는 θ_j를 t로 고정하였을 경우 잔차제곱합을 최소화 또는 가능도함수를 최대화하는 $\boldsymbol{\theta}$의 추정량, $\hat{\boldsymbol{\theta}}(t)=(\hat{\theta}_1(t),\cdots,\hat{\theta}_{j-1}(t),\ t,\ \hat{\theta}_{j+1}(t),\cdots,\hat{\theta}_p(t))'$을 나타낸다.

비선형회귀모형에서는 선형회귀모형에서와는 달리 정확한 통계이론에 의한 분석이 힘들고 계산상의 어려움으로 인하여 선형근사화에 의존하는 분석이 주로 사용된다. 선형근사화는 사용하는 모형과 자료에 따라 그 정확도가 달라지기 때문에 비선형회귀모형의 정확한 분석을 위해서는 분석하고자 하는 문제에 대하여 선형근사화에 대한 정확도를 조사하여야 한다.

선형근사화의 정확도를 알아보기 위하여 모형의 비선형성척도(measures of non-linearity)가 요구되는데, 모형의 비선형성에 대한 연구는 1980년대 이후부터 본격화되었다. 그 중 Bates와 Watts(1980)의 전체 모형의 비선형성척도인 곡률(curvature)과 Cook과 Goldberg(1986)의 전체 모수들의 부분집합에 대한 비선형성척도인 부분곡률(subset curvature)이 있다. 따라서 비선형모형의 정확한 분석을 위해서는 비선형성에 대한 이들 척도의 계산이 필요하다. 이를테면, 모수벡터 $\boldsymbol{\theta}$에 대한 검정에서 구하여진 p-값이나 $\boldsymbol{\theta}$의 신뢰구간은 선형회귀분석에서는 정확한 것이지만, 비선형회귀분석에서는 비선형성척도를

계산해 보기 전에는 그 정확도에 대해 알 수가 없다. 이에 대한 자세한 논의는 Ratkowsky(1983), Bates와 Watts(1988), Seber와 Wild(1989)를 참조하기 바란다.

예 10.1 벌초자료

[표 10.1]은 목장에서 가축을 방목하는 기간(단위 : 주)과 벌초량(단위 : 톤)의 관계를 알아보기 위하여 13주 동안 방목을 하면서 매주 조사한 자료이다.

표 10.1 벌초자료

X(기간)	Y(벌초량)	X(기간)	Y(벌초량)
1	3.183	8	2.075
2	3.059	9	2.018
3	2.871	10	1.903
4	2.622	11	1.770
5	2.541	12	1.762
6	2.184	13	1.550
7	2.110		

자료원 : Pattinson(1981)

방목한 시기 X와 벌초량 Y 사이에 모형 (10.5)를 가정하면 $\boldsymbol{\theta}$의 최소제곱추정값 $\hat{\boldsymbol{\theta}}$은

$$\hat{\boldsymbol{\theta}} = \begin{pmatrix} \hat{\theta}_1 \\ \hat{\theta}_2 \\ \hat{\theta}_3 \end{pmatrix} = \begin{pmatrix} 0.9630 \\ 2.519 \\ -0.1030 \end{pmatrix}$$

이다. 따라서 추정회귀식은

$$\hat{y} = 0.9630 + 2.5191 \exp(-0.1030x)$$

이고 산점도는 [그림 10.1]과 같다.

또한 식 (10.27)에 의한 θ_1의 95%와 90% 근사신뢰구간은 각각

$$\hat{\theta}_1 \pm t\left(1 - \frac{0.05}{2}, 10\right) s.e.(\hat{\theta}_1) = 0.9631 \pm 0.7168 : \quad (0.2463, 1.6799)$$

$$\hat{\theta}_1 \pm t\left(1 - \frac{0.10}{2}, 10\right) s.e.(\hat{\theta}_1) = 0.9631 \pm 0.5830 : \quad (0.3801, 1.5461)$$

벌초자료의 산점도와 추정회귀식 그림 10.1

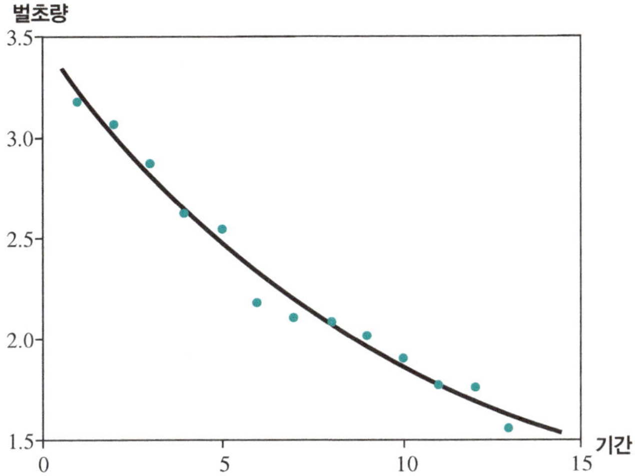

이고, 식 (10.30)에 의한 θ_1의 95%와 90% 가능도비신뢰구간은 각각 다음과 같다.

$$(\hat{\theta}_1 - 1.5251,\ \hat{\theta}_1 + 4737):\quad (-0.5620,\ 1.4368)$$

$$(\hat{\theta}_1 - 1.0209,\ \hat{\theta}_1 + 4103):\quad (-0.0578,\ 1.3734)$$

위의 두 가지 신뢰구간을 비교하여 볼 때, 근사신뢰구간은 $\hat{\theta}_1$에 대하여 대칭이나 가능도비신뢰구간은 $\hat{\theta}_1$의 왼쪽(−)의 폭이 오른쪽의 폭보다 더 넓은 비대칭이다.[1]

10.2 로지스틱회귀모형

회귀분석을 수행하는데 있어서 반응변수가 2개의 반응범주를 취하는 경우가 있다. 이때는 오차의 분포가 정규분포를 따른다는 기대를 할 수 없기 때문

1. 신뢰구간의 비대칭은 추정값의 오른쪽 영역(+)보다 왼쪽 영역(−)에서 θ_1의 추정이 불확실하다는 것을 보여준다.

에 지금까지 보아온 정규오차 선형회귀모형을 사용하는 데는 무리가 있다. 이것을 해결하는 방법 중에 널리 알려진 것이 로지스틱회귀이다.

[표 10.2]는 어떤 동물의 실험자료로서, 반응변수 Y는 투약 후 일정 기간이 지난 다음 m마리의 실험동물 중에서 사망한 동물의 수를 나타내며 설명변수 X는 투여한 화학물질의 용량(상용로그 단위)이다. 즉, X의 수준이 높을수록 실험동물은 화학물질의 독성으로 말미암아 사망할 확률이 높아질 것이다.

표 10.2 독성실험 자료

D 용량	$X = \log D$	Y 사망한 동물의 수	m 실험 동물의 수	$\hat{\theta} = \frac{y}{m}$ 치사율
2.6	0.4150	6	50	0.120
3.8	0.5798	16	48	0.333
5.1	0.7076	24	46	0.522
7.7	0.8865	42	49	0.875
10.2	1.0086	44	50	0.880

자료원 : Finney(1971)

여기서 Y를 화학물질을 X만큼 투여하였을 때 사망한 동물의 수라고 하면 Y는 시행횟수가 m이고 성공의 확률이 θ인 이항분포를 따르는 확률변수라고 생각할 수 있다. 먼저 θ를 반응변수의 기대값이라 하고 X를 설명변수로 하는 단순회귀모형 $\theta = \beta_0 + \beta_1 X$를 생각하여 보자. θ는 0과 1 사이의 값인데 $\beta_0 + \beta_1 X$는 모든 실수값을 취하므로 단순회귀모형은 이 경우에 적절하지 못한다. 또한 관측된 자료에 대하여 x_i와 y_i/m_i를 각각 x축과 y축으로 하는 산점도인 [그림 10.2]에서 두 변수의 관계는 비선형이고 대략 S-모양을 보이고 있다.

이것을 해결하기 위하여 다음과 같은 θ의 로짓(logit 또는 log unit),

$$\text{logit}(\theta) = \ln\left(\frac{\theta}{1-\theta}\right) \tag{10.31}$$

를 생각할 수 있다. 로짓은 승산비(odds ratio), 즉 성공의 확률과 실패의 확률의 비에 로그를 취한 것이다. 이러한 로짓은 다음과 같은 성질을 가진다. 첫째, θ가 증가함에 따라 logit(θ)도 증가한다. 둘째, θ가 0에서 1까지의 값만을 취하

그림 10.2 독성실험 자료의 산점도

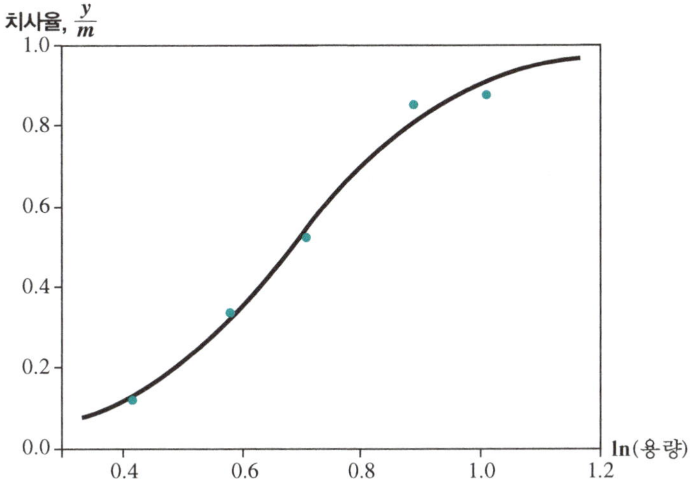

는 반면에 logit(θ)는 모든 실수값을 취한다.

로지스틱회귀모형은 다음과 같이 반응변수를 로짓으로 변환한 선형모형 형태로 표현된다.

$$\text{logit}(\theta) = \beta_0 + \beta_1 X \tag{10.32}$$

이 식을 θ에 대하여 정리하면 다음의 식을 얻는다.

$$E\left(\frac{Y}{n}\right) = \theta = \frac{\exp(\beta_0 + \beta_1 X)}{1 - \exp(\beta_0 + \beta_1 X)} \tag{10.33}$$

로지스틱회귀모형의 분석에서는 다음의 편차(deviance)[2] D가 선형회귀분석에서의 잔차제곱합과 같은 역할을 한다.

$$D = 2\sum_{i=1}^{n}\left[y_i \ln\left(\frac{y_i}{m_i\hat{\theta}_i}\right) + (m_i - y_i)\ln\left(\frac{m_i - y_i}{m_i - m_i\hat{\theta}_i}\right)\right] \tag{10.34}$$

2. 이탈도라고도 부른다.

이것은 잔차제곱합과 마찬가지로 $n-p'$의 자유도를 가진다. 이러한 편차는 적합도검정에서뿐만 아니라 4장에서 다룬 부분 F-검정법과 같이 완전모형과 축소모형의 비교에도 사용된다. 하지만 선형모형에서와는 달리 편차를 이용한 검정에서는 χ^2-분포가 이용된다.

[표 10.2]의 자료에 대하여 모수의 추정값과 표준오차를 구하였고 [표 10.3]에 수록하였다. 설명변수 X의 모형에 대한 기여도는 회귀계수 β_1의 추정값 7.146을 표준오차 0.8928로 나눈 값인 8.0040과 표준정규분포와 비교하여 볼 때 매우 작은 p-값을 가지며, 따라서 설명변수값의 증가에 따른 치사율의 증가는 유의적이다.

또한 모형 (10.32)에서는 자유도는 3이고 편차는 1.424인 반면에 설명변수를 제거한 모형

$$\text{logit}(\theta) = \beta_0 \tag{10.35}$$

는 자유도 4이고 편차는 96.688이다. 설명변수 X의 추가에 따른 편차의 변화량을 자유도의 변화로 나눈 값이 설명변수가 모형의 설명력에 얼마만큼의 기여를 하는가를 평가하는 척도가 되는데, 이 경우 $\dfrac{\Delta\text{편차}}{\Delta\text{자유도}} = 95.264$는 $\chi^2(1)$ 분포와 비교하여 보면 매우 유의한 차이가 있음을 알 수 있다.

표 10.3 독성자료의 로지스틱회귀분석 결과

parameter	모형 (10.32) estimate	모형 (10.32) s.e.	모형 (10.35) estimate	모형 (10.35) s.e.
β_0	−4.887	0.6430	0.1733	0.1288
β_1	7.146	0.8927		
	deviance = 1.424 (d.f. = 3)		deviance = 96.688 (d.f. = 4)	

10.3 일반화선형모형

앞 절에서 제시된 로지스틱회귀 및 선형회귀모형은 Nelder와 Wedderburn (1972)이 제안한 일반화선형모형의 특수한 경우라고 할 수 있다.

선형회귀모형에서는 반응변수 Y가 정규분포를 따른다고 가정하는데 정규분포는 지수족(exponential family)에 포함된 하나의 확률분포이며 이러한 회귀모형을 포함하는 선형모형은 다음과 같은 두 가지 과정으로 일반화될 수 있다.

첫째, 반응변수의 기대값과 설명변수의 선형결합(linear predictor)을 연결시키는 연결함수(link function)를 설정한다.

둘째, 오차의 분포는 정규분포를 포함하는 지수족의 여러 가지 분포를 사용한다.

이러한 방법을 통해 기존의 정규이론에 의한 선형모형을 일반화선형모형으로 확장시킬 수 있다.

지수족에 속하는 확률변수 Y의 확률밀도함수는 다음과 같이 표현할 수 있다.

$$f_Y(y\,;\theta,\phi)=\exp\left[\frac{y\theta-b(\theta)}{a(\phi)}+c(y,\phi)\right] \tag{10.36}$$

이러한 확률변수 Y의 기대값과 분산은 각각

$$E(Y)=\mu=b'(\theta) \tag{10.37}$$

$$Var(Y)=\sigma^2=b''(\theta)\,a(\phi) \tag{10.38}$$

이다. 지수족에 속하는 분포는 정규분포 외에 포아송분포, 이항분포, 감마분포 등 다양하다.

일반화선형모형에서는 반응변수 Y가 설명변수 $X_1, X_2, \cdots, X_p$의 선형결합

$$\eta = \beta_0 + \beta_1 X_1 + \beta_2 X_2 + \cdots + \beta_p X_p \tag{10.39}$$

를 통하여 결정된다고 가정한다. 선형결합 η는 연결함수 $g(\cdot)$에 의하여 다음과 같이 $\mu = E(Y)$와 연결된다.

$$\eta = g(\mu) \tag{10.40}$$

선형회귀모형에서는

$$\mu = E(Y) = \beta_0 + \beta_1 X_1 + \beta_2 X_2 + \cdots + \beta_p X_p = \eta \tag{10.41}$$

이므로 연결함수는 $g(\mu) = \mu$이다. 이항변수에 대하여 자주 쓰이는 연결함수는 다음의 세 가지를 들 수 있다.

$$\eta = \ln\left(\frac{\mu}{1-\mu}\right) \tag{10.42}$$

$$\eta = \Phi^{-1}(\mu)^{3} \tag{10.43}$$

$$\eta = \ln(-\ln(1-\mu)) \tag{10.44}$$

포아송변수에 대하여 자주 쓰이는 연결함수는

$$\eta = \ln(\mu) \tag{10.45}$$

이고 감마변수에 대하여는 다음의 연결함수가 쓰인다.

$$\eta = \mu^{-1} \tag{10.46}$$

각각의 지수족에서 만약 $\theta = \eta$이면 정준연결(canonical link)이라고 하고

---

3. $\Phi(\cdot)$은 정규누적분포함수이다.

이러한 관계에 의하여 유도되는 연결함수를 정준연결함수라고 한다. 그런데 $\mu = b'(\theta)$이므로 정준연결은 $h(\cdot)$을 $b'(\cdot)$의 역함수라고 할 때

$$\eta = h(\mu) \tag{10.47}$$

이다. 정규분포, 포아송분포, 이항분포, 감마분포에 대하여 정준연결함수와 그 역함수인 역연결함수(inverse link function)를 정리하면 [표 10.4]와 같다. 정준연결함수는 수리통계의 이론을 근거로 연결함수 중에서 가장 보편적으로 쓰이는 연결함수이나 항상 정준연결을 써야만 하는 것은 아니다.

표 10.4 정준연결함수

연결함수	역연결함수	오차의 분포
항등함수 : $\boldsymbol{x}'\boldsymbol{\beta} = E(Y)$	$E(Y) = \boldsymbol{x}'\boldsymbol{\beta}$	정규분포
로그함수 : $\boldsymbol{x}'\boldsymbol{\beta} = \ln[E(Y)]$	$E(Y) = \exp(\boldsymbol{x}'\boldsymbol{\beta})$	포아송분포
로짓함수 : $\boldsymbol{x}'\boldsymbol{\beta} = \text{logit}[E(Y)]$	$E(Y) = \dfrac{\exp(\boldsymbol{x}'\boldsymbol{\beta})}{1+\exp(\boldsymbol{x}'\boldsymbol{\beta})}$	이항분포
역함수 : $\boldsymbol{x}'\boldsymbol{\beta} = \dfrac{1}{E(Y)}$	$E(Y) = \dfrac{1}{\boldsymbol{x}'\boldsymbol{\beta}}$	감마분포

확률변수 y_i가 독립적으로 식 (10.36)의 확률밀도함수를 가지는 지수족으로부터 추출되었다고 하고 연결함수를

$$\eta_i = g(\mu_i) = \beta_0 + \beta_1 x_{i1} + \beta_2 x_{i2} + \cdots + \beta_p x_{ip} \tag{10.48}$$

라고 할 때, 주어진 자료가 이 모형에 잘 적합하는가를 알아볼 필요가 있는데 다음과 같은 과정을 통해 적합도를 검토할 수 있다.

■ 적합도검토

자료가 n개의 관측값을 가지고 있을 때, 일반화선형모형은 1개의 모수에서부터 n개까지의 모수에 대해 적합시킬 수 있다. 1개의 모수를 두는 귀무모형(null model)에서는 반응변수의 모든 관측값에 대해 동일한 적합값을 가지게

되며 n개까지의 모수를 포함하는 완전모형(full model)에서는 반응변수의 관측값과 적합값이 일치한다. 완전모형은 너무 일반적이라서 모형으로서의 설명기능이 없고 귀무모형은 너무 단순하여 평균 외의 추가적 정보를 제시하지 않기 때문에 완전모형과 귀무모형 사이에서 적절한 모형의 선정이 이루어져야 한다.

완전모형과 귀무모형 사이에 존재하는 p개의 모수를 갖고 있는 축소모형(reduced model)을 평가하기 위해서는 완전모형과 비교가 되어야 할 것이다. 비교방법으로는 각 모형의 로그가능도함수의 최대값의 차이에 2를 곱한 가능도거리(likelihood distance : LD)를 이용할 수 있다. 그리고 ϕ가 주어졌다면 가능도거리 LD는 n이 충분히 큰 경우에 점근적으로 $\chi^2(n-p')$ 분포를 따른다는 점을 이용하여 적합도검정을 할 수 있다. 로그가능도함수를 $l(\cdot)$이라고 하면 $a(\phi)=\phi$인 경우 가능도거리는

$$\begin{aligned} LD(\phi) &= 2[l(\tilde{\theta}_1, \tilde{\theta}_2, \cdots, \tilde{\theta}_n ; \phi) - l(\hat{\theta}_1, \hat{\theta}_2, \cdots, \hat{\theta}_n ; \phi)] \\ &= \frac{2\left[\sum_{i=1}^{n}\{(\tilde{\theta}_i - \hat{\theta}_i)y_i - b(\tilde{\theta}_i) + b(\hat{\theta}_i)\}\right]}{\phi} \\ &= \frac{D(\hat{\boldsymbol{\theta}})}{\phi} \end{aligned} \tag{10.49}$$

이다. 여기서 $\tilde{\theta}_i$는 완전모형 하에서의 θ_i의 최대가능도추정값이고, $\hat{\theta}_i$은 축소모형 하에서의 최대가능도추정값이며, $D(\hat{\boldsymbol{\theta}})$는 현재의 축소모형에서의 편차(deviance)라고 정의한다. LD는 척도모수(scale parameter) ϕ를 포함하고 있어서 일종의 표준화개념의 척도편차(scaled deviance)라고도 한다.

정규분포에서는 $a(\phi)=\phi=\sigma^2$, $\theta=\mu$, $b(\theta)=\frac{\theta^2}{2}$이고, $\tilde{\theta}_i=y_i$이므로 편차는

$$\begin{aligned} D &= 2\sum_{i=1}^{n}\left[(y_i-\hat{\mu}_i)y_i - \frac{(y_i^2-\hat{\mu}_i^2)}{2}\right] \\ &= \sum_{i=1}^{n}(y_i-\hat{\mu}_i)^2 \end{aligned} \tag{10.50}$$

으로 주어진다. 정규분포 및 이항분포, 포아송분포, 감마분포에서의 편차를 정리하면 [표 10.5]와 같다.

표 10.5 **편차**

오차의 분포	편차
정규분포	$\Sigma(y_i - \hat{\mu}_i)^2$
포아송분포	$2\,\Sigma\left[y_i \ln\left(\frac{y_i}{\hat{\mu}_i}\right) - (y_i - \hat{\mu}_i)\right]$
이항분포	$2\,\Sigma\left[y_i \ln\left(\frac{y_i}{\hat{\mu}_i}\right) + (m_i - y_i)\ln\left(\frac{m_i - y_i}{m_i - \hat{\mu}_i}\right)\right]$
감마분포	$2\,\Sigma\left[-\ln\left(\frac{y_i}{\hat{\mu}_i}\right) - \frac{y_i - \hat{\mu}_i}{\hat{\mu}_i}\right]$

■ 최대가능도추정값의 계산

일반화선형모형에서 모수벡터 $\boldsymbol{\beta}$의 최대가능도추정값를 구하기 위해서는 반복적 계산방법을 이용하여야 한다. 먼저 $\boldsymbol{\beta}$의 초기추정값 $\hat{\boldsymbol{\beta}}_0$를 지정하고 이를 이용한 설명변수의 선형결합을 $\hat{\boldsymbol{\eta}}_0 = (\hat{\eta}_{1(0)}, \hat{\eta}_{2(0)}, \cdots, \hat{\eta}_{n(0)})'$이라고 하자. 또한 역연결함수에 의하여 구해지는 적합값을 $\hat{\boldsymbol{\mu}}_0 = (\hat{\mu}_{1(0)}, \hat{\mu}_{2(0)}, \cdots, \hat{\mu}_{n(0)})'$이라고 하면, 수정종속변량(adjusted dependent variable) $\mathbf{z}_0 = (z_{1(0)}, z_{2(0)}, \cdots, z_{n(0)})'$을 다음과 같은 방법으로 구할 수 있다.

$$z_{i(0)} = \hat{\eta}_{i(0)} + \left(\frac{\partial \eta_i}{\partial \mu_i}\right)_0 (y_i - \hat{\mu}_{i(0)}) \tag{10.51}$$

여기서 $\left(\frac{\partial \eta_i}{\partial \mu_i}\right)_0$는 $\hat{\mu}_{i(0)}$에서 계산된 값이다. 다음은 z_i의 분산

$$v_i = \left(\frac{\partial \eta_i}{\partial \mu_i}\right)_0^2 \widehat{Var}(y_i) \tag{10.52}$$

를 계산하고 가중행렬 $\mathbf{W} = diag(w_1, \cdots, w_n)$, $w_i = \frac{1}{v_i}$을 구한다.

이제 $\mathbf{z}_0$를 반응변수로, $\mathbf{X}$를 설명변수로 하고 $\mathbf{W}$를 가중행렬로 하는 회귀모형에서 $\boldsymbol{\beta}$의 새로운 추정값

$$\hat{\boldsymbol{\beta}}_1 = (\boldsymbol{X}'\boldsymbol{W}\boldsymbol{X})^{-1}\boldsymbol{X}'\boldsymbol{W}\boldsymbol{z}_0 \qquad (10.53)$$

를 계산하고 이것을 이용하여 $\hat{\boldsymbol{\eta}}_1$와 $\hat{\boldsymbol{\mu}}_1$을 구한 다음, $\hat{\boldsymbol{\beta}}_1$을 초기추정값 $\hat{\boldsymbol{\beta}}_0$로 놓고 처음 단계로 되돌아간다. 이러한 반복가중최소제곱 알고리즘(iterated weighted least squares algorithm)을 $\boldsymbol{\beta}$에 관한 새로운 추정값 $\hat{\boldsymbol{\beta}}_1$이 전 단계의 추정값 $\hat{\boldsymbol{\beta}}_0$과 차이가 거의 없을 때까지 반복한다.

연습문제

10.1 비선형모형의 유형

다음의 모형은 본질적으로 선형모형인가 비선형모형인가? 만약 본질적으로 선형모형이라면 어떠한 변수변환을 통하여 선형모형으로 바꿀 수 있는지를 설명하라.

10.1.1 $f(X, \boldsymbol{\theta}) = 10 + 2e^{-\theta X}$

10.1.2 $f(X, \boldsymbol{\theta}) = \dfrac{\theta_1 X}{\theta_2 + X}$

10.2 생물학적 산소요구량 자료

다음의 자료는 수돗물에 여러 가지 유기물질을 넣고 시간이 지남에 따라 BOD, 즉 생물학적 산소요구량의 변화를 조사한 것이다. 이 자료에 대하여 다음의 비선형모형을 생각하자.

$$f(X, \boldsymbol{\theta}) = \theta_1(1 - e^{-\theta_2 X})$$

X 시간(일)	Y 생물학적 산소요구량(mg/l)
1	8.3
2	10.3
3	19.0
4	16.0
5	15.6
7	19.8

자료원 : Marske(1967)

10.2.1 모수벡터 $\boldsymbol{\theta} = (\theta_1, \theta_2)'$의 최소제곱추정값를 구하기 위한 정규방정식을 구하라.

10.2.2 적절한 통계패키지를 이용하여 $\boldsymbol{\theta}$의 최소제곱추정값를 구하라.

10.2.3 θ_1과 θ_2의 95% 근사신뢰구간을 구하라.

10.2.4 θ_1과 θ_2의 95% 가능도비신뢰구간을 구하라.

10.3 고압전류 자료

다음은 고압전류선이 가축에 미치는 영향을 알아보기 위하여 7마리의 소에 0, 1, 2, 3, 4, 5 밀리암페어(mA)의 전류로 각각 10번씩 쇼크를 주어 반응한 횟수를 조사한 자료이다.

X 전류(mA)	n 시행횟수	Y 반응횟수	$\hat{\theta}$ 반응비율
0	70	0	0.000
1	70	9	0.129
2	70	21	0.300
3	70	47	0.671
4	70	60	0.857
5	70	63	0.900

자료원 : Weisberg(1985)

10.3.1 $\hat{\theta}_i$와 x_i의 산점도를 그리고 추정회귀식의 형태를 확인하라.

10.3.2 $\hat{\theta}_i$의 로짓과 x_i의 산점도를 그리고 추정회귀식의 형태를 확인하라.

10.3.3 위의 자료를 로지스틱회귀모형에 적합시켜라.

10.3.4 전류가 반응횟수에 영향을 미치는가를 검정하라.

appendix
부록

[표 1] 표준정규분포표

$$\int_{-\infty}^{N_\alpha} \frac{1}{\sqrt{2\pi}} e^{-\frac{1}{2}x^2} dx = 1 - \alpha$$

N_α	.00	.01	.02	.03	.04	.05	.06	.07	.08	.09
.0	.5000	.5040	.5080	.5120	.5160	.5199	.5239	.5279	.5319	.5359
.1	.5398	.5438	.5478	.5517	.5557	.5596	.5636	.5675	.5714	.5753
.2	.5793	.5832	.5871	.5910	.5948	.5987	.6026	.6064	.6103	.6141
.3	.6179	.6217	.6255	.6293	.6331	.6368	.6406	.6443	.6480	.6517
.4	.6554	.6591	.6628	.6664	.6700	.6736	.6772	.6808	.6844	.6879
.5	.6915	.6950	.6985	.7019	.7054	.7088	.7123	.7157	.7190	.7224
.6	.7257	.7291	.7324	.7357	.7389	.7422	.7454	.7486	.7517	.7549
.7	.7580	.7611	.7642	.7673	.7704	.7734	.7764	.7794	.7823	.7852
.8	.7881	.7910	.7939	.7967	.7995	.8023	.8051	.8078	.8106	.8133
.9	.8159	.8186	.8212	.8238	.8264	.8289	.8315	.8340	.8365	.8389
1.0	.8413	.8438	.8461	.8485	.8508	.8531	.8554	.8577	.8599	.8621
1.1	.8643	.8665	.8686	.8708	.8729	.8749	.8770	.8790	.8810	.8830
1.2	.8849	.8869	.8888	.8907	.8925	.8944	.8962	.8980	.8997	.9015
1.3	.9032	.9049	.9066	.9082	.9099	.9115	.9131	.9147	.9162	.9177
1.4	.9192	.9207	.9222	.9236	.9251	.9265	.9279	.9292	.9306	.9319
1.5	.9332	.9345	.9357	.9370	.9382	.9394	.9406	.9418	.9429	.9441
1.6	.9452	.9463	.9474	.9484	.9495	.9505	.9515	.9525	.9535	.9545
1.7	.9554	.9564	.9573	.9582	.9591	.9599	.9608	.9616	.9625	.9633
1.8	.9641	.9649	.9656	.9664	.9671	.9678	.9686	.9693	.9699	.9706
1.9	.9713	.9719	.9726	.9732	.9738	.9744	.9750	.9756	.9761	.9767
2.0	.9772	.9778	.9783	.9788	.9793	.9798	.9803	.9308	.9812	.9817
2.1	.9821	.9826	.9830	.9834	.9838	.9842	.9846	.9850	.9854	.9857
2.2	.9861	.9864	.9868	.9871	.9875	.9878	.9881	.9884	.9887	.9890
2.3	.9893	.9896	.9898	.9901	.9904	.9906	.9909	.9911	.9913	.9916
2.4	.9918	.9920	.9922	.9925	.9927	.9929	.9931	.9932	.9934	.9936
2.5	.9938	.9940	.9941	.9943	.9945	.9946	.9948	.9949	.9951	.9952
2.6	.9953	.9955	.9956	.9957	.9959	.9960	.9961	.9962	.9963	.9964
2.7	.9965	.9966	.9967	.9968	.9969	.9970	.9971	.9972	.9973	.9974
2.8	.9974	.9975	.9976	.9977	.9977	.9978	.9979	.9979	.9980	.9981
2.9	.9981	.9982	.9982	.9983	.9984	.9984	.9985	.9985	.9986	.9986
3.0	.9987	.9987	.9987	.9988	.9988	.9989	.9989	.9989	.9990	.9990
3.1	.9990	.9991	.9991	.9991	.9992	.9992	.9992	.9992	.9993	.9993
3.2	.9993	.9993	.9994	.9994	.9994	.9994	.9994	.9995	.9995	.9995
3.3	.9995	.9995	.9995	.9996	.9996	.9996	.9996	.9996	.9996	.9997
3.4	.9997	.9997	.9997	.9997	.9997	.9997	.9997	.9997	.9997	.9998

N_α	1.282	1.645	1.960	2.326	2.576	3.090	3.291	3.891	4.417
$1-\alpha$	.90	.95	.975	.99	.995	.999	.9995	.99995	.999995

[표 2] t-분포표

$t(\alpha,\ d.f.)$

	α									
$d.f.$	0.4	0.25	0.1	0.05	0.025	0.01	0.005	0.0025	0.001	0.0005
1	0.325	1.000	3.078	6.314	12.706	31.821	63.657	127.32	318.31	636.62
2	0.289	0.816	1.886	2.920	4.303	6.965	9.925	14.089	22.327	31.598
3	0.277	0.765	1.638	2.353	3.182	4.541	5.841	7.453	10.214	12.924
4	0.271	0.741	1.533	2.132	2.776	3.747	4.604	5.598	7.173	8.610
5	0.267	0.727	1.476	2.015	2.571	3.365	4.032	4.773	5.893	6.869
6	0.265	0.718	1.440	1.943	2.447	3.143	3.707	4.317	5.208	5.959
7	0.263	0.711	1.415	1.895	2.365	2.998	3.499	4.029	4.785	5.408
8	0.262	0.706	1.397	1.860	2.306	2.896	3.355	3.833	4.501	5.041
9	0.261	0.703	1.383	1.833	2.262	2.821	3.250	3.690	4.297	4.781
10	0.260	0.700	1.372	1.812	2.228	2.764	3.169	3.581	4.144	4.587
11	0.260	0.697	1.363	1.796	2.201	2.718	3.106	3.497	4.025	4.437
12	0.259	0.695	1.356	1.782	2.179	2.681	3.055	3.428	3.930	4.318
13	0.259	0.694	1.350	1.771	2.160	2.650	3.012	3.372	3.852	4.221
14	0.258	0.692	1.345	1.761	2.145	2.624	2.977	3.326	3.787	4.140
15	0.258	0.691	1.341	1.753	2.131	2.602	2.947	3.286	3.733	4.073
16	0.258	0.690	1.337	1.746	2.120	2.583	2.921	3.252	3.686	4.015
17	0.257	0.689	1.333	1.740	2.110	2.567	2.898	3.222	3.646	3.965
18	0.257	0.688	1.330	1.734	2.101	2.552	2.878	3.197	3.610	3.922
19	0.257	0.688	1.328	1.729	2.093	2.539	2.861	3.174	3.579	3.883
20	0.257	0.687	1.325	1.725	2.086	2.528	2.845	3.153	3.552	3.850
21	0.257	0.686	1.323	1.721	2.080	2.518	2.831	3.135	3.527	3.819
22	0.256	0.686	1.321	1.717	2.074	2.508	2.819	3.119	3.505	3.792
23	0.256	0.685	1.319	1.714	2.069	2.500	2.807	3.104	3.485	3.767
24	0.256	0.685	1.318	1.711	2.064	2.492	2.792	3.091	3.467	3.745
25	0.256	0.684	1.316	1.708	2.060	2.485	2.787	3.078	3.450	3.725
26	0.256	0.684	1.315	1.706	2.056	2.479	2.779	3.067	3.435	3.707
27	0.256	0.684	1.314	1.703	2.052	2.473	2.771	3.057	3.421	3.690
28	0.256	0.683	1.313	1.701	2.048	2.467	2.763	3.047	3.408	3.674
29	0.256	0.683	1.311	1.699	2.045	2.462	2.756	3.038	3.396	3.659
30	0.256	0.683	1.310	1.697	2.042	2.457	2.750	3.030	3.385	3.646
40	0.255	0.681	1.303	1.684	2.021	2.423	2.704	2.971	3.307	3.551
60	0.254	0.679	1.296	1.671	2.000	2.390	2.660	2.915	3.232	3.460
120	0.254	0.677	1.289	1.658	1.980	2.358	2.617	2.860	3.160	3.373
∞	0.253	0.674	1.282	1.645	1.960	2.326	2.576	2.807	3.090	3.291

[표 3] χ^2-분포표

$\chi^2(\alpha,\ d.f.)$

d.f.	α							
	0.995	0.99	0.975	0.95	0.05	0.025	0.01	0.005
1	0.0^4393	0.0^3157	0.0^3982	0.0^2393	3.841	5.024	6.635	7.879
2	0.0100	0.0201	0.0506	0.103	5.991	7.378	9.210	10.597
3	0.0717	0.115	0.261	0.352	7.815	9.348	11.345	12.838
4	0.207	0.297	0.484	0.711	9.488	11.143	13.277	14.860
5	0.412	0.554	0.831	1.145	11.070	12.832	15.086	16.750
6	0.676	0.872	1.237	1.635	12.592	14.449	16.812	18.548
7	0.989	1.239	1.690	2.167	14.067	16.013	18.475	20.278
8	1.344	1.646	2.180	2.733	15.507	17.535	20.090	21.955
9	1.735	2.088	2.700	3.325	16.919	19.023	21.666	23.589
10	2.156	2.558	3.247	3.940	18.307	20.483	23.209	25.188
11	2.603	3.053	3.816	4.575	19.675	21.920	24.725	26.757
12	3.074	3.571	4.404	5.226	21.026	23.337	26.217	28.300
13	3.565	4.107	5.009	5.892	22.362	24.736	27.688	29.819
14	4.075	4.660	5.629	6.571	23.685	26.119	29.141	31.319
15	4.601	5.229	6.262	7.261	24.996	27.488	30.578	32.801
16	5.142	5.812	6.908	7.962	26.296	28.845	32.000	34.267
17	5.697	6.408	7.564	8.672	27.587	30.191	33.409	35.718
18	6.265	7.015	8.231	9.390	28.869	31.526	34.805	37.156
19	6.844	7.633	8.907	10.117	30.144	32.852	36.191	38.582
20	7.434	8.260	9.591	10.851	31.410	34.170	37.566	39.997
21	8.034	8.897	10.283	11.591	32.671	35.479	38.932	41.401
22	8.643	9.542	10.982	12.338	33.924	36.781	40.289	42.796
23	9.260	10.196	11.689	13.091	35.172	38.076	41.638	44.181
24	9.886	10.856	12.401	13.848	36.415	39.364	42.980	45.558
25	10.520	11.524	13.120	14.611	37.652	40.646	44.314	46.928
26	11.160	12.198	13.844	15.379	38.885	41.923	45.642	48.290
27	11.808	12.879	14.573	16.151	40.113	43.194	46.963	49.645
28	12.461	13.565	15.308	16.928	41.337	44.461	48.278	50.993
29	13.121	14.256	16.047	17.708	42.557	45.722	49.588	52.336
30	13.787	14.953	16.791	18.493	43.773	46.979	50.892	53.672

[표 4] F-분포표($\alpha = 0.10$) $F(0.10\ ;\ \nu_1,\ \nu_2)$

ν_2 \ ν_1	1	2	3	4	5	6	7	8	9	10	12	15	20	24	30	40	60	120	∞
1	39.86	49.50	53.59	55.83	57.24	58.20	58.91	59.44	59.86	60.19	60.71	61.22	61.74	62.00	62.26	62.53	62.79	63.06	63.33
2	8.53	9.00	9.16	9.24	9.29	9.33	9.35	9.37	9.38	9.39	9.41	9.42	9.44	9.45	9.46	9.47	9.47	9.48	9.49
3	5.54	5.46	5.39	5.34	5.31	5.28	5.27	5.25	5.24	5.23	5.22	5.20	5.18	5.18	5.17	5.16	5.15	5.14	5.13
4	4.54	4.32	4.19	4.11	4.05	4.01	3.98	3.95	3.94	3.92	3.90	3.87	3.84	3.83	3.82	3.80	3.79	3.78	3.76
5	4.06	3.78	3.62	3.52	3.45	3.40	3.37	3.34	3.32	3.30	3.27	3.24	3.21	3.19	3.17	3.16	3.14	3.12	3.10
6	3.78	3.46	3.29	3.18	3.11	3.05	3.01	2.98	2.96	2.94	2.90	2.87	2.84	2.82	2.80	2.78	2.76	2.74	2.72
7	3.59	3.26	3.07	2.96	2.88	2.83	2.78	2.75	2.72	2.70	2.67	2.63	2.59	2.58	2.56	2.54	2.51	2.49	2.47
8	3.46	3.11	2.92	2.81	2.73	2.67	2.62	2.59	2.56	2.54	2.50	2.46	2.42	2.40	2.38	2.36	2.34	2.32	2.29
9	3.36	3.01	2.81	2.69	2.61	2.55	2.51	2.47	2.44	2.42	2.38	2.34	2.30	2.28	2.25	2.23	2.21	2.18	2.16
10	3.29	2.92	2.73	2.61	2.52	2.46	2.41	2.38	2.35	2.32	2.28	2.24	2.20	2.18	2.16	2.13	2.11	2.08	2.06
11	3.23	2.86	2.66	2.54	2.45	2.39	2.34	2.30	2.27	2.25	2.21	2.17	2.12	2.10	2.08	2.05	2.03	2.00	1.97
12	3.18	2.81	2.61	2.48	2.39	2.33	2.28	2.24	2.21	2.19	2.15	2.10	2.06	2.04	2.01	1.99	1.96	1.93	1.90
13	3.14	2.76	2.56	2.43	2.35	2.28	2.23	2.20	2.16	2.14	2.10	2.05	2.01	1.98	1.96	1.93	1.90	1.88	1.85
14	3.10	2.73	2.52	2.39	2.31	2.24	2.19	2.15	2.12	2.10	2.05	2.01	1.96	1.94	1.91	1.89	1.86	1.83	1.80
15	3.07	2.70	2.49	2.36	2.27	2.21	2.16	2.12	2.09	2.06	2.02	1.97	1.92	1.90	1.87	1.85	1.82	1.79	1.76
16	3.05	2.67	2.46	2.33	2.24	2.18	2.13	2.09	2.06	2.03	1.99	1.94	1.89	1.87	1.84	1.81	1.78	1.75	1.72
17	3.03	2.64	2.44	2.31	2.22	2.15	2.10	2.06	2.03	2.00	1.96	1.91	1.86	1.84	1.81	1.78	1.75	1.72	1.69
18	3.01	2.62	2.42	2.29	2.20	2.13	2.08	2.04	2.00	1.98	1.93	1.89	1.84	1.81	1.78	1.75	1.72	1.69	1.66
19	2.99	2.61	2.40	2.27	2.18	2.11	2.06	2.02	1.98	1.96	1.91	1.86	1.81	1.79	1.76	1.73	1.70	1.67	1.63
20	2.97	2.59	2.38	2.25	2.16	2.09	2.04	2.00	1.96	1.94	1.89	1.84	1.79	1.77	1.74	1.71	1.68	1.64	1.61
21	2.96	2.57	2.36	2.23	2.14	2.08	2.02	1.98	1.95	1.92	1.87	1.83	1.78	1.75	1.72	1.69	1.66	1.62	1.59
22	2.95	2.56	2.35	2.22	2.13	2.06	2.01	1.97	1.93	1.90	1.86	1.81	1.76	1.73	1.70	1.67	1.64	1.60	1.57
23	2.94	2.55	2.34	2.21	2.11	2.05	1.99	1.95	1.92	1.89	1.84	1.80	1.74	1.72	1.69	1.66	1.62	1.59	1.55
24	2.93	2.54	2.33	2.19	2.10	2.04	1.98	1.94	1.91	1.88	1.83	1.78	1.73	1.70	1.67	1.64	1.61	1.57	1.53
25	2.92	2.53	2.32	2.18	2.09	2.02	1.97	1.93	1.89	1.87	1.82	1.77	1.72	1.69	1.66	1.63	1.59	1.56	1.52
26	2.91	2.52	2.31	2.17	2.08	2.01	1.96	1.92	1.88	1.86	1.81	1.76	1.71	1.68	1.65	1.61	1.58	1.54	1.50
27	2.90	2.51	2.30	2.17	2.07	2.00	1.95	1.91	1.87	1.85	1.80	1.75	1.70	1.67	1.64	1.60	1.57	1.53	1.49
28	2.89	2.50	2.29	2.16	2.06	2.00	1.94	1.90	1.87	1.84	1.79	1.74	1.69	1.66	1.63	1.59	1.56	1.52	1.48
29	2.89	2.50	2.28	2.15	2.06	1.99	1.93	1.89	1.86	1.83	1.78	1.73	1.68	1.65	1.62	1.58	1.55	1.51	1.47
30	2.88	2.49	2.28	2.14	2.05	1.98	1.93	1.88	1.85	1.82	1.77	1.72	1.67	1.64	1.61	1.57	1.54	1.50	1.46
40	2.84	2.44	2.23	2.09	2.00	1.93	1.87	1.83	1.79	1.76	1.71	1.66	1.61	1.57	1.54	1.51	1.47	1.42	1.38
60	2.79	2.39	2.18	2.04	1.95	1.87	1.82	1.77	1.74	1.71	1.66	1.60	1.54	1.51	1.48	1.44	1.40	1.35	1.29
120	2.75	2.35	2.13	1.99	1.90	1.82	1.77	1.72	1.68	1.65	1.60	1.55	1.48	1.45	1.41	1.37	1.32	1.26	1.19
∞	2.71	2.30	2.08	1.94	1.85	1.77	1.72	1.67	1.63	1.60	1.55	1.49	1.42	1.38	1.34	1.30	1.24	1.17	1.00

[표 4 계속] F-분포표($\alpha = 0.05$) $F(0.05\ ;\ \nu_1,\ \nu_2)$

ν_2 \ ν_1	1	2	3	4	5	6	7	8	9	10	12	15	20	24	30	40	60	120	∞
1	161.4	199.5	215.7	224.6	230.2	234.0	236.8	238.9	240.5	241.9	243.9	245.9	248.0	249.1	250.1	251.1	252.2	253.3	254.3
2	18.51	19.00	19.16	19.25	19.30	19.33	19.35	19.37	19.38	19.40	19.41	19.43	19.45	19.45	19.46	19.47	19.48	19.49	19.50
3	10.13	9.55	9.28	9.12	9.01	8.94	8.89	8.85	8.81	8.79	8.74	8.70	8.66	8.64	8.62	8.59	8.57	8.55	8.53
4	7.71	6.94	6.59	6.39	6.26	6.16	6.09	6.04	6.00	5.96	5.91	5.86	5.80	5.77	5.75	5.72	5.69	5.66	5.63
5	6.61	5.79	5.41	5.19	5.05	4.95	4.88	4.82	4.77	4.74	4.68	4.62	4.56	4.53	4.50	4.46	4.43	4.40	4.36
6	5.99	5.14	4.76	4.53	4.39	4.28	4.21	4.15	4.10	4.06	4.00	3.94	3.87	3.84	3.81	3.77	3.74	3.70	3.67
7	5.59	4.74	4.35	4.12	3.97	3.87	3.79	3.73	3.68	3.64	3.57	3.51	3.44	3.41	3.38	3.34	3.30	3.27	3.23
8	5.32	4.46	4.07	3.84	3.69	3.58	3.50	3.44	3.39	3.35	3.28	3.22	3.15	3.12	3.08	3.04	3.01	2.97	2.93
9	5.12	4.26	3.86	3.63	3.48	3.37	3.29	3.23	3.18	3.14	3.07	3.01	2.94	2.90	2.86	2.83	2.79	2.75	2.71
10	4.96	4.10	3.71	3.48	3.33	3.22	3.14	3.07	3.02	2.98	2.91	2.85	2.77	2.74	2.70	2.66	2.62	2.58	2.54
11	4.84	3.98	3.59	3.36	3.20	3.09	3.01	2.95	2.90	2.85	2.79	2.72	2.65	2.61	2.57	2.53	2.49	2.45	2.40
12	4.75	3.89	3.49	3.26	3.11	3.00	2.91	2.85	2.80	2.75	2.69	2.62	2.54	2.51	2.47	2.43	2.38	2.34	2.30
13	4.67	3.81	3.41	3.18	3.03	2.92	2.83	2.77	2.71	2.67	2.60	2.53	2.46	2.42	2.38	2.34	2.30	2.25	2.21
14	4.60	3.74	3.34	3.11	2.96	2.85	2.76	2.70	2.65	2.60	2.53	2.46	2.39	2.35	2.31	2.27	2.22	2.18	2.13
15	4.54	3.68	3.29	3.06	2.90	2.79	2.71	2.64	2.59	2.54	2.48	2.40	2.33	2.29	2.25	2.20	2.16	2.11	2.07
16	4.49	3.63	3.24	3.01	2.85	2.74	2.66	2.59	2.54	2.49	2.42	2.35	2.28	2.24	2.19	2.15	2.11	2.06	2.01
17	4.45	3.59	3.20	2.96	2.81	2.70	2.61	2.55	2.49	2.45	2.38	2.31	2.23	2.19	2.15	2.10	2.06	2.01	1.96
18	4.41	3.55	3.16	2.93	2.77	2.66	2.58	2.51	2.46	2.41	2.34	2.27	2.19	2.15	2.11	2.06	2.02	1.97	1.92
19	4.38	3.52	3.13	2.90	2.74	2.63	2.54	2.48	2.42	2.38	2.31	2.23	2.16	2.11	2.07	2.03	1.98	1.93	1.88
20	4.35	3.49	3.10	2.87	2.71	2.60	2.51	2.45	2.39	2.35	2.28	2.20	2.12	2.08	2.04	1.99	1.95	1.90	1.84
21	4.32	3.47	3.07	2.84	2.68	2.57	2.49	2.42	2.37	2.32	2.25	2.18	2.10	2.05	2.01	1.96	1.92	1.87	1.81
22	4.30	3.44	3.05	2.82	2.66	2.55	2.46	2.40	2.34	2.30	2.23	2.15	2.07	2.03	1.98	1.94	1.89	1.84	1.78
23	4.28	3.42	3.03	2.80	2.64	2.53	2.44	2.37	2.32	2.27	2.20	2.13	2.05	2.01	1.96	1.91	1.86	1.81	1.76
24	4.26	3.40	3.01	2.78	2.62	2.51	2.42	2.36	2.30	2.25	2.18	2.11	2.03	1.98	1.94	1.89	1.84	1.79	1.73
25	4.24	3.39	2.99	2.76	2.60	2.49	2.40	2.34	2.28	2.24	2.16	2.09	2.01	1.96	1.92	1.87	1.82	1.77	1.71
26	4.23	3.37	2.98	2.74	2.59	2.47	2.39	2.32	2.27	2.22	2.15	2.07	1.99	1.95	1.90	1.85	1.80	1.75	1.69
27	4.21	3.35	2.96	2.73	2.57	2.46	2.37	2.31	2.25	2.20	2.13	2.06	1.97	1.93	1.88	1.84	1.79	1.73	1.67
28	4.20	3.34	2.95	2.71	2.56	2.45	2.36	2.29	2.24	2.19	2.12	2.04	1.96	1.91	1.87	1.82	1.77	1.71	1.65
29	4.18	3.33	2.93	2.70	2.55	2.43	2.35	2.28	2.22	2.18	2.10	2.03	1.94	1.90	1.85	1.81	1.75	1.70	1.64
30	4.17	3.32	2.92	2.69	2.53	2.42	2.33	2.27	2.21	2.16	2.09	2.01	1.93	1.89	1.84	1.79	1.74	1.68	1.62
40	4.08	3.23	2.84	2.61	2.45	2.34	2.25	2.18	2.12	2.08	2.00	1.92	1.84	1.79	1.74	1.69	1.64	1.58	1.51
60	4.00	3.15	2.76	2.53	2.37	2.25	2.17	2.10	2.04	1.99	1.92	1.84	1.75	1.70	1.65	1.59	1.53	1.47	1.39
120	3.92	3.07	2.68	2.45	2.29	2.17	2.09	2.02	1.96	1.91	1.83	1.75	1.66	1.61	1.55	1.50	1.43	1.35	1.25
∞	3.84	3.00	2.60	2.37	2.21	2.10	2.01	1.94	1.88	1.83	1.75	1.67	1.57	1.52	1.46	1.39	1.32	1.22	1.00

[표 4 계속] F-분포표($\alpha = 0.01$) $F(0.01\,;\,\nu_1,\,\nu_2)$

ν_2 \ ν_1	1	2	3	4	5	6	7	8	9	10	12	15	20	24	30	40	60	120	∞
1	4052	4999.5	5403	5625	5764	5859	5928	5981	6022	6056	6106	6157	6209	6235	6261	6287	6313	6339	6366
2	98.50	99.00	99.17	99.25	99.30	99.33	99.36	99.37	99.39	99.40	99.42	99.43	99.45	99.46	99.47	99.47	99.48	99.49	99.50
3	34.12	30.82	29.46	28.71	28.24	27.91	27.67	27.49	27.35	27.23	27.05	26.87	26.69	26.60	26.50	26.41	26.32	26.22	26.13
4	21.20	18.00	16.69	15.98	15.52	15.21	14.98	14.80	14.66	14.55	14.37	14.20	14.02	13.93	13.84	13.75	13.65	13.56	13.46
5	16.26	13.27	12.06	11.39	10.97	10.67	10.46	10.29	10.16	10.05	9.89	9.72	9.55	9.47	9.38	9.29	9.20	9.11	9.02
6	13.75	10.92	9.78	9.15	8.75	8.47	8.26	8.10	7.98	7.87	7.72	7.56	7.40	7.31	7.23	7.14	7.06	6.97	6.88
7	12.25	9.55	8.45	7.85	7.46	7.19	6.99	6.84	6.72	6.62	6.47	6.31	6.16	6.07	5.99	5.91	5.82	5.74	5.65
8	11.26	8.65	7.59	7.01	6.63	6.37	6.18	6.03	5.91	5.81	5.67	5.52	5.36	5.28	5.20	5.12	5.03	4.95	4.86
9	10.56	8.02	6.99	6.42	6.06	5.80	5.61	5.47	5.35	5.26	5.11	4.96	4.81	4.73	4.65	4.57	4.48	4.40	4.31
10	10.04	7.56	6.55	5.99	5.64	5.39	5.20	5.06	4.94	4.85	4.71	4.56	4.41	4.33	4.25	4.17	4.08	4.00	3.91
11	9.65	7.21	6.22	5.67	5.32	5.07	4.89	4.74	4.63	4.54	4.40	4.25	4.10	4.02	3.94	3.83	3.78	3.69	3.60
12	9.33	6.93	5.95	5.41	5.06	4.82	4.64	4.50	4.39	4.30	4.16	4.01	3.86	3.78	3.70	3.62	3.54	3.45	3.36
13	9.07	6.70	5.74	5.21	4.86	4.62	4.44	4.30	4.19	4.10	3.96	3.82	3.66	3.59	3.51	3.43	3.34	3.25	3.17
14	8.86	6.51	5.56	5.04	4.69	4.46	4.28	4.14	4.03	3.94	3.80	3.66	3.51	3.43	3.35	3.27	3.18	3.09	3.00
15	8.68	6.36	5.42	4.89	4.56	4.32	4.14	4.00	3.89	3.80	3.67	3.52	3.37	3.29	3.21	3.13	3.05	2.96	2.87
16	8.53	6.23	5.29	4.77	4.44	4.20	4.03	3.89	3.78	3.69	3.55	3.41	3.26	3.18	3.10	3.02	2.93	2.84	2.75
17	8.40	6.11	5.18	4.67	4.34	4.10	3.93	3.79	3.68	3.59	3.46	3.31	3.16	3.08	3.00	2.92	2.83	2.75	2.65
18	8.29	6.01	5.09	4.58	4.25	4.01	3.84	3.71	3.60	3.51	3.37	3.23	3.08	3.00	2.92	2.84	2.75	2.66	2.57
19	8.18	5.93	5.01	4.50	4.17	3.94	3.77	3.63	3.52	3.43	3.30	3.15	3.00	2.92	2.84	2.76	2.67	2.58	2.49
20	8.10	5.85	4.94	4.43	4.10	3.87	3.70	3.56	3.46	3.37	3.23	3.09	2.94	2.86	2.78	2.69	2.61	2.52	2.42
21	8.02	5.78	4.87	4.37	4.04	3.81	3.64	3.51	3.40	3.31	3.17	3.03	2.88	2.80	2.72	2.64	2.55	2.46	2.36
22	7.95	5.72	4.82	4.31	3.99	3.76	3.59	3.45	3.35	3.26	3.12	2.98	2.83	2.75	2.67	2.58	2.50	2.40	2.31
23	7.88	5.66	4.76	4.26	3.94	3.71	3.54	3.41	3.30	3.21	3.07	2.93	2.78	2.70	2.62	2.54	2.45	2.35	2.26
24	7.82	5.61	4.72	4.22	3.90	3.67	3.50	3.36	3.26	3.17	3.03	2.89	2.74	2.66	2.58	2.49	2.40	2.31	2.21
25	7.77	5.57	4.68	4.18	3.85	3.63	3.46	3.32	3.22	3.13	2.99	2.85	2.70	2.62	2.54	2.45	2.36	2.27	2.17
26	7.72	5.53	4.64	4.14	3.82	3.59	3.42	3.29	3.18	3.09	2.96	2.81	2.66	2.58	2.50	2.42	2.33	2.23	2.13
27	7.68	5.49	4.60	4.11	3.78	3.56	3.39	3.26	3.15	3.06	2.93	2.78	2.63	2.55	2.47	2.38	2.29	2.20	2.10
28	7.64	5.45	4.57	4.07	3.75	3.53	3.36	3.23	3.12	3.03	2.90	2.75	2.60	2.52	2.44	2.35	2.26	2.17	2.06
29	7.60	5.42	4.54	4.04	3.73	3.50	3.33	3.20	3.09	3.00	2.87	2.73	2.57	2.49	2.41	2.33	2.23	2.14	2.03
30	7.56	5.39	4.51	4.02	3.70	3.47	3.30	3.17	3.07	2.98	2.84	2.70	2.55	2.47	2.39	2.30	2.21	2.11	2.01
40	7.31	5.18	4.31	3.83	3.51	3.29	3.12	2.99	2.89	2.80	2.66	2.52	2.37	2.29	2.20	2.11	2.02	1.92	1.80
60	7.08	4.98	4.13	3.65	3.34	3.12	2.95	2.82	2.72	2.63	2.50	2.35	2.20	2.12	2.03	1.94	1.84	1.73	1.60
120	6.85	4.79	3.95	3.48	3.17	2.96	2.79	2.66	2.56	2.47	2.34	2.19	2.03	1.95	1.86	1.76	1.66	1.53	1.38
∞	6.63	4.61	3.78	3.32	3.02	2.80	2.64	2.51	2.41	2.32	2.18	2.04	1.88	1.79	1.70	1.59	1.47	1.32	1.00

[표 5A] Bonferroni t-분포표($\alpha = 0.05$)

$$t\left(\frac{0.05}{2g},\ d.f.\right)$$

	g								
$d.f.$	2	3	4	5	6	7	8	9	10
5	3.1634	3.5341	3.8100	4.0322	4.2193	4.3818	4.5257	4.6553	4.7733
6	2.9687	3.2875	3.5212	3.7074	3.8630	3.9971	4.1152	4.2209	4.3168
7	2.8412	3.1276	3.3353	3.4995	3.6358	3.7527	3.8552	3.9467	4.0293
8	2.7515	3.0158	3.2060	3.3554	3.4789	3.5844	3.6766	3.7586	3.8325
9	2.6850	2.9333	3.1109	3.2498	3.3642	3.4616	3.5465	3.6219	3.6897
10	2.6338	2.8701	3.0382	3.1693	3.2768	3.3682	3.4477	3.5182	3.5814
11	2.5931	2.8200	2.9809	3.1058	3.2081	3.2949	3.3702	3.4368	3.4966
12	2.5600	2.7795	2.9345	3.0545	3.1527	3.2357	3.3078	3.3714	3.4284
13	2.5326	2.7459	2.8961	3.0123	3.1070	3.1871	3.2565	3.3177	3.3725
14	2.5096	2.7178	2.8640	2.9768	3.0688	3.1464	3.2135	3.2727	3.3257
15	2.4899	2.6937	2.8366	2.9467	3.0363	3.1118	3.1771	3.2346	3.2860
16	2.4729	2.6730	2.8131	2.9208	3.0083	3.0821	3.1458	3.2019	3.2520
17	2.4581	2.6550	2.7925	2.8982	2.9840	3.0563	3.1186	3.1735	3.2224
18	2.4450	2.6391	2.7745	2.8784	2.9627	3.0336	3.0948	3.1486	3.1966
19	2.4334	2.6251	2.7586	2.8609	2.9439	3.0136	3.0738	3.1266	3.1737
20	2.4231	2.6126	2.7444	2.8453	2.9271	2.9958	3.0550	3.1070	3.1534
21	2.4138	2.6013	2.7316	2.8314	2.9121	2.9799	3.0382	3.0895	3.1352
22	2.4055	2.5912	2.7201	2.8188	2.8985	2.9655	3.0231	3.0737	3.1188
23	2.3979	2.5820	2.7097	2.8073	2.8863	2.9525	3.0095	3.0595	3.1040
24	2.3909	2.5736	2.7002	2.7969	2.8751	2.9406	2.9970	3.0465	3.0905
25	2.3846	2.5660	2.6916	2.7874	2.8649	2.9298	2.9856	3.0346	3.0782
30	2.3586	2.5357	2.6574	2.7500	2.8247	2.8872	2.9409	2.9880	3.0298
35	2.3420	2.5145	2.6334	2.7238	2.7966	2.8575	2.9097	2.9554	2.9860
40	2.3289	2.4989	2.6157	2.7045	2.7759	2.8355	2.8867	2.9314	2.9712
45	2.3189	2.4868	2.6021	2.6896	2.7599	2.8187	2.8690	2.9130	2.9521
50	2.3109	2.4772	2.5913	2.6776	2.7473	2.8053	2.8550	2.8984	2.9370
60	2.2990	2.4630	2.5752	2.6603	2.7286	2.7855	2.8342	2.8768	2.9146
70	2.2906	2.4529	2.5639	2.6479	2.7153	2.7715	2.8195	2.8615	2.8987
80	2.2844	2.4454	2.5554	2.6387	2.7054	2.7610	2.8086	2.8502	2.8870
90	2.2795	2.4395	2.5489	2.6316	2.6978	2.7530	2.8002	2.8414	2.8779
100	2.2757	2.4349	2.5437	2.6259	2.6918	2.7466	2.7935	2.8344	2.8707

[표 5A 계속] Bonferroni t-분포표($\alpha = 0.01$)

$$t\left(\frac{0.01}{2g},\ d.f.\right)$$

	g								
$d.f.$	2	3	4	5	6	7	8	9	10
5	4.7733	5.2474	5.6042	5.8934	6.1384	6.3518	6.5414	6.7126	6.8688
6	4.3168	4.6979	4.9807	5.2076	5.3982	5.5632	5.7090	5.8399	5.9588
7	4.0293	4.3553	4.5946	4.7853	4.9445	5.0815	5.2022	5.3101	5.4079
8	3.8325	4.1224	4.3335	4.5008	4.6398	4.7590	4.8636	4.9570	5.0413
9	3.6897	3.9542	4.1458	4.2968	4.4219	4.5288	4.6224	4.7058	4.7809
10	3.5814	3.8273	4.0045	4.1437	4.2586	4.3567	4.4423	4.5184	4.5869
11	3.4966	3.7283	3.8945	4.0247	4.1319	4.2232	4.3028	4.3735	4.4370
12	3.4284	3.6489	3.8065	3.9296	4.0308	4.1169	4.1918	4.2582	4.3178
13	3.3725	3.5838	3.7345	3.8520	3.9484	4.0302	4.1013	4.1643	4.2208
14	3.3257	3.5296	3.6746	3.7874	3.8798	3.9582	4.0263	4.0865	4.1405
15	3.2860	3.4837	3.6239	3.7328	3.8220	3.8975	3.9630	4.0209	4.0728
16	3.2520	3.4443	3.5805	3.6862	3.7725	3.8456	3.9089	3.9649	4.0150
17	3.2224	3.4102	3.5429	3.6458	3.7297	3.8007	3.8623	3.9165	3.9651
18	3.1966	3.3804	3.5101	3.6105	3.6924	3.7616	3.8215	3.8744	3.9216
19	3.1737	3.3540	3.4812	3.5794	3.6595	3.7271	3.7857	3.8373	3.8834
20	3.1534	3.3306	3.4554	3.5518	3.6303	3.6966	3.7539	3.8044	3.8495
21	3.1352	3.3097	3.4325	3.5272	3.6043	3.6693	3.7255	3.7750	3.8193
22	3.1188	3.2909	3.4118	3.5050	3.5808	3.6448	3.7000	3.7487	3.7921
23	3.1040	3.2739	3.3931	3.4850	3.5597	3.6226	3.6770	3.7249	3.7676
24	3.0905	3.2584	3.3761	3.4668	3.5405	3.6025	3.6561	3.7033	3.7454
25	3.0782	3.2443	3.3606	3.4502	3.5230	3.5842	3.6371	3.6836	3.7251
30	3.0298	3.1888	3.2999	3.3852	3.4544	3.5125	3.5626	3.6067	3.6460
35	2.9960	3.1502	3.2577	3.3400	3.4068	3.4628	3.5110	3.5534	3.5911
40	2.9712	3.1218	3.2266	3.3069	3.3718	3.4263	3.4732	3.5143	3.5510
45	2.9521	3.1000	3.2028	3.2815	3.3451	3.3984	3.4442	3.4845	3.5203
50	2.9370	3.0828	3.1840	3.2614	3.3238	3.3763	3.4214	3.4609	3.4960
60	2.9146	3.0573	3.1562	3.2317	3.2927	3.3437	3.3876	3.4260	3.4602
70	2.8987	3.0393	3.1366	3.2108	3.2707	3.3208	3.3638	3.4015	3.4350
80	2.8870	3.0259	3.1220	3.1953	3.2543	3.3037	3.3462	3.3833	3.4163
90	2.8779	3.0156	3.1108	3.1833	3.2417	3.2906	3.3326	3.3693	3.4019
100	2.8707	3.0073	3.1018	3.1737	3.2317	3.2802	3.3218	3.3582	3.3905

[표 5B] 이상점 검정을 위한 Bonferroni t-분포표($\alpha = 0.05$)

	p'																	
n	1	2	3	4	5	6	7	8	9	10	11	12	13	14	15	20	25	30
6	4.85	6.23	10.89	76.39														
7	4.38	5.07	6.58	11.77	89.12													
8	4.12	4.53	5.26	6.90	12.59	101.9												
9	3.95	4.22	4.66	5.44	7.18	13.36	114.6											
10	3.83	4.03	4.32	4.77	5.60	7.45	14.09	127.3										
11	3.75	3.90	4.10	4.40	4.88	5.75	7.70	14.78	140.1									
12	3.69	3.81	3.96	4.17	4.49	4.98	5.89	7.94	15.44	152.8								
13	3.65	3.74	3.86	4.02	4.24	4.56	5.08	6.02	8.16	16.08	165.5							
14	3.61	3.69	3.79	3.91	4.07	4.30	4.63	5.16	6.14	8.37	16.69	178.2						
15	3.58	3.65	3.73	3.83	3.95	4.12	4.36	4.70	5.25	6.25	8.58	17.28	191.0					
16	3.56	3.62	3.68	3.77	3.87	4.00	4.17	4.41	4.76	5.33	6.36	8.77	17.85	203.7				
17	3.54	3.59	3.65	3.72	3.80	3.90	4.04	4.21	4.46	4.82	5.40	6.47	8.95	18.40	216.4			
18	3.53	3.57	3.62	3.68	3.75	3.83	3.94	4.08	4.26	4.51	4.88	5.47	6.57	9.13	18.93			
19	3.52	3.56	3.60	3.65	3.71	3.78	3.86	3.97	4.11	4.30	4.55	4.93	5.54	6.67	9.30			
20	3.51	3.54	3.58	3.62	3.67	3.73	3.81	3.89	4.00	4.15	4.33	4.59	4.98	5.60	6.76			
21	3.50	3.53	3.57	3.60	3.65	3.70	3.76	3.83	3.92	4.03	4.18	4.37	4.64	5.03	5.67			
22	3.50	3.52	3.55	3.59	3.63	3.67	3.72	3.78	3.86	3.95	4.06	4.21	4.40	4.68	5.08	280.1		
23	3.49	3.52	3.54	3.57	3.61	3.65	3.69	3.75	3.81	3.88	3.98	4.09	4.24	4.44	4.71	21.41		
24	3.49	3.51	3.53	3.56	3.59	3.63	3.67	3.71	3.77	3.83	3.91	4.00	4.12	4.27	4.47	10.07		
25	3.48	3.50	3.53	3.55	3.58	3.61	3.65	3.69	3.73	3.79	3.85	3.93	4.02	4.14	4.30	7.17		
26	3.48	3.50	3.52	3.54	3.57	3.60	3.63	3.66	3.70	3.75	3.81	3.87	3.95	4.05	4.17	5.95		
27	3.48	3.50	3.52	3.54	3.56	3.58	3.61	3.65	3.68	3.72	3.77	3.83	3.89	3.97	4.07	5.29	343.8	
28	3.48	3.50	3.51	3.53	3.55	3.58	3.60	3.63	3.66	3.70	3.74	3.79	3.84	3.91	3.99	4.88	23.63	
29	3.48	3.49	3.51	3.53	3.55	3.57	3.59	3.62	3.64	3.68	3.71	3.76	3.81	3.86	3.93	4.61	10.74	
30	3.48	3.49	3.51	3.52	3.54	3.56	3.58	3.60	3.63	3.66	3.69	3.73	3.77	3.82	3.88	4.42	7.53	
31	3.48	3.49	3.50	3.52	3.54	3.55	3.57	3.59	3.62	3.64	3.67	3.71	3.74	3.79	3.84	4.28	6.18	
32	3.48	3.49	3.50	3.52	3.53	3.55	3.57	3.59	3.61	3.63	3.66	3.69	3.72	3.76	3.80	4.17	5.47	407.4
33	3.48	3.49	3.50	3.52	3.53	3.54	3.56	3.58	3.60	3.62	3.64	3.67	3.70	3.74	3.77	4.08	5.03	25.66
34	3.48	3.49	3.50	3.51	3.53	3.54	3.56	3.57	3.59	3.61	3.63	3.66	3.68	3.71	3.75	4.01	4.74	11.34
35	3.48	3.49	3.50	3.51	3.52	3.54	3.55	3.57	3.58	3.60	3.62	3.64	3.67	3.70	3.73	3.96	4.53	7.84
36	3.48	3.49	3.50	3.51	3.52	3.54	3.55	3.56	3.58	3.60	3.61	3.63	3.66	3.68	3.71	3.91	4.37	6.39
37	3.48	3.49	3.50	3.51	3.52	3.53	3.55	3.56	3.57	3.59	3.61	3.62	3.65	3.67	3.69	3.87	4.26	5.62
38	3.48	3.49	3.50	3.51	3.52	3.53	3.54	3.56	3.57	3.58	3.60	3.62	3.64	3.66	3.68	3.84	4.16	5.16
39	3.49	3.49	3.50	3.51	3.52	3.53	3.54	3.55	3.57	3.58	3.59	3.61	3.63	3.65	3.67	3.81	4.09	4.84
40	3.49	3.49	3.50	3.51	3.52	3.53	3.54	3.55	3.56	3.58	3.59	3.60	3.62	3.64	3.66	3.79	4.03	4.62
50	3.51	3.51	3.51	3.52	3.53	3.53	3.54	3.54	3.55	3.56	3.57	3.57	3.58	3.59	3.60	3.66	3.75	3.88
60	3.53	3.53	3.53	3.54	3.54	3.54	3.55	3.55	3.56	3.56	3.57	3.57	3.57	3.58	3.59	3.62	3.67	3.73
70	3.55	3.55	3.55	3.55	3.56	3.56	3.56	3.56	3.57	3.57	3.58	3.58	3.58	3.59	3.59	3.61	3.64	3.67
80	3.57	3.57	3.57	3.57	3.57	3.58	3.58	3.58	3.58	3.58	3.59	3.59	3.59	3.60	3.60	3.61	3.63	3.66
90	3.58	3.59	3.59	3.59	3.59	3.59	3.59	3.60	3.60	3.60	3.60	3.60	3.60	3.61	3.61	3.62	3.63	3.65
100	3.60	3.60	3.60	3.60	3.61	3.61	3.61	3.61	3.61	3.61	3.61	3.62	3.62	3.62	3.62	3.63	3.64	3.65
200	2.73	3.73	3.73	3.73	3.73	3.73	3.73	3.73	3.73	3.73	3.73	3.73	3.73	3.73	3.74	3.74	3.74	3.74
300	3.81	3.81	3.81	3.81	3.81	3.81	3.81	3.81	3.81	3.81	3.82	3.82	3.82	3.82	3.82	3.82	3.82	3.82
400	3.87	3.87	3.87	3.87	3.87	3.87	3.88	3.88	3.87	3.88	3.88	3.88	3.88	3.88	3.88	3.88	3.88	3.88
500	3.92	3.92	3.92	3.92	3.92	3.92	3.92	3.92	3.92	3.92	3.92	3.92	3.92	3.92	3.92	3.92	3.92	3.92

[표 5B 계속] 이상점 검정을 위한 Bonferroni t-분포표(α = 0.01)

	p'																	
n	1	2	3	4	5	6	7	8	9	10	11	12	13	14	15	20	25	30
6	7.53	10.87	24.46	382.0														
7	6.35	7.84	11.45	26.43	445.6													
8	5.71	6.54	8.12	11.98	28.26	509.3												
9	5.31	5.84	6.71	8.38	12.47	29.97	573.0											
10	5.04	5.41	5.96	6.97	8.61	12.92	31.60	636.6										
11	4.85	5.12	5.50	6.07	7.01	8.83	13.35	33.14	700.3									
12	4.71	4.91	5.19	5.58	6.17	7.15	9.03	13.75	34.62	763.9								
13	4.60	4.76	4.97	5.25	5.66	6.26	7.27	9.22	14.12	36.03	827.6							
14	4.51	4.64	4.81	5.02	5.32	5.73	6.35	7.39	9.40	14.48	37.40	891.3						
15	4.44	4.55	4.68	4.85	5.08	5.37	5.80	6.43	7.50	9.57	14.82	38.71	954.9					
16	4.38	4.48	4.59	4.72	4.90	5.12	5.43	5.86	6.51	7.60	9.73	15.15	39.98					
17	4.34	4.41	4.51	4.62	4.76	4.94	5.17	5.48	5.92	6.59	7.70	9.88	15.46	41.21				
18	4.30	4.36	4.44	4.54	4.66	4.80	4.98	5.21	5.53	5.98	6.66	7.80	10.03	15.76	42.41			
19	4.26	4.32	4.39	4.47	4.57	4.69	4.83	5.01	5.25	5.57	6.03	6.72	7.89	10.17	16.05			
20	4.23	4.29	4.35	4.42	4.50	4.60	4.72	4.86	5.05	5.29	5.62	6.08	6.79	7.98	10.31			
21	4.21	4.26	4.31	4.37	4.44	4.52	4.62	4.74	4.89	5.08	5.33	5.66	6.13	6.85	8.06			
22	4.19	4.23	4.28	4.33	4.39	4.46	4.55	4.65	4.77	4.92	5.11	5.36	5.70	6.18	6.91			
23	4.17	4.21	4.25	4.30	4.35	4.41	4.49	4.57	4.67	4.80	4.95	5.14	5.40	5.74	6.22	47.94		
24	4.15	4.19	4.22	4.27	4.32	4.37	4.43	4.51	4.59	4.70	4.82	4.98	5.17	5.43	5.78	17.36		
25	4.14	4.17	4.20	4.24	4.28	4.33	4.39	4.45	4.53	4.62	4.72	4.85	5.00	5.20	5.46	10.92		
26	4.12	4.15	4.18	4.22	4.26	4.30	4.35	4.41	4.47	4.55	4.64	4.74	4.87	5.03	5.23	8.43		
27	4.11	4.14	4.17	4.20	4.24	4.27	4.32	4.37	4.43	4.49	4.57	4.66	4.76	4.89	5.05	7.17		
28	4.10	4.13	4.15	4.18	4.21	4.25	4.29	4.33	4.38	4.44	4.51	4.59	4.68	4.78	4.91	6.43	52.90	
29	4.09	4.12	4.14	4.17	4.20	4.23	4.26	4.30	4.35	4.40	4.46	4.53	4.60	4.69	4.80	5.94	18.50	
30	4.09	4.11	4.13	4.15	4.18	4.21	4.24	4.28	4.32	4.36	4.42	4.47	4.54	4.62	4.71	5.60	11.44	
31	4.08	4.10	4.12	4.14	4.17	4.19	4.22	4.26	4.29	4.33	4.38	4.43	4.49	4.56	4.64	5.35	8.75	
32	4.07	4.09	4.11	4.13	4.15	4.18	4.21	4.24	4.27	4.31	4.35	4.39	4.45	4.50	4.57	5.16	7.40	
33	4.07	4.08	4.10	4.12	4.14	4.17	4.19	4.22	4.25	4.28	4.32	4.36	4.41	4.46	4.52	5.01	6.60	57.43
34	4.06	4.08	4.09	4.11	4.13	4.15	4.18	4.20	4.23	4.26	4.29	4.33	4.37	4.42	4.47	4.89	6.09	19.51
35	4.06	4.07	4.09	4.11	4.12	4.14	4.16	4.19	4.21	4.24	4.27	4.31	4.34	4.39	4.43	4.79	5.72	11.90
36	4.05	4.07	4.08	4.10	4.12	4.13	4.15	4.18	4.20	4.22	4.25	4.28	4.32	4.36	4.40	4.71	5.46	9.03
37	4.05	4.06	4.08	4.09	4.11	4.13	4.14	4.16	4.19	4.21	4.24	4.26	4.29	4.33	4.37	4.64	5.26	7.60
38	4.05	4.06	4.07	4.09	4.10	4.12	4.13	4.15	4.17	4.20	4.22	4.25	4.27	4.31	4.34	4.59	5.10	6.76
39	4.04	4.06	4.07	4.08	4.10	4.11	4.13	4.14	4.16	4.18	4.21	4.23	4.26	4.28	4.32	4.54	4.97	6.21
40	4.04	4.05	4.06	4.08	4.09	4.10	4.12	4.14	4.15	4.17	4.19	4.22	4.24	4.27	4.29	4.49	4.87	5.83
50	4.03	4.03	4.04	4.05	4.06	4.07	4.07	4.08	4.09	4.10	4.12	4.13	4.14	4.15	4.17	4.25	4.38	4.59
60	4.03	4.03	4.04	4.04	4.05	4.05	4.06	4.06	4.07	4.08	4.08	4.09	4.10	4.11	4.12	4.17	4.23	4.32
70	4.03	4.03	4.04	4.04	4.05	4.05	4.05	4.06	4.06	4.07	4.07	4.08	4.08	4.09	4.09	4.13	4.17	4.22
80	4.04	4.04	4.04	4.05	4.05	4.05	4.06	4.06	4.06	4.07	4.07	4.07	4.08	4.08	4.09	4.11	4.13	4.17
90	4.05	4.05	4.05	4.05	4.06	4.06	4.06	4.06	4.07	4.07	4.07	4.07	4.08	4.08	4.08	4.10	4.12	4.14
100	4.06	4.06	4.06	4.06	4.06	4.07	4.07	4.07	4.07	4.07	4.08	4.08	4.08	4.08	4.09	4.10	4.11	4.13
200	4.15	4.15	4.15	4.15	4.15	4.15	4.15	4.15	4.15	4.15	4.15	4.15	4.15	4.15	4.15	4.16	4.16	4.16
300	4.21	4.21	4.21	4.21	4.21	4.21	4.22	4.22	4.22	4.22	4.22	4.22	4.22	4.22	4.22	4.22	4.22	4.22
400	4.26	4.27	4.27	4.27	4.27	4.27	4.27	4.27	4.27	4.27	4.27	4.27	4.27	4.27	4.27	4.27	4.27	4.27
500	4.31	4.31	4.31	4.31	4.31	4.31	4.31	4.31	4.31	4.31	4.31	4.31	4.31	4.31	4.31	4.31	4.31	4.31

[표 6] Shapiro-Wilk 검정통계량의 분포표

	α			
n	0.01	0.02	0.05	0.10
3	0.753	0.756	0.767	0.789
4	0.687	0.707	0.748	0.792
5	0.686	0.715	0.762	0.806
6	0.713	0.743	0.788	0.826
7	0.730	0.760	0.803	0.838
8	0.749	0.778	0.818	0.851
9	0.764	0.791	0.829	0.859
10	0.781	0.806	0.842	0.869
11	0.792	0.817	0.850	0.876
12	0.805	0.828	0.859	0.883
13	0.814	0.837	0.866	0.889
14	0.825	0.846	0.874	0.895
15	0.835	0.855	0.881	0.901
16	0.844	0.863	0.887	0.906
17	0.851	0.869	0.892	0.910
18	0.858	0.874	0.897	0.914
19	0.863	0.879	0.901	0.917
20	0.868	0.884	0.905	0.920
21	0.873	0.888	0.908	0.923
22	0.878	0.892	0.911	0.926
23	0.881	0.895	0.914	0.928
24	0.884	0.898	0.916	0.930
25	0.888	0.901	0.918	0.931
30	0.900	0.912	0.927	0.939
35	0.910	0.920	0.934	0.944
40	0.919	0.928	0.940	0.949
45	0.926	0.934	0.945	0.953
50	0.930	0.938	0.947	0.955

자료원 : Shapiro와 Wilk (1965)

[표 7] Rankit 값

	n									
i	1	2	3	4	5	6	7	8	9	10
1	0.00	−0.56	−0.85	−1.03	−1.16	−1.27	−1.35	−1.42	−1.49	−1.54
2		0.56	0.00	−0.30	−0.50	−0.64	−0.76	−0.85	−0.93	−1.00
3			0.85	0.30	0.00	−0.20	−0.35	−0.47	−0.57	−0.66
4				1.03	0.50	0.20	0.00	−0.15	−0.27	−0.38
5					1.16	0.64	0.35	0.15	0.00	−0.12
6						1.27	0.76	0.47	0.27	0.12
7							1.35	0.85	0.57	0.38
8								1.42	0.93	0.66
9									1.49	1.00
10										1.54

	n									
i	11	12	13	14	15	16	17	18	19	20
1	−1.59	−1.63	−1.67	−1.70	−1.74	−1.77	−1.79	−1.82	−1.84	−1.87
2	−1.06	−1.12	−1.16	−1.21	−1.25	−1.28	−1.32	−1.35	−1.38	−1.41
3	−0.73	−0.79	−0.85	−0.90	−0.95	−0.99	−1.03	−1.07	−1.10	−1.13
4	−0.46	−0.54	−0.60	−0.66	−0.71	−0.76	−0.81	−0.85	−0.89	−0.92
5	−0.22	−0.31	−0.39	−0.46	−0.52	−0.57	−0.62	−0.66	−0.71	−0.75
6	0.00	−0.10	−0.19	−0.27	−0.34	−0.40	−0.45	−0.50	−0.55	−0.59
7	0.22	0.10	0.00	−0.09	−0.17	−0.23	−0.30	−0.35	−0.40	−0.45
8	0.46	0.31	0.19	0.09	0.00	−0.08	−0.15	−0.21	−0.26	−0.31
9	0.73	0.54	0.39	0.27	0.17	0.08	0.00	−0.07	−0.13	−0.19
10	1.06	0.79	0.60	0.46	0.34	0.23	0.15	0.07	0.00	−0.06
11	1.59	1.12	0.85	0.66	0.52	0.40	0.30	0.21	0.13	0.06
12		1.63	1.16	0.90	0.71	0.57	0.45	0.35	0.26	0.19
13			1.67	1.21	0.95	0.76	0.62	0.50	0.40	0.31
14				1.70	1.25	0.99	0.81	0.66	0.55	0.45
15					1.74	1.28	1.03	0.85	0.71	0.59
16						1.77	1.32	1.07	0.89	0.75
17							1.79	1.35	1.10	0.92
18								1.82	1.38	1.13
19									1.84	1.41
20										1.87

자료원 : Pearson과 Hartley (1966)

[표 8] 직교다항회귀모형에서의 직교변수값

	$n=3$		$n=4$			$n=5$				$n=6$					$n=7$					
X_i	P_1	P_2	P_1	P_2	P_3	P_1	P_2	P_3	P_4	P_1	P_2	P_3	P_4	P_5	P_1	P_2	P_3	P_4	P_5	P_6
1	−1	1	−3	1	−1	−2	2	−1	1	−5	5	−5	1	−1	−3	5	−1	3	−1	1
2	0	−2	−1	−1	3	−1	−1	2	−4	−3	−1	7	−3	5	−2	0	1	4	−7	−6
3	1	1	1	−1	−3	0	−2	0	6	−1	−4	4	2	−10	−1	−3	1	1	−5	15
4			3	1	1	1	−1	−2	−4	1	−4	−4	2	10	0	−4	0	6	0	−20
5						2	2	1	1	3	−1	−7	−3	−5	1	−3	−1	1	5	15
6										5	5	5	1	1	2	0	−1	−7	−4	−6
7															3	5	1	3	1	1
$\sum_{i=1}^{n}\{P_j(X_i)\}^2$	2	6	20	4	20	10	14	10	70	70	84	180	28	252	28	84	6	154	84	924
λ	1	3	2	1	$\frac{10}{3}$	1	1	$\frac{5}{6}$	$\frac{35}{12}$	2	$\frac{3}{2}$	$\frac{5}{3}$	$\frac{7}{12}$	$\frac{21}{10}$	1	1	$\frac{1}{6}$	$\frac{7}{12}$	$\frac{7}{20}$	$\frac{77}{60}$

	$n=8$						$n=9$						$n=10$					
X_i	P_1	P_2	P_3	P_4	P_5	P_6	P_1	P_2	P_3	P_4	P_5	P_6	P_1	P_2	P_3	P_4	P_5	P_6
1	−7	7	−7	7	−7	1	−4	28	−14	14	−4	4	−9	6	−42	18	−6	3
2	−5	1	5	−13	23	−5	−3	7	7	−21	11	−17	−7	2	14	−22	14	−11
3	−3	−3	7	−3	−17	9	−2	−8	13	−11	−4	22	−5	−1	35	−17	−1	10
4	−1	−5	3	9	−15	−5	−1	−17	9	9	−9	1	−3	−3	31	3	−11	6
5	1	−5	−3	9	15	−5	0	−20	0	18	0	−20	−1	−4	12	18	−6	−8
6	3	−3	−7	−3	17	9	1	−17	−9	9	9	1	1	−4	−12	18	6	−8
7	5	1	−5	−13	−23	−5	2	−8	−13	−11	4	22	3	−3	−31	3	11	6
8	7	7	7	7	7	1	3	7	−7	−21	−11	−17	5	−1	−35	−17	1	10
9							4	28	14	14	4	4	7	2	−14	−22	−14	−11
10													9	6	42	18	6	3
$\sum_{i=1}^{n}\{P_j(X_i)\}^2$	168	168	264	616	2184	264	60	2772	990	2002	468	1980	330	132	8580	2860	780	666
λ	2	1	$\frac{2}{3}$	$\frac{7}{12}$	$\frac{7}{10}$	$\frac{11}{60}$	1	3	$\frac{5}{6}$	$\frac{7}{12}$	$\frac{3}{20}$	$\frac{11}{60}$	2	$\frac{1}{2}$	$\frac{5}{3}$	$\frac{5}{12}$	$\frac{1}{10}$	$\frac{11}{240}$

참고문헌

통계청 (2015), 2014 한국의 사회지표.

Allen, D. M. (1974), The relationship between variable selection and data augmentation and a method for prediction, *Technometrics*, **16**, 125–127.

Allison, T. and Cicchetti, D. V. (1976), Sleep in mammals : Ecological and constitutional correlates, *Science*, **194**, 732–734.

Andrews, D. F., Bickel, P. J., Hampel, F. R., Huber, P. J., Rogers, W. H., and Tukey, J. W. (1972), *Robust Estimates of Location*, Princeton University Press, Princeton.

Andrews, D. F. and Pregibon, D. (1978), Finding the outliers that matter, *Journal of Royal Statistical Society,* B, **40**, 85–93.

Anscombe, F. J. (1973), Graphs in statistical analysis, *The American Statistician*, **27**, 17–21.

Atkinson, A. C. (1982), Regression diagnostics, transformations and constructed variables (with discusion), *Journal of Royal Statistical Society*, B, **44**, 1–35.

____________ (1985), *Plots, Transformations, and Regression : An Introduction to Graphical Methods of Diagnostic Regression Analysis*, Calrendon Press, Oxford.

Barnett, V. and Lewis, T. (1994), *Outliers in Statistical Data, 3rd ed.*, Wiley, Chichester.

Bates, D. M. and Watts, D. G. (1980), Relative curvature measures of nonlinearity (with discussion), *Journal of Royal Statistical Society*, B, **42**, 1–25.

______________________ (1988), *Nonlinear Regression Analysis and*

Its Application, Wiley, New York.

Beaton, A. E. and Tukey, J. W. (1974), The fitting of power series, meaning polynomials, illustrated on band-spectroscopic data, *Technometrics*, **16**, 147-185.

Beckman, R. and Cook, R. D. (1983), Outlier...s, *Technometrics*, **25**, 119-149.

Belsley, D. A., Kuh, E., and Welsch, R. E. (1980), *Regression Diagnostics : Identifying Influential Data and Sources of Collinearity*, Wiley, New York.

Berger, J. (1975), Minimax estimation of location vectors for a wide class of densities, *Annals of Statistics*, **3**, 1318-1328.

Berndt, E. R. (1991), *The Practice of Econometrics : Classic and Contemporary*, Addison Wesley, Reading, MA.

Bingham, C. (1977), Some identities useful in the analysis of residuals from linear regression, Technical Report No. 300, School of Statistics, University of Minnesota, St. Paul, MN.

Bingham, C. and Larntz, K. (1981), Comments on "A simulation study of alternatives to ordinary least squares" by Dempster, A. P., Schatzoff, M., and Wermuth, N., *Journal of American Statistical Association*, **72**, 97-102.

Bishop, Y. M. M. (1973), Examples of Graphical Methods, In Mosteller, F., Kruskal, W. H., Pieters, R. S., Rising, G. R., and Link, R. F. (eds.), *Statistics by Example, Vol. 1*, 33-48, Addison-Wesley, Reading, MA, 33-48.

Box, G. E. P. (1953), Non-normality and tests on variances. *Biometrika*, **40**, 318-335.

Box, G. E. P. and Cox, D. R. (1964), An analysis of transformations (with discussion), *Journal of Royal Statistical Society*, B, **26**, 211-246.

Box, G. E. P. and Draper, N. R. (1987), *Empirical Model-Building and Response Surfaces*, Wiley, New York.

Box, G. E. P. and Tidwell, P. W. (1962), Transformations of the independent variables, *Technometrics*, **4**, 531–550.

Buoncristiani, J. F. and Martin, D. E. (1993), Factors affecting runners' marathon performance, *Chance*, 24–30.

Carroll, R. J. and Rupert, D. (1984), Power transformations when fitting theoretical models to data, *Journal of the American Statistical Association*, **79**, 321–328.

Casella, G. and Berger, R. L. (2001), *Statisical Inference, 2nd ed.*, Duxbury Press.

Chan, T., Golub, G., and LeVeque, R. (1983), Algorithms for computing the sample variance : Analysis and recommendations, *The American Statistician*, **37**, 242–247.

Chatterjee, S. and Hadi, A. S. (1988), *Sensitivity Analysis in Linear Regression*, Wiley, New York.

Chen, C. F. (1983), Score tests for regression models, *Journal of the American Statistical Association*, **78**, 158–161.

Cook, R. D. (1993), Exploring partial residual plots, *Technometrics*, **35**, 351–362.

__________ (1994), On the interpretation of regression plots, *Journal of the American Statistical Association*, **89**, 177–189.

__________ (1977), Detection of influential observations in linear regression, *Technometrics*, **19**, 15–18.

__________ (1986), Assessment of local influence (with discussion), *Journal of Royal Statistical Society*, B, **48**, 134–169.

Cook, R. D. and Goldberg, M. L. (1986), Curvatures for parameter subsets in nonlinear regression, *Annals of Statistics*, **14**, 1399–1418.

Cook, R. D. and Jacobson, J. O. (1978). Analysis of 1977 Hudson Bay snow goose surveys, Unpublished report, Canadian Wildlife Service.

Cook, R. D. and Prescott, P. (1981), Approximate significance levels for detecting outliers in linear regression, *Technometrics*, **23**, 59–64.

Cook, R. D. and Weisberg, S. (1982), *Residuals and Influence in Regression*, Chapman & Hall, London.

________________________ (1983), Diagnostics for heteroscedasticity in regression, *Biometrika*, **70**, 1–10.

________________________ (1994), *An Introduction to Regression Graphics*, Wiley, New York.

________________________ (1999), *Applied Regression Including Computing and Graphics*, Wiley, New York.

Covey-Crump, P. A. K. and Silvey, S. D. (1970), Optimal regression designs with previous observations, *Biometrika*, **57**, 551–566.

Cox, D. R. (1977), Nonlinear models, residuals, and transformations, *Math. Operationsforsch. Stat, Series Statistics*, **8**, 3–22.

Cox, D. R. and Snell, E. J. (1981), *Applied Statistics : Principles and Examples*, Chapman & Hall, London.

Daniel, C. and Wood, F. (1980), *Fitting Equations to Data, 2nd ed.*, Wiley, New York.

Dempster, A. P., Schatzoff, M., and Wermuth, N. (1977), A simulation study of alternatives to ordinary least squares (with discusstion), *Journal of American Statistical Association*, **72**, 77–104.

Donaldson, J. R. and Schnabel, R. B. (1987), Computational experience with confidence regions and confidence intervals for nonlinear least squares, *Technometrics*, **29**, 67–82.

Draper, N. R. and Smith, H. (1998), *Applied Regression Analysis, 3rd ed.*, Wiley, New York.

Draper, N. R. and Van Nostrand, R. C. (1978), Ridge regression : Is it worthwile?, Technical Report No. 501, Dept. of Statistics, University of Wisconsin, Madison, WI.

Ehrenberg, A. S. C. (1981), The problem of numeracy, *The American Statistician*, **35**, 67–71.

Ezekiel, M. (1924), A method of handling curvilinear correlation for any number of variables, *Journal of the American Statistical Association*, **19**, 431–453.

Ezekiel, M. and Fox, F. A. (1959), *Methods of Correlation and Regression Analysis : Linear and Cuvilinear*, Wiley, New York.

Finney, D. J. (1971), *Probit Analysis, 3rd ed.*, Cambridge University Press, Cambridge.

Frankel, S. A. (1961), Statistical design of experiments for process development of MBT, *Rubber Age*, **89**, 453.

Freeman, M. F. and Tukey, J. W. (1950), Transformations related to the angular and the square root, *Annals of Mathematical Statistics*, **21**, 607–611.

Freund, P. J. and P. D. Minton (1979), *Regression Methods : A Tool for Data Analysis*, Marcel Dekker, New York.

Furnival, G. M. and Wilson, R. W. M. (1974), Regression by leaps and bounds, *Technometrics*, **16**, 499–511.

Galton, F. (1886), Regression towards mediocrity in hereditary stature, *The Journal of the Anthropological Institute of Great Britain and Ireland*, **15**, 246–263.

Gnanadesikan, R. (1977), *Methods for Statistical Analysis of Multivariate Data, 2nd ed.*, Wiley, New York.

Gould, S. J. (1973), The shape of things to come, *Systematic Zoology*, **22**, 401–404.

Greene, W. H. (1992), *Econometric Analysis, 2nd ed.*, Macmillan, New York.

Guttmann, I. (1982), *Linear Models : An Introduction*, Wiley, New York.

Hader, R. J. and Grandage, A. H. E. (1958), Simple and Multiple Regression Analyses In Chew, V. (eds.), *Experimental Design in Industry*, Wiley, New York, 108–137.

Hahn, G. J. (1972), Simultaneous prediction intervals for a regression model, *Technometrics*, **14**, 203–214.

Hald, A. (1960), *Statistical Theory with Engineering Applications*, Wiley, New York.

Hamilton, D. (1987). Sometimes $R^2 > r^2_{yx_1} + r^2_{yx_2}$: Correlated variables are not always redundant, *The American Statistician*, **41**, 129–132.

Hawkins, D. M. (1980), *Identification of Outliers*, Chapman & Hall, London.

Hawkins, D. M., Bradu, D. and Kass, G. (1984), Location of several outliers in multiple regression using elemental sets, *Technometrics*, **26**, 197–208.

Healy, M. J. R. (1988), *GLIM : An introduction*, Oxford Sience Publications.

Hoaglin, D. C. and Welsch, R. E. (1978), The hat matrix in regression and ANOVA, *The American Statistician*, **32**, 17–22.

Hocking, R. R. (1976), The analysis and selection of variables in linear regression, *Biometrics*, **32**, 1–49.

Hocking, R. R. and Pendleton, O. J. (1983), The regression dilemma, *Communications in Statistics–Theory and Method*, A, **12**, 497–527.

Hoerl, A. E. and Kennard, R. W. (1970a), Ridge regression : Biased estimation for nonorthogonal problems, *Technometrics*, **12**, 55–67.

____________________ (1970b), Ridge regression : Applications to nonorthogonal problems, *Technometrics*, **12**, 69–82.

Holt, D. and Scott, A. J. (1981), Regression analysis using survey data, *The Statistician*, **30**, 169–178.

Huber, P. J. (1972), Robust statistics : A review, *Annals of Mathematical Statistics*, **43**, 1041–1067.

__________ (1977), Robust methods of estimation of regression coefficients, *Math. Operationsforsch. Stat., Series Statistics*, **8**, 1097–1129.

__________ (1981), *Robust Statistics*, Wiley, New York.

Jenson, R. J. (1977), Evinrude's computerized quality control productivity, *Quality Progress*, **10**, 12–16.

Jevons, W. S. (1868), On the condition of the metallic currency of the United Kingdom, with reference to the question of international coinage, *Journal of the Statistical Society of London*, **31**, 426–464.

Johnston, J. (1972), *Econometric Methods, 2nd ed.*, McGrawHill, New York.

Johnson, P. O. and Neyman, J. (1936), Tests of certain linear hypotheses and their applications to some educational problems, *Statistical Research Memoirs*, **1**, 57–93.

Johnson, R. A. and Wichern, D. W. (2007), *Applied Multivariate Statistical Analysis, 6th ed.*, Prentice Hall, New Jersey.

Johnson, W. and Geisser, S. (1983), A predictive view of the detection and characterization of influential observations in regression analysis, *Journal of the American Statistical Association*, **83**, 137–144.

Kendall, M. G. and Stuart, A. (1979), *The Advanced Theory of Statistics, Vol. 2 : Inference and Relationship, 4th ed.*, Macmillan, New York.

Larson, W. A. and McCleary, S. A. (1972), The use of partial residual plots in regression analysis, *Technometrics*, **14**, 781–790.

Leake, R. J. (1976), A method for ranking teams with an application to college football, In Machol, R. E., Ladany, S. P., and Morrison, D. G. (eds.), *Management Science in Sports*, North–Holland, 27–46.

Longley, J. W. (1967), An appraisal of least squares programs for the electronic computer from the point of view of the user, *Journal of the American Statistical Association*, **62**, 819–841.

Mallows, C. L. (1973), Some comments on C_p, *Technometrics*, **15**, 661–675.

__________ (1986), Augmented partial residuals, *Technometrics*, **28**, 313–320.

Marquardt, D. W. (1970), Generalized inverses, ridge regression, biased linear estimation, and nonlinear regression, *Technometrics*, **12**, 591–612.

Marske, D (1967), Biochemical oxygen demand data interpretation using sum of squares surface, Unpublished M.Sc. Thesis, University of Wisconsin, Madison, WI.

McCullagh, P. and Nelder, J. (1989), *Generalized Linear Models, 2nd ed.*, Chapman & Hall, London.

Montgomery, D. C. (2012), *Design and Analysis of Experiments, 8th ed.*, Wiley, Hoboken, NJ.

Montgomery, D. C., Peck, E. and Vining, G. G. (2006), *Introduction to Linear Regression Analysis*, Wiley, Hoboken, NJ.

Morrison, D. F. (2004), *Multivariate Statistical Methods, 4th ed.*, Duxbury Press.

Mosteller, F. and Tukey, J. W. (1977), *Data Analysis and Linear Regression : A Second Course in Statistics*, Addison–Wesley, Reading, MA.

Myers, R. H. (1976), *Response Surface Methodology*, Department of Statistics, Virginia Polytechnic Institute and State University, Blacksburg, VA.

__________ (1990), *Classical and Modern Regression with Applications, 2nd ed.*, Duxbury Press, Belmont, CA.

Nagasawa, S., Osano, S., and Kondo, K. (1964), An analytical method for evaluating the susceptibility of fish species to an agricultural chemical, *Japanese Journal of Applied Entomology and Zoology*, **8**, 118–122.

Nelder, J. A. and Wedderburn, R. W. M. (1972), *Generalized linear models, Journal of Royal Statistical Society*, A, **135**, 370–384.

Packer, P. E. (1951), An approach to watershed protection criteria, *Journal of Forestry*, **49**, 638–644.

Pattinson, N. B. (1981), Dry matter intake : An estimate of the animal response to herbage on offer, Unpublished M.Sc. Thesis,

University of Natel, Pietermaritzburg, South Africa.

Pearson, K. and Lee, A. (1903), On the Laws of Inheritance in Man : I. Inheritance of physical characters, *Biometrika*, **2**, 357–462.

Potthoff, R. F. (1964), On the Johnson–Neyman technique and some extensions thereof, *Psychometrika*, **29**, 241–256.

Ratkowsky, D. A. (1983), *Nonlinear Regression Modeling : A Unified Practical Approach*, Marcel Dekker, New York.

Rencher, A. C. and Schaalje, G. B. (2008), *Linear Models in Statistics, 2nd ed.*, Wiley, Hoboken, NJ.

Ribisl, P. M. and Kachdadorian, W. A. (1969), Maximum oxygen intake prediction in young and middle aged males, *Journal of Sports Medicine and Physical Fitness*, **9**, 17–22.

Ryan, T. A., Joiner, B. L., and Ryan, B. F. (1985), *Minitab Student Handbook, 2nd ed.*, Duxbury Press, Belmont, CA.

Seber, G. A. F. (1977), *Linear Regression Analysis*, Wiley, New York.

Seber, G. A. F. and Wild, C. J. (1989), *Nonlinear Regression*, Wiley, New York.

Scheffé, H. (1959), *The Analysis of Variance*, Wiley, New York.

Shapiro, D. Y. (1980), Serial Female Sex Changes After Simultaneous Removal of Males from Social Groups of a Coral Reef Fish, *Science*, **209**, 1136–1137.

Shapiro, S. S. and Wilk, M. B. (1965), An analysis of variance test for normality (complete samples), *Biometrika*, **52**, 591–611.

Snedecor, G. W. and Cochran, W. G. (1989), *Statistical Methods, 8th ed.*, Iowa State University Press, Ames, Iowa.

Snee, R. D. (1977), Validation of regression models : Methods and examples, *Technometrics*, **19**, 415–428.

__________ (1986), An alternative approach to fitting models when re-expression of the response is useful, *Journal of Qulaity Technology*, **18**, 211–225.

Solow, R. (1957), Technical change and the aggregate production function. *Review of Economics and Statistics*, **39**, 312–320.

Spositio, V. A. (1975), *Linear and Nonlinear Programming*, The Iowa State University, Ames, Iowa.

Stefani, R. T. (1977), Football and basketball predictions using least squares, *IEEE Transactions on Systems, Man, and Cybernetics*, **7**, 117–121.

__________ (1980), Improved least squares football, basketball, and soccer predictions, *IEEE Transactions on Systems, Man, and Cybernetics*, **10**, 116–123.

Strawderman, W. E. (1978), Minimax adaptive generalized ridge regression estimators, *Journal of the American Statistical Association*, **73**, 623–627.

Thisted, R. (1978a), On generalized ridge regression, Technical Report No. 57, Department of Statistics, University of Chicago.

________ (1978b), Multicollinearity, information and ridge regression, Technical Report No. 58, Department of Statistics, University of Chicago.

Wainer, H. (1992), How much more efficiently can humans run than swim?, *American Statistical Association, Proceedings of the Section on Statistics in Sports*, 58–63.

Webster, J. T., Gunst, R. F, and Mason, R. L. (1974), Latent root regression analysis, *Technometrics*, **16**, 513–522.

Weisberg, S. (1985), *Applied Linear Regression, 2nd ed.*, Wiley, New York.

__________ (2014), *Applied Linear Regression, 4th ed.*, Wiley, Hoboken, NJ.

Wilk, M. B. and Gnanadesikan, R. (1968), Probability plotting methods for the analysis of data, *Biometrika*, **55**, 1–17.

Wilm, H. G. (1950), Statistical control in hydrologic forecasting, *Research Notes*, **61**, Pacific Northwest Forest Range Experiment Station, Oregon.

Wood, F. S. (1973), The use of individual effects and residuals in fitting equations to data, *Technometrics*, **15**, 677–695.

Yeo, I.-K. and Johnson, R. A. (2000), A new family of power transformations to improve normality or symmetry, *Biometrika*, **87**, 954–959.

찾아보기

• 지은이

강명욱

미국 미네소타대학교 통계학과, 수학과 (이학사)
미국 미네소타대학교 대학원 통계학과 (통계학석사 · 박사)
숙명여자대학교 통계학과 교수

김영일

서울대학교 인류학과 (문학사)
미국 인디아나대학교 경영대학원 (경영학석사)
미국 미네소타대학교 경영대학원 (경영학박사)
중앙대학교 경영학부 교수

안철환

서울대학교 산업공학과 (공학사)
미국 캔사스주립대학교 대학원 통계학과 (통계학석사)
미국 미네소타대학교 대학원 통계학과 (통계학박사)
전 세종대학교 응용통계학과 교수
미국 FDA 근무

이용구

고려대학교 경제학과 (경제학사)
미국 미네소타대학교 대학원 통계학과 (통계학박사)
중앙대학교 총장
중앙대학교 명예교수

회귀분석
모형개발과 진단

초 판 1쇄 발행 1996년 2월 1일
제2판 3쇄 발행 2023년 1월 30일

지은이 강명욱 · 김영일 · 안철환 · 이용구
펴낸이 박기남
펴낸곳 **율곡출판사**
08590 서울시 금천구 가산디지털1로 84, 803호
전화 (代) 02) 718-9872/3
팩스 02) 718-9874
홈페이지 www.yulgokbooks.co.kr
이메일 yulgokbook@naver.com
등록 1989.11.10. 제2014-000031호
ISBN 978-89-97428-81-6 93310

정가 30,000원